公共事务与国家治理丛书·译著系列

作为共识的公共价值：
概念、内容和视角

杨黎婧　吴秋怡　编译

南京大学出版社

图书在版编目(CIP)数据

作为共识的公共价值：概念、内容和视角 / 杨黎婧，
吴秋怡编译. — 南京：南京大学出版社，2021.11
（公共事务与国家治理研究丛书）
ISBN 978 - 7 - 305 - 25064 - 4

Ⅰ. ①作… Ⅱ. ①杨… ②吴… Ⅲ. ①公共管理—理
论研究 Ⅳ. ①D035 - 0

中国版本图书馆 CIP 数据核字（2021）第 221326 号

出版发行 南京大学出版社
社　　址 南京市汉口路 22 号　　　　邮　　编 210093
出 版 人 金鑫荣

丛 书 名 **公共事务与国家治理研究丛书**
书　　名 **作为共识的公共价值：概念、内容和视角**
编　　译 杨黎婧　吴秋怡
责任编辑 郭艳娟

照　　排 南京南琳图文制作有限公司
印　　刷 南京玉河印刷厂
开　　本 635×965　1/16　印张 31.75　字数 410 千
版　　次 2021 年 11 月第 1 版　2021 年 11 月第 1 次印刷
ISBN 978 - 7 - 305 - 25064 - 4
定　　价 98.00 元

网址：http://www.njupco.com
官方微博：http://weibo.com/njupco
官方微信号：njupress
销售咨询热线：(025) 83594756

总序

在人类文明体系演进中，政治共同体的良善治理始终是衡量文明发展水平和程度的标尺。在中华民族源远流长的历史中，形成了丰厚的治理文明传统，至今依然熠熠发光。在近现代基于文明互鉴的治理实践中，中华民族不断探索新的治理文明道路。时至今日，在中华民族伟大复兴背景下，推进国家治理体系现代化成为时代发展的主题。推进国家治理体系和治理能力现代化，就是为人民幸福安康、为社会和谐稳定、为国家长治久安提供一整套更完备、更稳定、更有效的制度体系并构建其实践能力。这既是历史发展的主题，也是当今中国社会科学的时代责任，探究合法性和有效性兼备的治国理政知识，无疑是政治学和公共管理的根本旨趣。

在国家"双一流"建设背景下，南京大学确立了创建具有中国特色、南大风格的世界一流大学的总体目标，其中包括"国家治理现代化"学科高峰和"理论创新与社会治理"特色学科群建设计划。为高水平实现这些目标，南京大学以政府管理学院为主体组建了"公共事务与国家治理"学科群。本学科群以人类社会发展中的公共事务及其规律为基本关怀，研究国家治理与全球治理中的理论及实践问题，探索良政善治之道，全面服务于推进国家治理体系和治理能力现代化的总体目标。

南京大学政府管理学院脱胎于 1921 年成立的国立中央大学政治学系，历经百年沧桑，她既见证了中国现代国家治理体系的形成过程，又致力于通过对国家治理的知识创造积极参与到中国现代国家治理体系的建构之中。"周虽旧邦，其命维新"，经过数代学人的不懈努力，南京大学政府管理学院形成了"道器相济，兼有天下""真诚研究、立德树人"的文化传承，确立了基础理论原创性研究和应用问题引领性研究的学术布局；在新时代社会科学发展进程中，南京大学政府管理学院正在成为科研力量雄厚、学术特色显著、传承紧致有序、发展充满朝气的国家治理现代化的研究和教学机构。

南大校歌云："吾愿无穷兮，如日方暾。"创新性地开展国家治理现代化的研究，是政治学和公共管理的使命和挑战，呈现在读者面前的这套丛书，是我们研究国家治理现代化的学术成果。我们由衷期待这套丛书成为我们与学术界开展对话和交流的平台，并期待与学界同仁一道为探究国家治理现代化的中国话语做出贡献。

编译者序

　　编译这本论文集是我很久以来的心愿。这不仅源于贯串我个人研究经历并最终根植心中的关于公共价值的学术情感，还来自我希望对国内公共价值研究做点儿贡献的"野心"。

　　"公共价值"在中文中的表达是唯一的，这却是造成中文语境下的公共价值概念混淆、术语使用泛化、研究路径不明等现象的原因之一。而国际学术界的公共价值研究基本上依单数（public value，下文简称 PV）和复数（public values，下文简称 PVs）两个词语的使用不同而对应了不同的研究流派，在概念内涵、研究方法、具体内容、知识结构等方面都有明显差异。马克·H. 穆尔（Mark H. Moore）在公共价值（PV）方面的著作在国内外都产生了很强的影响力，且较早地被翻译成中文，这或许也是国内学界和公共行政实践领域普遍从 PV 角度理解公共价值的重要原因。相比较而言，PVs 视角的研究成果鲜少被了解。国际公共价值研究学术共同体作为研究复数公共价值的学者组成的联盟，为推进公共价值的研究做出了开创性和具有深远意义的贡献。此学术共同体的第六次年会于 2018 年在南京大学举办，这是国际公共价值研究主题的会议第一次来到中国，把中国学者的成果带到了国际公共价值研究中，但同时也明显地体现出了因为 PV 和 PVs 的混淆而带来的学术对话偏差。这一点既让我感到痛心和可惜，也激励了我投入这本书的编译工作中。

公共价值是公共行政的合法性根基。一方面，公共价值是公共行政的使命和应实现的目标，任何公共"管理"行为和公共政策活动在本质上都是确立和实现公共价值的过程；另一方面，公共价值还是公共行政活动所应该遵守的原则和标准，以及对这些原则和标准的共识，对行政人的行为有着动机性的作用，并可以用以解释和评价行为。而这两方面正是 PV 和 PVs 的主要区别，一个指向作为目标或结果的公共价值，比如穆尔强调的"创造公共价值"，另一个则关注到那些未必作为结果被"创造"出的公共价值，而是行为本身的内容正义和过程正当，比如巴瑞·波兹曼（Barry Bozeman）提到的对公民的权利、义务和责任，以及政府和政策应遵循的规则和规范的共同认可，本书标题使用的"共识"一词即来自波兹曼对公共价值的定义。这两者虽然大不相同，却并不是完全不兼容。但我们认为 PVs 无论在概念范畴上，还是在与公共行政实践的融合性和可操作性上，都有更多的包容度，尤其在高复杂性的公共治理时代，管理主义策略难以应对非结构性的公共问题，包括决策者在内的行动主体需要从对制度或技术的依赖，转向依据价值判断寻找相对"好"的而不是绝对"对"的行动方案。作为行动准则和共识的公共价值视角更符合行动主义的、具体情境的、动态演化的治理需求。因此本论文集着重呈现关于 PVs 的研究。当然将两者简单分割开来是很粗暴的，因为价值（单数）的概念本身绝不仅仅是在目标或结果的意义上讨论，因此也就不只是研究路径或方法的问题，单数价值也包含丰富的规范性意义。

正因为复数公共价值（PVs）概念的包容性和与公共行政实践的相关性，其研究角度、研究对象和研究成果也更为丰富。此论文集从四个方面展现公共价值研究的整体图景：厘清公共价值概念、梳理公共价值研究现状、呈现公共价值类别与结构，以及介绍运用不同方法和立足不同视角所讨论的公共价值议题。这也构成了本书的四个部分。虽然编译者试图将 PVs 研究中所有经典文献和有重要意义的、有重大影响的、有趣的,甚至是我个人偏爱的研究成果向读者呈现一二,但正如公共行政人时常面临的价值困境,我不得不在诸多文章中做出选择,因此难免会有遗珠之憾。有些研究成果因为版权购买的限制未能列入此书,因此虽然我们认为本书囊括了诸多公共价值研究必读佳作,但未包含在内者也绝非不举足轻重。除此之外,限于我个人的能力,在对原文字的理解和编译过程中,虽尽我之力,但难免会存在不妥之处。仅以此集抛砖引玉,期待与从事公共价值研究或对公共价值感兴趣的学者、同事和同学进行交流,也欢迎各位读者对不足之处进行批评和指正。

杨黎婧

2021 年 3 月

于南京大学

满院樱花的圣达楼

目 录

第一部分　公共价值概念

第二部分　公共价值研究现状

第三部分　公共价值结构：内容、类别和框架

第四部分 公共价值视角:方法、路径和议题

第一部分　公共价值概念

1. 尽善尽美？论公共价值在政策与管理研究中的含义 [*]

马克·R. 罗特格斯（Mark R. Rutgers）

引　言

　　公共价值是公共管理研究领域的一个热门话题。然而，一个核心问题是，"公共价值"的含义是什么？本文旨在明确这个概念及其在当代性论述中的使用情况，以便更好地理解其"用途和滥用"。这个概念是否为我们的领域提供了一个明确的研究对象？关注价值问题在公共管理研究中并不罕见。在阅读了我的那些旧教科书后，我发现德怀特·沃尔多（Dwight Waldo）（1984）的著作《行政国家》（*The Administrative State*）通篇都在关注价值，尽管沃尔多本人并不经常使用这个词。另外，史蒂芬·P. 罗宾斯（Stephen P. Robbins）（1980）的《行政过程》（*The Administrative Process*）（第 26 页）明确指出了指导所有行政管理的价值体系。而赫伯特·A. 西蒙（Herbert A. Simon）（1976）的《行政行为》（*Administrative Behavior*）则把事实—价值区分作为一个重要的概念。最新的研究指出，公共价值作为"格外流行"（Rhodes & Wanna, 2007, 第 406 页）的价值体系兴起。大量研究将公共价值作为其核心研究对象，讨

　　* 原文来源：Rutgers, M. R. (2015). As Good as It Gets? On the Meaning of Public Value in the Study of Policy and Management. *American Review of Public Administration*, 45(1), 29 - 45

论公共价值的文章数量在过去十年中大幅上升（Van der Wal，Nabatchi，& De Graaf，2015）。作者们一直在处理组织中的伦理问题（Kernaghan，2003）和竞争性价值（Selden，Brewer，& Brudney，1999），比较公共管理和商业中的价值（Van der Wal，Huberts，Van den Heuvel，& Kolthoff，2006）、关注绩效和领导力（Bao，Wang，Larsen，& Morgan，2013）等等。他们有时会提出大胆的主张和巨大的期望，认为公共价值是一种重要的理论和实践型的"指导概念"。例如，公共价值被视为解决了现代公共管理中的民主缺陷问题（Benington & Moore，2011b，第 261 页；Benington，2009，第 246 页）；它越来越多地被用于行政管理实践（Beck-Jørgensen，2006，第 364 页）；它被认为是"决策的利器"（Alford & O'Flynn，2009，第 181 页），以及"界定、衡量和改进业绩的严格方法"（Cole & Parston，2006，第 13 页）。由于对公共价值的关注，有人认为，我们甚至正在进入一个"公共管理的新时代"（Talbot，2009，第 167 页；Stoker，2006）。

除了更普遍的公共价值的提法之外，在公共管理的研究中，有两种或多或少可以相互区分的学派或论述，它们都是以公共价值为核心研究对象的。[1]首先，是由穆尔在 1995 年出版的《创造公共价值》（*Creating Public Value*）（2005）一书所引发的关于公共价值管理（PVM）的论述。它催生了一个已经被许多作者开发和改编的研究议程（Alford & Hyghes，2008；Benington，2009；Cole & Parston，2006；Meynhardt，2009；Meynhardt & Metelmann，2009；Stoker，2006；Talbot，2008，2009），他们都将 PVM 视为新公共管理之后的下一步研究目标，并且摆脱了国家与市场的视角（Benington & Moore，2011a，第 9 页；O'Flynn，2007，第 358 页；Spana，2009）。

另一种论述则更多以政策为导向，最近围绕着巴瑞·波兹曼（Barry Bozeman）（2007）的《公共价值与公共利益》（*Public Values and Public Interests*）展开；即使沃尔多没有在早期工作中提及，它也会植根于 20 世纪 90 年代的论述中。在这里,公共价值的概念与公共政策分析中占主导地位的"经济"方法相对立(Bozeman,2007,第 18 页)。除了专门发展波兹曼的公共价值失灵(PVF)模型的作者外,与这一论述相关的作者群体也比较杂乱(Feeney,2008;Feeney & Bozeman, 2007; Fisher, Slade, Anderson, & Bozeman, 2010; Meyer,2011;Moulton,2009;Moulton & Bozeman,2008)。

尽管人们非常乐观,但经过 20 年的发展,公共价值的概念仍然没有得到共识,大多数作者都将其当作一个没有问题的、日常的、可以在理论和实践中卓有成效地使用的概念。最近对其含义的关注,其结果不过是勾勒出一个难以捉摸的明确定义(O'Flynn,2007,第 358 页;Meynhardt,2009,第 204 页)。那么,一个重要的问题是,作者如何界定其核心概念? 而且,正如开头所说,公共价值是否为研究公共行政管理提供了应有的明确焦点?

下面的论述涉及的不是哪些具体价值可以被视为公共价值,而是公共价值的概念相当于什么。首先,下一节将讨论该概念所表示的公共价值的可能范围。接下来,将讨论价值的基本概念及其定义和特点。我们将特别关注经常被忽视的事实/价值的区别。在谈到公共价值时,将考虑公共价值作为个体或社会价值的基础或本体论。这一点特别重要,因为个体的路径占主导地位,但不一定总是充分的。最后,将讨论公共价值概念的定义。主要的结论是,概念的不明确和术语的混乱使用是个大问题。尽管有大胆的主张,但公共价值的概念似乎更多是发挥启发式的功能,而不是为理论或实践提供一个明确的焦点。尽管如此,我们还是要尝试给这个概念确定一种包容性的定义。

公共价值的宏观性

首先,似乎应该确定什么是真正的公共价值。换句话说,公共价值概念所代表的各种或各类现象包含哪些？几个世纪以来，人们对政府和公共管理应关注的可能的核心价值进行了大量的辩论。所主张的价值观念各不相同，从正义、审慎、自由、民主、健康等经典价值，到饮用水、教育、忠诚的官僚机构，甚至儿童游乐场和互联网接入。对所有已提出的公共价值进行总结回顾远远超出了本文的范围。（Rutgers，2008）

　　众多可能的含义如何相互关联是一个值得关注的问题。事实证明，对其进行排序和分类的尝试是有问题的。所提出的大多数分类都缺乏明确的标准，蒙特戈迈瑞·范·沃尔特（Montgomery Van Wart）（1998）的一本关于价值的最详尽的著作对此进行了说明。他在书中采用了两种不同的分类方法。第一类包含美国公共行政学会五种道德规范（ASPA 道德规范）。人们认为五种类型是足够的，可以避免过多的重叠（Van Wart，1998，第 5 页）。在该著作的第二部分，范·沃尔特提供了一个具体的理论作为分类的基础——"文化框架视角"，该理论摘自埃德加·沙因（Edgar Schein）的著作《组织文化与领导》（*Organizational Culture and Leadership*）[2]（Van Wart，1998，第 166 页；Brocklehurst，1998，第 452 页）。但是，沙因区分了三个层次（Schein，1987，第 15—18 页，1999，第 15—26 页），而范·沃尔特参考的是第四个层次。最重要的是，范·沃尔特没有提供明确的方法来识别价值，并将它们归属于特定的层次，他明确地指出，一致性是不必期待了。

　　第二个例子是托本·贝克-约根森（Torben Beck-Jørgensen）和波兹曼（2006）提供的。他们经常引用的文章探讨了"公共价值的界限和含义"。他们确定了公共价值的七个"集群"。与范·沃尔特的情况一样，这些类别具有一定的重叠性，也就是说，相同的价值可能会出现在多个集群中。这些集群的基础是各种价值之间的"关系"，为此，他们确定了作为每个集群核心内容的、与其他价值有许多关系的"节点价值"。[3]"人格尊严"和"正直"就是典型的节点价值。然而，由于它们的含义本身就是一个争论性的问题，因此它们不一定是最重要的价值。在贝克-约根森和波兹曼的基础上，笔者想说的是，恰恰是它们的不确定性和争论性使这些价值成为一种论述的核心内容。因此，"正直"之所以是一个中心价值，是因为不同的作者以不同的方式将它与许多不同的价值联系在一起。正如贝克-约根森和波兹曼所建议的那样，存在着一个关于"正直"的价值群或价值域。诚实、诚恳、道德、忠诚以及正直本身都属于这一集群。因此，"正直"一词可以用来指一个具体的价值（一个具体的概念），也可以用来指价值集群或集群。这并不能解决缺乏（相对）明确的标准来建构相关价值群的问题，也无助于避免重叠问题；它仍然是一个或有集群。

上述情况表明，公共价值作为一个泛指概念，指的是一组非常多样化的概念（即价值），而不论其来源、用途、关系，从而也不论其含义。它不仅仅是"木头""人类"这样一些通用的、相对明确的概念，还是一个"宏大概念"。"宏大"一词在这里是一种隐喻，指的是被称为公共价值的所有可能偶发的集合及其（经验性的）全面概念化。[4]这个隐喻性的术语可以帮助我们理解为什么将公共价值作为一个不可能的，但又模糊的概念来谈论。我们的"公共价值的宏大"表明，我们可以而且确实能够将各种价值堆在一起作为公共价值，即使我们不确定它们之间的相互关系、层次结构甚至它们之间是否可以共存。例如，它可以表示穆尔（2005）书中的公共价值、开国元勋的价值，以及自由主义的公共价值。

什么是价值？

从公共价值概念所表示的一类现象来看，我们已经确定这构成了一个非常折中的宏大概念；但是，这个概念的一系列特征（内涵）是什么呢？根据经典的定义理论，概念的特征应该提供一种"清晰明确"的方式来确定哪些现象被包含或不被包含。我们看到有两个例子表明，这是不可能的。显然，"公共"是用于区分价值类别的一个核心特征，所以我们必须确定什么是价值。"价值"是一个棘手的概念，它的定义是本节研究的对象，下一节将考虑价值和事实之间的区别。

最常见的定义"价值"的方法是指向（或多或少）同义概念，如偏好、欲望、需求和利益（Mittelstrass，1984，第 622 页）。可以说，价值的最简洁的定义是由詹姆斯·L. 佩里（James L. Perry）提供的："价值是人类主体感兴趣的任何东西。"（Sills，1968，第 283 页；Rescher，1982，第 4 页）大卫·L. 西尔斯（David L. Sills）（1968）提出了一个稍为具体的定义："价值是理想的概念，影响着选择性行为。"（第 283 页；Hodgkinson，1978，第 120 页）将价值作为表达"想要的"概念，将它们与不想要的区分开来[5]；隐含的共同对立面是表示事实的概念（见下一节）。我们能否找到一个更明确的定义呢？首先，让我们来看看公共管理研究中的论述。

事实证明，在 PVM 和 PVF 的论述中，大多数作者并没有提供价值的定义，也没有提供公共价值的定义（Van der Wal 等人，2015），只是提供了同义词（Alfford & O'Flynn，2009）。不过，阿莱桑德罗·斯帕诺（Alessandro Spano）（2009）确实提出了一个具体的定义："当有人愿意通过牺牲来获得它时，每一件东西都有价值，因为他/她相信潜在的利益大于牺牲。"（第 330 页）其他人没有效仿他的做法，可能是因为"牺牲"和"得到它"之间的联系似乎比较经济或功利，不容易与伦理、审美、宗教等非经济价值相适应。贝克-约根森（2006）采用了克莱德·K. M. 克拉克洪（Clyde K. M. Kluckhohn）的定义，这个定义在公共管理之外也被广泛使用："价值是一种显性或隐性的概念，是个体或群体特有的，是一种理想化的概念，它影响着从现有的行动模式、手段和目的中进行选择。"（第 366 页）他还指出了隐性价值和显性价值的可能性，以及价值更实质性地对比更琐碎的欲求的可能性："'理想的'（如良性的生活）与'想要的'（如一杯冰啤酒）形成对比。"（Beck-Jørgensen，2006，第 367 页）斯帕诺和贝克-约根森与其他一些人一样，都提到了大量关于价值的跨学科文献，但这些文献并没有对价值做出更具体的定义。将价值局限于经济视角的做法被普遍否定。例如，约翰·贝宁顿（John Benington）（2009，第 237 页）指出了交换价值、劳动价值和使用价值等经济概念，但强调，就公共价值的概念而言，这个概念自然需要包含生态、政治、社会和文化等价值层面。

考虑到价值概念的历史，提供一个实质性的价值定义通常是比较困难的。自 19 世纪中叶价值理论或价值论流行以来，试图形成一个包容性的、全面的价值理论或价值论的努力一直没有结果。试图为价值下定义的结果是列举同义词和/或说明，就像现在一样。后来试图构建一个普遍的价值理论的作者之一威廉·斯特恩（William Stern）（1924）提出了一个有趣的观点，即价值也许是一个基本的或根本性的概念，根本无法归结为任何其他的概念[6]。应该指出的是，一个日常的术语，如价值，并不能指望它一开始就表达一种简洁的概念。这似乎也是其他一些概念的特点：著名的"本质上有争议的概念"[7]。这些概念往往是用来确定和划分社会行动和研究领域的重要核心概念：权力、正直、政治和公共管理。作者应该明确地说明他或她打算如何使用这样的概念，因为它的含义是如此模糊、依赖语境和/或意识形态化的。然而，罗德里克·罗兹（Roderick Rhodes）和约翰·旺纳（John Wanna）（2007，第 408 页）认为，正是因为它的模糊性，这个概念在公共管理中的各种用途都很灵活。正如克里斯多夫·波利特（Christopher Pollitt）和彼得·胡佩（Peter Hupe）（2011年）所说，这似乎是一个"神奇的概念"，具有"广泛的范围、极大的灵活性和积极的'正面影响'"（第 642 页）。

然而，"价值"的含义有时并不模糊。例如，一个电视节目（如"古董展"）中的专家指出："这只是感性的，不是实际价值。""实际价值"是指金钱。它还表明，价值不是所考虑的现象固有的，而是在评价性判断中归属于它的。解读斯特恩（1927，第 41 页）的观点可知价值不是某物，而是某物在观察者的感知中具有价值。这意味着我们赋予某物——一个想法、一个对象、一个幻想——以积极或消极的意义；我们从某种角度判断或评价它。因此，某物可以有金钱价值，也可以有情感价值，如记忆或对美的感知。价值是我们用来向现实赋予意义和重要性的概念。我们判断或限定某件事情是美丽的、勇敢的、诚实的或神圣的，或者是丑陋的、懦弱的、骗人的或邪恶的。然而，只把价值作为一个积极的概念，也就是关于"想要的"概念，几乎是一种普遍的习惯。在前面的例子中就是如此，克里斯多夫·霍金森（Christopher Hodgkinson）（1978）进一步指出："具有激励力量的理想概念。"（第120页）然而，我认为价值可以是任何表达积极或消极的定性（或评价性）的陈述概念，并且具有"动机力"，也就是说，它给人们的思想和行动以指导。

例如，可以说，"正直"和"腐败"是两个表示本质上相同的价值的术语，无论是从正面概念还是从反面概念来看都是如此[8]。同时存在着相反的一对价值：好与坏、自由与束缚、荣誉与耻辱、勇敢与懦弱等等。一种价值是要达到的，另一种价值是要防止的，但在这两种情况下，它们都是强有力的概念，目的是给人以规范的指导。这不是有价值与无价值的对立，因为"无价值"表明它根本没有意义和/或规范力量。消极的价值不仅是无足轻重的，而且还给出了方向，因为它是被唾弃、被鄙视、被谴责的，是要积极避免和拒绝的，而不只是简单的忽略。这当然不是一种新的观点；事实上，它与伊曼努尔·康德（Immanuel Kant）的论点相关，即否定的概念（来自物理学）可以应用于社会探究。[9]由于人们通常更容易就自己不想要的东西，即否定的价值，达成一致，这可能是一种比只关注积极的期望更容易达成经验性共识的方式。

不过，这也确实增强了人们对价值关注一切从而什么都不关注的指责。价值作为表达"（不）理想的"概念的特征是否充分？在公共行政研究中，我们是否真的应该把我对卡布奇诺而非黑咖啡的偏好视为相关价值的表达？我们是否应该至少将价值与个人偏好区分开来？这就是贝克-约根森在把"理想的"与"想要的"区分时所关注的。有人试图在价值的起源和基础之间达成某种区分。例如，霍金森（1978）区分了三种价值的立足点，认为"你不应该杀人"是形而上的根基性价值的一个例子（第110页）。然而，从理性或情感的角度来看，似乎同样可以做到这一点。看来，价值可能并不完全由可能的根基性与否来决定。相反，我们可以把"估价"的含义看作一种活动，在这种活动中，我们把某件事情定性为有趣、创新、无聊、无趣。估价或评价总是从特定的角度进行的。因此，一项政策可以被认为是好的，也可以被认为是坏的，这取决于是否把有关政策的民主性、有效性或法律健全性作为评价重点。价值意味着一种衡量标准或规范，根据这种标准或规范对某一事物进行评价。这种规范必须来自眼前的价值（如"民主"），但它也可以是个人偏好产生的规范（"我更喜欢卡布奇诺"）。总是会有一个判断，可以使用做出判断时的价值或偏好来推断这个评价。不过，似乎最好不要把以个人偏好为目的的评价（另见"识别公共价值"一节）视为社会和政治背景下主要相关意义上的估价或评价。不需要太深入地探讨这个问题，偏好比价值（包括个人价值，如"我的荣誉"）具有"较低的地位"。严格区分偏好和价值（或者说，理想或愿望）似乎不太可能。

这给我们带来了一种非常不同的方法来尝试定义价值；不是就某种价值的特性方面，而是就它在人类论证中的作用方面。这是哲学家尼古拉斯·雷舍尔（Nicolas Rescher）（1982）方法的核心内容："一种价值代表了行动'合理化'的口号。"（第9页）[10]价值在关于做什么或不做什么的理性辩论中起着论据的作用，也就是说，在决定我们的选择和行动并使之合法化的过程中，价值是所谓"实践推理"的核心。

价值就是能够给出理由，从利益和成本的角度来激励以目标为导向的行为，明确地带来一个概念，即什么符合一个人的利益，什么违背他的利益。（Rescher，1982，第 10 页）

从这个角度看，（主观的）偏好提供了薄弱的论据，（主体间的）价值，当然还有公共价值提供了更有力的论据。

雷舍尔首先讨论了价值在行动合理化中的作用。合理化通常被认为是在决定或行为之后提供论据（当然在心理学中，它有这种特别含义）。对雷舍尔来说，这不能是唯一的含义，因为他指出，价值在"实践推理"中的功能是，在解决一个实际的，特别是道德层面的（"实用的"）问题时，作为用于得出解决方案的论据（即不是事后）（Honderich，1995，第 709 页）。[11] 因此，我们可以不仅仅将价值归结为"单纯的"话语意义，也就是前面所说的价值对人类思想和行动的动机力。

从克拉克洪到雷舍尔，我们已经确定了价值概念的一些重要特征。没有涉及的是价值与它们明显的对立面——事实之间的区别。从表面上看，这可能会对价值的含义进行明确的划分。

事实和价值

一个用于描述价值的常用方法是简单地将其与事实相对立。令人惊讶的是，事实/价值的区分并没有出现在辩论中，尽管事实上，PVM 和 PVF 的论述都与先行者（NPM）或方法（经济市场失灵理论）保持距离，这些方法的特点是对"事实和数字"有相当强的取向。更重要的是，含义的对立（二分法）实际上是最重要和最强大的语义关系之一（Lyons，1971，第 461 页）。

在谈论诸如"下雨了"或"我的猫在爬树"这样的日常观察时，争论什么是事实的可能性也许不大，但就复杂的社会问题——这是公共管理所关注的问题——而言，可以确定的是，事实绝不是简单明了的。即使我们就什么是事实达成一致，重要的也不是事实本身，而是哪些事实是相关的或有意义的，也就是有价值的。评估是公共管理的一个重要组成部分（Self，1982，第192页）。这可能包括从权衡一座新建筑对天际线的视觉影响到评估恐怖袭击的风险。在所有这些评估中，判断相关性和意义的标准主要是公共价值。它是否合法、高效、民主？是否是公众首要关注的问题？

还应该注意的是，即使是最具事实性的概念，带来的也不仅仅是一种描述性的意义。例如，"政策"具有区别于政治的规范含义。下面这个例子也具有一种文化特征。在英语中，我们可以有意义地谈论政策和政治这两个不同的概念，但在许多其他语言中（或在以前的时代）不是这样（Rutgers，1996）。

使用规范性这个更全面的认识论概念，有助于讨论事实和价值（或者说对事实和价值的描述和规定）。彼得·雷尔顿（Peter Railton）（2000）认为这是哲学家用来指称一些关键现象的最重要的概念。规范性超越了事实和价值，它不是与描述性或事实性相对立的，因而也不限于价值、评价和规定。事实和价值可以完全分离的观念是希拉里·帕特南（Hilary Putnam）（2002）所说的"思想障碍"（第44页）。该概念是误导性的，暗示所有的价值只是非理性的主观偏好，而事实则具有某种客观地位。例如，霍金森就使用了区分两个独立"领域"的观念。尽管霍金森（1978）敏锐地意识到"价值和事实重叠的世界"（第104页），但他也指出，事实和价值在次要方面是不同的。事实在某种程度上是"真"的，是可以客观证实的，而价值则是不真不假的（第105页）。事实—价值二分法的合理性完全取决于保持"事实"纯粹度的可能性，即不受人类观察者的影响。自从卡尔·波普尔（Karl Popper）指出"所有的观察是有理论依据的或有指导意义的"以来，这已经被公认为是不可能的，几乎没有成为讨论的焦点。人类并不是简单地接受客观的信息，总是有解释和评估（Dancy，2000，第 xiii - xiv 页）；换句话说，我们选择并赋予我们的感知以意义。正如帕特南（2002）所言，"价值和规范性渗透到所有的经验之中"（第 30 页）。[12] 劳伦斯·E. 罗特施泰因（Lawrence E. Rothstein）（1975，第 307 页）认为，事实和价值都构成了可以从一致性、合理性，以及与现有知识体系的对应性等方面进行评价的论点。区别只是分析性的。（第 308 页）这符合雷舍尔对价值作为理性论证的解释。

我们用于描述以及评价目的的规范所依据的价值是由社会决定的[13]。它们在一个社会或文化中得到了高度的认同，尽管它们的确切含义并不清晰，而且相关规范还有讨论的空间（"这是否正当？"）。这与争论某事物是红色还是橙色并无本质区别，尽管决定一种颜色的命名似乎更容易达成一个共同的规范，但对于复杂的社会和道德价值来说，这显然比较棘手。这些价值有文化的嵌入和起源，这几乎不是什么新鲜事。它反映了保罗·里克（Paul Ricoeur）（2004）的观念，即一种价值的占有不是一些孤立的、单独的现象，而总是以"他者"为中介。它不是一个纯粹的个人事件，而是在时间和空间上的关系。联系到里克的观点，即价值是人与人之间的，因此在某种意义上是不确定的。我们不能简单地提出或发明自己的价值；价值是一种文化和群体的特征；价值是一种社会确立的（学习的）现象。这是一个将影响到公共价值基础的见解。

在行政管理实践中，区分事实与价值格外困难，因为许多术语没有固定或明确的含义。这使得我们很难评估一个术语一开始是用于描述性的还是评价性的，或者是积极的还是消极的评价（例如，"放松管制""专业化""灵活性"）。这强调了罗特施泰因所说的事实与价值的区分只是分析性的，因此这种区分会在社会实践中"消失"，以建立意义或提供指导。从表面上看，"这是一个官僚组织"这句话是描述性的还是评价性的，或者如果是评价性的，是积极的还是消极的，这一点并不清楚。

事实与价值的交织，也许最著名的就是所谓"厚概念"（Putnam，2002，第 35 页），例如"残酷"和"友好"。我想说的是，自然语言中的大多数概念(即使不是所有的概念)都可以同时具有描述性和评价性的意义,不仅仅是厚概念。例如,"过了难看的建筑物后向右转"使用了一个评价性的术语来达到描述的目的,就像"金发碧眼"既可以用来描述,也可以用来评价一样。许多描述性术语与评价性术语相关联,或作为评价性术语使用。因此,在科学领域,人们试图使描述尽可能地无价值[14];在政治和行政管理实践中,这似乎更不可能。我们必须以某种方式处理行政现实的规范性。

价值与评估的社会本质,使我们最终认识到公共价值的一个重要的基础性问题:公共价值是某种个体价值的总和,还是公共价值具有另一种本体论?

公共价值的本体论

可以说,近代公共管理学中对价值概念的讨论最为详尽和深入的是提莫·迈因哈特(Timo Meynhardt)(2009),他认为价值是"那些模棱两可的容器术语之一,有巨大的洞察力前景,但没有广泛的共识"(第196页)。他提到哲学家雷舍尔(后面会提到他的价值理论),他表明所有的尝试未能得到一个更精确的"价值术语"。迈因哈特对价值理论中的核心问题进行了讨论,比如价值是否只具有主观状态,或者也许还具有客观意义的问题。最后,他用关于人类、个体需求的心理学理论为他的价值使用找到了一个基础。这使我们看到了迈因哈特的一个重要结论,即提出了理解价值是什么的坚实基础:"公共价值在个体内部开始和结束的基本思想"(第215页)。然而,从(社会)心理学的方法来看,它绝不是自圆其说,而是从个体的价值来正确理解和分析公共价值。公共价值不仅涉及作为有关价值对象的公众的概念,而且还涉及它的起源或基础,也就是说,它的意义与其说是来自个体的价值,不如说是与"普遍利益"这样的集体概念有着内在的联系,尽管这带来了一系列新的问题[15]。另外,迈因哈特还指出了"超越"个体的必要性，他说，公共价值同样是"在"个体"之外"，也就是在个体与群体（或公众）之间。那么，公共价值的起源或本体是什么？[16]这一点尤为重要，因为如果公共价值的起源要追溯到个人所持有的价值，也就是行为者层面，那么公共价值似乎很可能对这些个体价值进行某种程度的追溯和加总，并建立起解决它们之间冲突的机制。然而，如果公共价值起源于系统层面，即文化层面，那么对公共价值的认同就变成了另一回事。它将需要政治和/或论证。

公共价值的本体论不亚于社会科学本体论的重大问题。在正在进行的关于公共价值的讨论中，占主导地位的、隐含的观点是，个体拥有价值，而公共价值在某种程度上可以归结为这些个人构想的价值。正如我们所看到的，迈因哈特就明确指出了这一点。波兹曼（2007）反对用个体主义的经济方法来看待公共价值，但他似乎为公共价值提供了一个个体主义的基础，因为共识是公共价值的核心标准（而共识被认为是个体互动的结果）。从个体主义的角度看，唯一合法的公共价值可归结为个体的（私人的）价值，或者说，更有限的是，涉及单纯的市场失灵。特别是，后者可能导致波兹曼（2002，2007）反对的"PVF"。一个例子是，从市场的角度来看，贩卖人体器官的生意可以被认为是成功的，尽管它侵犯了人权（Bozeman，2007，第134—138页）。显然，这一论点意味着公共价值阻碍了私人价值和相应的行动。同时，公共价值似乎还超越了个体性，至少在共识中，或者在贝宁顿和穆尔（2011b）所说的"相互依存的社会意识"（第259页）中。穆尔（2013）还指出，公共或集体是他的出发点，而不是私人或个体的价值。他用"价值的集体仲裁者"（第58页）等短语抓住了这一点。这就要求他在个体的个人价值和作为一个公民的价值之间，即作为代表集体的"我们"的价值之间，进行二分。在这里，什么是公共价值的整个问题，引来了关于什么是民主、公共利益等的广泛争论。如果公共价值研究不能在某种程度上划定其核心概念，那么它就不可避免地引入了政治哲学和实践的一系列问题[17]。

迈因哈特(2009)虽然以个体为出发点,但得出的结论是,价值"表达了主体性,并被关系束缚"(第 199、213 页)。他甚至批评穆尔等人没有深入研究人性中公共价值的根源。这与雷舍尔联系在一起,他指出了关于美好生活的价值和观念之间的内在联系:关于人性和社会的基本心理信念。就我们所涉及的公共价值而言,迈因哈特将公共价值建立在心理学理论的基础上,似乎意味着一种简化论者的观点,当他将基本价值和基本需要等同起来时,情况似乎的确如此。然而,需求也是各物种和/或文化所特有的。有更多的论据可以怀疑价值的个体主义本体论。例如,迈因哈特也承认,一个个体是在与人类同胞的关系和对抗中发展自己的;事实上,个体性的概念本身最终是一种社会建构。同时,我们所认为的个体性,也就是我们用来划分私人和公共领域的价值,可能最好被概念化为公共价值的一个子集。换句话说,被视为合法的私人价值的东西是从公共领域的角度来划分的,而不是相反的划分方法。因为重要的(公共)价值受到威胁,所以可以有充分的理由干预私人领域。这意味着私人、个人或个体价值并不先于社会价值,相反,它们是以社会环境为前提或基础的。即使是在"纯主观"偏好的情况下,社会惯例在什么将被接受为一种价值和(因此)作为一种有效的论点方面起着重要作用。诸如咖啡或茶、Lady Gaga 或莫扎特这样的偏好是特定于时间和地点的,并预设了一个包罗万象的社会领域,并表明个体性可以表达和体验的范围是有限的。

达芙娜·奥因斯曼(Daphna Oyserman)(2001)在讨论价值的性质时,做了一个可能表明如何解决这个问题的有趣的区分。他[1]仅仅观察到,价值可以在群体和个体层面上被概念化。首先,"在个体层面,价值是内化的社会代表或道德信仰,人们将其作为行动的最终

---

[1] 译者注:译者认为达芙娜·奥因斯曼应为女性,因此先后通过查询南加州大学网站,以及通过邮件与作者马克·R. 罗特格斯确认,他表示确实如此,所以原文这里是作者失误或拼写错误,另可参见 http://dornsife.usc.edu/daphna-oyserman.

理由"(第 16151 页)。这就是个人偏好的差异所在,也是当用某人的价值观来解释或合法化个人行为时,价值的用途。其次,群体层面的价值是指群体成员共同的文化理想:"价值是指导行动的一般原则,它们不是行动本身,也不是关于做什么和何时做的具体清单。"(Oyserman,2001,第 16151 页)将公共价值定位在群体层面是有意义的。因此,"公民满意度"是一种可能的公共价值,但一个人对某种产品或服务的个体满意度不是,也不是这种感知的简单相加。从公共角度评价"顾客服务"是另一回事。这就带来了一系列众所周知的问题,涉及我们如何确立"公共利益"或类似的问题。它将在某种程度上涉及一个合法的程序来得出可接受的决定。公共价值这个概念在解决这个问题上几乎没有任何帮助,然而,它表明私人(价值或偏好)和公共(价值或利益)的交集是一个首要的考虑因素。

识别公共价值

　　最终,我们将公共价值概念作为新的核心概念。泽格·范·德尔·瓦尔(Zeger van der Wal)等人(2015)分析了 397 篇关于"公共价值"的文献,只有 87 篇提供了公共价值的定义,其中 27 篇提供了自己的定义。"这些定义的使用次数均不足 10 次,再次说明对公共价值的研究是分散的、零碎的。"正如引言中所说,几乎没有人讨论公共价值的概念,人们认为公共价值的概念是一个常识性的问题。因此,大卫·蔻兹(David Coats)和埃莉诺·帕斯莫(Eleanor Passmore)(2008)干脆提出了一个类比——"公共价值可类比为私营部门股东价值最大化的愿望"(2008 年,第 4 页)。也许有人会问,这是否真的具有启发性,或者结果同样是新的盲目性。其他人则使用模糊的条目,并提及相关但不同的概念,如"公共产品"和"公共利益"(Alfford & O'Flynn,2009,第 175 页)。

　　波兹曼是为数不多的阐述其公共价值概念的作者之一。他提供了一个详细的、经常被引用的定义。

> 一个社会的"公共价值"是指那些为以下方面提供规范性共识的价值：（1）公民应该（和不应该）享有的权利、利益和特权；（2）公民对社会、国家和彼此的义务；（3）政府和政策应该基于的原则。（Bozeman，2007，第13页）

更重要的是，波兹曼明确将公共价值与公共利益相对提出。他对后者的"可行定义"是这样的："在特定情况下，公共利益指的是最有利于作为'公共'的社会集体的长期生存和福祉的结果。"（2007，第12页）这表明，与公共价值相反，公共利益不是一个共识问题。"'公共利益'和'公共价值'之间最重要的区别是……'公共利益'是一种理想，而'公共价值'则有具体的、可识别的内容。"（第12页）这似乎是一个很难处理的区别，但波兹曼试图优美地界定一个主要的问题，即区分公共价值是相当容易改变的，还是一些客观的"想法"（"理想的"、对社会有益的观念）——至善。或者说，被接受为理想或对整个社会的共同愿景的东西，是一个（特定的）公共价值已经被接受的问题，也就是说，一些公共价值具有更普遍的持久的接受性。在这方面，也许令人惊讶的是，在早期的一部著作中，波兹曼就提到了在他的定义中非常核心的缺乏共识的问题："显然，对公共价值缺乏共识，这一点使我们开发简单分析工具的能力受到影响。"（Bozeman，2002，第150页）

我建议我们应该坚持公共价值的概念，认为公共价值主要针对的是（感知性的）普遍利益或公共利益，因而不涉及某人的个人利益。贝宁顿（2009，第233—234页；2011，第42页）区分了公共价值的两个方面：第一，公众重视的东西；第二，为公共领域增加价值的东西。但是，"公众重视的东西"并不自动成为公共价值，它可以是一种普遍共享的私人价值。例如，如果每个人都重视拥有一台电视、一个漂亮的沙发或厨房，这并不意味着它就是公共价值。因此，贝宁顿提到的第二个方面是至关重要的。说明看电视对儿童的教育和社会参与很重要，因而符合公共利益，就可以提出为有孩子的家庭提供电脑是一种公共价值[18]。换句话说，某人重视社会正义、公平年龄、反对童工，或者（仍是前面的例子）更喜欢卡布奇诺，并不能使个人价值成为公共价值，而是当它们被提出或推理为符合普遍利益、共同利益、本末倒置或类似情况时，它们就是公共价值，"公众重视的东西便是公共的"。显然，如果表明它得到其他人的支持，并且是与"共同利益"相联系的（而不仅仅是为了某些特定群体的自身利益），这样的主张可以而且应该得到其他论据的支持，并且会获得推动力。公共价值被理解为关于一个集体的"长期生存和福祉"的价值，可以包括道德价值，也可以与其他更直接（也许是"短期"）的公共价值相冲突。然而，是否存在某种（暂时的或持久的）共识，则涉及另一个问题，并且最好不要列入公共价值的定义之中。

当然，我们必须反思公共价值的前提条件。这涉及公共的概念本身、公共领域（Bozeman & Johnson，2015；Moulton，2009；Nabatchi，2012），以及创造和改变公共价值的政治机制。"民主"是关于如何得出建立拟议的公共价值作为集体行动的指令的一个持久的、理想化的公共价值的例子。类似的循环性也适用于其他"伟大"的公共价值，这些价值对于（普遍）公共领域的概念来说是构成性的（Kairyst，2003 年关于法治）。公共价值是关乎普遍利益的价值，无论那是什么。这两者实际上不能独立定义，而且似乎不可避免地存在某种循环，因为我们所处理的是理解社会现实的基本概念。

除了波兹曼，迈因哈特（2009）是少数提供公共价值定义的人之一["公共价值是指对'公共'产生影响的价值因素"（第 206 页）]，并得出了需求的心理学理论等。与贝宁顿略有不同的是，他认为公共价值也许是影响价值的东西，即"关于'公共'的价值"。"它是关于个体和社会实体（如群体、社区、国家、民族等结构）之间关系的、用以描述这种关系的性质的价值。"（Meynhardt，2009，第 206 页）这与正义、民主或法治等广为接受的公共价值相契合。我们还可以加上"群体之间的关系"，换个说法，它涉及人类和社会的形象，包括公共和私人之间的重要区别。尽管迈因哈特拒绝"共同利益"的提法，但这不可避免地意味着"美好生活"或"美好社会"的概念。正如雷舍尔（1982）所言，任何实质性的价值概念都是"对美好生活的憧憬"和"对应该如何生活的憧憬"。（第 10 页）公共价值是关注"美好社会"或"普遍利益"的具体价值，即社会的可持续发展和社会成员的福祉，而不考虑眼前的个人偏好或利益。

结　语

在本文开始的部分，有人提出了一个问题，即公共价值的概念是如何被构建为研究公共行政的核心概念的。当代的论述似乎以至少三种不同的方式使用"公共价值"一词。

第一，这个词指某一特定价值对"公众"的重要性（正义、民主、自由、健康等）。人们关注的是这些具体的公共价值的意义，而公共价值概念的意义则被简单地预设为没有问题。无论是 PVM 还是 PVF 论述中的作者，主要关注的都是如何确定和实现这些公共价值的问题。

第二，"公共价值"这个词是作为一个类属（二阶）概念来表示一阶意义上的可能的公共价值的总和。很少有人试图给出一个"清晰而明确"的定义，但作为一个宏大概念，很可能所有的公共价值没有可识别的单一特征。一个更普遍或更广泛的定义可能会要求路德维希·维特根斯坦（Ludwig Wittgenstein）（1976）所说的"家族相似性"（第 66 页）。维特根斯坦自己也以"游戏"的概念为例。（第 67 页）[19]有些很有趣，有些很残忍，有些是单人的，而有些是团队运动，等等；没有那种所有游戏共同拥有的一类特征，正如家庭成员之间也各不相同。更重要的是，公共价值的定义由于不得不提到"共同利益""美好生活"，以及反之亦然的"共同利益"来构成最终的公共价值，因此最终陷入了循环。类似的循环性问题也适用于同样预设的公共和私人之间的区别的假设。

第三，与前两者相反，"公共价值"一词并不是用来表示一个概念或研究对象，而是一种研究公共行政的方法。一个例子就是贝宁顿和穆尔（2011b）的言论。[20] 为了避免混淆，最好不要在这个意义上使用公共价值，而使用一个具体的名称，如公共价值管理（PVM）。从避免混淆的角度看，更糟糕的是将单数和复数的名称区别开来，将PVM表示为单数的"公共价值"，将PVF表示为复数的"公共价值"。（Nabatchi，2012，第699页）

正如迈因哈特等人所指出的那样，价值的概念不是发展不足，就是证明涉及相当复杂的（跨学科）概念化。单一的公共价值概念化似乎不太可能解决现有的模糊性和模棱两可问题，从而为理论特别是实践提供更明确的焦点。这反映在诸如"……公共价值的概念在意义和用法上并不像许多人希望的那样单一"（Van der Wal & Van Hout，2009，第227页）。事实上，对公共价值的关注导致引入了该领域几十年来所遇到的几乎所有可以想象的学科和哲学问题。公共价值确实可能是一个有用的概念，但仍有一个重要的方式；不是作为一个定义明确的理论概念来指导行动，而是作为一个调节性的理念（Meynhardt，2009，第204页）来帮助确定重要问题。这类似于约翰·罗尔（John Rohr）将制度价值概念作为官僚的行动指南，它不是一个理论上精确的概念，而主要是一个教学工具（Rohr，1989，第68页；Overeem，2015）。同样，公共价值也被用作一种启发式工具。因此，波兹曼的PVF框架是一种启发式工具，用于识别可能被忽视的重要后果，而穆尔的公共价值评分卡则是公共管理者的启发式工具。正如科林·塔尔伯特（Colin Talbot）（2008）所言，在穆尔看来，"公共价值记分卡"是一种"公共价值的操作性定义"（第3页）。

　　作为一种启发式的方法，公共价值可以帮助人们从不同的角度来看待行政管理现象，尽管公共价值本身的性质还很不明确，但它有助于避免把事实作为简单的、无可争议的出发点。然而，在概念层面上，我们似乎同样面临着詹姆斯·G.玛驰（James G. March）(1989)在将权力概念视为"解释的其他范畴"（第 148 页）时所表现出的情绪，他接着指出："总的来说，权力是一个令人失望的概念。"（第 149页）正如权力是一个普遍使用的概念一样，我们可以做更多的证明，证明公共价值作为一个核心概念具有价值。同样类似的是，权力在某种程度上意味着一种因果关系（"影响他人行为的能力"），但同样难以确定（公共）价值究竟是如何影响行为的。

　　最后，在考虑到前面的意见的基础上，笔者提出了一个暂定的、也许略显荒唐的、包罗万象的公共价值的定义。公共价值是一个社会的组织和活动中的持久信念，这些信念被认为在当前或未来对该社会的存在、运作和可持续性、其成员的福祉有着直接或间接的、至关重要或可取的、积极或消极的作用，它涵盖了人类社会的规范性理念——美好社会、共同财富、普遍利益，它赋予集体行动以意义、方向和合法性，因为它在制定、合法化和评估这种提议或执行集体行动时可作为一种论据。它们可能被或不被、集体和/或整个政治社会提出或接受，从而形成共识，也可能成为辩论和扭曲的对象。

　　前面的定义试图抓住前面讨论过的大部分内容（实际上还多一点儿）。根据规范性（描述性和规定性）的意图，特征可能被排除或包括在内（如波兹曼在"权利、利益和特权"方面的规定），或者，我建议将公共价值分成一个涉及那些公共职能人员（政治的或行政的、业余的或专业的）性质和行为的特定子群，其中这些人必须确保识别、合法化、实现和维护公共价值[21]。该定义的最后一行表明，个体有可能将某一事物视为公共价值，而在另一个极端，则是要得到行政全体成员的同意，才能将某一价值视为"公共价值"。

　　无疑，还可以或应该增加更多的特征。如前所述，循环性是难以避免的，任何一种公共价值都不可能同时包括所有特征。虽然包括很多，其中也有对比性的特征，但公共价值的前提条件，如社会环境、被视为公共（或私人）的东西之间的区别或政治制度，都被遗漏了。

　　一方面，公共价值是一个至关重要的概念，因为公共行政的重点在于其创造、合法化、执行和制定；另一方面，危险的是它是一种新价值论，一种过于宽泛和模糊的概念以某种方式包括所有的行政管理现象。公共价值是一个有价值的核心概念，这一立场并不完全令人信服，很难确定其含义，也很难使其真正成为相对思想和行动的明确概念。即使明确区分事实和价值也被证明是棘手的；但它强调，公共管理永远不能假装只限于既定事实。从几十年来的诸多尝试来看，可能一个模糊的公共价值概念也已经是"尽善尽美"了。

注释

　　1. 当然，根据一个人的目标，可能会指出其他"流派"。因此，波兹曼和杰普拉·约翰逊（Japera Johnson）（2015）区分了三种（公共政策、管理和规范）方法，在罗特格斯（2012）的观点中，我添加了公共道德作为一个独立的论述，但公共服务动机文献或许也可以被视为关注公共价值的文献。

　　2. 沙因是组织文化方面最有影响力的作者之一。（Brocklehurst，1998，第452页）

　　3. "具有大量相关价值的价值我们称之为节点价值。它们似乎在价值网络中占据着中心位置……我们更倾向于使用'节点'这一术语，因为它较少暗示该价值一定比其他价值更重要。"（Beck-Jørgensen & Bozeman，2006，第370—371页）。

　　4. 万神殿（本文意译为"宏大"）是罗马的一座神庙，专门供奉罗马帝国所有的神或神灵，是最初的"名人堂"。由于供奉的是所有可能的神灵，万神殿中包含一个相当折中甚至是无政府主义的部分，包括主要的和不太为人所知的，甚至是非常晦涩的神灵。

　　5. "对立"一词不一定指相反的，也就是不想要的东西，可能只是有些东西不是（不被理解为）欲望的对象。因此，作为这样的事实，就其可取性而言是中性的。它的价值可以是积极的，也可以是消极的。也可参见后面的内容：价值可以是积极的，也可以是消极的。

6. "无法定义价值这个概念，因为没有其他的基本术语可以追溯了。"（Stern，1927，第 41 页）（原文为德文，意思是价值这个概念无法再用更基本的概念来解释了。——译者注）类似的困难还有，例如，定义概念的概念，然而我们不能没有概念。（参见 Peterson，1984）

7. 这一表述通常归功于威廉·E. 康诺利（William E. Connolly）（1984）。

8. 在这个例子中，两种价值实际上都依赖于同一个隐喻，即身体要么是完整的、健康的，要么是有病的、残缺的。含义的对立性是一种最重要的语义关系。费迪南·德·索绪尔（Ferdinand de Saussure）认为，在任何语言中，价值或意义都是通过对立（二元对立）或相似（同义词）（Lyons，1971，第 461 页）来建立的。

9. 消极幅度不仅是一种否定，而且是一种本身具有不同取向的幅度，也就是说，它是消极的，因为它中和了一个相反的量级（Kant，1763/1981，第 786 页）。

10. 这与后面讨论的规范性概念是一致的。例如，约瑟夫·拉兹（Joseph Raz）（2000，第 34 页）认为，所有规范性与理性和理智密切相关。乔纳森·丹西（Jonathan Dancy）也在规范性和理性之间建立了密切的联系："现在没有人否认理性的概念是规范性的核心。"（Dancy，2000，第 viii 页）

11. 我认为，理性论证和理性之后是密切相关的（Rutgers & Schreurs，2003）。

12. 含义规范性的论述源于索尔·克里普克（Saul Kripke）（1982）的著作。当然，也有反论，既反对含义的规范性，也反对其对自然主义的影响。（Hattiangadi，2006；Papineau & Tanney，1999）

13. 为了能够正确地表述，我们必须根据术语的应用规则来应用术语。"如果我通过……表述意味着某件事，那么我应该以某些方式使用它。"（Wikforss，2001，第 2 页；Hattiangadi，2006，第 220 页）至少，这意味着含义的规范性导致规范性与非规范性之间的界限模糊不清，即事实与价值之间的界限（Gibbard，2003，第 84 页）。

14. 尽管如此，在科学领域，事情也不总是很清楚。例如，在《物种起源》的导言中，达尔文指出"自然选择"和"生存竞争"似乎迅速地意味着与意识过程的规范性关联（Wallace，1998，第16页）。杰夫·华莱士（Jeff Wallace）（1998）认为，这就是对达尔文进化论的许多误读的根源，即使达尔文的术语现在已经成为日常词汇的一部分。

15. 同时，这又带来了许多困难，如果不只是因为"一般利益"几乎是"公共"的同义词，而且也是模糊不清的（Alford & O'Flynn，2009，第175页；Bozeman，2002，第148页；King，Chilton & Roberts，2010）。

16. 这里讨论的问题并不涉及主观或客观的价值，首要目的是确立公共价值与私人或个人价值的本体论地位。

17. 可以说在穆尔（2013）的书中确实发生了。

18. 其实，这并不是胡编乱造的说法，荷兰的有线电视公司有义务为所有家庭提供一套廉价的基本频道，频道的选择由公民小组控制。

19. 维特根斯坦（1965）实际上拒绝了"我们对一般性的渴望"（第18页）。这意味着没有一套单一的特性（内涵）可供选择，甚至可能有对立的特质，因此这些特质不会同时适合概念的具体使用。

20. 这同样会导致普遍性的问题，即使用同一术语"公共管理"来指代研究对象和实际研究本身所造成的混乱，例如，政治学、经济学和社会学分别指代政治、经济和社会。

21. 将公共职能人员作为被赋予特定公共权力以干预他人生活的人予以特别关注，涉及公共管理研究的重要公共价值。它承认，公共职能人员负有特殊责任，需要帮助确定、制定甚至促进达成共同的或至少是合法的公共价值，以及这些价值如何影响具体实际的目标和实现这些目标的目的（即行动）。

参考文献

Alford，J.，& Hyghes，O.（2008）．Public Value Pragmatism as the Next Phase of Public Management. *The American Review of Public Administration*，38（2），130-148.

Alford，J.，& O'Flynn，J.（2009）．Making Sense of Public Value：Concepts，Critiques and Emergent Meanings. *International Journal of Public Administration*，32（3），171-191.

Bao, G. , Wang, X. , Larsen, G. L. , & Morgan, D. G. (2013). Beyond New Public Governance: A Value-Based Global Framework for Performance Management, Governance, and Leadership. *Administration & Society*, *45*, 443 – 467.

Beck-Jørgensen, T. B. (2006). Public Values, Their Nature, Stability and Change: The Case of Denmark. *Public Administration Quarterly*, *30*(4), 365 – 398.

Beck-Jørgensen, T. B. , & Bozeman, B. (2006). The Public Values Universe: An Inventory. *Administration & Society*, *39*, 354 – 381.

Benington, J. (2009). Creating the Public In Order To Create Public Value? *International Journal of Public Administration*, *32*(3), 232 – 249.

Benington, J. (2011). From Private Choice to Public Value. In: J. Benington, *Creating Public Value*. Cambridge, MA: Harvard University Press.

Benington, J. & Moore, M. H. (Eds.), *Public Value Theory & Practice* (pp. 31 – 51). Basingstoke, UK: Palgrave Macmillan.

Benington, J. , & Moore, M. H. (2011a). Public Value in Complex and Changing Times. In J. Benington & M. H. Moore (Eds.), *Public Value Theory & Practice* (pp. 1 – 30). Basingstoke, UK: Palgrave Macmillan.

Benington, J. , & Moore, M. H. (2011b). Conclusions: Looking Ahead. In J. Benington & M. H. Moore(Eds.), *Public Value Theory & Practice* (pp. 256 – 274). Basingstoke, UK: Palgrave Macmillan.

Bozeman, B. (2002). Public-Value Failure: When Efficient Markets May Not Do. *Public Administration Review*, *62*, 145 – 161.

Bozeman, B. (2007). *Public Values and Public Interest: Counterbalancing Economic Individualism*. Washington, DC: Georgetown University Press.

Bozeman, B. , & Johnson, J. (2015). The Political Economy of Public Values: A Case for the Public Sphere and Progressive Opportunity. *The American Review of Public Administration*, *45*(1), 61 – 85.

Brocklehurst, M. (1998). Organizational Culture. In C. L. Cooper & C. Argyris (Eds.), *The Concise Blackwell Encyclopedia of Management* （pp. 450 - 452）. Malden, MA/Oxford: Blackwell.

Coats, D. , & Passmore, E. (2008). *Public Value: The Next Steps in Public Service Reform*. London: The Work Foundation.

Cole, M. , & Parston, G. (2006). *Unlocking Public Value: A New Model for Achieving High Performance in Public Service Organizations*. Hoboken, NJ: Wiley.

Connolly, W. E. (1984). The Politics of Discourse. In M. J. Shapiro (Ed.), *Language and Politics* (pp. 139 - 167). Oxford, UK: Blackwell.

Dancy, J. (2000). Editor's introduction. In J. Dancy (Ed.), *Normativity* (pp. vii - xv). Oxford, UK: Blackwell.

Feeney, M. K. (2008, May 28 - 31). *Public Wars and Private Armies: Militaries, Mercenaries, and Public Values*. Paper presented at The Copenhagen International Public Value Workshop, University of Copenhagen, Denmark.

Feeney, M. K. , & Bozeman, B. (2007). Public Values and Public Value Failure: Implications of the 2004 - 2005 Flu Vaccine Case. *Public Integrity*, *9*(2), 175 - 190.

Fisher, E. , Slade, C. P, Anderson, D. , & Bozeman, B. (2010). The Public Value of Nanotechnology? *Scientometrics*, *85*, 29 - 39.

Gibbard, A. (2003). Thoughts and Norms. *Philosophical Issues*, *13*(1), 83 - 98.

Hattiangadi, A. (2006). Is Meaning Normative? *Mind & Language*, *21*, 220 - 240.

Hodgkinson, C. (1978). *Towards a Philosophy of Administration*. Oxford, UK: Basil Blackwell.

Honderich, T. (Ed.). (1995). *The Oxford Companion to Philosophy*. Oxford, UK: Oxford University Press.

Kairyst, D. (2003). Searching for the Rule of Law. *Suffolk University Law Review*, *36*, 307 - 332.

Kant, I. (1981). Versuch den Begriff der negativen Grössen in die Weltweisheit einzuführen [Attempt to Introduce the Concept of Negative Magnitude into Philosophy/Social Study]. In I. Kant (Ed.), *Vorkritische Schriften bis 1768, part two* (pp. 779 - 819). Darmstadt, Germany: Wissenschaftliche Buchgesellschaft. (Original work published in 1763)

Kernaghan, K. (2003). Integrating Values into Public Service: The Values Statement as Centerpiece. *Public Administration Review, 63* (6), 711 - 719.

King, S. M., Chilton, B. S., & Roberts, G. E. (2010). Reflections on Defining the Public Interest. *Administration & Society, 41* (8), 954 - 978.

Kripke, S. (1982). *Wittgenstein on Rules and Private Language*. Cambridge, UK: Harvard University Press.

Lyons, J. (1971). *Introduction to Theoretical Linguistics: Reprint.* Cambridge, UK: Cambridge University Press.

March, J. G. (1989). The Power of Power. In J. G. March (Ed.), *Decisions and Organizations* (2nd ed., pp. 116 - 149). Oxford, UK: Basil Blackwell.

Meyer, R. (2011). The Public Value Failures of Climate Science in the US. *Minerva, 49*, 47 - 70.

Meynhardt, T. (2009). Public Value Inside: What is public value creation? *International Journal of Public Administration, 32*, 192 - 219.

Meynhardt, T., & Metelmann, J. (2009). Pushing the Envelope: Creating Public Value in the Labor Market: An Empirical Study on the Role of Middle Managers. *International Journal of Public Administration 32*, 274 - 312.

Mittelstrass, J. (1984). *Enzyklopädie Philosophie und Wissenschaftstheorie* [Encyclopedia of Philosophy and Theory of the Sciences] (Vol. 2). Mannheim, Germany: B. I. -Wissenschaftsverslag.

Moore, M. H. (2003). *Creating Public Value: Strategic Management in Government* (8th ed.). Cambridge, MA: Harvard University Press.

Moore，M. H. (2013). *Recognizing Public Value*. Cambridge，MA：Harvard University Press.

Moulton，S. (2009). Putting Together the Publicness Puzzle：A Framework for Realized Publicness. *Public Administration Review*，*69*(5)，889 – 900.

Moulton，S. ，& Bozeman，B. (2008，May). *The Subprime Mortgage Market：Implications for Managing Publicness*. Paper Presented at the Public Values Research Workshop，Copenhagen.

Nabatchi，T. (2012). Putting the "Public" Back in Public Value Research：Designing Participation to Identify and Respond to Values. *Public Administration Review*，*71*，699 – 708.

O'Flynn，J. (2007). From New Public Management to Public Value：Paradigmatic Change and Managerial Implications. *The Australian Journal of Public Administration*，*66*，353 – 366.

Overeem，P. (2015). The Concept of Regime Values：Are Revitalization and Regime Change Possible? *The American Review of Public Administration*，*45*(1)，46 – 60.

Oyserman，D. (2001). Values：Psychological Perspectives. In N. J. Smelser & P. B. Baltes (Eds.)，*International Encyclopedia of the Social & Behavioral Sciences* (pp. 16150 – 16153). Amsterdam，The Netherlands：Elsevier.

Papineau，D. ，& Tanney，J. (1999). Normativity and Judgement [Supplement]. *Proceedings of the Aristotelian Society*，*73*，16 – 43.

Peterson，P. L. (1984). Semantic Indeterminacy and Scientific Underdetermination. *Philosophy of Science*，*51*，464 – 487.

Pollitt，C. ，& Hupe，P. (2011). Talking About Government：The Role of Magic Concepts. *Public Management Review*，*43*，641 – 658.

Putnam，H. (2002). *The Collapse of the Fact/Value Dichotomy and Other Essays*. Cambridge，MA：Harvard University Press.

Railton，P. (2000). Normative Force and Normative Freedom：Hume and Kant. In J. Dancy (Ed.)，*Normativity* (pp. 1 – 33). Oxford，UK：

Blackwell.

Raz, J. (2000). Explaining Normativity: On Rationality and the Justification of Reason. In J. Dancy (Ed.), *Normativity* (pp. 34 - 59). Oxford, UK: Blackwell.

Rescher, N. (1982). *Introduction to Value Theory*. Washington, DC: University Press of America.

Rhodes, R. A. W., & Wanna, J. (2007). The Limits to Public Value, or Rescuing Responsible Government from the Platonic Guardians. *The Australian Journal of Public Administration*, 66(4), 406 - 421.

Ricoeur, P. (2004). *Sur la Traduction* [On translation]. Paris, France: Bayard.

Robbins, S. P. (1980). *The Administrative Process* (2nd ed.). Englewood Cliffs, NJ: Prentice-Hall.

Rohr, J. A. (1989). *Ethics for Bureaucrats: An Essay on Law and Values* (2nd ed.). New York, NY: Marcel Dekker.

Rothstein, L. E. (1975). What About the Fact/Value Dichotomy: A Belated Reply. *Journal of Value Inquiry*, 9, 307 - 311.

Rutgers, M. R. (1996). The Meaning of Administration: Translating Across Boundaries. *Journal of Management Inquiry*, 5(1), 14 - 20.

Rutgers, M. R. (2008). Sorting Out Public Values? On the Contingency of Value Classifications in Public Administration. Introduction. *Administrative Theory & Praxis*, 30(1), 92 - 113.

Rutgers, M. R. (2012). *Het Pantheon van Publieke Waarden* [The Pantheon of Public Values]. Amsterdam: University of Amsterdam.

Rutgers, M. R., & Schreurs, P. (2003). Reassessing Purpose and Value: Towards an End/Action Model of Values in Public Administration. In M. R. Rutgers (Ed.), *Retracing Public Administration* (pp. 257 - 290). Amsterdam: JAI press/Elseviers International.

Schein, E. H. (1987). *Organizational Culture and Leadership*. San Francisco, CA: Jossey-Bass.

Schein, E. H. (1999). *The Corporate Culture Survival Guide: Sense and Nonsense About Culture Change*. San Francisco, CA: Jossey-Bass.

Selden, S. C., Brewer, G. A., & Brudney, J. L. (1999). Reconciling Competing Values in Public Administration: Understanding the Administrative Role Concept. *Administration & Society*, *31* (2), 171-204.

Self, P. (1982). *Administrative Theories and Politics: An Enquiry into the Structure and Processes of Modern Government* (3rd ed.). London, England: Allen & Unwin.

Sills, D. L. (Ed.). (1968). *International Encyclopedia of the Social Sciences* (Vol. 3, pp. 527-543). New York, NY: Macmillan.

Simon, H. A. (1976). *Administrative Behavior: A Study of Decision-Making Processes in Administrative Organization* (3rd ed.). New York, NY: The Free Press.

Spano, A. (2009). Public Value Creation and Management Control Systems. *International Journal of Public Administration*, *32*(3), 328-348.

Stern, W. (1924). *Person und Sache: System des kritischen Personalismus. Wertphilosophy 3e band* [Person and Object: System of Critical Personalism]. Leipzig, Germany: Barth.

Stoker, G. (2006). Public Value Management: A New Narrative for Networked Governance? *American Review of Public Administration*, *36* (1), 41-57.

Talbot, C. (2008). *Measuring Public Value: A Competing Values Approach*. London: The Work Foundation.

Talbot, C. (2009). Public Value: the Next 'Big thing' in Public Management? *International Journal of Public Administration*, *32*, 167-170.

Van der Wal, Z., & Van Hout, E. Th. J. (2009). Is Public Value Pluralism Paramount? The Intrinsic Multiplicity and Hybridity of Public Values. *International Journal of Public Administration*, *32*(3), 220-231.

Van der Wal, Z., Hubert, L., Van den Heuvel, H., & Kolthoff, E. (2006).

Central Values of Government and Business: Differences, Similarities and Conflicts. *Public Administration Quarterly*, 314 - 364.

Van der Wal, Z., Nabatchi, T., & De Graaf, G. (2015). From Galaxies to Universe: A Cross-Disciplinary Review and Analysis of Public Values Publications from 1969 to 2012. *The American Review of Public Administration*, 45(1), 13 - 28.

Van Wart, M. (1998). *Changing Public Sector Values*. New York, NY: Garland Publishing.

Waldo, D. (1984). *The Administrative State: A Study of the Political Theory of American Public Administration* (2nd ed.). New York, NY: Holmes & Meier.

Wallace, J. (1998). Introduction. In C. Darwin (Ed.), *The Origin of Species* (pp. vii - xxiii). Ware, UK: Wordsworth editions. (Original work published in 1859).

Wikforss, A. M. (2001). Semantic Normativity. *Philosophical Studies*, *102*, 203 - 226. Wittgenstein, L. (1965). *The Blue and Brown Books*. New York, NY: Harper & Row.

Wittgenstein, L. (1976). *Filosofische onderzoekingen* [Philosophical Investigations]. Meppel, The Netherlands: Boom.

作者简介

马克·R. 罗特格斯（Mark R. Rutgers）是荷兰阿姆斯特丹大学政治学系公共管理哲学教授。

2. 让"公众"重回公共价值研究： 设置参与机制以识别和回应价值[*]

蒂娜·纳巴奇（Tina Nabatchi）

本文通过探讨公民直接参与协助识别、理解公共价值的理论可能性，借此将"公众"重新纳入公共价值研究中。具体来说，本文探讨了八个有关参与的设计元素，并提出了九个相关命题，阐释这些元素会对行政人员识别、理解政策冲突中公共价值的能力产生何种影响。文章最后对未来的研究方向做了简要的讨论。

近年来，学界对公共价值的兴趣与日俱增。考虑到公共行政中公共价值的多元性（例如 Galston 2002；Pesch 2008；Spicer 2010；Van der Wal and Van Hout 2009），学者们开发了公共价值分类系统（例如 Beck Jørgensen and Bozeman 2007），提出了关于创造公共价值（例如 Moore 1995）、防止公共价值失灵（例如 Bozeman 2007）、协调公共价值冲突（例如 Selden，Brewer and Brudney 1999；Spicer 2009）的概念。但是，大多数这方面的研究都局限于组织和网络两种情境，很少有人能在公共价值研究中明确关注到"公众"。

本文试图通过两种具体的方法将"公众"重新纳入公共价值研究。首先，这篇文章解释了为什么忽视公众，特别在解决与公共价值冲突相关的政策冲突时忽视公众会产生问题。本文认为，解决此类

---

　　* 原文来源：Nabatchi，T.（2012）. Putting the "public" back in public values research：Designing participation to identify and respond to values. *Public Administration Review*，72(5)，699－708.

政策冲突,需要管理者在相互矛盾的公共价值中识别、理解并做出选择,而当有公众参与时,这一任务将能更有效地完成。然而,并非所有的公众参与过程都是相同的。正如约翰·杜威(John Dewey)所说,公众参与的挑战在于"如何改善辩论、讨论和说服的方法和条件"(1927,365)。自杜威所处的时代以来,人们已经在这方面取得了很大进步,但由于可用的工具、技术和程序异常丰富,参与式过程的设计和目标存在着巨大的差异性。于是这样一个问题应运而生:如何设计参与过程,以最好地解决基于价值的政策冲突。因此,本文的第二个目标是理论化分析对不同参与方案的选择如何能够或不能使行政人员在政策冲突中激发和响应公共价值的可能性最大化。

为达成上述目标,本文首先对公共行政中的价值(译者注:单数,value)、价值(译者注:复数,values)和价值多元性(译者注:values pluralism)进行了考察。其次,文章查验了八个参与式设计选择,并提出了理论驱动的、可测试的命题,以阐释这些设计选择如何影响行政人员识别、理解特定政策争议中相关公共价值的能力。最后,文章对未来的研究方向进行了讨论。

公共管理中的价值(value)、价值(values)和价值多元性(values pluralism)

一般来说,"价值"(单数,value)一词指的是某物的价格;对政府来说,公共价值(public value)意味着一种评估,即评估政府以公众之名创造的价值。穆尔(1995)认为,管理者专注于三个有关目标的关键问题,就意味着开启了公共价值创造。这三个问题为:"目标对于公众是否有意义? 它是否会得到政治和法律的支持? 在行政上和操作上是否可行?"(1995,22)。若对有待满足的需求、满足这些需求的策略、生产和提供服务的过程做了错误判断,就会损害公共价值。(Spano 2009)

相反，"价值（复数，values）是指导个人行为的情绪认知评估，复杂而相对稳定"[1]。对政府来说，公共价值（public values）为"（1）公民应（不应）享有的权利、利益和特权；（2）公民对社会、国家和公民的义务；（3）政府和政策应依据的原则等提供的规范性共识"（Bozeman 2007，13）。"当市场和公共部门都不提供实现公共价值所需的商品和服务时，就会发生公共价值失灵。"（Bozeman 2007，144 重点补充道）当"没有足够的手段来确保核心价值的表达和有效沟通，或者凝聚价值的过程产生了扭曲"时，公共价值失灵的可能性就会增加。（Bozeman 2007，145）

尽管公共价值塑造了社会结构，但在某些情况下（可能是多数情况下），人们对公共价值存在根本性分歧，且没有特定的公共价值或价值序列（例如一组相关的公共价值）作为万能的参照，产生规范性共识。这在某种程度上要归因于公共价值多元主义（public values pluralism），即几种价值和价值取向同时存在于社会中，所有这些价值和取向可能是同样有效、正确和基本的（例如 Galston 2002；Molina and Spicer 2004）。公共价值多元主义在公共行政中普遍存在，尤其在公共政策中，几乎所有争议都可归结为相互冲突的价值之间的选择。在抽象的层面上，我们可以思考"追求自由与追求平等、追求公正与追求仁慈、追求自主性与追求安全性为何互不相容"（Molina and Spicer 2004，293）这一问题。还有一些更具体的例子，例如：

- 经济发展政策为何可能引发经济增长、历史保护、环境保护和税收公平等价值之间的冲突
- 促进机会平等的政策为何可能导致效率、公正、平等、美德和个人成就等价值之间的冲突
- 与环境问题相关的政策为何可能引发保存与保护、社会正义、经济增长和岗位开发等价值之间的冲突
- 犯罪政策为何可能导致自由、安全、程序正义、平等、有效性、

可及性和正义等价值之间的冲突

- 安全政策为何可能会在知识生产、信息共享、机密性、隐私、公民自由、个人权利和安全等价值之间产生冲突

为了处理特定政策问题的公共价值多元性，管理者必须能够确定相关的公共价值（例如对其进行识别与命名），理解这些价值（例如描述或解释某种价值，并阐明它与其他价值的关系），调和价值冲突（例如对矛盾的公共价值进行排序、汇总和选择），以全方面地创造公共价值，防止公共价值的失灵。波兹曼建议，公共价值可以由直觉，选举、投票、民意调查和类似机制，学术文献来辨识（2007，133—141）。然而，这些方法都倾向于偏爱某些特殊的价值，因此可能既不包含也无法辨认出与给定问题相关的所有价值。

也有学者提出了几种"调和方法论"（Buchanan and Millstone 1979，296）来帮助理解和选择相互冲突的公共价值。例如，个人可以使用公共价值绘图模型（例如 Bozeman 2007），引用道德和其他行为准则（例如 Kernaghan 2000，2003），或使用法律推理（例如 Spicer 2009）。在组织和网络层面，领导力（例如 Vandenabeele 2007；Wallis and Gregory 2009），管理性角色、行动和行为（例如 Meynhardt and Metelmann 2009），官僚控制（例如 Selden，Brewer，and Brudney 1999），以及各种管理控制系统（例如 Spano 2009），都可以用来解决价值冲突。然而，所有这些机制是在组织框架内运作的，几乎不考虑公众的作用。

这些认同与调和机制的首要问题在于，它们忽视了公民对于解决基于价值的公共政策冲突的作用；因此，公民无法帮助创造公共价值，或阻止公共价值的失灵。至少就公共政策冲突而言，一个可能的更好的调和方法是，公民直接、积极地参与，由他们确定公共价值的构成，阐明公共价值创造和防止公共价值失灵所需的内容，并为实现这些目标做出取舍。这种从相异的个人公共价值观到更广泛的社会公共价值的转变，需要一个持续的公共领域内的社会探究、讨论和对

话过程（Benington 2009；Bozeman 2007；Dewey 1927），即它需要公众参与。

设计参与以解决公共政策中的价值冲突

公众参与是几乎公认的民主基础。[2]在现代民主的背景下，公民的政治参与主要是间接参与，即投票。[3]然而，在过去的几十年里，在全球各个地方、州和国家层面，公民直接参与的需求都急剧增长。直接的公民参与可以被定义为"社会成员（指不担任公职或无政府行政级别者）与公职官员在社群相关的实质性决策上分享权力的过程"（Roberts 2008a，5）。这里的重点是，公民直接参与公共行政，而不是参与选举机构或民间社会组织。

长期以来，学者们都认为，公众参与可以帮助行政人员更好地识别和理解公共价值，从而改善政策决策的过程和结果（例如Carpenter and Kennedy 2001；Matthews 1984，1994；Roberts 2008）。[4]同样，关于公民直接参与的其他潜在影响（不论好坏），学界也有众多相关研究（参见 Fung 2003，2006；Nabatchi 2010；Roberts 2008a，2008b）。然而，目前的实证研究没能解决公众参与的潜在利益和缺陷方面的争论（参见 Delli Carpini，Cook and Jacobs 2004；Roberts 2008a；Ryfe 2005）。参与结果的好坏似乎在某种程度上取决于参与形式的设计。因此，我们的研究问题是：在特定政策问题上，如何设计公众参与过程以最大限度地识别、理解公共价值。

本节探讨了八个参与式设计的元素，检验它们是否能协助公共行政人员在特定的政策冲突中识别和理解公共价值。这八个要素是（1）合作程度、（2）沟通模式、（3）共享决策权威的程度、（4）参与机制、（5）信息材料、（6）参与者选择、（7）参与者招募，以及（8）重复和迭代（关于要素选择的讨论，见 Fung 2003，2006）。我们给出了一系列命题，以讨论这些设计元素和管理者识别、理解给定政策冲突中公共价值的能力的关系。

在开始讨论前,要注意三个重要问题。首先,已有部分研究探讨了参与式设计元素及其后果(例如,Fung 2003,2006);然而,还没有研究将设计选择与公共价值的识别和理解联系起来。其次,除了本文讨论的元素之外,那些公众参与的推动者,还需考虑其他有关参与系统和过程设计的选择(Nabatchi 2011)。最后,设计选择并不是线性的。相反,由于选择相互关联,它们经历了多重因素的迭代和整合,比如参与的目标(例如机构为什么想要或需要参与,它希望实现什么目标),参与者的利益(例如参与者为什么想要参与,他们对参与重要性的看法),时效性(例如需要多久来做决定),命令、法律、法规,以及系统背景和组织条件(例如预算、人力和其他资源、可用技术和后勤限制)。

合作程度

经验表明,公众参与会导致政府与公民间产生不同程度的协作,包括对抗性的与合作性的,且前者可能更为普遍。尽管许多学者和实践者评论道(或存在刻板印象),公众参与是对抗性的、激发冲突的,但关于双方究竟是有意敌对,还是过程设计的效果产生了敌对,这一点存在争议(Carpenter and Kennedy 2001;McComas 2001)。

冲突解决理论认为,合作程度与关注点有关,即关注立场,还是关注利益(Carpenter and Kennedy 2001;Costantino and Merchant 1996;Ury,Brett and Goldberg 1988)。其中,立场是指某人或某个团体想要什么,而利益则是立场背后的原因,即为什么此人或此团体想要该事物。对于任何给定的事件,人们可能只有一个立场,但有多种利益存在,且某些会比其他更重要。在很多情况下,利益是由价值驱动的。

对抗性过程往往基于立场,制造并拥护属于个人或团体的相互冲突（或对立）的片面立场。因此，他们通常会滋生和助长冲突，并呈现出竞赛的形式，也就是说在结果中获得优势即被视为"胜利"。在美国，传统的公开听证会是公众参与的最常见形式（Fiorino，1990）；然而，由于其结构性质，它们会倾向于"鼓励参与者采取更极端的立场"，从而增强对抗性，减少合作与协调的机会（Beierle 1998，20 - 21）。

相反，合作性过程往往基于利益，专注于识别个人和团体的关注点、需求和价值。"关注利益会迫使各党派放弃他们声称的立场……他们不再采用敌对的语气，同时，他们的对手开始理解为什么他们会持有那样的立场。"（Carpenter and Kennedy 2001，61）这个过程通常鼓励参与者们进行合作，而"胜利"的定义变为达成双方都满意的结果，也就是说，一个所有人会支持的结果（尽管可能不是他们的最优选择）。虽然该过程倾向于促进合作，但它的目标不是"改变参与者所持有的价值和利益，而是阐明它们，帮助参与者重新审视如何最好地满足自身价值和利益"（Elliott 1999，213）。换句话说，该过程的核心在于，帮助参与者澄清、阐明并支撑那些塑造他们对事件的看法的利益和价值。简而言之，一段协作的性质趋向于对抗还是合作，在一定程度上取决于它关注立场还是利益。由此引出第一个命题：

命题 1：相较于基于立场的协作，基于利益的协作更有可能帮助公共行政人员识别、理解特定公共政策冲突中的公共价值。

沟通模式

公众参与可以采用单向、双向和/或协商的沟通方式。单向沟通是指信息单向流动，也就是信息按预先指定的方向从发送方传递到接收方。通常，流动方向是通过例如网站、传单、媒体简报和类似的机制从行政人员到公民；但有时它也可能通过例如"顾客"或"客户"调查等方式从公民流向管理员。信息共享往往是单向沟通的目的，也是公众参与的必需品；然而，单向沟通阻碍了反馈和协商的可能，它几乎不能提供讨论公共价值的空间。

双向沟通是指信息双向流动，或者说是信息的传递，其中个人既是发送方又是接收方。从参与的角度来说，人们可能认为双向交流等同于公民询问和行政人员答复。传统的听证会就是建立在双向沟通的基础上，然而在讨论过程中，它往往"被用来捍卫机构的决策，而不是让公众参与进来"(Bierle 1998,21)，并可能退化为单向沟通。

协商沟通更具结构性，并且将解决问题当作最终目标(Gastil 2008)。虽有差异，但一般来说，协商要求来自各方各面的参与者们进行开放、可及的合理讨论，他们需要"仔细思考问题，衡量各种解决方案的优缺点，做出的决定或判断不仅基于事实和数据，也囊括价值、情感和其他非技术因素"(Gastil 2005,164)。协商还要求：(1) 所有参与者有足够的发言机会；(2) 所有参与者有义务认真倾听、仔细斟酌其他参与者的发言；(3) 所有参与者相互尊重。[5](Gastil 2008,9—10)现今存在多种协商参与方式，如 21 世纪城镇会议、国家问题论坛、协商投票和公民陪审团等(关于这些和其他协商方式的讨论，见 Gastil and Levine 2005)。

虽然在不同情况下，每一种沟通模式都可能发挥效用，但常识和大量研究均表明，并非所有模式同等地适用于识别和理解公共价值。由此引出第二个命题：

命题 2：相较于双向沟通，协商沟通更有可能帮助公共行政人员识别、理解与既定政策冲突相关的公共价值。单向沟通最不可能帮助公共行政人员识别、理解与特定政策冲突相关的公共价值。

共享决策权威的程度

如果要让公众参与解决基于价值的政策冲突，那么必须让他们能够对决策产生一定程度的影响力，或者具有共享的权威。国际公众参与协会（IAP2）制作的公众参与谱系中的五点连续图谱常被用于帮助人们理解共享决策权威。图1展示了该图谱的修改版本，包括图谱上每个节点的沟通模式、目标，以及向公众做出的承诺。[6]

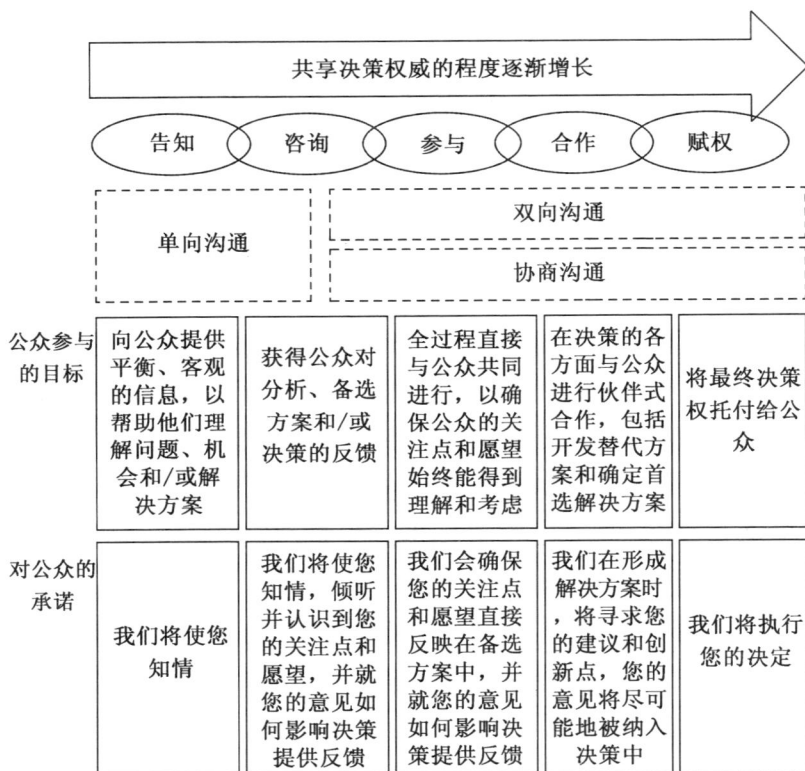

共享决策权威的程度逐渐增长

| 告知 | 咨询 | 参与 | 合作 | 赋权 |

| 单向沟通 | 双向沟通 | | |
| | 协商沟通 | | |

| 公众参与的目标 | 向公众提供平衡、客观的信息，以帮助他们理解问题、机会和/或解决方案 | 获得公众对分析、备选方案和/或决策的反馈 | 全过程直接与公众共同进行，以确保公众的关注点和愿望始终能得到理解和考虑 | 在决策的各方面与公众进行伙伴式合作，包括开发替代方案和确定首选解决方案 | 将最终决策权托付给公众 |
| 对公众的承诺 | 我们将使您知情 | 我们将使您知情，倾听并认识到您的关注点和愿望，并就您的意见如何影响决策提供反馈 | 我们会确保您的关注点和愿望直接反映在备选方案中，并就您的意见如何影响决策提供反馈 | 我们在形成解决方案时，将寻求您的建议和创新点，您的意见将尽可能地被纳入决策中 | 我们将执行您的决定 |

图1　经沟通模式调整后的参与图谱

资料来源：改编自 IAP2 的公共参与图谱（IAP2 2007）

图谱的第一级是告知公众，即"向公众提供平衡、客观的信息，以帮助他们理解问题、备选方案、机会和/或解决方案"的过程（IAP2 2007）。告知过程采用单向沟通，几乎不产生共享的决策权威。该过程的实例包括静态网站、邮件、单据附件和情况说明。

第二级是咨询公众，即"获得公众对分析、备选方案和/或决策的反馈"的过程（IAP2 2007）。咨询过程承诺将"倾听并认识到公众的关注点和愿望，并反馈公众的意见对决策的影响"（IAP2 2007）。它可能是单向沟通或双向沟通，并提供最低限度的共享决策权威（如果有的话）。该过程的实例包括传统的公众听证会、公众评论终端和焦点小组。

第三级是让公众参与，即"全过程都直接与公众共同进行，以确保公众的关注点和愿望始终能得到理解和考虑"（IAP2 2007）。参与过程通常采用双向沟通，少数情况可能采用协商沟通。另外，该过程承诺"公众的关注点和愿望直接反映在被开发的备选方案中"（IAP2 2007）；因此尽管程度从低到中不等，但该过程都有内在的共享决策权威。协商性投票（例如 Fishkin and Farrar 2005）和国家问题论坛（例如 Melville, Willingham and Dedrick 2005）都属于该过程的实例。

第四级是与公众合作，即"在决策的每个方面与公众进行伙伴式合作，包括开发替代方案和确定首选解决方案"（IAP2 2007）。合作过程更有可能采用协商沟通，尽管部分情况仍可能采用双向沟通。该过程承诺，公众的"意见和建议"将"尽可能地被纳入决策中"（IAP2 2007）；因此，它具备中等到高等的共享决策权威。美国之声21世纪城市会议（Lukensmeyer, Goldman and Brigham 2005）和公民陪审团（Crosby and Nethercut 2005）通常符合该过程。部分公民咨询委员会也可被视为合作过程（IAP2 2007）。

第五级是为公众赋权，即"将最终决策权托付给公众"的过程（IAP2 2007）。赋权过程最有可能采用协商沟通的方式，并且承诺政府将执行公众的决定，因此它享有最高级别的共享决策权威。该过程的一个实例是参与式预算，采纳巴西阿雷格里港的做法则更加典型（讨论见 Wampler 2007）。其他能保证代理方决策权威的过程也可以视为赋权过程。

鉴于共享决策权威的程度、沟通模式和协作程度之间的关系，以及图谱每一级的目标和承诺，我们提出以下命题：

命题 3：相较于低等或无共享决策权威的过程，具有中高等共享决策权威的过程更有可能帮助行政人员识别、理解与特定政策冲突相关的公共价值。

参与机制

参与机制是指参与的结构。它重点关注面对面沟通机制中的两类决定。[7]第一类需要选择群体规模的大小。大群体形式应是最常见的参与机制（例如，在传统的公开会议中，官员坐在房间前部，参与者上前对着麦克风发言）。就其本质而言，这种形式倾向于促进单向或有限的双向沟通；它阻碍了协商沟通的可能性，因为协商沟通要求所有参与者有充分的发言机会。大群体形式的沟通结构妨碍有意义的交流，因此它也容易促进冲突和对抗。

在小群体形式中，8—12 个人组成的小组围桌讨论问题，然后向在场所有人报告（注意，人数不是硬性限制）。[8]这种形式通常不采用单向沟通，它有助于双向沟通，也提高了协商沟通的可能性。该形式所面临的一个挑战是整合，即如何将单个小组的讨论结果转换为能够代表所有参与者集体工作的综合性建议。这样的整合就要求小组的讨论延伸到整体，同时将整体的偏好浓缩到小组。通常，人们还需进行多重整合，以"得出能够最好代表所有个人观点的集体观点"（Lukensmeyer and Brigham 2002，353）。

目前，我们有多种整合方法。例如，为了知晓哪些想法能得到最广泛的集体支持，21 世纪城镇会议使用了一种高科技方法，包括联网的笔记本电脑、投影屏幕和个人投票键盘来记录参与者的"投票"（Lukensmeyer and Brigham 2002；见 http://www. americaspeaks. org/）。还有一些技术含量较低的方法。例如，在活动挂图上记录想法，并用多种方法向所有人报告，再通过简单的投票过程来衡量集体支持，如"dotmocracy"（参见 http://www.dotmocracy.org/）。无论是高科技还是低科技手段，小组都可以反复讨论一个或多个已提出的想法，且该过程可以重复进行。

鉴于大群体形式采用单向或有限的双向沟通模式，且更可能促进对抗，而小群体模式及其整合流程更可能采用协商沟通、促进合作，我们提出第四个命题：

命题 4：相较于采用大群体模式的参与机制，采用小群体模式和整合流程的参与机制更有可能帮助行政人员识别、理解与特定政策冲突相关的公共价值。

参与机制的第二类决定为选择是否需要引导者。引导是指让一个中立的、没有决策权威的人帮助一个群体更有效地沟通、检查、解决问题并做出决定的过程（Schwartz 1994）。引导者有助于确保每个人都有发言权，保证"弱者也有充足的时间建言献策，发言者不只限于那些有最好的想法或论据的人"（Fung 2003,344）。鉴于一名或多名专业引导者在场可能加强面对面参与的效果，我们提出了第五个命题：

命题 5：相较于没有引导者的参与机制，有一个或多个专业引导者的参与机制更有可能帮助行政人员识别、理解与特定政策冲突相关的公共价值。

信息材料

另一项设计选择是使用何种信息材料（如果有的话），以便公众能够有效地、在充分知情的情况下参与。研究表明，尽管公民可以基于有限信息做出合理的良好决策，但如果他们拥有更多、更好的信息，那么这些决策的质量可以得到提高（例如 Delli Carpini 2000；Riggle et al. 1992）。信息材料应该是高质量的，并提供"充足的相关问题的背景和历史，对所有观点保持中立和公平，为公民创造新的选择留出空间，并能够获得所有受众的信任"（Lukensmeyer and Brigham 2002,355）。

信息材料合适与否取决于待检问题的复杂性——复杂性强的问题需要更多的信息材料。对于相对简单的政策问题，具体信息可以通过简短的发言或专家、小组讨论来传达。对于复杂的政策问题，一般可以使用议论书籍或问题指南。此外，组织者还可以邀请该主题的专家来解答任何技术问题或消除担忧。同时，共享权威的级别越高，信息材料就越重要。这就引出了第六个命题：

命题 6：相较于不提供信息材料的参与过程，提供信息材料的参与过程更有可能帮助行政人员识别、理解与特定政策冲突相关的公共价值。

参与者的选择

从国家层面（例如专业的行政人员和选举产生的代表们）到微型公众团体（例如专业或非专业的利益相关者，或随机选择的、自我选择的或被招募的个人），再到分散的公众成员（Fung 2006），参与者的选择可能存在极大差异。然而，为了清晰地呈现，此文只研究了两种类型的参与者选择："利益相关者"和"公众"的选择。

与公众的选择相比，利益相关者的选择至少在两个方面更为狭窄。首先，在利益相关者的选择中，参与者仅限于在特定主题中有积极、合法利益的人群，他们通常在正式团体或组织中有职业角色或个人参与。而在公众的选择中，相关政治社群或地理社群的所有居民可以参与。这两个群体之间存在重叠；单个利益相关者是公众，但单个公众不是利益相关者，除非他们正式地代表组织利益。其次，绝大多数利益相关者代表（并与其他利益相关者竞争）特殊利益（即特定的个人、团体或社会部分人群的利益），而不是更广泛的公共利益。

有关参与的研究中存在一项共识，即成功取决于"待在房间里的人是谁"（例如 Carpenter and Kennedy 2001；Susskind, McKearnan and Thomas-Larmer 1999）。包容性和多样性除了具备规范性公共价值，还具有工具性价值——它们表达多种视角和不同利益，容纳更深思熟虑的决策，以更广泛的视角看待某一行动的受益者或受害者（Beerle and Cayford 2002；Sirianni 2009）。因此，参与过程对更广泛的参与者开放，将更有可能识别和理解公共价值。由此引出另一个命题：

命题 7：相较于选择利益相关者作为参与者的过程，选择公众作为参与者的过程更有可能帮助行政人员识别、理解与特定政策冲突相关的公共价值。

参与者的招募

一旦选择了潜在的参与者，行政人员就需要招募他们。目前主要有四种参与者招募机制，它们可以单独使用或进行组合：主动自荐、随机选择、目标招募和激励招募。最常见的招募机制是主动自荐，个人自己决定是否参加。虽然这种方法最简单、资源消耗最少，但它可能会存在一些问题。出席会议的人都是典型的"常见人员"——那些非常关心该事件，且可能有非常明确立场的人，或者是那些"比他们身处的群体更富裕、受到更好的教育、更专业"的人（Fung 2003, 342）。因此，主动自荐可能会导致参与偏差，限制人们对公共价值和价值序列的认同和理解，使其偏向于特权群体。

其他招募机制旨在尽量减少参与偏差，但也更具挑战性，需要更密集的资源。顾名思义，随机选择意味着从合格的参与者群体中抽签选出一组参与者。目标招募则要求组织者检索人口普查局、标准城市统计区域和/或其他数据，以确定社区的人口概况，并招募"能够代表总人口情况"的参与者(Fung 2003,342)。这两种机制背后的理念都是提高参与过程的代表性，从而提高结果的可接受性、可信性和合法性。然而，这些招募机制的代表性取决于被选中的个人是否同意参与。为了提高达成协议的可能性，激励招募机制使用"结构性的"或"物质性的"刺激，以消除参与的直接障碍。虽然这些激励措施通常是针对"低地位和低收入公民"，但它们也可以对没有理由、时间或动机参与的群体起作用(Fung 2003,342)。这类奖励的例子有报酬(如每日津贴、酬金、礼品卡)和有货币价值的商品(如交通、膳食、子女或老人看护)。

虽然这些机制都不能保证完全消除在主动自荐中发现的参与偏差，但它们可能"使公众参与活动对不常参与政治的人更具吸引力"(Fung 2006,67)。由于增加了"常见人员"之外的人群发声的可能性，这些机制也更可能帮助公共行政人员识别和理解更广泛的公共价值。因此，我们提出了第八个命题：

命题8：相较于只使用主动自荐的招募方式，那些试图最小化参与偏差的招募方式更有可能帮助行政人员识别、理解与特定政策冲突相关的公共价值。

重复和迭代

这项设计选择关乎参与过程发生的频率，即它是一次性事件，还是长期的、持续的事件。阿肯·冯(Archon Fung)在这一问题上的观点正中要害，值得详细引用：

（我们下意识认为）参与式民主的频次越多越好。然而，这种直觉是不正确的，因为小型公共会议的频率应该根据其目的而定。如果召开小型公共会议的目的是……形成或确定公众对一个几乎静态的问题的意见……那么一场最终轮会议……可能就足够了。如果出现新的信息或相关条件发生变化，我们才需要调整增加会议频次。而对于那些致力于解决参与问题或民主治理的小型公共会议，我们应该更频繁地召开，可能是一年多次，因为他们必须常常更新自己的决定，并且监督官员需要持续努力。（2003，345）

尽管重复和迭代应根据参与过程的目标来决定，但基于冯的分析，我们提出的最后一个命题是：

命题9：对于复杂公共政策问题中的公众参与，相较于一次性的参与活动，多次的参与活动更有可能帮助行政人员识别、理解与特定政策冲突相关的公共价值。

综上所述，以上讨论表明，若干参与式设计元素的选择会影响公共行政人员识别、理解与政策冲突相关的公共价值的能力。具体来说，这些命题认为，对于任何给定的基于价值的政策冲突，当参与过程涵盖如下要点时，它更有可能帮助公共行政人员识别、理解所有相关的公共价值和价值序列：

- 以利益为导向
- 采用协商沟通模式
- 共享中等到高等决策权威
- 采用小群体模式并加入专业的引导者
- 提供信息材料
- 从公众中选择参与者

- 使用招募策略以最小化参与偏见
- 进行多轮会议

关于公众参与和基于价值的政策冲突的研究，本文将在结论部分探讨其未来可能的研究方向。

结　论

公共价值是公共行政的核心，它们为阐释公共偏好和促进公共利益提供引导。然而，公共价值也会制造重复性的冲突，也会"创造困境，即没有明确的赢家或简单的答案，解决该问题是官僚、行政机构、公共行政学者乃至整个公共部门的主要工作"（Buchanan and Millstone 197，280）。虽然学者们已经在组织和网络中发现了许多调和价值冲突的机制，但他们较少关注基于价值的政策冲突，而且几乎没有注意到公众在其中扮演的角色。该问题有多方面的原因，包括行政人员创造公共价值和防止公共价值失灵的能力。

为了创造公共价值，公共管理者必须确保工作内容对公民具有实质性价值（Moore 1995），并对待满足的需求、满足这些需求的策略以及生产和提供服务的过程做出正确的决定（Spano 2009）。为了防止公共价值失灵，公共管理者必须确保有足够的方法来识别、宣传和凝聚核心公共价值（Bozeman 2007）。然而仍有各种挑战不断出现，在多元化社会中，个人或团体往往对指导政策决定的公共价值持有不同观点。此外，不同的人在不同的时间、不同的情况下对什么是公共价值持有不同的看法，不是所有的观点都能被满足。因此，创造公共价值、防止公共价值失灵往往需要在不同的公共价值之间做出艰难的决定和复杂的权衡。然而，当前公共价值的研究没有为管理者提供相关指导。

本文认为，公众在解决基于价值的公共政策争议中，（应该）扮演重要角色。具体来说，我们认为公众参与是一种有效的方法，它能帮助行政人员从公民的角度出发，理解什么是公共价值，如何创造公共价值、防止公共价值失灵，如何取舍以达成这些目的。然而，为达成这些目标，必须对公众参与进行精心设计。

因此，本文探讨了八个参与式设计元素的选择，阐释行政人员如何在给定的政策冲突中最大限度地提高识别、理解相关公共价值的能力。我们提出的命题表明，当参与过程基于利益，采用协商沟通模式，以小群体形式开展，辅之以引导者，双方共享中等到高等的决策权威，提供信息材料，从更广泛的公众中选择参与者，选用招募策略以最小化参与偏差，并进行多轮会议时，它对行政人员会更加有益。

该主题未来的研究方向众多。最为显著的是，本文提出的所有命题是可测试的，这些测试将为推进公共价值和公众参与的研究提供希望。目前各级政府越来越多采用公众参与，研究人员应该能从中获取大量数据。然而，要启动这样的研究，我们需要先建立一套方案评估行政人员识别、理解公共价值的能力。对于学者们来说，制定这样的方法和指标将是下一步的重要工作。此外，评估其他设计选择会对公共价值的识别和理解产生何种影响同样至关重要。可能会涉及使用在线参与机制，提供给参与者的工具和材料，以及诸如后勤、场所、时效、酬金、费用和报告等执行性问题。研究还应在不同的背景、环境和政策领域中探索这些问题。只要在这些领域采用（或可以采用）公众参与，就应对其进行研究。

同样，本文只关注参与设计选择如何帮助行政人员识别、理解公共价值。但是，如前所述，识别和理解只是解决基于价值的政策冲突的第一个障碍。有时，管理员还必须对冲突的公共价值进行排序、合计或选择，并将这些价值与公共行动中的具体背景相结合（Bozeman 2007）。我们需要更多理论及实践工作去探索公众参与在这些方面如何协助行政人员。

综上所述，关于公众参与如何有助于创造公共价值、防止公共价值失灵，我们需要更多的理论和研究。鉴于这些问题的重要性，我们应当让公民参与进来，以确认是什么构成了公共价值，需要什么来创造公共价值，以及在给定的政策事项中识别、评估和选择冲突的公共价值。面对众多政策挑战，这类研究在当代显得尤为重要。

注释

1. 波兹曼将价值观定义为"对一个或一组对象（对象可能是具体的、心理的、社会构造的，或是这三者的结合体）深思熟虑后做出的复杂且广泛的评估，由认知和情感因素概括而成。价值是个体自我定义的一部分，不会轻易改变，且能够潜在地引发行动"（2007，117）。

2. 民主理论家认为，公众参与也是一种独立的公共价值。他们指出了民主和参与各自的规范价值或内在价值，并主张这些就是它们自身的目标，应该作为目的加以判断，而不考虑其他潜在利益（参见例如 Shapiro 2003）。

3. 直到最近，公众参与的主要关注点都集中在获得和保障所有公民的投票权，以取得在政府中的代表性（Keyssar 2000）。一旦这些权利确立了，重点就会从强调"政府代表性"转移到审查"国家日常活动中公民的直接参与"（Stewart 1976，1）。

4. 公民直接参与不仅仅是规范性意愿的问题；它是一项法律要求。美国和其他国家各级政府的一系列立法都要求公民参与公共行政和政策制定活动。（Bingham 2010）

5. 这项讨论提出了一个所谓协商"理性模型"。然而在现实生活中，由于情绪化的、基于价值观的和其他非技术性反应的存在，协商很少如此清晰或结构化。

6. 我对 IAP2 图谱进行了修改和调整，以克服两个严重缺陷。第一，原始图谱是按照"不断提高的公共影响水平"来连续组织的。"公共影响"一词预设了某种积极结果，而这是任何参与过程都无法保证的。因此，原始图谱不恰当地将实证影响与规范认同融合在了一起。为解决这一问题，修订后的图谱遵循组织者和参与者之间共享决策权威水平不断提高的连续体。这减少了图谱的规范性意涵，暗示某一层次不一定优于任何其他层次；任何级别的共享决策权威都是合理的，它们取决于目标、时间框架、资源、决策者的态度、利益相关者的利害、问题的复杂性以及其他因素。第二，图谱不能识别每一层采用的沟通模式。这是有问题的，因为沟通与合作有关。为解决这个问题，修改后的连续体还显示了在不同点上使用或可以使用的沟通模式。第三，虽然在此可能不是一个问题，但图谱是从决策的角度来看待公众参与；因此，当参与存在其他目标或理由时，例如探索问题、转变冲突、促进合作，这个图谱就很难适用了（关于这些目标的讨论，见 NCDD 2008；关于这里未涉及的 IAP2 图谱问题的讨论，见 Carson 2008）。

7. 在线参与机制也可被选用。许多在线互动是单向的（例如，完成一份调查和发送电子邮件）；然而，根据定义，许多 Web 2.0 工具（例如维基、博客和社交媒体网站）是交互式的，并允许政府和公民之间进行双向沟通（例如 Bretschneider and Mergel 2010；Nabatchi and Mergel 2010）。一个新兴的实践和研究机构表明，在线机制也可能允许协商沟通；然而，考虑到这项研究尚处于初期，现在就提出命题还为时过早。因此，本文不讨论在线参与机制。

8. 大群体形式和小群体形式共存的混合模式也存在。

参考文献

Beck Jørgensen, Torben, and Barry Bozeman. 2007. Public Values: An Inventory. *Administration & Society* 39(3): 354 - 381.

Beierle, Thomas C. 1998. *Public Participation in Environmental Decisions: An Evaluation Framework Using Social Goals*. Washington, DC: Resources for the Future.

Beierle, Thomas C., and Jerry Cayford. 2002. *Democracy in Practice: Public Participation in Environmental Decisions*. Washington, DC: Resources for the Future.

Benington, John. 2009. Creating the Public in Order to Create Public Value? *International Journal of Public Administration* 32(3 - 4): 232 - 249.

Bingham, Lisa Blomgren. 2010. The Next Generation of Administrative Law: Building the Legal Infrastructure for Collaborative Governance. *Wisconsin Law Review* 2010: 297 - 356.

Bozeman, Barry. 2007. *Public Values and Public Interest: Counterbalancing Economic Individualism*. Washington, DC: Georgetown University Press.

Bretschneider, Stuart, and Ines Mergel. 2010. Technology and Public Management Information Systems: Where We Have Been and Where We Are Going. In *The State of Public Administration: Issues, Problems, and Challenges*, edited by Donald C. Menzel and Harvey J. White, 187 – 203. Armonk, NY: M. E. Sharpe.

Buchanan, Bruce, and Jeff Millstone. 1979. Public Organizations: A Value-Conflict View. *International Journal of Public Administration* 1(3): 261 – 305.

Carpenter, Susan L., and W. J. D. Kennedy. 2001. *Managing Public Disputes: A Practical Guide for Government, Business, and Citizens' Groups*. San Francisco: Jossey-Bass.

Carson, Lyn. 2008. The IAP2 Spectrum: Larry Susskind, in Conversation with IAP2 Members. *International Journal of Public Participation* 2(2): 67 – 84.

Costantino, Cathy A., and Christina S. Merchant. 1996. *Designing Conflict Management Systems: A Guide to Creating Productive and Healthy Organizations*. San Francisco: Jossey-Bass.

Crosby, Ned, and Doug Nethercut. 2005. Citizens Juries: Creating a Trustworthy Voice of the People. In *The Deliberative Democracy Handbook: Strategies for Effective Civic Engagement in the* 21st *Century*, edited by John Gastil and Peter Levine, 111 – 19. San Francisco: Jossey-Bass.

Delli Carpini, Michael X. 2000. *In Search of the Informed Citizen: What Americans Know about Politics and Why It Matters*. Communication Review 4(1): 129 – 164.

Delli Carpini, Michael X., Fay Lomax Cook, and Lawrence R. Jacobs. 2004. Public Deliberation, Discursive Participation, and Citizen Engagement: A Review of the Empirical Literature. *Annual Review of Political Science* 7: 315 – 344.

Dewey, John. 1927. The Public and Its Problems. *In The Later Works of John*

Dewey, 1925 – 1952, vol. 2, edited by Jo Ann Boydston, 238 – 272. Carbondale: Southern Illinois University Press, 1988.

Elliott, Michael L. Poirier. 1999. The Role of Facilitators, Mediators, and Other Consensus Building Practitioners. In *The Consensus Building Handbook: A Comprehensive Guide to Reaching Agreement*, edited by Lawrence Susskind, Sarah McKearnan, and Jennifer Thomas-Larmer, 199 – 240. Thousand Oaks, CA: Sage Publications.

Fiorino, Daniel J. 1990. Citizen Participation and Environmental Risk: A Survey of Institutional Mechanisms. *Science, Technology and Human Values* 15(2): 226 – 243.

Fishkin, James, and Cynthia Farrar. 2005. Deliberative Polling: From Experiment to Community Resource. In *The Deliberative Democracy Handbook: Strategies for Effective Civic Engagement in the 21st Century*, edited by John Gastil and Peter Levine, 68 – 79. San Francisco: Jossey-Bass.

Frederickson, H. George. 1997. *The Spirit of Public Administration*. San Francisco: Jossey-Bass.

Fung, Archon. 2003. Recipes for Public Spheres: Eight Institutional Design Choices and Their Consequences. *Journal of Political Philosophy* 11(3): 338 – 367.

——. 2006. Varieties of Participation in Democratic Governance. Special issue, *Public Administration Review* 66: 66 – 75.

Galston, William A. 2002. *Liberal Pluralism: The Implications of Value Pluralism for Political Theory and Practice*. New York: Cambridge University Press.

Gastil, John. 2005. Deliberation. In *Communication as Perspectives on Theory*, edited by Gregory J. Shepherd, John St. John, and Ted Striphas, 164 – 173. Thousand Oaks, CA: Sage Publications.

——. 2008. *Political Communication and Deliberation*. Thousand Oaks, CA: Sage Publications.

Gastil, John, and Peter Levine, eds. 2005. *The Deliberative Democracy Handbook： Strategies for Effective Civic Engagement in the 21st Century*. San Francisco： Jossey-Bass.

International Association for Public Participation （IAP2）. 2007. *IAP2 Spectrum of Public Participation*. Thornton, CO： International Association for Public Participation. http：//iap2. affiniscape. com/ associations/4748/files/IAP2％ 20Spec-trum ＿ vertical. pdf ［accessed February 16, 2012］.

Kernaghan, Kenneth. 2000. The Post-Bureaucratic Organization and Public Service Values. *International Review of Administrative Sciences* 66(1)： 91 – 140.

——. 2003. Integrating Values into Public Service： The Values Statement as Centerpiece. *Public Administration Review* 63(6)： 711 – 719.

Keyssar, Alexander. 2000. *The Right to Vote： The Contested History of Democracy in the United States*. New York： Basic Books.

Lukensmeyer, Carolyn J. , and Steve Brigham. 2002. Taking Democracy to Scale： Creating a Town Hall Meeting for the Twenty-First Century. *National Civic Review* 91(4)： 351 – 366.

Lukensmeyer, Carolyn J. , Joe Goldman, and Steve Brigham. 2005. A Town Meeting for the Twenty-First Century. In *The Deliberative Democracy Handbook： Strategies for Effective Civic Engagement in the 21st Century*, edited by John Gastil and Peter Levine, 154 – 163. San Francisco： Jossey-Bass.

Matthews, David. 1984. The Public in Theory and Practice. Special issue, *Public Administration Review* 44： 122 – 125.

——. 1994. *Politics for People： Finding a Responsible Public Voice*. Urbana： University of Illinois Press.

McComas, Katherine A. 2001. Theory and Practice of Public Meetings. *Communication Theory* 11(1)： 36 – 55.

Melville, Keith, Taylor L. Willingham, and John R. Dedrick. 2005. National

Issues Forums: A Network of Communities Promoting Public Deliberation. In *The Deliberative Democracy Handbook: Strategies for Effective Civic Engagement in the 21st Century*, edited by John Gastil and Peter Levine, 37 – 58. San Francisco: Jossey-Bass.

Meynhardt, Timo. 2009. Public Value Inside: What Is Public Value Creation? *International Journal of Public Administration* 32(3 – 4): 192 – 219.

Meynhardt, Timo, and Jörg Metelmann. 2009. Pushing the Envelope: Creating Public Value in the Labor Market: An Empirical Study on the Role of Middle Managers. *International Journal of Public Administration* 32(3 – 4): 274 – 312.

Molina, Anthony DeForest, and Michael W. Spicer. 2004. Aristotelian Rhetoric, Pluralism, and Public Administration. *Administration & Society* 36(3): 282 – 305.

Moore, Mark. 1995. *Creating Public Value: Strategic Management in Government*. Cambridge, MA: Harvard University Press.

Nabatchi, Tina. 2010. Addressing the Citizenship and Democratic Deficits: Exploring the Potential of Deliberative Democracy for Public Administration. *American Review of Public Administration* 40(4): 376 – 399.

——. 2011. Thinking about Design: Participatory Systems and Processes. *Public Administration Review* 71(1): 6 – 15.

Nabatchi, Tina, and Ines Mergel. 2010. Participation 2. 0: Using Internet and Social Media Technologies to Promote Distributed Democracy and Create Digital Neighborhoods. In *The Connected Community: Local Governments as Partners in Citizen Engagement and Community Building*, edited by James H. Svara and Janet Denhardt, 80 – 87. Phoenix, AZ: Alliance for Innovation.

National Coalition for Dialogue and Deliberation (NCDD). 2008. *Engagement Streams Framework*. http://www. ncdd. org/files/NCDD2010_Engagement_Streams. pdf [accessed February 16, 2012].

Pesch, Udo. 2008. Administrators and Accountability: The Plurality of Value

Systems in the Public Domain. *Public Integrity* 10(4): 335 - 343.

Riggle, Ellen D. , Victor Ottati, Robert S. Wyer, James Kuklinski, and Nobert Schwarz. 1992. Bases of Political Judgments: The Role of Stereotypic and Nonstereotypic Information. *Political Behavior* 14(1): 67 - 87.

Roberts, Nancy C. 2008a. The Age of Direct Citizen Participation. Armonk, NY: M. E. Sharpe.

——. 2008b. Direct Citizen Participation: Coming of Age. In *The Age of Direct Citizen Participation*, edited by Nancy C. Roberts, 491 - 500. Armonk, NY: M. E. Sharpe.

Ryfe, David M. 2005. Does Deliberative Democracy Work? *Annual Review of Political Science* 8: 49 - 71.

Schwartz, Roger M. 1994. *The Skilled Facilitator: Practical Wisdom for Developing Effective Groups*. San Francisco: Jossey-Bass.

Selden, Sally Coleman, Gene A. Brewer, and Jeffrey L. Brudney. 1999. Reconciling Competing Values in Public Administration: Understanding the Administrative Role Concept. *Administration and Society* 31 (2): 171 - 204.

Shapiro, Ian. 2003. *The State of Democratic Theory*. Princeton, NJ: Princeton University Press.

Sirianni, Carmen. 2009. *Investing in Democracy: Engaging Citizens in Collaborative Governance*. Washington, DC: Brookings Institution Press.

Spano, Alessandro. 2009. Public Value Creation and Management Control Systems. *International Journal of Public Administration* 32(3 - 4): 328 - 348.

Spicer, Michael W. 2009. Value Conflict and Legal Reasoning in Public Administration. *Administrative Theory and Praxis* 31(4): 537 - 555.

——. 2010. In *Defense of Politics in Public Administration: A Value Pluralist Perspective*. Tuscaloosa: University of Alabama Press.

Stewart, William H. , Jr. 1976. *Citizen Participation in Public Administration*. Birmingham: Bureau of Public Administration, University of Alabama.

Susskind, Lawrence, Sarah McKearnan, and Jennifer Thomas-Larmer, eds. 1999. *The Consensus Building Handbook: A Comprehensive Guide to Reaching Agreement*. Thousand Oaks, CA: Sage Publications.

Ury, William, Jeanne M. Brett, and Stephen B. Goldberg. 1988. *Getting Disputes Resolved: Designing Systems to Cut the Cost of Conflict*. San Francisco: Jossey-Bass.

van der Wal, Zeger, and E. Th. J. van Hout. 2009. Is Public Value Pluralism Paramount? The Intrinsic Multiplicity and Hybridity of Public Values. *International Journal of Public Administration* 32(3 – 4): 220 – 231.

Vandenabeele, Wouter. 2007. *Leadership Promotion of Public Values: Public Service Motivation as a Leadership Strategy in the Public*. Paper presented at Leading the Future of the Public Sector: The Third Trans-Atlantic Dialogue, May 31 – June 2, Newark, Delaware. http://www.ipa. udel. edu/3tad/papers/workshop4/Vandenabeele. pdf [accessed February 16, 2012].

Wallis, Joe, and Robert Gregory. 2009. Leadership, Accountability and Public Value: Resolving a Problem in "New Governance"? *International Journal of Public Administration* 32(3 – 4): 250 – 273.

Wampler, Brian. 2007. *Participatory Budgeting in Brazil: Contestation, Cooperation, and Accountability*. University Park: Pennsylvania State Press.

第二部分
公共价值研究现状

1. 从星系到宇宙:1969—2012年关于公共价值研究成果的跨学科回顾与分析[*]

泽格・范・德尔・瓦尔,蒂娜・纳巴奇和赫亚特・德・格拉夫(Zeger Van der Wal, Tina Nabatchi, Gjalt de Graaf)

简 介

　　公共价值研究正在引起公共行政和管理部门越来越大的兴趣。以公共价值为中心的学术出版物数量庞大且迅速增加,表明了这一主题的受欢迎程度。同样,公共价值主题也越来越频繁地出现在学术会议上。例如,成立于2008年的公共价值联盟在2012年举办了第三届两年一度的研讨会,汇集了来自世界各地的公共管理学者。公共价值小组还出现在2011年公共管理研究会议和2012年国际公共管理研究会议等重要会议的议程上,在这些会议上,提交的论文最多的是公共价值的两个主题,并吸引了大量听众。

　　尽管公共价值研究很受欢迎,但以公共价值为核心概念的研究往往研究的是迥然不同的现象。关于如何定义公共价值、哪些价值是"公共的"、为什么是"公共的",以及如何对公共价值进行分类和测量,几乎没有(也许完全没有)一致意见。因此,文献中提到的公共价

　　* 原文来源:Van der Wal, Z., Nabatchi, T., & De Graaf, G. (2015). From galaxies to universe:A cross-disciplinary review and analysis of public values publications from 1969 to 2012. *The American Review of Public Administration*,45(1), 13-28.

值的类型和数量都有很大差异。例如，贝克-约根森和波兹曼（2007）对公共行政文献中引用的大量内容进行了分析，确定了 72 种基本的公共价值，而另一项内容分析则确定了 538 种不同的公共价值（Van der Wal，Huberts，van den Heuvel & Kolthoff，2006）。此外，学者们从许多不同的概念和理论出发点开始研究，对于如何权衡、调和以及整合研究公共价值的许多观点、方法和角度，还没有达成一致意见（参见 Rutgers，2008）。部分原因是"公共价值"及其内容（即概念所包含的特定价值）的内在广度，以及对概念的两个部分——"公共"和"价值"——的多种多样的解释和使用（参见 Beck-Jørgensen & Bozeman，2007；Bozeman，2007）。这种概念和理论上的多样性无疑创造了一个丰富而有力的文献体系；然而，它也限制了该体系的清晰性和简洁度，并导致了一些学者之间的"聋人式讨论"。简而言之，引用 W. B. 嘉里（Gallie，1955）的名言，公共价值本质上是"有争议的概念"，和所有概念一样，它们"不是像天空中的星体一样现成的概念。没有完美的概念。必须发明、制造，或者说是创造概念，如果没有创造者，将没有任何概念"（Deleuze & Guattari，1994，第 5 页）。

尽管如此，许多学者似乎都认为，"如果研究者能够推进，甚至是递增地推进对公共价值的研究，使其不再是目前的模糊和没有边界的状态，那么这些进展就可以为许多不同的理论发展甚至是实践目的服务"（Beck-Jørgensen & Bozeman，2007，第 355 页）。为了追求更加清晰的目标，并解决这些问题和其他难题，一些学者试图使用一些不同的标准来澄清和分类公共价值（例如 Kernaghan，2003；Rutgers，2008；Steenhuisen，Dicke，& de Bruijn，2009；Van der Wal & Huberts，2008；Van Wart，1998）。还有一些学者甚至提出要绘制公共价值的体系（例如 Beck-Jørgensen & Bozeman，2007）。然而，现有的文献综述、分类系统和概念图都是基于对这一主题的相当有限的评估；因此，也许更准确的说法是，学者们触及的是公共价值的各个星系，而不是整个"宇宙"系统。

　　例如，贝克-约根森和波兹曼（2007）构建的"公共价值宇宙"包含了 72 个公共价值，根据价值所影响的不同的公共行政方面，将其划分为 7 个"集群"。[1]但是，他们的研究依赖于相对有限的文献回顾，只使用了 1990 年至 2003 年美国、英国和斯堪的纳维亚半岛公共行政期刊上的文章。而且，他们只是简单地盘点了这些文章中被认为是公共价值的具体价值，然后归纳设计并命名了这些具体的公共价值所属系统的不同集群。他们的研究并没有考察这个概念在他们盘点的研究中的含义和用法。作者解释说，将公共价值从语境中抽离出来，可以更容易地进行思考："价值摆脱了片面的理解，摆脱了僵化的、两极分化的辩论，从而有可能构建新的认知和判断。"（Beck-Jørgensen & Bozeman，2007，第 357—358 页）但是，他们也承认这样做有一个弊端，即价值被"剥夺了其特定的意义"，"失去了历史背景"（同上，2007，第 257 页）。

　　我们认为，要想推进对公共价值的研究，我们需要超越传统的公共行政和管理的界限。这一点很重要，因为我们需要了解不同学科的学者如何和为什么使用这个概念，以及他们所用的处理方法如何以及在哪些方面不同和重叠。简而言之，依然使用"天体系统的隐喻"，我们需要一个"公共价值串联理论"，从而能够解释以及比较、对比和整合不同学科的不同理论、方法和知识流——我们需要从公共价值星系迈向公共价值宇宙。本文则是此项工作的第一步。

　　具体来说，通过对公共价值文献进行元分析，本文解决了一些尚未被提出的基本问题，当然也回答了这些问题。例如，公共价值的概念是研究的重点，还是仅仅与其他主题和问题有关？存在哪些类型的出版物——期刊文章、书籍、书籍章节等？这些出版物是经验性的、规范性的还是理论性的？公共价值的概念是哪一年在学术文献中首次出现的？人们是如何使用这个概念的，是在哪些学科背景下使用的？哪些学术领域和学科对公共价值进行了探讨？随着时间的推移，人们对研究公共价值的兴趣如何——它实际上是一个蓬勃发展的学科还是一个夕阳学科？学者们是倾向于使用自创的公共价值定义，还是依赖他人的定义？

为了回答这些问题，我们对学术文献进行了广泛而严格的检索，找出了 397 篇关注或提及公共价值的学术出版物。然后我们对这些出版物进行了编码，并进行了元分析。这一元分析不仅可以拓宽公共价值的研究领域，还可以帮助公共管理学者与法律、经济、政治学、商业和其他学科的学者进行更有意义的互动。正如佩里和肯尼斯·L. 克雷默（Kenneth L. Kraemer）（1986，第 223—224 页）所指出的那样："更多地使用元分析的一个附加好处是，它对于整合不同学术领域的结果也很有价值，这对于公共行政这样的跨学科事业来说是一个特别重要的目标。"

我们首先讨论了我们进行文献检索、构建数据库和对出版物进行编码的方法。然后，我们介绍了我们的调研结果，主要概述了数据库中的出版物。最后，我们进行了讨论，并提出了我们未来的研究议程。

研究方法

我们的第一项任务是生成一份全面的、多学科的、涉及公共价值的出版物清单。我们首先使用谷歌学术（Google Scholar）进行广泛的网络搜索，它可以扫描同行评审和开架阅览的期刊、书籍、论文、预印本库、学术团体论文、技术报告和其他材料中的内容。我们将关键词"公共价值"[2]连在一起使用（即我们将该词加引号，以查找同时使用这两个词的材料），包括引文（即不仅是带有链接的材料），并将日期限制在 1945 年至 2012 年。最初的搜索结果是 320 份出版物。

虽然谷歌学术根据引文对文档进行排名，但点击率并不是按等级排列的，也就是说，并非最常被引用的文档最先出现。相反，"谷歌学术的目的是以研究者的方式对文献进行排名，权衡每份文献的全文、发表于何处、作者是谁，以及它在其他学术文献中被引用的频率和最近的情况"（见 http：//scholar. google. nl/intl/en/scholar/about. html）。然而，正如 M. 布莱特（M. Burright，2006）所言：

> 它缺乏对作者姓名和出版物标题等基本数据要素的权威控制，极大地限制了它作为独家文献来源维持严肃的科技研究受众的能力。它的搜索引擎速度快，输出量大，是研究者在文献检索中权衡准确性和彻底性时必须考虑的要素。

出于这个原因，我们使用 ISI 知识网（ISI Web of Knowledge）（在主题类别中使用"公共价值"）和普若凯斯特（ProQuest）（在摘要类别中使用"公共价值"）执行额外的搜索。然后对最初的谷歌学术数据库进行交叉引用，并输入缺失的出版物。这三个搜索引擎总共确定了 379 份学术出版物。

接下来，我们将出版物清单发到了公共价值联盟的电子邮件群发系统（listserv）上，这是一个拥有约 50 名学者的研究网络（见 www. publicvalues. blogspot. com; www. publicvaluesconference. weebly. com）。我们请成员审阅这份清单，并告知我们任何被遗漏的出版物。有十几位同事给出了反馈，为数据库提出了许多额外的出版物，包括即将在学术期刊上发表和/或收录的作品。

然后，我们仔细审阅了完整的出版物清单，删除了教材、专栏文章和其他非学术性出版物，以及正文中没有提到公共价值的出版物。这样我们就得到了一张包含 397 份学术出版物的清单，具体包括期刊文章、书籍、书籍章节、会议论文，以及少量的书评或编辑介绍。除 14 份出版物外，我们能够从图书馆下载或获得所有其他出版物。

所有的出版物被输入一个 Excel 数据库中，其中包含作者、标题、出版年份、摘要或概要以及其他相关的出版数据的单独字段。然后，我们开始对 12 个不同的类别进行编码，包括：

1. 文件类型（如期刊文章、书籍、书籍章节等）。

2. 文献类型（如实证研究、规范应用、理论发展/争论等）。

3. 关注或提及公共价值

4. 学科/领域

5. 主题领域（即研究报告涉及的具体主题）

6. 单数公共价值和复数公共价值之间的区别（是/否）

7. 公共价值的明确定义（是/否）

8. 外部定义（即定义是否引用其他研究？）

9. 自我定义（即定义是否由该出版物的作者创造？）

10. 使用公共价值的语境

11. 公共价值的概念化

12. 谷歌学术上的引用次数

必要时，我们在相关的结果部分描述了这些类别的编码。[3] 为了提高编码间的可靠性（Lombard，Snyder-Duch & Bracken，2006），我们对所有的出版物进行了交叉编码，并且对任何一个类别的编码都有所考虑。具体来说，研究团队的每个成员根据她/他的最佳认知对出版物类别进行自主编码。然后，我们比较了我们的编码决定。在大多数情况下，我们的编码结果是一致的。在有分歧的地方，我们对这个问题进行了讨论，并达成了一致。最后，我们开始分析过程，目的是说明公共价值研究的广度，并提供一些初步的文献描述。

研究结果

文件类型和关注或提及公共价值

在 397 份出版物中，绝大多数（322 份，略高于 81%）是期刊文章，书籍（27 本）、书籍章节（22 个）和书评（11 篇）加在一起，仅占出版物总数的 15% 多一点儿。会议论文、研究报告、学术社论和其他文献占出版物总数的比例不到 4%。表 1 显示了出版物按文件类型的分布情况。

我们还按是否关注公共价值或提及公共价值进行了编码。"关注"公共价值的出版物使用了该概念作为讨论或分析的中心议题（并通常在标题和/或摘要中引用这一概念）。"提及"公共价值的出版物在文中某处使用了这一概念（至少一次），但其核心内容是其他主题和问题。在数据库中的出版物中，约有 73%（288 份出版物）关注了公共价值，而约 27%（109 份出版物）只是在文中提及公共价值。

表 1　文件类型分类

类型	出版物数量	所占比例
期刊文章	322	81.1%
书籍	27	6.8%
书籍章节	22	5.5%
书评	11	2.8%
其他	15	3.8%
合计	397	100%

文献类型

我们使用下面定义的六个类别来对"文献类型"进行编码，其中五个类别取自艾因斯塔·威廉姆斯（Iestyn Williams）和希瑟·希勒（Heather Shearer）（2011）的文献分类方案。我们增加了"研究/法律型"一类，以捕捉那些"经验性"的出版物（从它们比较和对比法律的意义上说），但没有采用调查或案例研究等方法。

- 规范性应用（特定领域）型：侧重于特殊和特定学科或背景下应具备的内容的出版物。

- 规范性应用（通用）型：侧重于非常普遍的背景下应具备的内

容的出版物。

- 研究/实证型：使用定量、定性、案例研究、历史和/或其他数据分析特定问题或议题的出版物。

- 研究/法律型：使用案例法、判例和/或其他法律材料分析特定问题的出版物。

- 理论发展/辩论型：对某一问题或一系列问题进行理论或概念论证，或提出分析框架或模式的出版物。

- 其他：不属于上述类别的出版物，例如书评或学术评论。

如表 2 所示，数据库中的大多数出版物都以研究为主，近 37%（146 份出版物）采用实证方法，近 7%（26 份出版物）采用法律方法。规范性应用也很常见，近 20%（79 份出版物）侧重于某一特定领域，仅有 10% 多一点儿（40 份出版物）是比较通用的。约 23%（91 份出版物）侧重于理论发展和辩论。只有不到 4%（15 份）的出版物属于"其他"类别。

表 2　文献类型分类

类型	出版物数量	所占比例
规范性应用（特定领域）型	79	19.9%
规范性应用（通用）型	40	10.1%
研究/实证型	146	36.8%
研究/法律型	26	6.5%
理论发展/辩论型	91	22.9%
其他	15	3.8%
合计	397	100%

公共价值出版物的起源和发展

在我们的数据库中，最早的出版物是 1969 年的一个书籍章节，题为《私人协会的公共价值》（McConnell，1969）。这份出版物（恰好属于政治学的学术领域）也是第一份区分公共价值和私人价值的出版物，这个划分仍然是许多辩论的核心。在这一章中，作者写道："我在本文中希望做的……是看一看归于私人协会的美德清单，然后问一问什么是应该合理地期望从它那里得到的公共价值。"（第 148 页）G. 麦康奈尔（G. McConnell）（1969，第 160 页）在他的分析中进一步指出：

> 私人协会最重要的公共价值……是秩序和稳定。也许在某种程度上，社区、人类温暖和友情等价值也存在于私人协会中。从"秩序、稳定和基本的相互尊重是自由的先决条件"的意义上说，这也是私人协会的一种价值。……然而，与此同时，对秩序和稳定的贡献也付出了巨大的代价。这种代价已经付出了，而且还在继续付出，即对自由、平等和许多其他公共价值的限制。私人协会既服务于私人价值，也服务于公共价值，保护人们结社的权利是应该的。这是个人自由的一个方面，相应地，也就没有必要把不属于自己的美德归功于社团。它的美德是真实的，其中有些是公共的，但必须记住，这些美德需要付出代价，而且是很大的代价。

自从 1969 年发表这篇论文后，"公共价值"这个词越来越多地出现在学术著作中。然而，有趣的是，1969 年发表的这篇论文似乎并没有刺激更多的公共价值研究。根据谷歌学术的数据，它只被引用了 8 次，第 1 次被引用是在 11 年后的 1980 年。同样，数据库中接下来的两份出版物是迈克尔·皮尔斯（Michael Pearce）、斯科特·M. 坎宁汉（Scott M. Cunningham）和雅芳·米勒（Avon Miller）（1971）以及 J. A. 克里斯滕松（J. A. Christenson）和 D. A. 迪尔曼（D. A. Dillman）（1973）的作品，这些出版物都没有引用彼此的内容。

然而，图 1 显示，1969 年至 2012 年间，关注或提及公共价值的出版物数量稳步增加，仅有两年（1970 年和 1972 年）的学术出版物

出版年份	69	70	71	72	73	74	75	76	77	78	79	80	81	82	83	84	85	86	87	88	89	90	91	92	93	94	95	96	97	98	99	00	01	02	03	04	05	06	07	08	09	10	11	12
	1	0	1	0	2	1	3	4	5	1	1	2	3	7	4	2	4	7	5	3	8	5	11	9	8	8	10	5	13	15	11	13	15	11	10	20	13	12	14	22	23	31	28	31	15

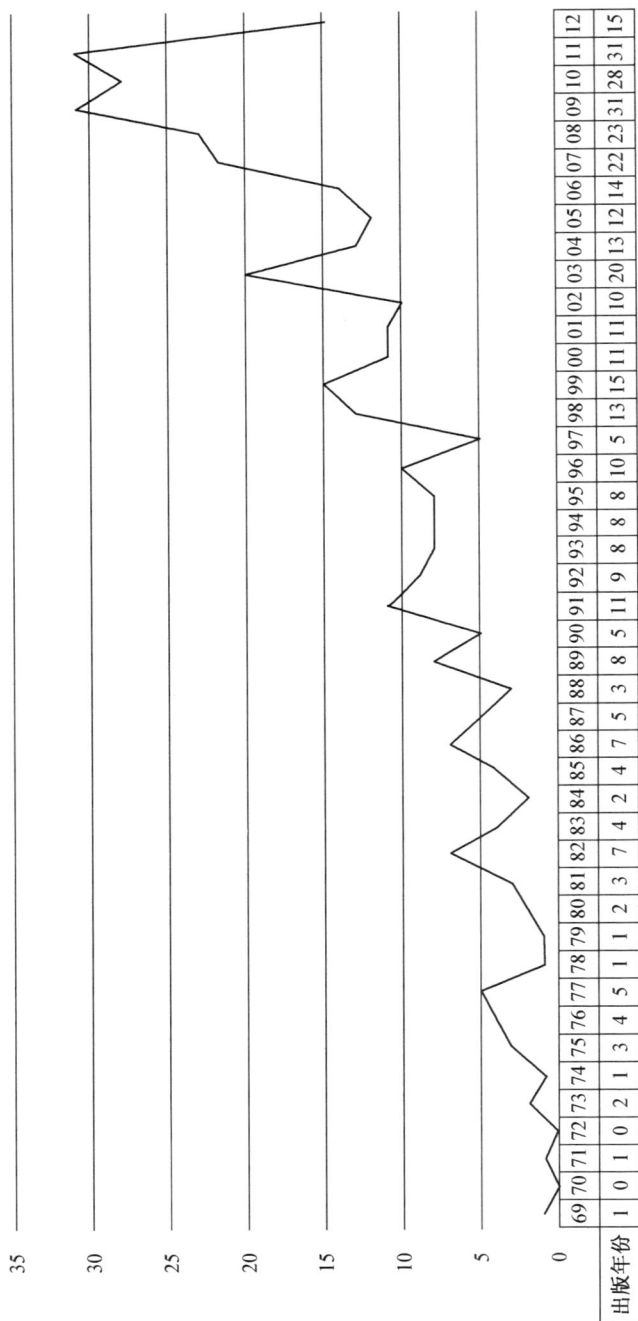

图 1　1969—2012 年关注或提及公共价值的出版物的数量

中没有该词。然而，直到 20 世纪 90 年代末，有关公共价值的出版物才达到并保持在两位数。此外，在我们的数据库中，60％多一点儿的文献是在 2000 年至 2012 年之间发表的，近 38％的文献是在 2007 年至 2012 年之间发表的。这些数据清楚地表明，一方面，公共价值方面的学术研究是一个相当新的"产业"，另一方面，它又有 40 多年的历史。

公共价值研究在各学科中的增减情况

我们的分析还显示，至少在 18 个学科中进行了公共价值研究。正如预期的那样，如表 3 所示，大多数出版物（156 份，即略高于39％）是在公共行政和公共管理（此处合为一个学科类别）[4]领域发表的。此外，还有大量的出版物是在法律（70 份）和环境科学（69 份）领域发表的，有两位数的出版物是在教育（19 份）、经济（18 份）、政治科学（17 份）和公共卫生（14 份）领域发表的。数学和社会学领域各有7 份出版物，传播学和商学领域各有 4 份出版物。其余学科，包括医学、科学、地理学、伦理学、心理学、犯罪学和计算机科学，每门学科都有三份或以下的出版物，因此被合并到表 3 的"其他"类别中。

表 3　每个学科下公共价值出版物的排名

学科	出版物的数量	所占比例
公共管理	156	39.3％
法律	70	17.6％
环境科学	69	17.4％
教育	19	4.8％
经济学	18	4.5％
政治科学	17	4.3％
公共卫生	14	3.5％
数学	7	1.8％

（续表）

学科	出版物的数量	所占比例
社会学	7	1.8%
商学	4	1.0%
通信	4	1.0%
其他	12	3.0%
合计	397	100%

在所有的出版物中，我们能够在预期的部分，如分散的不同领域的政策分析（如环境政策、交通政策等）、组织管理、私有化等，以及意想不到的领域（如定性研究方法、风险管理、营销和信息研究、创新、图书馆学、替代性纠纷解决等）中区分出 40 多个单独的"主题领域"。

我们还探讨了每个学科的出版物数量，以寻找公共价值研究的长期趋势。具体来说，我们计算了每个学科四个时间段的出版物的数量和百分比，每个时间段刚好是十年左右。结果见表 4。从 1969 年到 1979 年，仅有 19 份公共价值出版物。环境科学、经济学、社会学、商学领域在这一时期发表的出版物最多，每个学科有 3 份（16%）。公共管理学在这一时期只发表了 2 份（11%）公共价值出版物。从 1980 年到 1989 年，共有 45 份公共价值出版物，其中法律学科显然是占主导地位的学科，在所有出版物中有 18 份（40%）。排名第二的公共管理学只有 8 份（18%）。这些分布比例在 1990 年代开始发生变化。从 1990 年到 1999 年，共有 92 份公共价值出版物，公共管理（23 份，25%）、法律（22 份，24%）和环境科学（20 份，22%）之间的出版物分布比例几乎持平。从 2000 年到 2012 年，公共价值出版物的相对占比发生了戏剧性的变化。在这一时期发表的 241 份公共价值出版物中，超过半数（123 份，51%）属于公共行政领域，只有 70 份（18%）属于法律领域，69 份（17%）属于环境科学领域。

表 4　每个学科下公共价值出版物的相对占比

学科	1969—1979 年	1980—1989 年	1990—1999 年	2000—2012 年	合计
公共管理	2(11%)	8(18%)	23(25%)	123(51%)	156(39%)
法律	2(11%)	18(40%)	22(24%)	28(12%)	70(18%)
环境科学	3(16%)	4(9%)	20(22%)	42(17%)	69(17%)
教育	0(0%)	3(7%)	4(4%)	12(5%)	19(5%)
经济学	3(16%)	0(0%)	5(5%)	10(4%)	18(5%)
政治科学	2(11%)	4(9%)	5(5%)	6(2%)	17(4%)
公共卫生	0(0%)	2(4%)	6(7%)	6(2%)	14(4%)
数学	0(0%)	2(4%)	3(3%)	2(1%)	7(2%)
社会学	3(16%)	I(2%)	0(0%)	3(1%)	7(2%)
商学	3(16%)	0(0%)	I(1%)	0(0%)	4(1%)
通信	0(0%)	1(2%)	I(1%)	2(1%)	4(1%)
其他	1(5%)	2(4%)	2(2%)	7(3%)	12(3%)
合计	19(100%)	45(100%)	92(100%)	241(100%)	397(100%)

表 5　出版物的引用情况

引用范围	出版物的总数量	公共行政领域的出版物
300 及以上	3	0
200—299	4	3
100—199	11	5
75—99	6	1
50—74	18	4
25—49	36	12
1—24	169	79
0	32	16
合计	279	120

　　虽然很多出版物的绝对数量都很小，但从各学科的相对比例或

百分比可以看出一些有趣的趋势。几十年来，教育学领域的公共价值出版物所占比例相当稳定，但政治学、社会学和商学领域的公共价值出版物所占比例自 20 世纪 70 年代以来急剧下降。法学领域的公共价值出版物占比在 20 世纪 80 年代达到顶峰，而环境科学领域的公共价值出版物占比在 20 世纪 90 年代达到顶峰。此后，这两个学科的公共价值出版物占比均有所下降。最后，公共行政学领域的公共价值出版物相对占比稳步上升，它也因此在公共价值研究中占主导地位。结论中对这一趋势进行了更深入的分析，包括对这种急剧增长的潜在原因进行了分析。

引用分析

最后，我们对谷歌的引用率进行了分析，以确定哪些出版物的引用率最高。在这里，我们将分析范围限制在那些关注公共价值的出版物上；我们排除了那些只提到公共价值的出版物以及书评。这些标准使我们的分析仅限于 279 份出版物。

从引用情况来看，公共行政领域似乎表现不错，在引用前 20 名中占了 8 名。环境科学有 5 份进入前 20 名，而法律有 3 份，数学有 2 份，经济学和公共卫生各有 1 份。然而，仔细观察就会发现，在关注公共价值的出版物中，只有 3 份被引用次数超过 300 次，而且没有一份来自公共管理领域。威廉·N. 埃斯克里奇（William N. Eskridge）(1989)的法律文章《法定解释中的公共价值》("Public Values in Statutory Interpretation")被引用 412 次，是被引用次数最多的一篇。紧随其后的是 1 篇公共卫生类文章，被引用 334 次（Ryan 等人，2001），以及 1 篇经济学类文章，被引用 328 次（Corneo & Gruner，2002），也就是说，有 4 份出版物的引用次数在 200 次到 299 次之间，其中有 3 份是公共管理类的。公共管理类出版物中，引用次数最多的是托马斯·C. 拜尔勒（Thomas C. Beierle）和大卫·M. 科尼斯基（David M. Konisky）(2000)的文章《参与式环境规划中的价值、冲突和信任》，引用次数为 229 次。紧随其后的是波兹曼（2007）的著作《公共价值与公共利益：平衡经济个人主义》（*Public Values and Public Interests：Counterbalancing Economic Individualism*），以及他在 2002 年的文章《公共价值失效：当有效市场无效时》（"Public Value Failure：When Efficient Markets May Not Do"），引用次数分别为 223 次和 201 次。最后，有 11 份出版物的引用次数在 100 次至 199 次之间，其中有 5 份是公共管理类论文（Beck-Jørgensen & Bozeman，2007；Beierle，1999；Gardiner & Edwards，1975；Keeney，von Winterfeldt，& Eppel，1990；O'Flynn，2007）。表 5 显示了属于不同引文数量范围内的出版物数量，以及公共行政领域的出版物数量。

后此谬误？关于公共价值如何反映现实世界事件的讨论

在我们对公共价值文献的初步分析中，有两组广泛的研究结果值得注意。首先，根据我们的检索，"公共价值"一词最早出现在 1969 年的一本名为《政治学》的书中，该书按组织部门明确区分了公共价值和私人价值。然而，40 年来，该章节仅被引用 8 次，既没有令人印象深刻的学术寿命，也没有产生重大影响。与此相关的是，公共价值的概念在政治学领域竟然并不突出，尤其是与其他一些研究公共价值的学术学科相比。然而，自 1969 年出现以来，"公共价值"一词在学术界受到越来越多的关注，有近 400 份出版物关注或提及这一概念。有趣的是，在这些出版物中，60％多一点儿是在 2000 年至 2012 年之间发表的，近 38％是在 2007 年至 2012 年之间发表的。

其次，在大量的学科中都可以发现关于公共价值的学术研究。虽然公共管理学占了公共价值研究的最大部分（略高于所有出版物的 39％），但我们在法律和环境科学领域也发现了大量的出版物。我们还在其他 15 个学科中发现了公共价值的出版物。然而，在过去的几十年里，各学科对公共价值学术研究的重视程度是有波动的。例如，在 2000 年以前，相对于其他学科，法学相比于其他研究领域在公共价值出版物份额中占主导地位。然而，自 2000 年以来，除了公共行政学对此的关注度急剧上升外，大多数学科对公共价值的相对关注度都有所下降。自 2000 年以来，尤其是自 2007 年以来，公共行政领域涉及公共价值的出版物数量有了惊人的增长。这为人们常说的"公共价值研究不仅在我们的领域越来越重要，而且可能是最重要的主题之一"这一说法提供了实证。

我们猜测，自 2000 年以来，公共行政学领域的公共价值研究数量增加，是对 20 世纪 80 年代和 90 年代强调"像经营企业一样经营政府""新公共管理""重塑政府""私有化"以及其他以市场为基础的改革努力的回应（例如 Hood，1995；Osborne & Gaebler，1992）。事实上，公共行政学中被引用最多的公共价值书是《公共价值与公共利益：平衡经济个人主义》（Bozeman，2007）。此外，对自 2000 年以来公共行政学中关于公共价值的出版物的初步回顾表明，作者们担心公共价值会"丢失"或"贬值"，特别是当它们与私人或商业价值相"竞争"或"冲突"时。公共行政学领域对公共价值的关注度提高，也可能是学术界以外更广泛的发展和事件的作用。例如，伴随着公共价值出版物的兴起，我们也看到许多政府不再坚持"市场比公共部门更好、私营部门比公共部门更有效率和生产力"的说法。事实上，克里斯多夫·波利特（Christopher Pollitt）和海尔特·波克特（Geert Bouckaert）（2011）认为，大规模私有化和基于合同的治理时代已经结束。然而，我们仍有一个问题：后此谬误？

当思考商业和经济学中普遍缺乏对公共价值的研究时，我们也会提出同样的问题。自 2008 年全球金融危机爆发以来，我们听到了许多对金融机构和大型企业的批评，其中最重要的是他们忽视了自己的公共职能和社会责任。还有一些人将危机归咎于商学院，因为他们没有向学生适当地传输道德和伦理价值，而这些学生后来成为金融和商业组织的领导者（例如 Canales，Massey ＆ Wrzesniewski，2012）。考虑到这一点，我们不禁要问，是私营部门昔日辉煌造成了对公共价值研究的忽视，还是反过来说，商业和经济学术界对公共价值的忽视是金融危机的前奏或预兆。还是这个问题：后此谬误？

　　同样，自 20 世纪 80 年代和 90 年代以来，尽管可持续发展和可再生能源成为近年来的主要热词（反映了重要的公共价值），但公共价值在环境科学领域的相对份额在缓慢下降，这说明了什么？ 而在 20 世纪，当公共价值是一个相对比现在更重要的话题时，法律方面呢？ 这个重要的问题在法律学者的议程上受到的关注相对较少，这意味着什么？ 或者说，如果关于公共价值的研究在其他学科中的重要性在下降，那么这对仍在上升的公共行政学来说，在绝对和相对方面意味着什么？ 我们是在一个流行一时或无关紧要的话题上投入时间和精力，还是通过对这一概念进行高质量的理论和实证研究来取得有意义的进展？

　　说了这么多，我们并不想夸大我们的适度文献回顾的预测和解释能力。对"可持续发展""合作"以及其他许多术语和概念进行的类似研究显然表明，自 21 世纪初以来，不仅在公共行政领域，而且在其他一些学科中，公共价值研究都出现了激增。然而，社会的发展和学术的趋势往往是相辅相成的，而对公共价值的研究可能是这种变化的最佳写照。

　　作为本次讨论的最后一点，我们觉得有必要指出，公共价值研究，尤其是公共行政领域的公共价值研究，可能会受到期望偏差的影响，这使得研究者"容易混淆经验性和规范性的陈述，误解它们各自的逻辑和证据基础"（Bozeman ＆ Su，2012，第 6 页）。换句话说，"尽管研究者的激情常常会助长和改善他们的研究，但这些激情也会设置陷阱，有时会使人们难以将愿望和实证结果分开"（Bozeman ＆ Su，2012，第 1 页）。期望偏差意味着我们研究公共价值不一定是因为在组织中突然观察到它们，也不一定是因为有新的实证分析需求，而是因为我们认为它们很重要，并深信它们值得更多关注，也就是说，虽然公共行政学者当然应该意识到期望偏见，但我们不是建议他们停止研究这个主题，也不是让他们不信任公共价值方面的学术研究。相反，我们主张对公共行政学和其他学科如何以及为何研究公共价值的问题进行更仔细、更系统、更深入的分析。在本文的最后一节，我们将阐述我们对此类研究的计划。

结论：展望公共价值研究的未来

我们的研究是绘制公共价值宇宙体系图的第一步，尽管是很小的一步。我们还有很多工作要做。在解释我们未来的研究议程之前，我们的研究有两个局限性值得注意。首先，我们的数据库没有也不可能捕捉到所有关于公共价值的文献，更不用说普遍意义上的价值。由于语言的限制，我们只能收录用英文撰写的出版物。此外，任何对价值研究有基本了解的人都知道，在社会学（例如 Beyer，1981；Kluckhohn，1951）、心理学（例如 Schwartz，1992，1999，2010）和其他社会科学学科中存在着一个完善的文献体系。然而，我们的数据库中基本上没有这种文字资料。其缺失的主要原因是我们的搜索规则，它明确地将"公共"和"价值"这两个词连在一起搜索。如果我们只搜索关键词"价值"，我们的数据库看起来会很不一样。我们很可能会发掘出数以万计的条目，当然也不可能进行有用的分类和分析（即使有先进的软件程序辅助）。因此，尽管我们的数据库提供了过去 40 多年来公共价值出版物的综合清单，但它缺少可以为我们的认知做出贡献的重要学术成果。

其次，与我们的第一个局限性相关的是，我们永远不可能知道一个数据库是否完整以及何时完整。我们很有信心，我们的三种互补的检索方法是稳健的，而且它们识别了（几乎）所有的公共价值出版物。然而，由于搜索引擎和软件分析工具在不断改进，1 年或 2 年后的新搜索可能会显示出略有不同的结果——也许是更好的结果。我们的目标是通过期刊订阅、研究网络和其他工具来更新我们的数据库,以确定所有学科的公共价值出版物。然而,尽管我们尽了最大的努力,我们的公共价值文献数据库仍然是不完整的。

考虑到这些局限性,我们针对未来研究提出了建议。正如前言中所提到的,我们的总体目标是从星系到宇宙,也就是说,绘制公共价值和公共价值学术研究的路线图,以便我们能够比较、对比和整合不同的理论、方法和跨学科的知识流。这需要未来注意几个问题。

首先,我们需要在我们的数据库中围绕公共价值定义和概念化做更多的编码工作。我们初步分析的结果令人震惊:已编码出版物中有 240 份(76%)没有提供明确的公共价值定义。在剩下的出版物中,有 70 份(22%)提供了明确的定义,7 份(2%)提供了多个定义。有明确定义和没有明确定义的出版物的分布似乎在学科上并无不同。此外,26 份出版物仅使用"自我定义",而 61 份出版物使用了外部定义,并引用了一个或多个参考文献。在 6 份出版物中,作者既引用了外部定义,又创造了自我定义。在被引用次数最多的定义中,有来自经典社会学或人类学研究的定义(这些学科在公共价值产业中并不占重要地位),包括克拉克洪(1951)、塔尔科特·帕森斯(Talcott Parsons)和爱德华·埃尔伯特·希尔斯(Edward Albert Shils)(1953)以及米尔顿·罗克奇(Milton Rokeach)(1973)的定义。最近在《公共行政》(*Public Administration*)上发表的文章经常引用汉斯·德·布鲁因(Hans de Bruijn)和威廉迈恩·迪克(Willemijn Dicke)(2006)、贝克-约根森和波兹曼(2007)以及波兹曼(2002,2007)的定义。有些作者甚至引用了穆尔(1995)的定义,而他的工作核心是创造公共价值,这与公共价值相关,但又有区别(参见 Nabatchi,2012a,2012b)。不过,这些定义都被使用了不到 10 次,这再次说明对公共价值的研究是分散的、零碎的。

同样需要注意的是,提供一个或多个定义的出版物并不总是在分析中明确采用该定义，而是以极简的概念化形式应用这些定义。只有几十份出版物使用"我们对公共价值的定义如下"这样的语句。事实上，我们数据库中那些确实使用了某种定义的出版物往往包含了诚实或回应性等公共价值的具体例子，而不是提供一个精心打磨的观点。

　　这意味着除了定义分析外，我们还需要更多关于作者如何在其出版物中对公共价值概念进行分析的内容。这种分析是非常复杂和具有挑战性的。公共价值研究使用了许多不同的含义和概念。也许最常见的概念化是公共价值和私人价值的区分（例如 McLaughlin，1995；Ozolins，2010；Rogers & Kingsley，2004；Strike，1982；Van Thiel & Van der Wal，2010），但也存在其他几种概念化。例如，一些学者从核心价值、时间顺序或其他分叉或维度区分的角度来思考公共价值（见 Rutgers，2008）。另一些学者则从"硬"价值和"软"价值（Steenhuisen，2009），或个人、专业、组织、法律和公共利益价值（Van Wart，1998），或伦理、民主、专业和人的价值（Kernaghan，2003），或政治、法律、组织和市场价值（Nabatchi，2012a），或与行政合理性、民主道德和政治生存有关的价值（Buchanan & Millstone，1979）等角度来构思公共价值。此外，有时公共价值的概念被用来指代具体的目标，如公共交通的可靠性和安全性（例如 de Bruijn & Dicke，2006；Steenhuisen，2009）。其他时候，它暗指与程序和/或过程有关的规则，如问责制和透明度（例如 Weihe，2008），还有一些时候，它被用来指代（应该）指导公共行动的道德是非观（例如 Van der Wal，2008）。在法学中，公共价值被视为反映社会公共道德的宪法规定（例如 Eskridge，1989，Fiss，1987）。

　　最后，为了进一步研究现有的学派以及它们之间的关系，至少需要进行两组额外的分析——引文分析以及相关内容和文献计量分析。引文分析的目的是研究谁引用了谁的文章，并确定不同学科之间是否存在交叉。纵观各学科的主要出版物，我们并不对这种交叉寄予厚望。也许这并不奇怪。例如，布莱德利·E. 赖特（Bradley E. Wright）（2011）最近的一项分析表明，我们这个领域的学者戴着"公共行政眼罩"，通常不会参考法律、管理和政治学的相关研究（转引自 Perry，2012，第 479 页）。对我们数据库中的出版物进行这样的交叉引用分析，看看这一观察是否适用于公共价值的研究。内容和文献计量分析的目的略有不同。具体来说，我们希望同时分析公共价值的概念和引文，以充实公共价值体系中的"星系"，即根据不同的研究集群在研究公共价值的理论路径上进行定性和定量的区分。

至少，这些未来的努力将有助于推动公共价值研究；它们将阐明不同学科的学者如何使用公共价值的概念，以及研究公共价值的方法如何以及在哪些方面有不同和重叠。然而，这种概念上的比较至少值得在一篇单独的论文中予以关注。虽然这里没有介绍这样的分析，但本文表明，尽管对公共价值的研究仍在寻找共同点和被广泛接受的概念、理论和经验方法，但它是多样化的、健康的。它跨越了时间和学科，其渊源比我们通常认为的要早。为此，本研究进一步强调公共行政学者有必要在继续探索公共价值体系的过程中摒弃其盲目性。

注释

1. 这项流行研究已经被不少作者使用（截至 2013 年 4 月 9 日，谷歌学术报告说它已经被引用了 173 次），既用于公共价值的实证研究（如 Andersen，Beck-Jørgensen，Pedersen，Kjeldsen & Vrangbæk，2012），也用于概念研究（如 Nabatchi，2012a）。

2. 我们没有将"公共价值"一词纳入搜索范围，原因有二。首先，尽管许多学者没有明确区分单个公共价值和多个公共价值（参见 Alfford & O'Flynn，2009；O'Flynn，2009），但我们认为这些是不同的（参见 Nabatchi，2012a，2012b；关于公共价值的讨论，参见 Moore，1995；Benington & Moore，2011）。其次，威廉姆斯和希勒（2011）最近发布了对 74 份关于公共价值的学术出版物的内容分析和分类，我们认为（部分）复制他们的做法没有任何价值。我们数据库的出版物中，有 16 份同时提到了这两个概念。

3. 在可能的范围内，我们对 14 份我们无法获得的出版物进行了文献类型、文件类型、学术领域/学科、引用次数和其他领域的编码处理。

4. 这样做与 ISI 科学网页的索引是一致的，我们用它来指定大多数学术期刊出版物的学科类别。对于其他出版物，我们根据标题、主题、作者所在的院系和学校，以及（如果需要）出版物的内容，自己对其学科来源进行编码。我们在我们的作者和研究助理团队内部对所有这些出版物进行了交叉编码，并重复这一过程，直到我们对数据库中的所有出版物达成共识。

参考文献

Alford，J.，& O'Flynn，J.（2009）．Making sense of public value：Concepts，critiques and emergent meanings. *International Journal of Public Administration*，32(3 - 4)，171 - 191.

Andersen，L. B.，Beck-Jørgensen，T.，Pedersen，L. H.，Kjeldsen，A. M.，& Vrangbæk，K.（2012）．Public value dimensions：Developing and testing a multidimensional classification. *International Journal of Public Administration*，35，715 - 728.

Beck-Jørgensen，T.，& Bozeman，B.（2007）．Public values：An inventory. *Administration & Society*，39，354 - 381.

Beierle，T.（1998）．*Public participation in environmental decisions：An evaluation framework using social goals*. Discussion Paper 10497. Washington，DC：Resources for the Future.

Beierle，T.，& Konisky，D.（2000）．Values，conflict，and trust in participatory environmental planning. *Journal of Policy Analysis and Management*，19，587 - 602.

Benington，J.，& Moore，M. H.（2011）．*Public value：Theory and practice*. London，UK：Palgrave MacMillan.

Beyer，J. M.（1981）．Ideologies，values，and decision making in organizations. In P. C. Nystrom & W. H. Starbuck（Eds.），*Handbook of organizational design. Volume 2. Remodeling organizations and their environments* (pp. 166 - 202). New York, NY: Oxford University Press.

Bozeman, B. (2002). Public value failure: When efficient markets may not do. *Public Administration Review*, *62*, 145 - 161.

Bozeman, B. (2007). *Public values and public interest: Counterbalancing economic individualism*. Washington, DC: Georgetown University Press.

Bozeman, B. , & Su, X. (2012, April 11 - 13). *Public service motivation concepts: "Aspirational theory" in public administration*. Paper presented at the IRSPM XVI Conference, Rome, Italy.

Buchanan, B. , & Millstone, J. (1979). Public organizations: A value-conflict view. *International Journal of Public Administration*, *1*, 261 - 305.

Burright, M. (2006). Database reviews and reports: Google scholar-science & technology. *Issues in Science and Technology Librarianship*. Retrieved from http://www. istl. org/06-winter/databases2. html.

Canales, R. , Massey, B. C. , & Wrzesniewski, A. (2012). Promises aren't enough: Business schools need to do a better job teach students values. *Wall Street Journal*, Retrieved from http://online. wsj. com/article/SB10001424052748703865704575133352776583796. html.

Christenson, J. , & Dillman, D. (1973, August 23 - 26). *Rural-urban value patterns*. Paper presented at the Rural Sociological Society Annual Meetings, College Park, Maryland, USA.

Corneo, G. , & Gruner, H. (2002). Individual preferences for political redistribution. *Journal of Public Economics*, *83*, 83 - 107.

de Bruijn, H. , & Dicke, W. (2006). Strategies for safeguarding public values in liberalized utility sectors. *Public Administration*, *84*, 717 - 735.

Deleuze, G. , & Guattari, F. (1994). *What is philosophy?* New York, NY: Columbia University Press.

Eskridge, W. N. (1989). Public values in statutory interpretation. *University of Pennsylvania Law Review*, *137*, 1007 - 1104.

Fiss, O. M. (1987). The death of the law? *Cornell Law Review*, *72*, 1 - 16.

Gallie, W. B. (1955). Essentially contested concepts. *Proceedings of the*

Aristotelian Society, *56*, 167 – 198.

Gardiner, P. C., & Edwards, W. (1975). *Public values: Multiattribute utility measurement for social decision making* (Research Report 75 – 5). Los Angeles: Social Science Research Institute, University of Southern California.

Hood, C. C. (1995). The "new public management" in the 1980s: Variations on a theme. *Accounting, Organizations and Society*, *20*(3), 93 – 109.

Keeney, R. L., von Winterfeldt, D., & Eppel, T. (1990). Eliciting public values for complex policy decisions. *Management Science*, *36*, 1011 – 1030.

Kernaghan, K. (2003). Integrating values into public service: The values statement as centerpiece. *Public Administration Review*, *63*, 711 – 719.

Kluckhohn, C. (1951). Values and value-orientations in the theory of action. In T. Parsons & E. A. Shils (Eds.), *Toward a general theory of action: Theoretical foundations for the social sciences* (pp. 388 – 433). New York, NY: Harper & Row.

Lombard, M., Snyder-Duch, J., & Bracken, C. (2006). Content analysis in mass communication: Assessment and reporting of intercoder reliability. *Human Communication Research*, *28*, 587 – 604.

McConnell, G. (1969). The public values of the private association. In J. Pennock & J. Chapman (Eds.), *Voluntary associations* (pp. 147 – 160). New York, NY: Etherton Press.

McLaughlin, T. H. (1995). Public values, private values and educational responsibility. In E. Pybus & T. H. McLaughlin (Eds.), *Values, education and responsibility* (pp. 19 – 32). St. Andrews, UK: University of St. Andrews Centre for Philosophy and Public Affairs.

Moore, M. H. (1995). *Creating public value: Strategic management in government*. Cambridge, MA: Harvard University Press.

Nabatchi, T. (2012a, June 3 – 5). *Four frames for understanding public values in administration and governance*. Paper presented at the Public

Value Consortium Biennial Workshop, University of Illinois-Chicago, Chicago, Illinois, USA.

Nabatchi, T. (2012b). Putting the "public" back in public values research: Designing public participation to identify and respond to public values. *Public Administration Review*, *72*, 699 – 708.

O'Flynn, J. (2007). From new public management to public value: Paradigmatic change and managerial implications. *Australian Journal of Public Administration*, *66*, 353 – 366.

O'Flynn, J. (2009, November 26 – 27). *The public value debate: Emerging ethical issues*. Paper presented at the Public Leadership Workshop, Australian National University, Canberra, Australia.

Osborne, D., & Gaebler, T. (1992). *Reinventing government: How the entrepreneurial spirit is transforming the public sector*. New York, NY: Addison-Wesley Publishing.

Ozolins, J. (2010). Creating public values: Schools as moral habitat. *Educational Philosophy and Theory*, *42*, 410 – 423.

Parsons, T., & Shils, E. A. (1953). *Toward a general theory of action: Theoretical foundations for the social sciences*. Cambridge, MA: Harvard University Press.

Pearce, M., Cunningham, S. M., & Miller, A. (1971). *Appraising the economic and social effects of advertisement: A review of issues and evidence*. Cambridge, MA: Marketing Science Institute Staff Report.

Perry, J. L. (2012). How can we improve our science to generate more usable knowledge for public professionals? *Public Administration Review*, *72*, 479 – 482.

Perry, J. L., & Kraemer, K. L. (1986). Research methodology in the *Public Administration Review*, 1975 – 1984. *Public Administration Review*, *46*, 215 – 226.

Pollitt, C., & Bouckaert, G. (2011). *Public management reform: A comparative analysis—new public management, governance, and the neo-*

Weberian state (3rd ed.). Oxford, MA: Oxford University Press.

Rogers, J., & Kingsley, G. (2004). Denying public value: The role of the public sector in accounts of the development of the internet. *Journal of Public Administration Research and Theory*, *14*, 371–393.

Rokeach, M. (1973). *The nature of human values*. New York, NY: Free Press.

Rutgers, M. R. (2008). Sorting out public values? On the contingency of value classifications in public administration. *Administrative Theory & Praxis*, *30*(1), 92–113.

Ryan, M., Scott, D. A., Reeves, C., Bate, A., van Teijlingen, E. R., Russell, E. M., & Robb, C. M. (2001). Eliciting public preferences for healthcare: A systematic review of techniques. *Health Technology Assessment*, *5*(5), 1–186.

Schwartz, S. H. (1992). Universals in the content and structure of values: Theoretical advances and empirical tests in 20 countries. *Advances in Experimental Social Psychology*, *25*, 1–65.

Schwartz, S. H. (1999). A theory of cultural values and some implications for work. *Applied Psychology*, *48*(1), 23–47.

Schwartz, S. H. (2010). Basic values: How they motivate and inhibit prosocial behavior. In M. Mikulincer & P. Shaver (Eds.), *Prosocial motives, emotions, and behavior: The better angels of our nature* (pp. 221–241). Washington, DC: American Psychological Association.

Steenhuisen, B. (2009). *Competing public values: Coping strategies in heavily regulated utility industries*. (Unpublished doctoral dissertation). Delft University of Technology, Delft, Netherlands.

Steenhuisen, B., Dicke, W., & de Bruijn, H. (2009). "Soft" public values in jeopardy: Reflecting on the institutionally fragmented situation in utility sectors. *International Journal of Public Administration*, *32*, 491–507.

Strike, K. A. (1982). *Educational policy and the just society*. Chicago, IL: University of Illinois Press.

Van der Wal, Z. (2008). *Value solidity, differences, similarities, and conflicts between the organizational values of government and business.* Amsterdam, Netherlands：VU University.

Van der Wal, Z., & Huberts, L. W. J. C. (2008). Value solidity in government and business：Results of an empirical study on public and private sector organizational values. *American Review of Public Administration*, *38*, 264 – 285.

Van der Wal, Z., Huberts, L. W. J. C., van den Heuvel, J. H. J., & Kolthoff, E. W. (2006). Central values of government and business：Differences, similarities and conflicts. *Public Administration Quarterly*, *30*, 314 – 364.

Van Thiel, S., & Van der Wal, Z. (2010). Birds of a feather? The effect of organizational value congruence on the relationship between ministries and quangos. *Public Organization Review*, *10*, 377 – 397.

Van Wart, M. (1998). *Changing public sector values.* New York, NY：Garland Publishing.

Weihe, G. (2008). Public-private partnerships and public-private value trade-offs. *Public Money & Management*, *28*(3), 153 – 158.

Williams, I., & Shearer, H. (2011). Appraising public value：Past, present, and futures. *Public Administration*, *89*, 1367 – 1384.

Wright, B. E. (2011). Public administration as an interdisciplinary field：Assessing its relationship with the fields of law, management, and political science. *Public Administration Review*, *71*(1), 96 – 101.

作者简介

泽格·范·德尔·瓦尔博士是新加坡国立大学李光耀公共政策学院的副教授。他的研究重点是公共和私营部门的价值、精英行为和公共服务动机。

蒂娜·纳巴奇博士是雪城大学麦克斯韦公民与公共事务学院公共管理与国际事务系的副教授。她的研究重点是新的治理过程，包括公众参与、合作和冲突解决。

赫亚特·德·格拉夫博士是阿姆斯特丹自由大学治理研究系的副教授。他的研究重点是善政，强调诚信治理和有效治理之间的冲突，以及外包和公私伙伴关系背景下的公共价值。

2. 公共价值:聚焦还是混乱? 公共价值研究的集中性和困惑性 *

托本·贝克-约根森和马克·R. 罗特格斯 (Torben Beck-Jørgensen and Mark R. Rutgers)

在 21 世纪初的公共行政研究中,人们对公共价值的兴趣越来越大。然而,对公共价值的兴趣并不新鲜;事实上,它可能是政治思想以及行政实践中最古老的问题之一。当代人对公共价值兴趣的增加或重新燃起,构成了对 20 世纪末公共行政理论和实践发展的"反向作用力"——公共价值视角(PVP)。粗略地讲,对公共价值的兴趣反击了对公共行政的工具性、管理性的关注 (Beck-Jørgensen & Andersen,2011)和占主导地位的新古典主义政治经济学(Bozeman, 2007)。

这次专题对公共行政研究领域中关于当代公共价值的大量研究路径进行了简要的选择。更具体地说,其目的是强调各种方法的多样性,并摆脱穆尔(1995)提出的"创造公共价值"的有限视角。虽然这种方法也试图对抗近代行政管理趋势下(即新公共管理)"技术官僚"的意图,但它仅限于公共价值的管理视角。因意愿更明确,关于公共价值的最新研究则更有前途,而且实质内容也更丰富。

人们可能会很自然地提出一个问题:近代公共价值研究的发展,

* 原文来源:Beck-Jørgensen, T. , & Rutgers, M. R. (2015). Public values: Core or confusion? Introduction to the centrality and puzzlement of public values research. *The American Review of Public Administration* , 45(1), 3 - 12.

是否真的在谈论公共价值视角？如果是的话，我们是否需要这样一个视角？先从后者说起，我们认为需要一种公共价值视角。但这并不意味着要求对这个领域进行"范式重构"或重大重组，然而，公共价值视角意味着需要重新思考和重新聚焦我们所珍视的一些假设。对公共行政的研究过于迅速地倾向于工具化、边缘化或掩盖化，从而虚化了公共行政（或治理）本质上是关于价值的这一事实：我们需要什么，想要保留或改变什么，以及我们希望如何做事情。

更重要的是，我们这个领域的研究兴趣往往局限于特定的组织和管理问题或特定的政策领域。虽然这些内容很重要，但它往往首要掩盖了或排斥了当前的现象所处的公共环境。通常，我们认为潜在的价值——效率、民主、合法等等——是理所当然的，和/或将其视为不言而喻的。当然，这些价值是在管理和组织理论的背景下被讨论的，并且在政策和决策理论中也作为要解决的问题占据了重要地位。但我们应该把这些议题和问题视为内在的规范性的内容，即视为受公共价值引导或制约的过程，视为公共价值创造（或消灭）的过程。公共管理和公共政策制定就是为了确立、遵循和实现公共价值，所以我们应该把这些议题和问题作为出发点，而不是将之边缘化。

在公共行政研究中，明确以公共价值为核心关注点的研究方向大致有三个。首先是行政伦理学，其关注点是公共诚信和腐败方面的问题。近年来，这种论述已经从比较"经典"的哲学和伦理学反思扩展到了对公共行政中的道德价值的实证研究。这是一个相当明确的研究领域。其次是公共价值管理。这一研究方向的灵感来自公共管理者作为公共价值创造者的理念。"公共管理者创造了公共价值。但问题是他们无法确定公共价值究竟是什么。"（Moore，1995，第57页）可以将其理解为对新公共管理过多关注商业性价值的一种纠正。有时，这种方法被作为一种新的范式提出来（Stoker，2006）。然而，它似乎很难成为"公共管理的下一阶段"（Alford & Hughes，2008），而是在最近的研究中作为一种新的方法出现在已经建立的管理技术中（例如，见 Cole & Parston，2006），忽略了诸如创造价值的公共管理者与民主政治之间的内在张力（Overeem & Rutgers，2014）等其他问题。最后，还有一个研究方向，我们想称之为公共价值视角（PVP）。[1] 它涉及的不是单一的方法或概念，而是多种多样的方法，其特点是以公共行政的内在规范性为出发点，并试图在这一问题上弥合理论和经验视角。在这本专题论文集中，这些贡献可以被认为绝对属于第三种公共价值研究路径的范畴。作者们对公共行政研究中的主流路径持批判态度。这一点从对第二种路径的批判性评论，以及试图使更为经典的第一种伦理路径向实证研究开放的尝试中可见一斑。

公共价值研究被一个重大问题困扰。研究领域是由一个复杂的概念"公共价值"构成的，它带来了与之关联的两个高度模糊和有争议的概念的所有相关内容与困惑：公共和价值。这两个概念都是出了名地棘手，无论从理论上还是从实证经验上都有广泛的讨论。首先，什么是公共的？什么是私人的？这些是法律、哲学、政治学等多个学科都在问的问题。波兹曼在 1987 年出版的著作中指出"所有的组织是公共的"，尤其是出版商取消的那部分书名中所指出的"而且所有的组织是私人的"，邀请读者考虑一个有趣的引发深思的问题：没有纯粹的公共组织，也没有纯粹的私人组织。所有的组织以一定程度的公共性为标志，构成政治和经济权威之间的平衡。即使是国家部门也有与私人组织共有的特征；反过来说，即使是纯粹的市场组织也表现出公共性的特征（Bozeman，1987）。如果我们进一步补充说，私人组织可以很容易地执行或开展对公众有影响的公共政策或活动，那么公共和私人之间的区别就会变得越来越模糊。

那么，什么是公共价值？什么是私人价值？我们如何才能找到这个问题的答案呢？一种选择似乎很直接。法律确定的公共组织所涉及的价值就是公共价值，我们只需实证调查便可确定这些价值。那么问题在于，在法律秩序中"公共"具体指什么。更重要的是，这样确定的一些价值在私人组织中可能同样重要（Van der Wal, de Graaf & Lasthuizen, 2008），而且公共或私人组织仍有可能参与实施在法律上被认定为公共或私人的行为。这样一来，我们除了研究公共组织外，还必须研究私人组织，结果可能是（也许是）一组纯粹的公共价值、一组纯粹的私人价值，以及一组庞大的共同价值。

研究公共价值的第二种选择更为棘手。可以说，公共价值是为公众创造或破坏价值的东西。例如，私营企业造成的污染或政府机构造成的腐败都涉及负面的公共价值（或反面价值）。相反，企业的社会责任和机构的透明度可以被认为是积极的公共价值。从理论层面看，这种选择也许更令人满意，但仍然令人烦恼的是什么是"公共"的问题。它是多数人的偏好、共识，还是没有经验来源，而是基于哲学？我们又如何知道某些行为对公众是否产生某种后果？仅仅用"公共利益"或"共同福祉"来代替"公共"一词，就强调了这种方法内在的模糊性。尽管如此，我们至少可以得出这样的结论："公共"是被普遍接受的有价值的概念，是大多数政治理论的核心，实际上也为我们更广泛的研究对象"公共行政"下了定义。

其次，什么是"价值"？就像上面讨论模糊不清的公共/私人区别一样，任何人都不太可能有一个最终的答案。第一，有些人似乎满足于将价值与偏好、愿望、需求等并提。相比之下，克拉克洪（1962；另见 Van Deth & Scarbrough, 1995）将价值定义为"一种概念，这种概念是一种显性或隐性的，个人特有的或群体特有的，影响其从既有的行动模式、手段和目的中进行选择的需求"（第 395 页）。

在克拉克洪的定义中，核心是"需求"一词。同样，罗克奇（1973）定义中的关键词是"个人的或社会的偏好"。价值不仅仅是个人可以"渴望"的东西，还是个人或社会希望得到的东西。同样，约翰·纳尔班迪恩（John Nalbandian）（1998）将价值定义为"关于什么是对的和错的根深蒂固的信念"（第 622 页），根据波兹曼（2007）的说法，"价值是很难改变的，只有经过深思熟虑才能带来改变"（第 117 页）。价值不仅仅是在炎热的夏日憧憬一杯莫塞尔雷司令卡宾特酒，还是理性论证中的论据或理由（Rescher，1982）。

接下来，心理学家和社会心理学家自然而然地倾向于研究个体层面的价值，这往往与动机的概念有关，今天，关于公共服务动机的大范围讨论也集中在个体层面。相比之下，同样有必要关注公共价值的集体层面。（Andersen，Beck-Jørgensen，Kjeldsen，Pedersen & Vrangbæk，2012）公共价值不能被看作个人价值的简单组合。应该反对公共价值的简化论，因为它过于简单化。它们是集体过程的结果。公共价值不能被简单还原为个人所持有的价值，它们应被视为具有独立、自主的地位，而作为方法论的个人主义所固有的简化主义则被驳回。这并不是否认公共价值的本体论和认识论地位没有问题，而是强调作为经济个人主义主导的简化论不能充分解决公共价值问题。

相应地，通过阅读宪法、使命宣言、战略文件和立法，可以很容易地在几个非个人层面上识别价值；通过研究决策案例可以引出价值；价值可以表现在建筑物、建筑细节和人工制品中，如制服、装饰、符号、标志等等。古老的制度，例如君主制和天主教会，当然会以丰富的内容展示价值。在简化论之后，要当心具体化，把价值描绘成具体的对象。

总之，公共价值研究者面临着一些基本问题和挑战。公共价值研究的基本挑战包括公共价值研究是否包含一个核心，即是否有可能超越传统的经验和理论界限，或者是否存在造成混乱的重大风险？这一挑战可以通过了解公共价值研究与其他研究领域的关系来进一步说明，如政治理论/哲学、道德哲学、行政改革、组织文化与认同、廉洁与腐败研究、行政伦理、善政与行政之恶等。公共价值研究能否形成一个核心，即抓住这些不同领域的一个本质，还是说公共价值研究因太多路径而混乱的可能性更大？

我们认为，关于公共价值的研究必须包括一个广阔的视角。从这个出发点出发，可以制定一个关于公共价值的性质、发展、（社会）意义、一致性、合法性、优先性、普遍性等方面的描述性（理论和实证性）研究议程。这反过来又可以成为评价性和规范性研究议程的基础，将研究付诸实践。从上述问题衍生出的一些问题，可以作为我们在引言开头提出的公共价值视角的研究议程框架。

1. 一个基本问题，很简单，但不容易回答。什么是可能的公共价值体系？一些研究者已经解决了这个问题。早期的研究者包含约翰·斯图尔特（John Stewart）和基兰·沃尔什（Kieron Walsh）（1992）、艾伦·罗顿（Alan Lawton）和艾登·罗斯（Aidan Rose）（1994）、哈尔·G. 雷尼（Hal G. Rainey）（1997）和范·沃尔特（Van Wart）（1998），随后人们进行了更系统性的尝试，如贝克-约根森和波兹曼（2007）、范·德尔·瓦尔（Van der Wal）（2008）以及范·德尔·瓦尔和里奥·休伯茨（Leo Huberts）（2008）。现在有必要进一步汇编和具体说明可能的价值。需要梳理一下公共部门实际上追求的是哪些价值。是全面的，还是仅限于某些政策领域或特定类型的公共服务？关于利用定量和定性方法进行实证调查的例子，见贝克-约根森（2007）、范·德尔·瓦尔（2011）和卡斯滕·弗朗比克（Karsten Vrangbæk）（2009）。

2. 第二个问题涉及类型学：如何对公共价值进行分类？有一些建议（Beck Jørgensen & Bozeman，2007；Hodgkinson，1996；Hood & Jackson，1991；Van Wart，1998；Rutgers，2008）可供参考。

3. 我们转向对公共价值的历史和认识论的考察。具体的公共价值的历史和哲学根源是什么？价值的文化基础是什么？文化和政治力量如何互动形成价值？这些答案对于理解和阐释实际的价值很重要，因为总是必须在一种语境中理解价值。尽管如此，人们可能会问，一些公共价值是否可以被归类为构成性的基本公共价值，如"总体利益""共同利益""政权价值""政府固有价值"，以及如何发现它们在时间和地点上的发展与变化？

4. 公共价值如何互动？它们是可以分层排列，还是也可以像"友邻"一样相互关联？如果不能，如何处理价值冲突？可以有哪些折中方案？这些都是至关重要的问题，因为价值大概经常会发生冲突。部分文献已经从理论和经验上处理了这个非常重要的话题（参见 Beck Jørgensen & Vrangbæk, 2011; de Graaf & Van der Wal, 2010; Goodsell, 1994; Quinn & Rohrbaugh, 1981; Steenhuisen, 2009）。

5. 与上述问题密切相关的是一个具体问题，即公共价值和私人价值之间的关系如何。它们在多大程度上是相同的、互补的、对立的？还是相互排斥的？这就凸显了"私营企业"所追求的价值，从单个员工和客户的角度来看，是"集体价值"，而不是公共价值，因为即使是特定公共组织的价值也可能与"公共价值"相冲突。实际上，避免使用"私人价值"这个令人困惑的概念可能是比较好的。

6. 谁来维护公共价值（de Bruijn & Dicke, 2006）？（仅仅）是公共组织的责任？还是私人组织和个人也应该维护公共价值？这里的一个细分问题是如何以及在哪里可以构建一个解决这些问题的公共领域（Fox & Miller, 1995; Rhodes, 1997）。它包括以下问题：我们如何才能创造出可能有助于在日常情况下发现符合公共利益的内容的工具？关于这样的方法，参见波兹曼（2007）。我们如何实施公共价值？这里我们关注的是道德方面的、工具性的和/或象征性的手段和效果。它们涉及"国家与社会"、公共职能、公民和私人组织之间的所有不同层次和关系。

7. 最后，绕了一圈，回到元问题，即如何首先走近和研究公共价值。这又涉及前面所有的问题，并包含了社会科学和人文学科的哲学。

不存在单一的公共价值视角，而是需要不同的理论和方法。实证主义中连贯的、包罗万象的理论思想并不适合公共价值视角。总而言之，公共价值视角要求将公共价值作为我们关注的核心，而不是为实证、事实和/或因果分析锦上添花，同时将其视为公共行政的实质内容：将（事实）成分混合并最终形成"秘方"①。俗话说，布丁好不好，吃了才知道。在经验现实中，公共价值可能为人类服务，也可能不为人类服务，其中，公共价值被有序地保存或被忽视。

这本论文集收录的文章，清晰地展示了公共价值视角的广泛性。这些文章按顺序排列，从有关公共价值在公共行政（PA）中应用的更普遍的问题到更具体的价值研究，以及公共价值的方法。[2]

泽格·范·德尔·瓦尔、蒂娜·纳巴奇和赫亚特·德·格拉夫（2015）撰写的文章介绍了公共价值研究的大致情况。该文章基于一个包含 1945 年至 2012 年所有明确以"公共价值"为研究对象的出版物的数据库，展示了这一研究领域的显著增长态势，特别是 2007 年及以后，尤其是在公共行政学领域（与经济学、政治学和法学等相比）。事实上，值得注意和有些麻烦的是，政治学和经济学内部对公共价值的兴趣有所下降。1969—1979 年，这三个学科内公共价值出版物的相对比重接近持平。2000—2012 年，公共行政学涉及的公共价值（PV）出版物的相对份额为 51％，而经济学涉及的相对份额为 4％，政治学涉及的相对份额仅为 2％。

这个领域有多成熟？我们可以说，在实证研究、规范应用和理论发展方面的出版物分布相对均匀，说明了这个领域的成熟度。相反，有两个事实表明，该研究领域是一个零散的新兴领域。首先，76％的公共价值出版物没有对公共价值做出明确的定义，其次，约 81％的出版物是期刊文章，这表明严重缺乏对这一主题的长篇论述。

人们对公共价值的关注度越来越高，但并不一定代表对公共价值的认知积累得越来越多。马克·R. 罗特格斯（2015）在其文章中回到了一个老问题上，即什么是价值，尤其是公共价值。他对现有的

---

① 译者注：作者在原文中用了做蛋糕的比喻，比如公共价值不是实证或因果分析这块"蛋糕"上的装饰"糖霜"，而应该被视作公共行政的实质：根据（事实）成分混合并进行蛋糕烘焙的食谱。为了使前后文表达流畅，这里没有直译原文。

立场进行了思考,并讨论了文献中提出的公共价值的一系列特征。他特别关注事实与价值之间这一普遍而又常常被忽视的区别,因为它并不像通常假设的那样清晰。这进一步确立了公共行政的基本规范性,以及在我们的研究领域承认这一点的必要性。同时,我们也注意到,"公共价值"一词的使用有相当不同的意义(即概念),它可以指代某种特定的被考虑的价值,也可以作为一个通用概念表示所有可能的价值,甚至还可以表示研究公共行政的一种特定方法或范式。文章最后对公共价值做了一个暂定的全面性定义,其中甚至包括一些对立的特征。也许这个概念的模糊性问题永远无法完全解决,但至少我们可以意识到主要的困难。

本专题论文集的下一个贡献是提供了一个例子,即更集中地研究了那些对公共行政的构成很重要的特定价值。如前所述,政权价值可以被视为这样一类特定的公共价值。政权价值的概念可以从几个方面来理解。首先,政权价值可以被定义为对公共部门或国家的运作至关重要的价值。由于公共价值在时间和空间上可能会发生变化,因此政权价值可能是依国家情况而变的。其次,我们可以认为,鉴于国家的性质,政权价值趋向于同一或普遍一致并不是没有可能。事实上,对 13 个国家的善政守则的实证调查(Beck-Jørgensen & Sørensen,2013)表明,某一类公共价值(如公共利益、政治忠诚、透明度、公正性、效率和问责制)可能是普遍存在的。

然而,政权价值定义还有第三个版本,这也是帕特里克·欧弗里姆(Patrick Overeem)(2015)文章的主题。他以罗尔关于宪政方法的著作为出发点,深入讨论了政权价值的概念。政权价值被认为是国家规范基础的构件,从而作为合法性的来源和公职人员的道德指南发挥作用。政权价值可以与整个公共行政联系在一起(例如平衡、连续性),也可以与具体层面联系在一起(例如平等待遇、用户导向)。政权价值不一定是和谐的,因为自主行动("政治才能"、自由裁量权和诚信)和服从(政治忠诚、中立)之间的冲突要求会产生不可避免的困境。他提出，这个概念应该有一个显著的规范取向。政权价值不是政权的价值，而是政权之所以成立的价值。因此，政权价值是规范性的，而不是描述性的。这就要求我们在特定的环境中具体说明实际政权的内容，这显然超越了实证研究的范围。

虽然有不少研究提出了一系列的公共价值，但这些研究带来的惊喜相对较少。它们往往围绕着问责、正直、创新、用户导向、法治和公共利益等公共价值，也就是我们这个领域的"常用备选内容"。比如回忆一下前面提到的一系列普适性的公共价值。还有一些研究关注既定价值的意义和起源，如罗特格斯和弗里茨·范·德尔·米尔（Frits van der Meer）（2010）关于效率的研究。波兹曼和杰普拉·约翰逊在撰写的文章（2015）中，对两种特定的公共价值进行了详细的介绍和讨论，并认为在公共行政中需要注意的是公共领域和进步机会。公共领域被定义为"关于公共价值和与公共价值有关的集体行动的公开交流和商议"（第3页），与此相关的是，"……用于广泛交流的公共价值"（第3页）属于制度性公共价值。进步机会指的是"确保一个社会的成员有平等的能力去发挥他们的个人能力和实现他们为自己设定的目标所必需的社会条件"。

这两种价值分别作为基础价值和节点价值提出。这两种价值都被认为对许多其他价值具有有益的影响。公共领域是其他价值的一个支点，因为它强化了信任、尊重和合作，有人认为进步机会和公共领域正在强化公共价值。这些价值被判定为特别重要的价值，原因之一是占主导地位的新古典主义政治经济学不仅没有鼓励这两种价值，而且还破坏了这两种价值。虽然没有被贴上这样的标签，但这两种价值可以作为欧弗里姆所述的政权价值的例子。它们被作为政体的规定性和基本原则来讨论。

波兹曼和约翰逊的论点将具体的价值纳入审议和评价中，他们指出了一个重要的问题。公共价值如何与决策相联系？在公共环境中，决策可以通过民主多数制的方式进行。然而，公共管理者往往面对多个利益相关者,他们的需求各不相同,因此可能不得不对实质性的重大价值冲突进行仲裁。那么,非多数决策与多数决策相比,可能会涉及不同的价值考量,使我们做出不同的选择。然而,基于价值的决策中的一个主要问题是,在冲突的价值之间进行选择是困难的。解决价值冲突的一个方法是建立一个价值等级体系。

如何实现这一点,是伊娃·维斯曼(Eva Witesman)和劳伦斯·沃特斯(Lawrence Walters)(2015)的文章主题。他们针对价值的结构及其与决策的关系提出了两种不同的经验观点。个人价值和决策方面的研究表明,人们建立了个人价值的等级制度,以帮助在充满价值决策的选项之间进行选择,而公共价值方面的研究则表明,价值不能按等级排序,而是被视为公共管理者在论证决策时从中选择的"集群"或"宏观"内容。在她们的文章中,维斯曼和沃特斯试图研究这两种公共价值可能共存的方式。具体而言,作为普世价值,公共价值存在于公共管理学者所描述的非等级安排中。然而,在任何特定的决策情境中,都可以从这个更大的价值群体中选择相关的价值,并按等级排列,以帮助决策的制定和论证。

在科琳·凯西(Colleen Casey)(2015)的文章中,多数决策和基于价值的决策的概念在某种程度上得到了进一步的阐释。她对两个城市(密苏里州圣路易斯市和俄亥俄州克利夫兰市)不同的治理背景以及与管理方式、公共价值授权和创造的联系进行了分析。这两座城市在一些经济和人口变量上具有可比性,但在治理背景上有所不同,例如,克利夫兰市具有让公民参与当地社区和经济发展决策的悠久传统。分析表明,克利夫兰市采用了公共价值管理的方式,而圣路易斯市则是依靠传统的管理和正式政治系统中的决策。这对公共价值的授权和创造有一定的影响。

可以说,这个案例研究说明了前面提到的文章中的几个观点。公共价值是一种社会建构,它们在空间上有所差异,受到历史的重要作用,仔细研究可能会发现克利夫兰市和圣路易斯市选择了不同的政权价值。

　　虽然论文集收录的文章显示了公共价值视角的广度，但仍只是全部研究范围中有限的一部分。同时，也可以明显看出，文章之间互相关联。最重要的是，尽管讨论这个问题的所有作者对公共价值都有特殊的看法，但有一个共同点：公共部门的规范性是一个基本问题，公共行政研究应该反映这一点。公共部门及其研究不应该被置于——从比喻上讲——类似于安徒生童话《冰雪女王》中的小男孩在面临严重威胁时的处境："他相当害怕，他试图重复主祷文，但他能做的，只是记住乘法表。"

注释

　　1. 2006 年，研究人员应邀参加了欧洲公共行政小组（EGPA）在米兰举行的年度会议上的公共价值研究工作坊。当时的背景很明确。尽管在国际会议上可以找到关于道德、腐败等问题的研讨会，但研讨会的召集人（佐治亚理工学院的巴瑞·波兹曼和哥本哈根大学的托本·贝克-约根森）不满意国际会议上对此议题的关注边缘化，也希望有更广泛的视角。2008 年，哥本哈根大学举办了一次关于公共价值和公共利益的研讨会（这次的召集人包括莱顿大学的马克·R. 罗特格斯）。研讨会最后成立了公共价值联盟。这个联盟没有规则，没有章程，也没有义务，只是约定每两年举办一次研讨会。第二次研讨会于 2010 年在莱顿举行（召集人是罗特格斯和帕特里克·欧弗里姆，均来自莱顿大学），随后于 2012 年在芝加哥伊利诺伊大学举行研讨会［召集人是伊利诺伊大学的玛丽·菲尼（Mary Feeney）和俄亥俄州立大学的斯蒂芬妮·莫尔顿（Stephanie Moulton）］。第四次研讨会于 2014 年在新加坡李光耀公共政策学院举行（召集人为泽格·范·德尔·瓦尔）。本次研讨会的文章来源于芝加哥研讨会。①

　　2. 本次研讨会的文章已于 2013 年和 2014 年在网上发表。这里的参考文

---

　　①　随后的第六届研讨会于 2018 年在南京大学举办（召集人是本书编译者杨黎婧）。2020 年的第七届研讨会本来应在荷兰拉德堡德奈梅亨大学（Radboud University Nijmegen）举办，召集人是海丝特·帕纳克（Hester Paanakker）和赫亚特·德·格拉夫（Gjalt de Graaf），但因为新冠肺炎疫情延期，至今尚未举办。

献均为网络版本，以确保本简介能服务于所有读者。

参考文献

Alford, J., & Hughes, O. (2008). Public value pragmatism as the next phase of public management. *The American Review of Public Administration*, *38*, 130 - 148.

Andersen, H. C. (1844). *The snow queen. Second story: A little boy and a little girl*. Retrieved from http:// www. online-literature. com/hans_christian_andersen/972/

Andersen, L. B., Beck-Jørgensen, T., Kjeldsen, A. M., Pedersen, L. H., & Vrangbæk, K. (2013). Public values and public service motivation: Conceptual and empirical relationships. *The American Review of Public Administration*, *43*, 292 - 311.

Beck-Jørgensen, T. (2007). Public values, their nature, stability and change. The case of Denmark. *Public Administration Quarterly*, *30*, 365 - 398.

Beck-Jørgensen, T., & Andersen, L. B. (2011). An aftermath of new public management: Regained relevance of public values and public service motivation. In T. Christensen & P. Lægreid (Eds.), *The Ashgate research companion to new public management* (pp. 335 - 348). Oxon, UK: Ashgate.

Beck-Jørgensen, T., & Bozeman, B. (2007). Public values: An inventory. *Administration & Society*, *39*, 354 - 381.

Beck-Jørgensen, T., & Sørensen, D. -L. (2013). Codes of good governance: National or global public values? *Public Integrity*, *15*, 71 - 95.

Beck-Jørgensen, T., & Vrangbæk, K. (2011). Value dynamics: Towards a framework for analyzing public value changes. *International Journal of Public Administration*, *34*, 486 - 496.

Bozeman, B. (1987). *All organizations are public: Bridging public and private organizational theories*. San Francisco, CA: Jossey-Bass.

Bozeman, B. (2007). *Public value and public interest: Counterbalancing economic individualism*. Washington, DC: Georgetown University Press.

Bozeman, B. & Johnson, J. (2015). The Political Economy of Public Values: A Case for the Public Sphere and Progressive Opportunity. *The American Review of Public Administration*, 45(1), 61 – 85.

Casey, C. (2015). Public Values in Governance Networks: Management Approaches and Social Policy Tools in Local Community and Economic Development. *The American Review of Public Administration*, 45(1), 106 – 127.

Cole, M., & Parston, G. (2006). *Unlocking public value: A new model for achieving high performance in public service organizations*. Hoboken, NJ: John Wiley.

de Bruijn, H., & Dicke, W. (2006). Strategies for safeguarding public values in liberalized utility sectors. *Public Administration*, 84, 717 – 735.

de Graaf, G., & van der Wal, Z. (2010). Managing conflicting public values: Governing with integrity and effectiveness. *The American Review of Public Administration*, 40, 623 – 630.

Fox, C. J., & Miller, H. T. (1995). *Postmodern public administration*. London, England: Sage.

Goodsell, C. (1994). *The case for bureaucracy*. Chatham, UK: Chatham House.

Hodgkinson, C. (1996). *Administrative philosophy: Values and motivations in administrative life*. Oxford, UK: Pergamon.

Hood, C., & Jackson, M. (1991). *Administrative argument*. Aldershot, UK: Dartmouth.

Kluckhohn, C. (1962). Values and value-orientations in the theory of action: An exploration in definition and classification. In T. Parsons & E. A. Shils (Eds.), *Toward a general theory of action* (pp. 388 – 433). Cambridge, MA: Harvard University Press.

Lawton, A., & Rose, A. G. (1994). *Organisation and management in the public sector*. London, England: Pitman.

Moore, M. H. (1995). *Creating public value: Strategic management in government*. Boston, MA: Harvard University Press.

Nalbandian, J. (1998). Framework for change. *Journal of Public Administration Research and Theory*, *8*, 617-622.

Overeem, P. (2015). The Concept of Regime Values: Are Revitalization and Regime Change Possible? *The American Review of Public Administration*, *45*(1), 46-60.

Overeem, P., & Rutgers, M. R. (2014). Public values in public administration. Mark H. Moore. 2013. Recognizing public value. *Journal of Public Administration Research and Theory*, *23*(3), 806-812.

Quinn, R. E., & Rohrbaugh, J. (1981). A competing values approach to organizational effectiveness. *Public Productivity Review*, *5*, 122-140.

Rainey, H. G. (1997). *Understanding and managing public organizations*. San Francisco, CA: Jossey-Bass.

Rescher, N. (1982). *Introduction to value theory*. Washington, DC: University Press of America.

Rhodes, R. A. W. (1997). *Understanding governance: Policy networks, governance, reflexivity and accountability*. Buckingham, UK: Open University Press.

Rokeach, M. (1973). *The nature of human values*. New York, NY: Free Press.

Rutgers, M. R. (2008). Sorting out public values? On the contingency of value classifications in public administration [Introduction]. *Administrative Theory & Praxis*, *30*, 92-113.

Rutgers, M. R. (2015). As Good as It Gets? On the Meaning of Public Value in the Study of Policy and Management. *The American Review of Public Administration*, *45*(1) 29-45.

Rutgers, M. R., & Van der Meer, H. (2010). The origins and restriction of efficiency in public administration: Regaining efficiency as the core value of public administration. *Administration & Society*, *42*, 755-779.

Steenhuisen, B. (2009). *Competing public values: Coping strategies in heavily regulated utility industries*. Delft: Next Generation Infrastructure Foundation.

Stewart, J., & Walsh, K. (1992). Change in the management of public services. *Public Administration*, *70*, 499 – 518.

Stoker, G. (2006). Public value management: A new narrative for networked governance. *The American Review of Public Administration*, *36*, 41 – 57.

Van der Wal, Z. (2008). *Value solidity: Differences, similarities and conflicts between the organizational values of government and business*. Amsterdam, The Netherlands: VU University.

Van der Wal, Z. (2011). The content and context of organizational ethics. *Public Administration*, *89*, 644 – 660.

Van der Wal, Z., de Graaf, G., & Lasthuizen, K. (2008). What's valued most? A comparative empirical study on the differences and similarities between the organizational values of the public and private sector. *Public Administration*, *86*, 465 – 482.

Van der Wal, Z., & Huberts, L. (2008). Value solidity in government and business: Results of an empirical study on public and private sector organizational values. *The American Review of Public Administration*, *38*, 264 – 285.

Van der Wal, Z., Nabatchi, T., & De Graaf, G. (2015). From galaxies to universe: A cross-disciplinary review and analysis of public values publications from 1969 to 2012. *The American Review of Public Administration*, *45*(1), 13 – 28.

Van Deth, J. W., & Scarbrough, E. (1995). Perspectives on value change. In J. W. Van Deth & E. Scarbrough (Eds.), *The impact of values* (pp. 528 – 540). Oxford, UK: Oxford University Press.

Van Wart, M. (1998). *Changing public sector values*. Hamden, CT: Garland.

Vrangbæk, K. (2009). Public sector values in Denmark: A survey analysis. *International Journal of Public Administration*, *32*, 508–535.

Witesman, E. M. & Walters L. C. (2015). Modeling Public Decision Preferences Using Context-Specific Value Hierarchies. *The American Review of Public Administration*, 45(1), 86–105.

作者简介

托本·贝克-约根森(已故)是哥本哈根大学荣誉教授。之前就职单位包括财政部和哥本哈根商学院。他的研究方向包括公共价值、公共组织的组织与治理、公共组织理论和公共部门改革。

马克·R.罗特格斯是荷兰阿姆斯特丹大学公共行政哲学教授,社会科学研究生院院长。他的主要研究方向包括公共价值、公共行政史和行政思想基础。

第三部分
公共价值结构：内容、类别和框架

1. 公共价值的类别划分？公共行政中的价值分类的偶然性[*]

马克·R. 罗特格斯（Mark R. Rutgers）

> 一直以来，人类都倾向于对事物进行分类。
> ——克里斯多夫·罗伊德(Christopher Lloyd)(1989,第 7 页)

引　言

　　公共行政必须符合民主、高效、合法、具有代表性和具有权威性等各种要求。不可回避的一点是，研究者必须确定哪些是重要的公共行政价值以及它们的优先顺序。有些人强调首要或核心价值的重要性，其他人则并不认同，他们强调价值均衡以及价值冲突的必要性。不论哪种观点，我们都必须对很多现有的价值进行系统化或分类。本文的核心问题是：在诸多公共行政价值中，我们是否能建立一定的秩序？为此，我们必须评估已经存在的价值分类和排序是否合理，或者是否应该拒绝价值排序，毋庸说确定它们的优先级了。本文的论点是，我们可以对价值进行排序，但谨记，评估所有分类方法应考虑其对应的目的。但对大多数分类方法来说，我们连评估其有效

　　* 原文来源：Rutgers，M. R. （2008）. Sorting out public values? On the contingency of value classification in public administration. *Administrative Theory & Praxis*，30(1)，92 - 113.

性和有用性的最基本需求都没有。

几个世纪以来，关于公共行政及公务员价值的争论源源不断，其中涉及从忠诚、谨慎到机智、权谋等价值，它们被用于描述公务员、公共组织等的特征。与优秀公务员有关的价值起源于前现代时期，相关文献的发布时间跨越了两个世纪，其中郎世宁（Castiglione）的《廷臣论》(*The Book of the Courtier*)（1528/1991）是最典型的例子。关于优秀管理机构价值的文献出现时间则较晚。十九世纪中叶法国作家薇薇安（Vivien）（1859，第 63 页）认为，公共行政必须满足三个必要条件：在行使权力时行动迅速、充满活力和认真负责。不符合这三个要求会导致公共组织效率低下、功能薄弱、不受约束。他的观点反映了持续一个世纪之久的争论，即共治制和等级制组织哪一种能够实现更有效的管理。德国学者 C. A. 冯·马尔休斯（C. A. Von Malchus）（1823）区分了共治制与单一制或官僚制。他认为，共治制是一种效率低下的官员组织制度；而官僚制的效率更多地取决于官员的个人素质，因此更加不稳定。上述示例仅仅说明，谈论公共行政时会不可避免地涉及价值。我们普遍认可价值对于公共行政的重要性，该重要性体现在方方面面，包括从"职业道德"和"管理价值"到"公共利益"和"美好生活"等方面。例如，薇薇安·德·古伯特（Vivien de Goubert）（1859）和冯·马尔休斯（1823）从中间视角出发，重点关注了对组织有必要性的特定价值。从此之后，很多学者便开始尝试确定公共行政的核心价值，对其进行排序并确定其优先顺序。这是为什么呢？简单来说，在思考公共行政的本质时，我们会面临很多相互矛盾和冲突的价值。了解它们在理论和实践中的关联性以及优先顺序极其重要。价值排序的可能性问题涉及价值分类。

简单地说，分类指尝试建立顺序，而顺序指描述的一部分，它是解释含义和制定规则的前提。本文认为，通过解释含义和制定规则能够确定某一类别中最重要的价值。

从这个意义上说，分类指尝试证明并构建一种秩序，表示分类的英语单词 classification、taxonomy 和 typology 都作为同义词使用，它是经验社会科学的一个"重要组成部分"（Tiryakian，1968，第 177 页）。"分类的根本目的是寻找结构"（Feger，2001，第 1967 页），这个观点在某些方面可能过于实证主义，但即便从更加后实证主义或后现代化的角度来说，我们也不能简单否定价值分类的需求。分类是对我们的思想和知识进行（暂时的）结构化和排序的过程。更重要的是，需要对具体分类进行解释或论证即意味着需要在（合理的）语篇层面上进行。

为评估价值分类的有用性，本文将首先简要介绍公共行政研究中涉及的价值，然后分析相关分类实践的性质。接着，我们将分析三个更详细的例子，以确定分类的依据是否合理。然后会列举简·雅各布斯（Jane Jacobs）提出的一种具有相互排斥类别的分类方法。在最后一节中，我们会回归价值的本质，表明价值可以通过寻找概念相似性的方法进行分类。最终得出的结论是：大多数价值分类方法都没有足够的标准和论据进行评估，因此，即便连讨论其理论或实践可行性的最低要求都不能满足。

公共行政"外显价值"

在对公共行政价值进行分类前，我们首先要了解现有价值的数量和质量。关于一般意义上的公共行政价值，佩特拉·施鲁斯（Petra Schreurs）（2005）列举了 63 种不同的价值，贝克-约根森和波兹曼（2007）也研究了他们所谓"72 种公认价值"。但这两个数字有欺骗性，因为它们只描述了公共行政的一般特征。如果我们更具体地研究某一方面，如公务员的本质，将会涉及更多价值。一个有关公务员制度的文献（Bekke, Perry, & Toonen, 1996）中列出的各种价值证实了这一点。作者认为，可被识别的重要价值不少于 64 种：

问责、准确性、匿名性、职业流动性、集中性、能力、连续性、成本控制、创造性、分权、民主性、放松管制、职责、有效性、效率、部门平等分配、平等、道德行为、经验丰富、公平补偿、公平、灵活性、通才、荣誉、谦逊、正直、合法性、忠诚、自由裁量权、品质、内阁负责制、流动性、谦虚、必要性、中立性、不轻率、不篡改法令、无党派偏见、绩效、多数票制、多元化、信誉、生产力、质量、快速性、可靠性、代表性、责任性、回应性、使命感、服务意识、社会公平、专业化、优越性、系统化、培训性、真实性、一致性、可行性、可见性、智慧性、员工健康、员工安全。

在更具体的层面（如公务员道德）价值数量很容易进一步增加。经济合作与发展组织（OECD）的报告《政府信任：经合组织国家的伦理措施》（2000）中列举了至少以下 30 种其他价值：

能力、关心、承诺、遵从、礼貌、客户友好、敬业、勤勉、自由裁量、无利害关系、不罢工义务、提建议义务、劝诫义务、排他性、事实性、公平性、公正性、领导性、合法性、服从性、客观性、保密性、公开性、专业性、及时性、可敬性、保密性、无私、同情、透明度。

令人惊讶的是，第一个价值列表中居然遗漏了很多明显重要的价值。仅仅这两本文献中就有（至少）94 种不同的公共行政价值，其中还不包括施鲁斯提到的"仁慈""创新"和"守时"等价值。通过以上概括，我们了解到大概有 100 种不同的价值。

但经过仔细研究，我们发现这些价值比实际更为统一。在某种意义上，我们只领略到了皮毛，因为上述两本书中只提到"价值"，而非在不同语境中表示价值的词语。实际上，"责任"与"公民""需求""内阁""政治"等词语相关。同样，"忠诚"与"国家""官僚上级"或"政治上级"有关。所以，"忠诚"在不同语境中有不同的含义。这说明我们对上述价值的认识不能只停留于表面,因为它们可能指向更具体的价值组合。因此,术语和概念之间存在模糊的关联性,或者说(在本研究中),表达价值的词语和价值之间存在模糊的关联性。事实上,我们面临的是一系列令人眼花缭乱的公共行政价值组合。有时我们能确定不同价值的优先顺序,但通常都比较混乱。例如,我们会发现若干价值组合在一起构成一个"层级体系","以确保社会公平、员工健康和安全、公平补偿和道德行为"(Bekke, Perry, & Toonen, 1996,第 50 页)。同样,"流动性"被视为能够提高公务员队伍的整体素质。价值之间的关联可以通过以下方式确定:指出价值的相互对立性(如"匿名性与可见性"和"党派性与中立性"),或将相关价值归入"相同序列"中(如"公平、一致地对待员工")。但是,明确或含蓄地指出价值之间关系的实例少之又少,而不同学者对排序达成一致的实例则更加稀缺。

本文简要回顾了公共行政文献中涉及的价值,发现公共行政价值的数量十分庞大。如果要将它们全部用于实践,就必须建立一些排序和比较方法,也就是说要在混乱中找到一些秩序。因此,我们现在将注意力放到核心问题上,即对公共行政价值进行排序或分类的实践活动。

价值排序方法

学者们已经或含蓄或明确地承认了区分不同价值的必要性,并对其在公共行政研究中接触到的一系列价值进行了排序。毕竟,不论在任何研究领域,系统化和分类都是公认的研究基础。但是,系统化和分类的方法存在巨大差异,本文无法一一深究有关价值的大量哲学文献。对价值系统化和层级化的探索由来已久,而它的起端是确定首要核心价值。然而,迄今为止最好的总结可能是真、善、美,或者柏拉图的基本价值——正义、智慧、节制和勇气。但这些价值离我们的研究目的相距甚远，本文主要研究的是公共行政价值分类或排序的意义及有用性，这意味着我们需要一些基本的标准来评估各种分类方法。经典的分类理论提供了一套相当严格的方法论要求，其中包括"调查对象中的任何成员都可以被划分为一种且唯一一种主要类型"（Tiryakian，1968，第 178 页）。因此，划分的类型应该兼顾全面性和互斥性。此外，各类型之间在逻辑和意义上应该是连贯的。这种分类方法最著名的例子是林奈（Linneaus）的植物分类学和门捷列夫（Mendelejev）的元素周期表。它们的理论基础非常明确，即"理论本身决定了不同的类别及其顺序"（Feger，2001，第 1967 页），因此具有客观性。所以，任何人都能运用既定的方法和标准进行观察和分类。总的来说，这两种方法非常全面或完整。

但对社会研究来说，这些要求太多了。H. 斐格（H. Feger）(2001)提到了这个问题，他认为需要一种更具有归纳性的方法，也就是说，我们不能采用严格的"实证"分类方法，而是针对以下实践制定相应的标准：(1) 对（最好全面）涵盖调查现象的特定类别、类型或集合进行区分；(2) 将特定价值划分到具体类别中。因此我们可能需要确定分类的依据、理由或论据，因为我们希望价值排序不仅仅基于主观或直觉原因。

首先，一种很常见的方法是在"最常提及的价值"中找到核心价值，从而进行排序。对于上文提到的公务员制度，其核心价值包括问责、责任性、有效性、效率、灵活性、忠诚、中立性、代表性。我们也许会想，它们到底是核心价值还只是"目前最流行"的价值。此外，如上文所述，学者们对核心价值的内容和意义存在很大分歧。例如，关于"代表性"的具体内容就存在很大争议（因此，关于如何实现以及能在多大程度上实现该价值也存在很大争议）。即便如此，核心价值的理念依然很受欢迎，而且得到了充分证实。很久以来，学者们提出了很多种公共行政基本价值。（Raadschelders & Rutgers，1999）有些价值似乎经久不衰，它们一再出现在各种文献中，如"责任"和"效率"。

其他核心价值具有国家性或区域性特征，如德国的公务员终身制（Bekke，Perry，& Toonen，1996，第 65 页）以及欧洲"部长负责制"的各种地方版本。最后，学者们还提出了很多完全对立的基本价值，如"保密性"或"团队精神"与"公开性"或"透明"相对立。价值的使用或引用频率难以作为评判价值重要性的标准。

第二种方法是按照时间顺序进行排序。学者们可以将价值区分为"新的或旧的"或者"传统的或新兴的"。旧价值包括正直、效率、中立性等。随着新价值的出现，旧价值的重要性或受重视程度可能会发生变化，"特别是自 20 世纪 80 年代以来，新价值（如创新、质量）日益突出，部分传统价值（如问责）变得相对更加重要"（Kernaghan，2000，第 95—96 页）。但是，如果更仔细地审视这种方法，你会发现它对价值的区分并不牢靠。更重要的是，我们并不清楚历史性区分方法与价值的解释或优先性排序有什么关联。

这一问题引出了第三种方法：确定不同价值之间的基本分歧或者在其他维度上的区别。沃尔多（1992）对硬价值和软价值的区分就是其中一个例子。"顾名思义，硬价值指与经济、有效性和效率相关的价值。'硬'指示稀缺性、计算能力、精力、能量、工作和生产等特征。"软价值与家庭和社区养育有关（如自由、平等、社会公平和社会正义）。硬价值和软价值的区分似乎仅基于直觉。同样，我们依然不清楚价值排序的依据，更不知道它对价值选择的作用。此外还有其他区分策略，例如"个人或个体价值"（诚实、使命感、睿智）与"制度或组织价值"（代表性、工人安全、管理自由裁量权）的区分。但问题在于，几乎所有价值都同时适用于个人和组织（如中立性、效率、理性、回应性）。萨利·科尔曼·塞尔登（Sally Coleman Selden）等人（1999）提出了一种行政责任框架，该框架包含两个维度——"问责机制和工具性目标"（第 177 页）。这两个维度体现了价值的张力和矛盾性质。肯尼斯·克纳汉（Kenneth Kernaghan）（2000）提出的"三分法"是这种框架的变体之一，"其中，道德价值（如正直、公平）单属一个类别，另外两个类别分别是民主价值（如公正性、法治）和职业价值（如有效性、服务）"（第 95 页）。最后，查尔斯·T. 古德赛尔（Charles T. Goodsell）（1990，第 108—111 页）区分出至少六种"公共利益价值"：法律道德化、政治响应能力、政治共识、关注逻辑、关注效果和议程意识。这些分类的主要问题在于分类的依据不明确，甚至是有问题的。为了说明这一点，我们将进一步分析三个更具体的示例，并试图阐明相关学者对分类有效性的论证。

三个示例

首先，我们来分析克里斯多夫·胡德（Christopher Hood）和迈克尔·W. 杰克逊（Michael W. Jackson）（1991）提出的一种颇受欢迎的分类方法。他们关注的是所谓"管理公则"的合理性，这种合理性取决于"三种泛型类型"的价值：Σ 价值涉及（限定）需要的资源（"简洁、有目的性"）、θ 价值涉及开放性和独立审查（"诚信、公平"）、λ 价值关注的是如何保持管理正常运行（"稳健性、弹性"）。这种分类法的论证仅限于此，因此在对某一价值进行分类时没有既定的标准可以遵循。这种分类工具不精确且非常直观，只能满足作者的研究目的。胡德（1991）还进一步指出："广义上来说，Σ 价值与经济和节俭有关，θ 价值与诚信和公平有关，λ 价值与安全和弹性有关。"（第 11 页）此外，这三种类型相互重叠，在现实行政环境中是很难同时符合这三种要求的（即便并非不可能）。他表示，这种分类方法与苏珊·斯特兰奇（Susan Strange）（1988）有关管理价值的讨论"大致相符"，而且"其中至少有两类与 M. M. 哈蒙（M. M. Harmon）和 R. T. 迈尔（R. T. Mayer）研究的价值相对应"（Hood，1991，第 11 页）。但是，上述几种来源都没有论证这种区分方法的有效性。因此，我们很难评估它的有效性和适用性，只能（或应该）评估其在特定环境中的有用性或有效性。

关于公共部门价值研究的第二个示例来自范·沃尔特（1998），他专门著作了一本书来阐述"公共部门价值"。这本书首先区分了五种主要价值（个人价值、职业价值、组织价值、法律价值和公共利益价值）。这种区分方法以美国公共行政学会（ASPA）的道德准则为基础，其中也没有进一步论证分类的基础，但指出："在没有过度重叠的情况下，五个类别便足以区分各种价值"（第5页）。这句话的坦白值得称赞，但我们可能会想知道到底什么是"过度重叠"。难道我们不想看到更清楚的论证吗？如果连最基本的出发点都没弄明白，何必还要费心去区分呢？显然，我们这样做对著作者来说并不公平，因为他进行区分的首要前提是上述美国公共行政学会的道德准则，该准则理当作为价值选择和分类的标准。由于事实显然相反，我们只能说作者进行的基本分类只能作为一种启发式手段，而且仅服务于他当下的研究目的，别无其他。

在这本书的后半部分，范·沃尔特提出的分类方法有着明显的理论基础，但只在"文化框架视角"下。他的目的是分析价值及价值关系（如有）基本假定的起源（第163页）。他提出的文化框架理论来源于埃德加·施恩（Edgar Schein）（Van Wart，1998，第166页），该理论包含四个层次：两个实际的文化层次〔人工因素、行动和行为模式（规范、规则）〕，以及两个价值层次（信念和基本假设）。不同层次之间的区分方法是分析性的，很难进行界定。例如，基本假设和"信念"之间的区别在于：前者几乎不会随时间的推移而发生改变，而后者则更加"具体化"（第171页）。

范·沃尔特利用沙因的文化理论作为自己分类的依据。[2]沙因（1987，第15—18页；1999，第15—26页）认为组织文化包括三个层次：人工因素、价值（"'应该'的样子，而不是本来的样子"〔Schein，1987，第15页〕）以及共同的隐性假定。人工因素和价值是文化的表现形式或表面层次。沙因认为，研究共同假定是理解组织的一种重要方式。事实上，文化"包含组织成员所共同拥有的更深层级的基本假设和信念，它们无意识地产生作用，并且用一种基本的'认为是理所当然'的方式来解释组织自身的目的和环境"（Schein，1987，第6页）。显然，沙因在其理论中做出的区分有所不同。范·沃尔特的四个层次与沙因的三个层次之间的关联不在本研究范围内。值得注意的是，范·沃尔特认为其价值分类方法需要一种兼顾包容性和全面性的理论基础作为支撑，这种基础同时接受读者的认可和批评。

根据范·沃尔特（1998）的观点，公共行政者面临的一项重要任务是宣扬"正确的"价值以及确定在不同文化层面应该采取哪些"正确的"控制措施。这么做的困难在于，我们不应该期望不同文化层面存在一致性。这种一致性甚至不会出现在同一个文化层面上。尽管范·沃尔特没有明显指出这一点，但他指出，即便"我们对价值达成有效共识……也并不意味着大家一致认可某一整套价值"（第259页）。

在引用沙因的理论时，范·沃尔特提供了一个明确的分类基础。我们可能会质疑沙因的组织理论是否适用于当前的研究，在这种情况下，需要深入文化框架本身的性质。文化框架能够从高度抽象的层面上梳理混乱的价值，但缺点是不够精确，尤其是没有提供价值分类的标准。它可以作为描述性框架指引价值之间的排序，但它没有指出特定价值应该在什么层面上分析或在什么层面上最为优先，因而不能作为实际排序的依据。[3]

最后一个示例来自贝克-约根森和波兹曼（2007），他们对分类方法进行了更加细致的阐述。他们表示："很少有研究关注价值分类方法，而且没有哪一种分类得到了广泛认可。"（第388—389页）他们希望通过确定公共价值集群的方式，来探索公共价值的界限和含义。而通过解释不同价值之间的联系，可以确定它们的界限和含义。关于这种分类方法的基础，他们明确地表示："我们在研究中的分类仅基于一个依据，即价值对公共行政或公共组织的影响。"（第359页）虽然没有进一步论证，但他们总结的七个方面能够体现出分类以一种系统理论方法作为基础。这七个价值集群分别为（括号中提供了一些示例）：

1. 公共部门对社会的贡献（公共利益、共同利益、可持续性）
2. 将利益转化为决策（多数决策原则、民主、地方治理）
3. 公共行政与政治家之间的关系（政治忠诚、问责制、回应性）
4. 公共行政及其环境之间的关系（公开性、保密性、中立性）
5. 公共行政组织的内部特征（稳健性、可靠性、创新）
6. 公共部门员工的行为（问责制、专业性、正直）
7. 公共行政与公民之间的关系（合法性、公平、相应能力）

这些价值并不专属于某一集群。所以，问责同时出现在第3和第6个集群中，回应性同时出现在第3和第7个集群中。它们还可能适用于更多类别。作者指出，这些集群是根据相近性、层级和因果关系三个维度对他们所研究的价值进行聚合的结果。相近性指某一价值与另一价值的相似程度，层级指两个价值的相对优先级，因果关系指不同价值之间的手段—目的关系。

只有在最后一种情况下，作者才明确指出了"建立因果关系和秩序"的"困难性"；不过，似乎"相近性"和"层级"本身也存在问题和主观性。它们其实并不真正关注价值的"层级"和"因果关系"，而非常注重"相似性"。为了评估相似性，他们将"意义接近但不完全相同的价值"称作"相邻价值"（第370页）。由于没有明确的标准，这种定义也相当主观。

贝克-约根森和波兹曼在集合中区分出了一种"节点价值"，即"包含大量相关价值的价值"（第370页），比如人格尊严、可持续性、公开性和正直。它们在价值网络中处于核心位置。但这并不意味着能够准确定义它们的含义："节点价值的确切含义有待讨论。"（第372页）本研究并不认为这些价值比其他价值有更高的优先权，它们也不一定是终极价值。

贝克-约根森和波兹曼敏锐地注意到，准确描述价值的定义及其关系是件非常麻烦的事情。上述集群只是初步探索，他们也反对将价值的排序或优先性予以固定，"既不存在固有的根本价值，也没有不容置疑的公理"（第 373 页）。但他们也总结道："价值关系纷繁复杂，必须加以理清。"（第 377 页）

　　在我们研究的价值分类方法中，没有任何一种有明确的价值区分标准，这是它们之间一个普遍的特征。毫无例外的是，相同的价值会出现在不同层级和/或各种集合和类别中。但这与前文所概述的分类"经典"理论相悖。排他性分类（在本文中指分支）的案例非常少，但至少可以找到一个。

雅各布斯的排他性分类

　　我们关注的是简·雅各布斯最近区分的两个价值类别。她的著作《生存系统》（*Systems of Survival*）（1992）吸引了公共行政研究者的注意，不过这本书更像是社会哲学或伦理文献，而不是公共行政文献。雅各布斯的目的是探索"支撑工作生活的道德和价值"（第 xi 页），其论点的核心是两种"道德集合"，即商业道德集合和监护人道德集合，两者本身有一致性，但相互之间排斥。第一种涉及"商业，以及生产商业产品或提供商业服务；还有最科学的工作"（第 28 页），例如商业生活所遵循的戒律。第二种涉及"武装部队、警察、贵族和地主、政府部门及其官僚体制、商业垄断……法院、立法机构、宗教，尤其是国教"（第 28 页）。两个集合都包含很多对行动有指导作用的价值。[4]雅各布斯使用"集合"一词来表示价值的汇聚没有遵循基本原则。集合（syndrome）来自希腊单词，意思指"流到一起"，由"一组反映特定情况的症状"组成（第 28 页）。

　　但雅各布斯没有进行严格论证，只是以设想的方式讨论了价值。[5]因此，她提出的论点和举出的示例都相当随意。即便如此，这本书给出的论证总体上比较令人信服。这两个集合不易操控、起源古老、权威性强，它们以古老的实践和哲学观点作为基础。此外，这些价值没有明显体现出属于某一集合，需要不断加以印证。这正是为什么它们已经通过不同形式被制度化了。[6]

雅各布斯提出的价值集合没有囊括所有现存价值；实际上，除此之外还包括更加普遍的道德和价值，如合作、勇气、节制、竞争和智慧等。在本文中，我们研究的是哲学上的传统价值。这两个集合是"除普遍价值……之外的部分"（第 25 页）。但是，这也意味着两种集合所在的道德环境其实更具包容性。它们与普遍价值没有相悖之处，尽管对这点没有论证，也没有谈及集合与其他价值之间的关系。在判断行为时，两个集合会被整合为一组连贯的价值。同样，关于这一点没有理论或伦理原则作为依据，只能基于一系列历史和当代案例研究，解释相关价值及其在两个集合中的分组。

与前文所述的分类相反，雅各布斯认为两个集合之间不可能发生重叠。[7]实际上，它们所包含的价值之间相互排斥。[8]按照雅各布斯的说法，这两个集合中总有一个能够适用，因此不会出现严重的道德相对主义。忽略任何一个集合都会产生不利后果，而忽略两个则会更加严重。例如，优先考虑"公共利益"会导致监护人道德集合成为唯一正确的选择。这是"一个重大错误，正如……认为政府应该像企业一样运作的商业人士所犯的错误一样"（第 92 页）。与其说这两个集合之间相互对立，不如说二者的规范性相互抵消，从而保证了社会延续；实际上，它们划定了彼此之间的界限。与此同时，我们不应混淆它们之间的一致性，"忽略或贬低任何部分都会影响整体性"（第 101 页）。"从这两个集合中随意挑选规则，然后将它们混合在一起，会导致无止境的不公正，道德沦丧、危害重重。"（第 153 页）

雅各布斯分类方法的优势在于，它提供了一个合理、连贯的框架来了解相关价值之间的根本差异。但对于价值的起源以及它们在集合中的共同作用，她给出的解释则比较概略。另外，我们很难在这两个集合之间取得平衡，而这一点是无论如何也要努力达成的。通过分析两个集合与本文未讨论的普遍价值之间的关系，这个问题或许可以得到解决。

到目前为止，我们所讨论的价值系统化实践都得出了同一个结论：价值之间存在秩序。但令人遗憾的是，我们依然没有办法确定价值之间的关系，尤其是它们之间的兼容性、层次或优先性。只有雅各布斯提供了一个规范性框架，以确定价值及价值取向之间的兼容性。她还对历史和当代案例进行综合研究以及分析论证，以证明其二元分类和不同集合中的价值归属具有合理性。尽管这不能作为明确的理论基础，但她的论点可供我们进一步推敲，以确定这些论点和证据的可接受性。

有趣的是，关于雅各布斯的分类方法，公共行政领域中存在一个评价的示例。在回顾雅各布斯的著作时，阿拉斯代尔·S. 罗伯茨（Alasdair S. Roberts）（1994）对雅各布斯给予了肯定的评价。虽然这本著作存在一些问题，但他强调我们应该关注而且不能简单地忽略雅各布斯的理论。但罗伯茨接下来正是这样背道而驰的，他公开支持新公共管理（NPM），并指出新的管理实践"受到监护人集合价值拥护者（原话如此）的谴责"（第 414 页）。这说明，他虽然没有将两个集合混为一谈（这一点与雅各布斯的指示相符），但完全抛弃了整个监护人集合，认为其中的价值已经不合时宜；这种解决方法是雅各布斯强烈反对的。如今我们可能十分希望在新公共管理中融合公共利益和商业价值，但雅各布斯没有提供任何解决办法。针对这个问题，我们必须认真分析雅各布斯的论点，而不是置之不理。虽然这不是本研究的侧重点，但由于上文已经指出其论点存在严重的缺陷，毫无疑问这可以提供一些线索。例如，罗伯茨可能或者应该解释，为什么某些监护人价值（如"服从纪律"和"尊重等级制度"）在公共行政中变得不再重要。

价值和概念

为了评估价值分类方法的可行性，我们必须能够研究并审查作者提供的基本理论或论点。上述所有示例没有提供最基本的分类标准，这个问题会影响到我们采用什么方法将价值归为特定类别。范·沃尔特等人确实提供了实质性的理论，以证明其分类的有效性。奇怪的是，他们似乎并没有分析价值的性质，而是无一例外地将目光放在最重要的公共行政价值上面，如本文第二部分所述。范·沃尔特（1998）是为数不多的对价值进行描述的人之一，他认为"价值是判断对错的标准"（第 xvii 页）。至于为何大家没有关注到这个层面，一个合理的理由是，似乎没有人能从哲学意义上对价值做出全面的定义（Sills，1968，第 288 页）。[9] 然而，为了对价值进行分类，我们需要深入探究价值的本质。

范·沃尔特指出，价值是界定"对错"的戒律，这是有关价值的一个简短常见的描述。这种描述将价值局限在伦理和政治领域，但显然我们还会面临一些不能被简单定性为道德的价值，如经济价值、法律价值，尤其是美学和宗教价值。这些都是我们对某些事态、现象或行动的正确性、美感、真实性、可取性等进行评价判断的基础。（Mittelstrass，1984，第 622 页）

上述分类方法的另外一个共同点是，它们都隐含了事实和价值之间的区别。这种区别是建立在"事实可以观察，而价值不可以观察"的基础上，即实证主义的核心。许多学者否认存在"纯粹"、客观的事实，在大部分情况下，观察即解释。正如丹西（2000）所说，我们"最终会对各种因素的叠加过程形成自己的见解"。因此，这就是两种描述之间的逻辑或认知差异。正如罗特施泰因（1975，第 307 页）所指出的，事实与价值都需要理由，而且我们能够对这些理由的连贯性、合理性以及与现有知识体系的一致性做出评判。二者都能用作描述性和评价性用途。对于忽视了事实—价值二分法的"深度"伦理观念（如"残忍"）来说，这种特征最为明显（Putnam，2002，第 35 页）。罗特施泰因认为事实—价值二分法只是一种分析工具。（第 308 页）因此，"代表性"既可以是描述性的，也可以是规定性的，即"员工应该有代表性"以及"员工事实上具有代表性"。

为了在区分概念的实际性和评价性用途时避免遇到问题，我们可以简单地将价值视为概念，这些概念可以用来对现实的本质提出本体论主张，并且可以作为应该实现的标准进行评估。实际性和评价性用途通常很难区分，尤其是后者以前者为前提条件。由于概念具有规范性，即便对于事实陈述我们也会表明立场（同意或不同意描述），并以暗示的方式给出评价立场（认可或不认可描述的内容）。因此，"这很美丽"以及"这是红色的"就是规范性的，因为它们包含事实和评价特征。但这无法否认某些概念更具有描述性或评价性特征的事实。

通过关注价值的概念本质，我们能够更深入地了解在混乱中建立秩序所面临的困难。例如，区分一般价值和特殊价值其实就是区分它们的概念。（Rutgers，2003）"官僚主义"的一般概念（或理念）可能包含很多具体的概念。同样，我们既可以讨论一般概念意义上的"正直"，也能提出很多具体的"正直"价值。在上文有关公共行政文献中价值的讨论中，我们已经注意到这一点了。在第一个示例中，"理念"指某个术语的总体性、笼统的用法；例如，内涵（定义概念或价值的一组特征）比较笼统，因此外延（概念或价值所适用的现象）很宽泛。如果某一概念的使用范围受限，那么我们需要讨论更具体的含义，如更广泛的内涵以及有更多限制的外延。但就只有一个简单的层级来说，这一点并不明显。我们很可能会面临维特根斯坦称之为概念的"家族相似性"（维特根斯坦提出）的问题，这时候需要注意它们内在不一致的特征。因此，维特根斯坦指出，没有一套统一的特征适用于所有"游戏"；同样，我们也不期望能找到一组可以定义"责任性"或"正直"的特征。

以上分析表明，我们需要注意术语和概念之间的复杂关联。同一个术语可以表示不同的价值，而不同的术语也能表示相似的价值。本文开头初步列举的有关公共行政文献中价值的示例只能作为一个索引，也就是说，示例（索引）中列出的术语可能指向迥然不同甚至完全不相容的概念。"公开""真实"或"有效"可能指完全相同、略有差别或完全不相同的概念。（Rutgers，1993）这与我们之前提到的贝克-约根森和波兹曼有关节点价值的观点相符。他们所说的节点价值并非具体的核心价值，而是表示一组相关价值的术语。这些价值集合或网络与语言学理论中的语义场分组概念是一致的。

罗特施泰因和帕特南指出，概念语境或语义场总与理解具体的概念相关，因此也与价值相关。这种语境并不明确或单一，甚至并不连贯；符合雅各布斯所描述语境的价值概念语境是对概念进行一次次的联系、对比和详细描述的结果。这种由多名作者或参与者进行概念化的过程通常被称为话语（Rutgers，2003，第 32 页）。这是对我们可以支持或不支持的现实进行社会建构，包括组合各种事实和价值，以确定哪些是有意义的。[10]因此，我们可以（重新）构建稳定性、秩序和可预测性，同时建立一个可持续、运作正常和有意义的生活世界。[11]在话语中积极创建的概念体系是动态性的，而任何消极创建的（非正式）概念体系都是"失衡"的，因此似乎并不符合一致的描述。

结束语

我们一般认为，区分价值的不同层次、类别、集合、系统、集群等是有必要且可行的。毕竟，知识的基础在于能够找出共性与差异；正如那位著名的园艺大师以一种哲学的态度在本文开头的格言中所说的那样，人类的基本需求不仅在于给世界上的动物、数目和物品命名，还包括对事物进行分类和分隔。此外，相关学者认为在实践中有必要对价值进行分类，强调偶发性，因此他们都以某种方式确定了核心价值。与此同时，所有分类实践只是初步探索，且分类结果的有用性仅体现在作为描述性分析工具方面。范·沃尔特（1998）列举了不同学者区分公共行政价值的示例，然后得出结论："分析的目的可能是接受严峻的考验。"（第 5 页）

这些分类方法的基本评估标准是，我们需要确定不同价值类别之间的区分依据（论据或理论），以及将特定价值归属到相关类别所遵循的标准。"分类中需要区分哪些要素？""各类别的特征是什么？"（Zhao，2001，第 1968 页）此外，这方面更严格的标准涉及各类别的排他性和全面性。只有少数学者在分类时进行了论证，更不必说有多少人提出理论了。范·沃尔特是为数不多提出较为成熟的理论基础的人之一，而贝克-约根森和波兹曼也为分类的起源提供了参考。但就具体价值的分类而言，他们都没有给出相对清晰和明确的标准，而且不同类别之间也没有相互排斥（尽管重叠的性质和程度存在很大差异）。只有雅各布斯表示其创建的集合有充分的排他性，但这个论点的提出是建立在历史发展的基础上，并没有具体的标准可以追溯。

值得注意的是，在分类理论中，对社会研究采取较宽松的尺度并不少见。首先，分类主要是归纳性的，而不是演绎性的。（Tiryakian，1968，第 178 页）这种归纳性还表明，类型学研究可以达到某种理论或实际目的："在大多数情况下，分类只是一种系统性描述，所以它可能有用，也可能没用。"（Feger，2001，第 1972 页）这也适用于将分类作为一种启发式方法对现象进行排序（马克斯·韦伯对理想类型的使用）。然而，区分"自然"或"必要"类别必须有理论依据，这样才能评估它们的有用性。因此，虽然我们能够允许缺少依据，并且接受使用美国公共行政学会的道德准则作为分类基础，但我们依然要期待建立分类标准和特征，以及区分出具有全面性和排他性的类别，否则我们就不清楚分类的本质，或者以为分类只是将一堆重叠的类型集合合在一起,各(重叠)类别设立的标准也截然不同。因此,分类问题就涉及了聚类分析。通过聚类分析,我们能够确定相互排斥的"群集"或"云集"。接近性指一个物体与另一个物体的相似程度。相比于严格的分类,社会科学家使用聚类的频率可能更高,"聚类过程可以被归类为'产生一种层级或非层级结构'"(Feger,2001,第 1970页)。贝克-约根森和波兹曼的分类方法与聚类相符,因为他们主张分析节点价值;但这种分类的基础意味着相同的价值可以被归类到不同的群集中。显然,这也与我们在前文中提出的关于从语义场的角度探讨价值分类的建议相符。

贝克-约根森和波兹曼(2007)以及范·沃尔特(1998,第 259 页)都意识到价值之间不可能达成共识,甚至连连贯性都不存在;价值的未来走向就是不一致的,甚至是不可比较的。各种有关建立公共行政价值秩序的尝试,需要根据其在特定时间和地点的目的进行评价。我们要认识到,评价不得"只"局限于价值本身,还必须研究公共行政的概念化问题。价值的定义来源于包容性的概念化情境。如何在描述性/事实性解释和规定性/评价性解释之间取得平衡,具体方法也因时间和地点而异。这反映了概念的规范性特征。如果公共行政被视为一种动态、非连贯一致的概念结构,那么关注特定的核心价值就没什么意义了。但是,我们可以将"核心价值"的起落看作公共行政论述中重要议题变化的指标。在公共行政话语之外,没有一个经久不衰的标准可以用来区分不同概念或价值并对它们进行优先级排序。

总而言之,我们能够且必须对价值进行排序。许多人已经认识到,不论在理论还是实际中都有必要进行排序。分类是一个基本的"排序过程"(Feger,2001,第 1967 页)。任何分类方法的有效性和有用性都取决于相关措施是否合理,即分类所处的情境是否合理。然而,这正是大多数学者在评估其分类结果时所欠缺的地方。如果没有正当理由,对于公共行政性质讨论中提出的任何价值,我们都可以简单地否定它们的重要性和意义。没有哪一个核心价值可以不证自明，也没有哪一种价值分类或层级结构能够简单、普遍应用到理论或实践中。

注释

1. 哈蒙和迈尔（1986，第 37 页）将规范或价值归类到三个"一般领域"中：第一个领域涉及"效率和有效性，主要侧重于政府自身的运作及其商品和服务的分配和交付方式"；第二个领域涉及"权利和政府流程的妥善性，主要侧重于政府……和市民的关系"；第三个领域涉及"代表权和行使自由裁量权，主要侧重于公民对政府及政府人员工作的控制权"。

2. 正如 M. 布罗克赫斯特（M. Brocklehurst）（1998）所指出的，作为一种解释和控制手段，"文化"在组织理论中非常普及。它是"理解组织的根隐喻"（第452 页）。很多人对此并不满意。沙因（1987）是这个领域的主要研究人之一，他很早就指出文化是一个非常复杂的现象，不能为了"符合我们的目的"而加以改变（第 5 页）。

3. 但范·沃尔特似乎并不是这么认为的。如前文所述，他使用文化框架的主要目的是确定公共行政基本假定的起源。

4. 商业道德集合：回避压力、达成自愿协议、诚实、容易与陌生人和外国人合作、竞争、尊重合约、主动性和事业心、开放创新和追求新颖、高效、增加舒适感和便利性、为完成任务提出不同意见、生产性投资、勤劳、节俭、乐观。监护人道德集合：回避交易、施展才能、服从纪律、坚持传统、尊重等级制度、忠诚、复仇、为完成任务而进行欺骗、充分利用空闲时间、炫耀、施舍、排外、展示坚毅、宿命论、重视荣誉。

5. 这和郎世宁在 1528 年的做法相同。

6. 关于公共部门中的忠诚价值，雅各布斯（1992）表示："坚不可摧的忠诚对我们来说似乎并不与生俱来，就和商业集合中的诚实一样，两者都是关键的道德。但是，如果没有反复的计算和警觉，二者都不具有依赖性。"（第 68—69页）这是对公职人员效忠宣誓这一古老现象的一种解释。

7. 尽管有人认为律师可以为政府工作或者私人执业（不会造成异常）（Jacobs，1992，第 112 页），而且遵循任何一种集合都能保持农业正常发展

（Jacobs，1992，第 117 页）。

8. 她还给出了一个详细的案例，证明只存在两种集合。

9. 但是，价值和其他术语（如目的、目标）之间的关系一直未被涉及，这一点很令人困惑。

10. 比较："话语不仅是反映斗争和统治制度的东西，而且是我们为之努力的东西，是我们努力尝试去获取的权力。"（Foucault，1971，第 12 页）

11. 也正是在这个意义上，帕特南（2004）将福柯的考古理论称作"重视概念结构的理念的思想史……为了研究这一点……我们需要寻找概念体系，即具有内在的逻辑连贯性的体系，因为有些概念之间存在依赖关系，尤其是对福柯所谓'认识论'有支配作用的系统"。

参考文献

Bekke, H. A. G. M. , Perry, J. L. , & Toonen, T. A. J. (Eds.). (1996). *Civil service systems in comparative perspective.* Bloomington: Indiana University Press.

Brocklehurst, M. (1998). Organizational culture. In C. L. Cooper & C. Argyris (Eds.), *The concise Blackwell encyclopedia of management* (pp. 450-452). Malden, MA/Oxford: Blackwell.

Castiglione, B. (1991). *Het boek van de hoveling* [*The book of the courtier*]. Amsterdam: Contact. (Original work published 1528)

Dancy, J. (2000). Editor's introduction. In J. Dancy (Ed.), *Normativity* (pp. i - xv). Oxford: Blackwell.

Feger, H. (2001). Classification: Conceptions in the social sciences. In N. J. Smelser & P. B. Baltes (Eds.), *International encyclopedia of the social & behavioral sciences* (pp. 1966-1973). Amsterdam: Elsevier.

Foucault, M. (1971). *L'ordre du discours* [*The discourse on language*]. Paris: Gallimard.

Goodin, R. E. , & Wilenski, P. (1984). Beyond efficiency: The logical underpinnings of administrative principles. *Public Administration Review*, 44, 512-517.

Goodsell, C. T. (1990). Public administration and the public interest. In G. L. Wamsley, R. N. Bacher, C. T. Goodsell, P. S. Kronenberg, J. A. Rohr, C. M. Stivers (Eds.), *Refounding public administration* (pp. 96 - 113). Newbury Park: Sage.

Harmon, M. M., & Mayer, R. T. (1986). *Organization theory for public administration*. Glenview/London: Scott, Foresman.

Hood, C. (1991). A public management for all seasons. *Public Administration, 69*, 3 - 19.

Hood, C., & Jackson, M. (1991). *Administrative argument*. Aldershot: Dartmouth Publishing.

Jacobs, J. (1992). *Systems of survival: A dialogue on the moral foundations of commerce and politics*. New York: Random House.

Jørgensen, T. B., & Bozeman, B. (2007). The public values universe: An inventory. *Administration & Society, 39*, 354 - 381.

Kernaghan, K. (2000). The post-bureaucratic organization and public service values. *International Review of Administrative Sciences, 66*, 91 - 104.

Lloyd, C. (1989). *The mixed border* (3rd ed.). London: The Royal Horticultural Society.

Mittelstrass, J. (1984). *Enzyklopädie philosophie und wissenschaftstheorie, vol. 2*. Mannheim: B. I. -Wissenschaftsverslag.

OECD (2000). *Trust in government: Ethics measures in OECD countries*. Paris: OECD Publications.

Putnam, H. (2002). *The collapse of the fact/value dichotomy and other essays*. Cambridge, MA: Harvard University Press.

Putnam, H. (2004). *Ethics without ontology*. Cambridge, MA: Harvard University Press.

Raadschelders, J. C. N., & Rutgers, M. R. (1999). The waxing and waning of the state and its study: Changes and challenges in the study of public administration. In R. J. Stillman II & W. J. M. Kickert (Eds.), *The modern state and its study: New administrative sciences in a changing*

Europe and United States (pp. 17 - 35). London; Elgar.

Roberts, A. S. (1994). Systems of survival; A dialogue on the moral foundations of commerce and politics [book review]. *Journal of Policy Analysis and Management*, *13*, 410 - 414.

Rothstein, L. E. (1975). What about the fact/value dichotomy; A belated reply. *Journal of Value Inquiry*, *9*, 307 - 311.

Rutgers, M. R. (1993). *Tussen fragmentatie en integratie. Over de bestuurskunde als kennisintegrerende wetenschap* [*Between fragmentation and integration. On the study of public administration as a knowledge integrating study*]. Delft; Eburon.

Rutgers, M. R. (2003). Tracing the idea of public administration; Towards a renaissance of public administration? In M. R. Rutgers (Ed.), *Retracing public administration* (pp. 1 - 36). Amsterdam; JAI press/Elsevier International.

Schein, E. H. (1999). *The corporate culture survival guide; Sense and nonsense about culture change*. San Francisco;Jossey-Bass Publishers.

Schein, E. H. (1987). *Organizational culture and leadership*. San Francisco; Jossey-Bass Publishers.

Schreurs, P. (2005). Symposium—The value (s) of public administration. *Administrative Theory & Praxis*, *27*, 301 - 310.

Selden, S. C. , Brewer, G. A. , & Brudney, J. L. (1999). Reconciling competing values in public administration; Understanding the administrative role concept. *Administration & Society*, *31*, 171 - 204.

Sills, D. L. (Ed.). (1968). *International encyclopedia of the social sciences*, *vol. 3*. New York/London; The Macmillan Company & The Free Press.

Strange, S. (1988). *States and markets*. London; Pinter.

Tiryakian, E. A. (1968) Typologies. In D. L. Sills (Ed.), *International encyclopedia of the social sciences*, *vol*. 16 (pp. 177 - 186). New York/London; MacMillan & The Free Press.

Van Wart, M. (1998). *Changing public sector values*. New York/London;

Garland Publishing.

Vivien de Goubert，A. F. A. (1859). *E' tudes administratives* [*Administrative studies*] (3rd edition). Paris：Librairie de Guillaumin.

Von Malchus，C. A. （1823）. *Politik der inneren Staatsverwaltung oder darstellung des organismus der behörden für dieselbe* [*Politics of internal state administration*]. Erster Theil. Heidelberg：Mohr.

Waldo，D. (1992). *The enterprise of public administration：A summary view* (5th edition). Novato，CA：Chandler & Sharp Publishers.

作者简介

马克·R.罗特格斯是荷兰莱顿大学公共行政学教授，现任瓦森纳荷兰高等研究所的研究员，其研究领域包括公共行政及其研究的哲学和历史、公共价值的本质以及公共廉政。

2. 公共价值:一个清单[*]

托本·贝克-约根森和巴瑞·波兹曼(Torben Beck-Jørgensen & Barry Bozeman)

尽管人们普遍认识到治理和公共服务的重要性,但近来我们对公共价值的理解似乎进展较慢。这种有限的进展尤其令人失望,因为传统化偏低的、市场化偏高的公共服务方式对传统的公共价值提出了挑战,而这些挑战往往被很好地阐述和框定为经济理论。

本文探讨了公共价值的边界和含义,同时,试图找出一些阻碍公共价值研究和阐释的进展的因素。一个基本的主题是,公共价值的研究往往受到价值研究中更普遍问题的阻碍。在本文的第一部分,我们确定了价值和公共价值观研究中的一些分析性问题。在第二部分中,我们对公共价值体系进行了盘点。我们盘点公共价值的方法很简单:回顾和解释相关文献。

当然,我们不会涉及公共价值体系的方方面面,但至少会盘点其中的重要内容以及在识别,特别是商定一套公共价值体系时可能面临的困难。在我们的清单中,我们有两个指导性的问题:(1)当研究者提及公共价值时,他们指的是哪些价值? (2)在梳理了错综复杂的公共价值概念后,在制定公共价值研究方案时,必须解决哪些问题?我们最终提出了一些可能的方法来改善以下章节中发现的问题。

---

[*] 原文来源:Beck-Jørgensen, T. & Bozeman, B. (2007). Public values: An inventory. *Administration & Science*, 39 (3): 354-381.

公共价值研究议程的核心问题

在公共管理和政策方面，没有比公共价值更重要的议题。事实上，公共价值和对某些方面的公共性评估界定了这些研究领域，并将它们与其他领域分开。但是，公共价值分析类似于治理或政治方面的研究——这些话题属于根本性话题，以至于无法管理。同时，如果研究者能够推进公共价值的研究，哪怕是渐进式的推进，改变其目前模糊和无界限的状态，那么这些推进就可以为许多不同的理论发展甚至是实践目的服务。为了开展这种渐进式的推进，我们在本研究中探讨了几个在我们看来是公共价值概念化分析进展的关键问题。

1. 公共价值的起源是什么？"公共"一词在公共价值中的含义是什么？公共价值是依附于政治行动、公共权力，还是依附于被统治者更深层次的特权？除非回答了这个问题，否则就不清楚谁是公共价值的假定提供者。例如，私营企业是在供给公共价值，还是对公共价值负责？如果是对公共价值负责，那么它们是仅仅因为公法的义务而负责任，还是因为民营企业与公共价值的关系而在更广泛的意义上负有责任？

2. 公共价值是否存在层次结构？层次结构的含义是什么？解决公共价值混乱问题的手段之一可能是确定一些价值是否天生优于其他价值。例如，如果有一套基本公共价值，就可以建立一些基本的层级。尽管在价值之间做出这样的区分似乎是不可能的，但至少在某些情况下，一种价值或一组价值在逻辑上是包含在另一种价值中的。

3. 评估公共价值的可能性有哪些？公共价值的识别并不需要对公共价值进行评估。正如那句古话"并非所有的牧师都是忏悔者"。尽管免于评估的公共价值探究可能会引起哲学家的极大兴趣，但公共管理和政策领域的学生肯定会觉得公共价值探究如果包含评估的成分，则更有说服力，也更有用。评估公共价值是一项比识别公共价值更困难的任务。识别公共价值的方法有很多种，包括我们回顾文献中对公共价值的处理方法。评估公共价值这项工作不仅无限复杂，而且可能争议更大。

4. 公共价值如何整合？如何处理各种价值之间的冲突？我们特别关注公共价值的整合方式。层次结构是一种整合方式，但还有很多其他的问题。某些价值是否比其他价值关系更紧密？有些价值的实现是否会导致其他价值的实现，或者它们是其他价值实现的前提条件？是否存在公共价值集群？最重要的是，如果公共价值之间发生冲突，这对或应该对治理有什么影响？

这四个问题中的每一个问题都非常复杂，我们无法特别详细地回答这些问题。即使只是考虑这些问题的其他答案，也需要大量的篇幅。本着引发讨论的精神，我们对这些问题中的每一个问题都给出了自己的答案，但并不试图探究各种可能的答案。

公共价值、政治合法性和责任政府是相辅相成的。M. 斯蒂芬·韦瑟福德(M. Stephen Weatherford)(1992)在使用民意测量作为政治合法性指标的研究中得出结论："(政治)系统的代表机构越是有效地将公民与政治世界有意义地联系起来，他们对集体社会努力的前景可能越是乐观。"(第160—161页)这似乎表明，政治审议和公共话语不仅为公共价值指明了方向，而且直接促进了公共价值的形成(见Bohman,2000)。公共话语的形成必须从某处出发，而公共价值清单是一个好起点。

公共价值的初步盘点

由于与公共价值相关的文献几乎是无穷无尽的，因此，对我们来说，知晓如何选取文献是很有帮助的。首先，这些文献来自公共管理领域的一般性研究。其次，它来自组织理论，特别是对公共组织理论的关注，它还来自有效性方面的文献，其中往往包括比一些人想象的更广泛的目标和价值的讨论。虽然我们研究了一些通用政治学研究，但这是以有限的方式进行的，特别是侧重于与公共政策和行政管理交叉的研究。更具体地说，我们研究了美国、英国和斯堪的纳维亚国家的主要（发行量最大的）公共管理期刊和主要在 1990—2003 年出版的研究报告。[1]我们之所以选择这些国家的文献，是因为它们代表了各位作者的祖籍国，这是一个简单的权宜之计，更重要的是，这些国家的期刊包含了绝大多数关于公共价值的文章。斯堪的纳维亚国家与美国和英国之间的比较是有用的，因为这些国家的政府在福利国家范围内代表着截然不同的立场，或许还代表着对公共价值的不同看法。当然，我们所研究的文献无法代表政治和公共价值传统完全不同的国家的文献。我们最终选取了大约 230 份涉及公共价值的研究。

值得注意的是，相当一部分文献是非常符合时代要求的。特别是，许多文献赞扬了"新公共管理"和"重塑政府"等近期改革的内容。因此，本文可能低估了具有历史意义的国家传统和政治文化，因为它们被认为是理所当然的，或者被有意无意地忽略了。针对这种情形，新发布的文献赞扬了经典管理的古老美德，或者，推出了"新公共管理"或"新公共服务"等新的递进模式。

我们所研究的文献主要是期刊文章，并不像人们想象的那样会遗漏很多内容。尽管公共管理和政治学领域的许多研究都触及了公共价值，但系统性研究很少。除了 H. 乔治·弗雷德里克森（H. George Frederickson）（1997）和范·沃尔特（1998）的研究之外，公共价值问题似乎只是各篇文章、某些章节或书中的次要话题。例如，马克·穆尔（1995）的一本著作的名字中就有"公共价值"一词，但该书实际上更多的是关于高质量的公共管理的内容，并没有提出确定的公共价值概念。

在下文中，我们仅直接提到了我们所研究的文献中的一小部分。

考虑到识别公共价值的目标,提及所有重复性的内容是没有意义的。[2]我们的方法有利有弊,主要的弊端是各种价值的引用是断章取义的,即脱离了具体背景。这种断章取义表现在三个方面:(1)各种价值脱离了它们所构成的信息或论点,从而剥夺了它们的具体意义。例如,如果一个人是新公共管理的强烈反对者,古典美德的重要性就会被过度宣传。(2)失去了历史背景,正如特定的(国家、地方)政治文化一样,也就是说没有了重要的解释框架。在公共决策和政策保密方面存在重大差异的国家,比如英国、瑞典和丹麦,对公众意见这样的价值可能会赋以不同的权重。这种差异使得人们在识别和研究传统方面做出了明文规定。(Bevir & Rhodes,2001)(3)最后,这些价值脱离了任何知识背景或与思想史的关系。例如,像保护个人权利这样的价值观对每个律师的意义可能不一样,因为权利概念的定义是不一样的,这取决于使用这句话的人是否是法律实证主义者。

本文所使用的方法有三项优点。第一,我们的方法可以绘制公共价值范围的整体轮廓,而其他研究者通常只提到少数价值。这与我们想要探究广泛的公共价值的目标是一致的。第二,脱离了语境的价值为我们创造了思考的空间。摆脱了片面的理解和僵持的、两极化的争论之后,我们更加有可能针对价值建构新的认识和判断。第三,可以找出密切相关的价值,剔除同义价值。

与任何文献探究一样,更多的是在分析、解释而非追求科学。然而,作者试图在解释性文献综述的范围内,尽量做到系统化。[3]我们承认,我们解释价值及其关系的方法既不可复制,也不客观。但是,首先,文献综述一般来说就是不客观的;其次,我们认为这是一种有用的临时性方法,它说明了将各种价值集群联系在一起的可能性,并且最终可以用一种更强大的方式来使用,比如机械化的文本分析或内容分析。

展开价值体系

这项探究包含了 72 种在册价值。在附录中按字母顺序列出了已经被识别、分析和经过严格比较（包括剔除明显的同义词）的价值。

我们如何充分利用这份价值清单呢？很少有研究提供价值分类的方法，也没有一种分类方法被广泛接受。我们的研究采用的分类方法仅仅是基于该价值影响了公共管理或公共组织的哪些方面。这种分类方法的显著优点是开放性，这是现阶段的一个重要优势。我们根据对公共价值之间关系的解释，确定了公共价值体系，如图 1 所示。

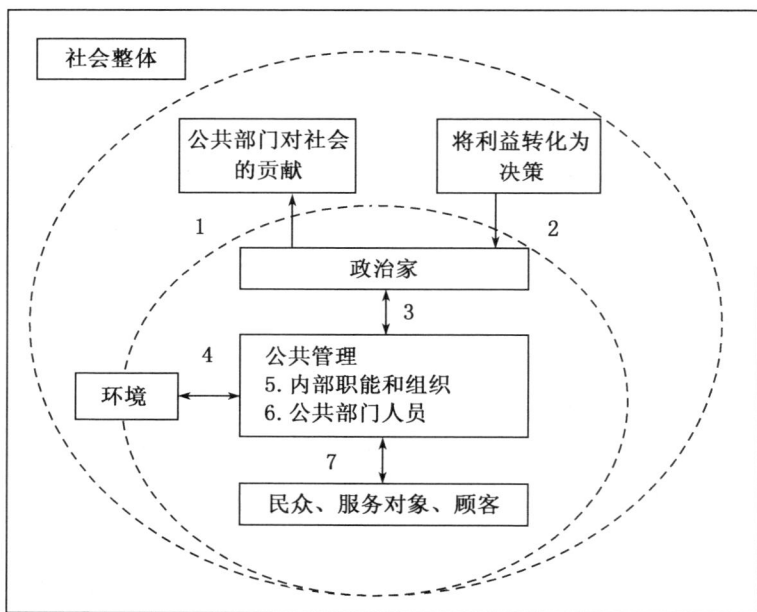

图 1　公共价值体系结构[*]

---

　　* 本图为译者基于原文中的图 1 进行翻译并绘制。

表 1　梳理出的不同类别的公共价值

价值类别	价值组
公共部门对社会的贡献	共同利益 公共利益 社会凝聚力 利他主义 人格尊严 可持续性 未来之声 政权尊严 制度稳定
将利益转化为决策	多数制 民主制度 人民意愿 集体选择 用户民主 地方治理 公民参与 保护少数利益 保护个人权利
公共管理人员和政治家之间的关系	政治忠诚度 问责制 响应能力
公共管理人员与其环境之间的关系	公开性—保密性 回应性 听取民意 回应性—中立性 折中 利益平衡 竞争力—合作性 利益相关者或股东价值
公共管理组织内的方面	稳健性 适应性 稳定性 可靠性

（续表）

价值类别	价值组
	及时性 革新 热情 风险准备 生产力 效力 节约 实事求是 员工的自我发展 良好的工作环境
公共部门员工的行为	问责制 专业性 诚实 道德标准 伦理意识 诚信
公共管理与公民的关系	合法性 保护个人权利 平等待遇 法治 司法 公正 合理性 公平性 专业性 对话 回应性 用户民主 公民参与 公民的自我发展 用户导向 及时性 友好性

集群 1：与公共部门对社会的贡献有关的价值

从表 1 可以看出，我们努力从文献中摘选公共价值后，产生了大量的价值，其中一些价值是相互矛盾的，其中包含四种不同类型的一般社会价值。

首先，人们认为公共部门应该创造或贡献于共同利益和公共利益。批评者常常把这些概念称为毫无价值的不实之词。共同利益或公共利益到底是什么意思呢？[4] 本文忽略了这种批评，因为无论这些概念多么分散，它们确实包含了某些特征性的期望：公共部门不能为特定利益服务，它必须为整个社会服务；公共部门是为所有人服务的，它不是某个阶层或群体的延伸部门。相关的价值包括人民的意志、对社会的忠诚、利他主义和团结。在这一组中，社会凝聚力是另一个明显的价值，也就是说，社会并不是被分割成一系列相互冲突的派别或亚文化，而是通过某些纽带把我们大家团结在一起。

利他主义和人格尊严属于第二分组。利他主义意味着一个人应该为他人的利益而行动。这是价值观中的一种，它有许多相关的价值观，有的带有一丝人性的意味（伦理意识、道德标准、公平、正义和仁爱），而有的则传达着些许影响（民主、用户民主和公民参与）。人格尊严包括高度按照原则行事、准备分担他人的负担、保护他人。大量的其他价值与人格尊严有关：公民的自我发展、公民参与、保护个人的权利、正义、仁爱、未来之声和公平。可以说，人格尊严和利他主义为共同利益的创造增加了一种人类的真实或真诚，有助于公共利益的实现。

第三分组包括可持续发展和未来之声，二者指向同一方向，即对后代的关注。可持续发展就是要把清洁的环境和丰富的资源留给我们的后代，而不是故意消耗和破坏数百万年前产生的东西。然而，可持续发展已经开始被用作一种更普遍的价值观。例如，如果组织机构没有耗尽或过度使用物质和非物质资源（如劳动力、监管机构的良好意愿、生产设备等等），则是可持续的。可持续发展有一系列相关的价值，它们具有不同的方向分支：（1）稳定性和连续性；（2）共同利益和公共利益；（3）道德标准、伦理意识和团结。

未来之声是一种更具体的价值。这种观念是，民主是有缺陷的，因为在政治选举中无法代表后代的意见。因此，需要找到其他方法来纠正现在和未来之间的不平衡。相关的价值包括公平、道德标准、伦理意识和保护个人的权利（这里是指后代的权利）。

第一分组——共同利益和公共利益——意味着对整个社会的尊重，而第二分组则意味着对个人的普遍尊重，并带有一点儿对人类潜能、人权和基督式对待他人的方式的信任。第三分组将这些价值延伸到未来。第四分组强调了一个完全不同的方面：公共部门如何向外界展示自己。这些价值包括政权尊严和政权稳定。公共部门作为一种公共权力机构，以所有公共资源为后盾。这种特权必须与问责制联系在一起，在作为权力机构行事时，它必须以一种令人尊重的方式行事。与之相关的价值是法治、公平、可靠，后者连同稳定性和持续性等要素可以确保政权的稳定，因为没有政权的稳定，政权尊严就无从谈起了。

在这组价值中推出的是大价值，即公共利益价值（见 Van Wart，1998）。这些价值的基础是担心管理权力会被滥用于为已经掌握权力的人谋取利益，担心管理权力可能是不人性化的，担心当下的政治冲突可能导致所有人必须分享的蛋糕被做得太大，以至于留给后代的所剩无几。

集群 2：与利益向决策转化相关的价值

这组价值主要涉及如何将社会上的意见反馈到公共部门。第一分组包括多数人的意愿、民主、人民的意愿和集体选择。这四种价值都是相互关联的，并涉及一个核心要素，即大多数人受到决策的影响，因此，他们有权施加影响。然而，在本研究中，它们是分开的，因为它们之间有重要的、微妙的区别。民主是相对于其他价值而言的上位价值,因为它有多种形式。多数人的意志不一定是以人民为基础的,正如人民的意志不一定表现为选举多数票一样。即使是阿道夫·希特勒(Adolph Hitler)也声称自己代表了人民群众的意志。最后,集体选择涉及大多数人的选择,但不一定以投票的形式表达。

第二分组中的价值可以说是第一分组的局部变体。虽然部分内容以不同的形式出现,但共同点是个人应该参与地方事务——通常,但不是唯一的。这些价值包括用户民主、地方治理和公民参与。用户民主通常在小型的地方机构中普遍存在,如学校和日托中心。公民参与包括地方规划听证会等,而地方治理通常涉及地方政府相对于国家的自主权。在这里,这些价值也是相互关联的,相关的价值也是重叠的。但是,公民参与必须被视为一种上位价值。它的相关价值数量最多、种类最多:人民的意志、倾听民意、回应性、对话、利益平衡、自我实现。

第三分组包括保护少数利益和保护个人权利。当然,把这一个分组看作第一分组的一种平衡形式是最贴切的。特别容易想象,多数人的意志被扭曲成多数人的暴政,人民的意志被扭曲成私刑。这就是少数利益需要保护、个人的基本权利需要得到保障的原因。对少数群体的保护涉及公平、正义、利益平衡、人格尊严等相关价值,而对个人权利的保护还涉及平等待遇、法治等更多的法制价值。

集群 3:与公共管理和政治家关系相关的价值

有三种价值特别相关:问责、回应性和政治忠诚。这些价值强调,政治家是做出最终决定和提供资金的人。因此,公共管理人员必须以对政治家负责的方式行事。回应性近似于问责。然而,问责涉及可靠性和专业精神等,而回应性则强调倾听他人的意愿并对其做出迅速反应。问责和回应性在很大程度上像是弹性价值,本身没有什么实质内容,因为一个人可以对各种各样的人负责。但是忠诚,情况就稍有不同。"忠诚"这个词，通常是与管理和等级制联系在一起的，特别是指政治忠诚。政治忠诚比问责和回应性更强，因为对立面——不忠诚——意味着对市长或部长的主动不服从，而缺乏问责和回应性则可能是由于无意中的粗心大意或训练不当。与政治忠诚相关的价值是责任感、稳定性、中立性、人民意志和公共利益，这使它成为民主国家的核心价值。

集群 4：与公共管理及其环境关系相关的价值

这些价值分为三个分组。第一个分组与公众观点有关。在天平的一端是公开性，即公共管理是透明的。公开性可以采取不同的形式。管理部门可能是被动公开，公布自己要做的事情、回答公众的提问等等。而回应性则意味着公共管理部门要更积极地遵从公众的要求，倾听民意意味着要更具体地回应媒体或民意调查所表达的意见。大量的价值观念都与公开有关，如问责制（公开可以抵消粗心大意）、法治（公开可以抵消滥用权力）、对话（公开是对话的前提）、民主、人民意志和集体选择（公开有利于民众对公共管理的控制）。

在天平的另一端是保密。从最糟糕的意义上看，它涵盖了极权国家的秘密，以增加其对公民的权力。从不那么糟糕的意义上看，它涵盖了与外国势力打交道时的机密信息和策略。最后，保密性可以被看作对公民的保护，即不得公布公权力机构登记的有关公民的信息。大量的价值与保密性有关，但是它们指向不同的方向。保密性可能促成稳定性和连续性（通过封闭组织满足外部需求）。保密性还可能与法治和保护个人权利有关。最后，保密性可能与生产力和有效性有关，因为它可以消除外部干扰。

第二个分组是以倡导与中立两个相反的价值为基础的。如果一个公共组织要倡导一种特定的观点，或确保一个特定的问题始终在议程上，那么可以说它达到了倡导的价值。这样的例子不胜枚举。环境部要保护环境，法院要保障合法权益，消费者监察机构要站在消费者一边。相关的价值包括专业和热情。热情（或承诺）是不言而喻的。如果你对某项问题没有任何热情，就很难成为一个可信的监督者。专业精神往往意味着要与客户群体打交道，必须在专业准则的范围内解释客户的问题。

在这个天平的另一端是中立和公正等价值。这两种价值是相互关联的。然而，重要的微妙差异确实存在。公正性强调的是涉及当事人的事实。与之相关的价值是客观性和公正性。当然，中立性可能意味着对有关各方保持中立，但最常见的含义是行政人员不涉及个人感情或利益。因此，专业性是一种相关价值，尤其是相比于"某事或某人的职业关系"这种定义，更是如此。

介于倡导和公正之间的是平衡利益和折中这两种价值，即以强者合理地支配弱者的方式来影响双方或多方的关系，并找到一个让所有相关人员足够满意的解决方案。同样，这些价值观念彼此近似，但仍有重要的细微差别。与平衡利益相关的价值是公开、民主和稳定，因为创造平衡的愿望意味着开放和民主，而平衡利益则促进稳定。折中的方向略有不同。相关价值包括合理性、公平性、对话性（因为人们的观点会被倾听到）、适应性（因为折中反映了适应他人的能力）、稳健性（因为建立在折中基础上的决策比建立在命令基础上的决策更持久）。

第三个分组是利益相关者价值和竞争力。利益相关者价值与节俭、生产力和有效性有关。竞争力有多种含义。在狭义上，它意味着市场方面的成功。在广义上，它还意味着签立合同的能力，这在公共部门变得更加相关。竞争力与实事求是、风险准备、响应性和效率等价值有关。在天平的另一端，是合作性。这显然是一种典型的公共行政美德。由于缺乏市场力量，公共组织必须通过合作加以协调。

集群 5：与公共管理组织内的方面相关的价值

我们现在来谈谈组织价值。第一个分组中的共同特征被比喻为机器，属于硬性价值。这些价值包括稳健性、适应性、稳定性、可靠性和及时性。它们是密切相关的。组织的稳健性就是要把稳定性和适应性适当地结合起来，要对外界的影响有免疫力，必要时能随波逐流。适应性与灵活性和响应性有关，而稳定性与连续性、合法性和社会凝聚力有关。可靠性与及时性、有效性和法治有关，它增加了微妙的新层面。最后，及时性与另一个分组的若干价值有关，即节俭、生产力、效力和企业式方式。在一个基于这些价值的公共管理部门工作可能并不有趣，但其运作是值得信赖的。

　　有两个价值分组与上述可靠的机器式价值特征形成鲜明对比。一个分组包括创新、热情和风险准备。以这些价值为特征的组织很少被先例拖累，也不会受限于对未来的担忧。他们往往更注重此时此刻，也更有活力。创新似乎是其中的核心价值。它既与风险准备和热情有关，也与对话、适应性和灵活性有关。虽然创新指的是创造新的东西，但对一些与创新毫无关联的东西充满热情是完全可行的。相反，热情与利他主义和良好的工作环境有关。风险准备引入了另一个微妙的区别。风险准备不一定是关于创新，还可能会涉及冒险。这种价值与灵活性和竞争力有关。这三种价值之间的联系可以这样来形容：没有热情和风险准备的组织很难创新，但组织中的热情和风险准备不一定会产生创新。

　　另一个分组是典型的新公共管理价值：生产力、有效性、节俭、企业运作方式和及时性。这些也是通常与经济思维、成本意识、缩减规模和外包有关的价值。这些价值几乎是相互关联的，但实事求是这一价值也与风险准备有关。

　　最后一个分组关注的是作为工作场所的组织或公共管理。这些价值包括员工的自我发展和良好的工作环境。良好的工作环境与热情、创新和生产力有关，而自我发展则与专业精神有关。

　　在某种程度上，这四个分组是彼此对立的，也正是在与组织价值的关联中，首次出现了"竞争性价值"的表述（Quinn & Rohrbaugh，1981）。

集群6：与公共部门员工行为相关的价值

广阔领域的领导者通常需要组织和规划，因此也需要忠诚的服务人员和顾问。绘制公共价值的谱系可能是一个很好的开始。本节的内容不是特别多，因为有些相关的价值已经被视为一个组织或整个公共部门应该遵守的价值。然而，其中一些价值显然也与公共部门的员工有关，因为仅有组织的价值观是不行的。员工也要在这些价值的激励下思考和行动。例如，如果一个组织中全是依赖习惯的胆小人员，这个组织就不可能会有创新。换句话说，很难把一些价值只看作系统价值，而没有视为个人价值。也许，这适用于许多不同的价值，如利他主义、尊重民主、政治忠诚、公正、热情和风险准备。

那么，公共部门的工作人员是否没有真正的价值观呢？首先，要提到的是问责制和专业精神。尽管这两点在其他组别中已经被提及，但它们主要属于这一组别。这两种价值意味着公职人员以认真的、反思式和用可胜任的方式工作。

此外，诚实、道德标准和道德意识等价值与个人有非常直接的联系。诚实与客观、公正、公开、正直、责任心等其他一些价值相关。这三种价值也是相互关联的。

不过，在这组价值中，似乎最核心的是正直。正直的人是指不为个人动机、利益、贿赂、舆论、潮流变化、污蔑等所动，而有足够的骨气坚持某种观点或原则的人。一个正直的人，会有一个坚强的内核。正直也是与其他大量价值相关的价值之一，因为要用非常多的词来定义正直：诚实、尊严、公平、伦理意识、道德标准、专业精神、公开、公正，以及政权忠诚。后者听起来可能令人吃惊，但之所以将其包括在内，是因为一个正直的人必须忠于他或她的工作所处的体系，否则就得辞职。

集群7：与公共管理和公民之间关系有关的价值

在过去20年中，公共管理和公民的关系是行政管理改革中讨论最广泛的问题之一，也是行政法最重要的领域之一。因此，相当多的价值观念属于这个组别也就不足为奇了。它们包含四个不同的分组。

第一个分组涉及公民与公共行政的法律地位。它包括合法性、保护个人权利、平等待遇和法治等价值。这些价值的共同点是，它们之间可以系统性地相互关联，说明这个组别具有内在一致性。其他相关的价值还有稳定性、中立性和公正性。

然而，这些价值之间又存在着重要的微妙差异。合法性是一种基本思想，具体指公共管理与公民之间的关系应该由法律来规范（与自由裁量行政或任意行使权力相对应）。相关的价值包括可靠性和稳定性。保护个人权利和法律下的平等待遇是法律的建构，与公平待遇、人格尊严、社会和谐等价值相关。法治可以看作一种上位价值，因为人们假定只有通过合法和保护个人权利的方式才能实现法治，平等待遇是个人权利的必要组成部分。最后，正义被列入这一组别，因为它是这些价值的反复性目标。

因此，正义是一个首要的价值。正义是进入下一个分组的理想过渡，它的基础是这样一个事实：如果僵化地、麻木不仁地应用法律，正义就得不到伸张。第二个分组中的价值包含公正、合理和公平待遇。这些价值观念的共同点是必须考虑到各种情况，对待公民要从整体出发，要适度，而不是过分拘泥于抽象的原则。这些特征并不意味着这个组别只是对第一个分组的修正。公平、合理、公正也可以说——尤其是与专业性一起——是许多在专业行政裁量基础上提供的公共服务的核心价值。

第三个分组是基于公民通过与公共部门的接触来学习和发展的理念，其中的价值包含对话、回应性、用户民主、公民参与和公民的自我发展。这个分组显然源于参与式民主的传统。与之相关的价值包括回应性、平衡利益、折中、人民的意愿和倾听民意等。通过接受这些价值，公共行政部门不仅接受了对公民发展所承担的积极责任，而且将其与公民的关系从专制关系转变为民主的方式。

最后一个分组是新公共管理版本的关系。公民是客户，主要体现为重视用户导向，即以用户/客户的需求为基础。要按时提供服务，并要友好地满足客户的需求。

基于价值的构建：相近性、层级性和因果性

通过讨论价值体系中的众多价值，可以明显看出，各种价值的重要性不尽相同，有些价值关系密切，似乎形成了群组，而且这些价值之间可以以各种不同的方式相互关联。我们可以从三个维度来考虑这些价值，分别是相近性、层级性和因果性。价值的相近性告诉我们一个特定价值与另一个价值的紧密度。因此，中立性这种价值似乎与客观性很近似，但与民主参与这种价值不那么近似。价值的层级性与它们的相对优先性有关。例如，对于任何一个特定的个人（或社会团体，甚至一个国家）来说，自由可能被视为比效率更重要。很可能这两种价值都被认为是重要的，但还是可以明确或推断出重要性的等级。最麻烦的是价值的因果性。当我们说一种价值是达到某种目的的手段时，我们就是在主张一种因果关系，即使这种是非正式的或不自觉的。

价值的相近性

关于价值的相近性，我们可以说价值之间是不相关的相邻价值、共存价值或节点价值。有些价值在意义上是接近的，但不完全相同，例如，简约性和生产力。这些我们将其标记为相邻价值。我们发现了大量的相邻价值。尽管它们之间的相近性有时看起来是不言而喻的，但两个价值之间是否因含义相差太远而不能成为邻接价值，或者它们之间是否因非常近似而不能被认为是同义词，这往往是如何解释的问题。[5]相邻价值在两个方面很重要。第一，识别相邻价值有助于更详细地定义作为起点的价值。第二，相邻价值的数量提供了关于该价值重要性的线索。我们假设相邻价值的数量越多，起点所在的那一面内容越丰富，价值的重要性越大，就像格陵兰岛的雪可以用很多形容词去形容一样。

此外，价值之间可能是相互关联的，即它们经常在同一时间出现或共存。其中一个价值可能对另一个价值有积极影响，或者其中一个价值可能是另一个价值的前提条件。例如，可以说，公开能促进法治。这些都是相关价值。同样，是否拥有大量的相关价值被认为是价值重要性的指标。

具有大量相关价值的价值，我们将其称为节点价值。它们似乎在价值网络中占据着中心位置。我们的"节点价值"一词在某些方面类似于网络理论中的中心性概念，但我们更喜欢节点这个术语，因为它不太意味着该价值一定比其他价值更重要。表 2 列出了节点价值的重要例子。

表 2　节点价值、相邻价值和相关价值

节点价值	相邻价值	相关价值
人格尊严	公民的自我发展、公民的参与、个人权利的保护	正义、仁爱、未来之声、公平
可持续性	未来之声	稳定性、连续性、共同利益、公共利益、道德标准、伦理意识、团结
公民参与	人民的意志、倾听民意、响应性	对话、平衡利益、自我发展
开放性	响应性、倾听公众意见	问责制、法治、对话、民主、人民意愿、集体选择
保密性	平衡利益	稳定性、连续性、法治、个人权利保护、生产力、有效性
折中	诚实、尊严、公平、道德意识、道德标准、专业、公开公正、忠于政权	合理、公平、对话、适应性、稳健性
完整性	稳定性、适应性、可靠性	合法性、社会凝聚力、灵活性、响应性、法治、及时性、有效性

公开性是一个特别有趣的节点价值。首先，它有许多不同的共

同价值。其次，公开性对其中一些价值的实际影响是模糊不清的。公开性既可以增强也可以危及法治和有效性。公开性并没有因为它的对立面——保密性——而对法治和有效性产生模棱两可的影响，进而变得不那么有趣。这意味着，很难笼统地讨论公开性和保密性。此外，我们还发现了一个潜在的冲突，因为公开性和保密性可能对法治和有效性产生积极和消极的影响。

这些节点价值的确切含义有待讨论。请注意，被视为高度核心的价值——如有效性、法治和民主——没有被列为节点价值。相反，我们认为，如果节点价值被遗忘，可能会产生连锁反应，根据所讨论的价值，这种连锁反应可能会向许多不同的方向延伸。

许多价值似乎是以集群的形式出现的。这在分组中已经隐含了。在涉及公共行政的内部组织以及行政与公民关系的类别中，这一点最为明显。在这两种情况下，有四组价值是相互关联的；事实上，它们几乎构成了一个实体。这四个组织价值集群包含稳健性、创新性、最佳绩效和良好的工作场所。这四个集群也可以看作公共管理的四种理想目标。它们是完全不同的，更不用说相互独立，因此也可能相互冲突。但是，从良好的工作环境到创新和生产力，可以划出一条线。在行政与公民的关系中，还发现了四个价值集群：法治、专业自由裁量权、公民参与和客户导向。同样，这也是四个独立而又可能相互冲突的价值集群。

我们认为，价值集群和节点价值表明了公共部门的重要组织设计问题。一方面，可能会有人说，可以在冲突的价值和价值集群之间进行选择。法治与公民参与或稳健性与创新性可能无法兼得，必须做出选择。因此，这是一个基于和谐价值的纯模式确定问题。另一方面，也可以说，现实从来都不是那么纯粹，无法仅用一个模式来概括。例如，总是会存在既需要稳健性又需要创新性的情况。那么，问题或许就在于如何平衡这些价值。

价值的层级性和因果性

重申一下，价值的层级性与它们的相对优先性有关。虽然价值之间的关系和层次问题并不是公共价值问题所独有的，但这一问题尤为突出。一般来说，梳理价值是一项非常困难的分析任务。在如何梳理公共价值问题的路径上，我们必须分析大量的概念和术语，并且这项工作要从价值本身入手。

我们之所以考虑了价值的层级性及其因果关系，是因为这些问题在某种程度上是不可分割的。例如，如果认为一种价值是首要价值，一种价值是为了自身而追求的，另一种价值是工具性价值，那么就存在着层级性和因果性的归属。虽然可以设想出高度分化的价值层次结构，并且对每一种价值的偏好都有梯度，但在价值理论中，工具性价值和首要价值的区分是一种常见的区分。首要价值是指那些本身就是终点的价值，一旦实现就代表了一种偏好的终极状态。首要价值的核心特征是，它是一个其本身具有价值的事物，并且完全可以自我包含，而工具性价值则是以其实现其他价值的能力（这些价值本身可能是，也可能不是首要价值）为价值。

韦尔农·范·戴克（Vernon Van Dyke）（1962）把工具性价值说成是条件，把首要价值说成是后果。这种区分的意义在于，只要我们记住，工具性价值并不是影响首要价值实现的唯一后果，而且我们对工具性价值要达成某种成就所需要的条件的假设常常被证明是错误的，便可以较好地加以解释。在社会科学中，首要价值和工具性价值的区别得到了普遍的认可，但人们对这一区别使用了许多不同的术语，有些术语的含义略有不同。罗伯特·A. 达尔（Robert A. Dahl）和查尔斯·E. 林德布鲁姆（Charles E. Lindblom）（1953）提到了首要价值和工具性价值，但其他人（见 Van Dyke，1962，概述）则使用了近处和远处、直接和终极等其他术语。

虽然我们很想说，"公共价值"这个词应该只归于那些明显属于首要价值的价值范畴，但这样做是有误导性的。如果有人像我们一样认为，不存在固有的首要价值，或者不存在无可争辩的、不言而喻的真理，那么将公共价值认定为独特的首要价值就没有什么意义。我们在结论中再来讨论首要价值和工具性价值及其因果关系的问题。

结　论

在本节中，我们以上述公共价值清单为切入点，对本文开头确定的核心研究问题进行初步解答。

公共价值不是政府层面的

我们的文献回顾表明，政府作为公共价值的保障者具有特殊的作用，但公共价值并不是政府的专属领域，政府也不是唯一一个负有公共价值义务的机构。我们考察的许多研究都将公共价值与相关组织的法律地位分开来考虑。这一判断也与我们自己之前的研究（如 Antonsen & Beck-Jørgensen, 1997; Bozeman, 1987）相吻合，这些研究表明，公共价值义务与政治权威设定的方向一致。这种观点的一个含义是，与公共价值有关的义务在某些方面对应于公法和民法。正如公法涉及公民个人和私营企业行为者一样，公共价值也规定了非政府行为者的义务。如果接受这一观点，那么其影响是惊人的。如果接受私人行为者有公共价值义务，那么市场经济的许多基本公理就需要仔细审查和重新制定。尤为关键的是，如果接受私人行为者负有公共价值义务的观点，那么受政治权威影响最小的企业行为者仅仅遵守法律是不够的。为私人行为者设定法外义务的公共价值概念，与美国政治文化的大部分内容背道而驰（丹麦政治文化中的情况则不太一样）。

接受一个赋予私人个人和机构（法外）义务的公共价值概念，需要某种合理化过程，并且这种合理化最好不完全依赖于特殊的、个人的道德信条。我们的推理是，公共价值归根结底植根于社会和文化，植根于个人和群体，而不仅仅是植根于政府（Melchior & Melchior，2001）。即使政府是合法的，它的合法性也要归功于社会契约和自愿的制度遵守，这是政府合法性的基础。换个角度看，政府合法性与公共价值是同一上游的不同支流。因此，合法的民主政府作为公共价值的保障者具有特殊的作用，但由于公共价值的基础远比政府宽泛，政府的公共价值义务并不详尽。正如公民个人对合法的民主政府有义务和期待一样，公民对社会的公共价值也有义务和期待。公共价值既没有被明确编纂，也没有被普遍认同，但这一事实并不能减少义务或期望。同样，一个合法政府的法律和公共政策是不固定的，但这一事实并不能减轻政府或公民的义务。

在某些情况下，政府是建立在一定基石上的，这个基石还不同于公共价值的模糊基础；例如，宪法是一种即使会被重新解释，但还是经久不衰的文件。但有些政府，尤其是英国政府，没有成文的宪法，相反，它们治理的基石是普通法。在许多方面，合法政府的普通法基础类似于作为特定社会或国家的一套核心公共价值的基础的不成文社会契约。两者都是有机的、可变的，但也都沉浸在传统、先例和共识之中。两者都是缓慢发展的，即使在外围发生变化，也始终保持一个坚固的实质性核心。

许多公共价值都是首要价值，但不能仅以此为依据进行区分

我们的公共价值清单生成了价值集群，在这些集群中，我们能够确定一些价值比其他价值更为核心（例如节点价值）。但是，是否有一个首要价值的子集，它们不是工具性价值，而是其本身就是要实现的目标？

美国的缔造者在《独立宣言》的第二段开始，就对首要价值和工具性价值进行了强有力的陈述：

　　我们认为这些真理是不言而喻的:人人生而平等,造物者赋予他们若干不可剥夺的权利,其中包括生命权、自由权和追求幸福的权利。为了保障这些权利,人类在他们之间建立政府,而政府之正当权力,是经被治理者同意而产生的。当任何形式的政府对这些目标具有破坏作用时,人民便有权力改变或废除它,以建立一个新的政府;其赖以奠基的原则,其组织权力的方式,务必使人民认为唯有这样才最可能获得他们的安全和幸福。

　　我们就公共价值问题提出两点发现。第一,一个合法政府的成立文件提供了对最基本的公共价值的洞察。第二,即使是最基本的公共价值,我们也不应该期望得到普遍的认同或不可改变的、不言而喻的真理。可以理解的是,18 世纪的某些不言自明的真理在今天可能会有非常不一样的解释,特别是将被赋予公民权的公民("人民的权利")定义为白人男性财产所有者。但即使在 18 世纪,这些不言而喻的真理事实上也有很多争议。不仅在英国也在美国,叛乱的权利和义务肯定也是有争议的。今天,这些不言而喻的真理成为推断美国核心公共价值的诸多出发点之一,但对公共价值的层次,甚至对公共价值之间的关系,没有提供多少启示。

公共价值分析既是因果探究(工具性价值),也是哲学和道德探究(首要价值)

　　公共价值清单本身及其内容都并不是一个令人满意的终点。什么类型的分析适合于一套公共价值? 我们觉得有两种截然不同的分析类型,而且这两种分析类型经常被混淆。公共价值的分析既需要道德推理,也需要因果推理。

　　从实证社会科学的角度看,首要价值不是主体之间持有或体会到的,这一点令人烦恼,也限制了社会科学家的呈现能力。但对于工具性价值,社会科学家的作用几乎是不受约束的。所有的工具性价值可以看作因果假说，原则上都可以进行实证检验。请考虑以下说法："政府机构的使命是帮助那些因缺乏具有市场价值的技能而失业或未充分就业的人提高生活质量和经济保障。"在确定符合该项目的人员并招募他们参加该项目后，该项目的目标是提供 100 小时的汽车机械和维修方面的正规培训，并安排该项目参与者进行实习，为他们作为机械师的全职工作做好准备。在这种情况下，我们有理由认为该机构的任务是一个相当于首要价值的任务。提供能提高经济安全性和生活质量的工作岗位似乎是一个很好的终点或有益价值，也是因为能带来好处而值得去实现的价值。此外，它似乎是核心公共价值的绝佳候选。该项目的目标——识别和招募人员、提供培训和学徒——似乎是工具价值。[6]

如果人们对识别和衡量公共价值感兴趣，当然应该关注首要的和工具性的公共价值，并在可能的情况下关注发现公共价值的公共和私人行为者在事实上的因果关系。但在很大程度上，对那些被视为首要价值的核心公共价值的分析仍然属于哲学分析的范畴，因为所涉及的问题并不是经验性的问题，不会产生可以检验的人工创建的命题。如果人们希望对首要公共价值采取一种实证的姿态，也许对首要公共价值的认定是人们所能期望的最好的尝试。对于这项任务，对历史的理解、官方和非官方的社会契约，以及文化，似乎是最好的来源。我们的另一个初步选择是回顾关于公共价值使用情况的文献。在我们看来，这样做有一些目的，包括（1）将我们从对分析问题的讨论转为对特定价值的讨论，（2）说明上面发现的一些问题，（3）强调目前关于公共价值的知识的混乱性。

价值关系多而杂，但必须理清关系

分析公共价值时所面临的最大障碍也许存在于这么多价值之间的相互关系，而这些价值的表述又往往是含糊不清的。如果说公共价值研究议程上有任何一个项目的话，那就是发展出一些路径或方法，从而对价值进行分类并使它们之间的关系有意义。这些关系中的两个重要因素是层次结构以及区分首要价值与工具性价值。一旦做到这一点，就有可能确定各种价值之间是否一致，以及那些看似其他价值的先决条件的价值是否能够真正促进首要价值的实现。我们的清单盘点工作是朝着这个方向迈出的谨慎一步。下一步需要对较少的价值进行更细致的分析。我们认为，在我们这里设定的方法基础上，确定价值体系，然后确定它们的网络属性，将是十分有益的。在使用经验主义方法的同时，必须明白，价值没有科学层面的问题。我们是无法对公共价值进行微积分计算的，也不可能在假定的首要公共价值之间建立起主体间的经验化的层级结构。任何微积分学都无法使首要价值在客观上或主体间有效。在这方面，公共价值仍然类似于普通法原则——一套模棱两可但可能可行的关于行动和负责的标准。

附　录

公共价值清单

问责制、适应性、倡导、利他主义
平衡利益、仁爱、实事求是
公民参与、公民自我发展、集体选择、共同利益、竞争力、折中、连续性、合作性
民主、对话
效力、效率、员工自我发展、热情、平等待遇、公平、道德意识
公平、友好
良好的工作环境
诚实、人格尊严
公正、创新、诚信
正义
合法性、倾听民意、地方治理
少数服从多数原则、道德标准
中立性
开放性
节俭、政治忠诚、专业精神、保护个人权利、保护少数利益、生产力、公共利益

（续表）

合理性、政权尊严、政权忠诚度、政权稳定性、可靠性、响应性、风险准备、稳健性、法治
保密性、股东价值、社会凝聚力、稳定性、可持续性
及时性
用户民主、用户导向
未来之声
人民的意愿

注释

1. 我们回顾的期刊包括《公共行政评论》《公共行政》《国际行政科学评论》《治理》《北欧行政期刊》《挪威政治学期刊》《政治科学期刊》和《政治》。我们在丹麦皇家图书馆数据库和互联网络数据库中检索相关文献。

2. 本文识别的价值具体参见 Antonsen 和 Beck-Jørgensen（1997）、Beck-Jørgensen（1993）、Bozeman（2002）、Blereton 和 Temple（1999）、Butler（1993，1994）、Caiden（1991）、Chapman（1993）、Christensen 和 Lægreid（1997）、deLeon（1994）、K. G. Denhardt（1988）、R. B. Denhardt（1993）、DJØF's fagligt etiske arbejdsgruppe（1993）、Egeberg（1994）、Eriksen（1993）、Forvaltningspolitiska Kommissionen（1997）、Frederickson（1997）、Goodsell（1989、1994）、Greenaway（1995）、Gregersen（1996）、Harmon 和 Mayer（1986）、Heffron（1989）、Hermansen-utvalget（1989）、Hesse（1993）、Hood（1991）、Hooijkaas Wik（2001）、Keating（1995）、Keraudren（1995）、Kernaghan（1994）、Kickert（1997）、Lawton 和 Rose（1994）、Lundquist（1998、2001）、Milward（1996）、Nolan 公共生活标准委员会（1995）、经合组织（1995、1996a、1996b）、Quinn 和 Rohrbaugh（1981）、Rainey（1997）、Smith（1991）、Stewart 和 Clarke（1987）、Stewart 和 Walsh（1992）、Toonen（1993）、Van Deth 和 Scarbrough（1995）、Van Wart（1998），以及 Wamsley 和 Wolf（1996）。

3. 在回顾文献的过程中，步骤 1 需要两位作者分别对每一个价值回答下列问题：这个价值与哪些其他价值有关？在最初的表述中，这些仅仅被称为相关价值。然而，在这一过程中，我们清楚地认识到，相关价值有两种含义：第一，

一个价值可能与另一个价值在意义上相关；第二，一个价值的出现可能会促使另一个价值的出现。这一点将在介绍完这些价值后再深入研究。然后，对于每个价值，我们比较了结果，并努力达成一致或找出分歧。在这些讨论中，某些价值被删除了，因为它们是已经讨论过的价值的明显同义词。为了避免这些讨论中存在偏差，这些价值是按随机顺序排列的。因此，哪些类似的概念被判定为同义词，哪些幸存下来，在很大程度上是一个偶然的问题。这种方法受到罗伯特·E.奎恩（Robert E. Quinn）和约翰·罗保（John Rohrbaugh）（1981）在分析有效性概念时使用的方法的启发。

4. 特别是在美国的公共行政管理研究中，公共利益的概念在 20 世纪 50 年代末受到严厉批评后，多少有些不常见了。然而，现在这个概念正在经历某种复兴。例如，古德赛尔（1990）、伦纳特·隆德奎斯特（Lennart Lundquist）（1998）和范·沃尔特（1998）列举了概念争论方面的重要内容。

5. 因此，从清单中删除了客观性，因为其中已经包含了公正性、中立性、诚实和正直。这个决定是否正确，还有待讨论。

6. 我们提到，某些价值并不天生就是首要价值。因此，举例来说，有些人从汽车修理工这一职业中获得审美的满足，即使这并不能使他们的就业状况得到改善。同样，为项目招募人员时，对机构和项目接受者来说，都可能有一定的消费点价值。如果机构有计划参与者，它就更有可能得到发展和维持，而被招募者也可能享受到计划提供的社会交往和熟人关系等便利。但是，如无必要，将这些计划目标视为与首要公共价值近似的内容也是合理的。

参考文献

Antonsen, M. , & Beck-Jørgensen, T. (1997). The 'publicness' of public organizations. *Public Administration*, 75, 337 - 357.

Beck-Jørgensen, T. (1993). Modes of governance and administrative change. In J. Kooiman (Ed.), *Modern governance: New government-society interactions* (pp. 219 - 232). London: Sage.

Bevir, M. , & Rhodes, R. A. W. (2001). Decentering tradition: Interpreting British government. *Administration & Society*, 33(2), 107 - 132.

Bohman, J. (2000). *Public deliberation: Pluralism, complexity, and democracy*. Cambridge，MA：MIT Press.

Bozeman，B. （1987）. *All organizations are public*. San Francisco：Jossey-Bass.

Bozeman，B. （2002）. Public value failure：When efficient markets may not do. *Public Administration Review*，62，134 – 151.

Brereton，M. ，& Temple，M. （1999）. The new public service ethos：An ethical environment for governance. *Public Administration*，77，455 – 474.

Butler，R. （1993）. The evolution of the civil service——A progress report. *Public Administration*，71，395 – 406.

Butler，R. （1994）. Reinventing British government. *Public Administration*，72，263 – 270.

Caiden，G. E. （1991）. *Administrative reform comes of age*. Berlin：Walter de Gruyter.

Chapman，R. A. （Ed. ）. （1993）. *Ethics in public service*. Edinburgh，UK：Edinburgh University Press.

Christensen，T. ，& Lægreid，P. （1997）. Forvaltningspolitikk——mot new public management [*Administrative reform policies——Toward new public management*]. In T. Christensen & M. Egeberg (Eds.)，Forvaltningskunnskap （pp. iii – vi）. Oslo，Norway：Tano-Aschehoug.

Dahl，R. ，& Lindblom，C. （1953）. *Politics，economics and welfare*. Chicago：University of Chicago Press.

deLeon，L. （1994）. The professional values of public managers，policy analysts and politicians. *Public Personnel Management*，23，135 – 152.

Denhardt，K. G. （1988）. *The ethics of public service：Resolving moral dilemmas in public organizations*. New York：Greenwood Press.

Denhardt，R. B. （1993）. *The pursuit of significance*. Belmont，CA：Wadsworth.

DJØF's fagligt etiske arbejdsgruppe. （1993）. Fagligt etiske principper i offentlig administration. Betænkning afgivet af DJØF's fagligt etiske arbejdsgruppe [*Professional and ethical principles in public*

administration. Report prepared by the Public Employees' Union].
Copenhagen, Denmark: Jurist-ogØkonomforbundets Forlag.

Egeberg, M. (1994). Verdier i statsstyre og noen organisatoriske implikasjoner
[*Governmental values and organizational implications*]. In T.
Christensen & M. Egeberg (Eds.), Forvaltningskunnskap (pp. 334 –
351). Oslo, Norway: Tano.

Eriksen, E. O. (1993). Den offentlige dimension. Verdier ogstyring i offentlig
sektor [*The public dimension: Values and governance in the public
sector*]. Bergen, Norway: Tano.

Forvaltningspolitiska Kommssionen. (1997). I medborgarnas tjänst. En samlet
Förvaltningspolitik för staten [*Public service: General principles in central
government*] (SOU 1997:57). Stockholm, Sweden: Finansdepartementet.

Frederickson, H. G. (1997). *The spirit of public administration*. San
Francisco: Jossey-Bass.

Goodsell, C. T. (1989). Balancing competing values. In J. L. Perry (Ed.),
Handbook of public administration (pp. 575 – 601). San Francisco:
Jossey-Bass.

Goodsell, C. T. (1990). Public administration and the public interest. In G.
L. Wamsley (Ed.), *Refounding public administration* (pp. 96 – 113).
London: Sage.

Goodsell, C. T. (1994). *The case for bureaucracy*. Chatham, UK: Chatham
House.

Greenaway, J. (1995). Having the bun and the halfpenny: Can old public
service ethics survive in the new Whitehall? *Public Administration*, 73,
358 – 374.

Gregersen, T. (1996). Politiske værdier i et pluralistisk samfund—et forsvar
forRawls [*Political values in a pluralistic society—A defense of Rawls*].
Politica, 28, 405 – 423.

Harmon, M. , & Mayer, R. (1986). *Organization theory for public
organizations*. Boston: Little, Brown.

Heffron, F. (1989). *Organization theory and public organizations: The political connection*. Englewood Cliffs, NJ: Prentice Hall.

Hermansen-utvalget. (1989). En bedre organisert stat [*A better organized state*] (NOU 1989:5). Oslo, Norway: Statens Trykningskontor.

Hesse, J. J. (1993). Introduction. *Public Administration*, 71, 367 - 404.

Hood, C. (1991). A public management for all seasons. *Public Administration*, 69 (1), 3 - 19.

Hooijkaas Wik, M. (2001). Verdier og tilknytningsformer—en studie av vektlegging av verdier og hensyn i virksomhet med ulik tilknytningsform til staten [*Values and interorganizational relations—A study of values in state organizations with varying principal-agency relations*]. Bergen, Norway: LOS-senteret.

Keating, M. (1995). Public service values. *Australian Quarterly*, 67 (4), 15 - 25.

Keraudren, P. (1995). Administrative reform, ethics, and openness: The balance between effectiveness and administrative identity. *International Review of Administrative Sciences*, 61(1), 41 - 60.

Kernaghan, K. (1994). The emerging public service culture: Values, ethics, and reforms. *Canadian Public Administration*, 37, 614 - 630.

Kickert, W. J. M. (1997). Public governance in the Netherlands: An alternative to Anglo-American 'managerialism.' *Public Administration*, 75, 731 - 752. Downloaded from aas. sagepub. com at ARIZONA STATE UNIV on April 18, 2016

Lawton, A. , & Rose, A. G. (1994). *Organisation and management in the public sector*. London: Pitman Publishing.

Lundquist, L. (1998). Demokratins väktare [*Guardians of democracy*]. Lund, Sweden: Studentlitteratur.

Lundquist, L. (2001). Medborgardemokratin och eliterna [*Citizen-oriented democracy and elites*]. Lund, Sweden: Studentlitteratur.

Melchior, M. , & Melchior, A. (2001). A case for particularism in public administration. *Administration & Society*, 33, 251 - 275.

Milward, H. B. (1996). The changing character of the public sector. In J. L. Perry (Ed.), *Handbook of public administration* (pp. 77 - 91). San Francisco: Jossey-Bass.

Moore, M. (1995). *Creating public value: Strategic management in government*. Boston: Harvard University Press.

Nolan Committee on Standards in Public Life. (1995). Standards in public life. *First report of the Committee on Standards in Public Life*. London: HMSO.

OECD. (1995). *Governance in transition: Public management reforms in OECD countries*. Paris: OECD.

OECD. (1996a). *Ethics in the public service*. Paris: OECD.

OECD. (1996b). *Ministerial symposium on the future of public services*. Paris: OECD.

Quinn, R. E. , & Rohrbaugh, J. (1981). A competing values approach to organizational effectiveness. *Public Productivity Review*, 5, 122 - 140.

Rainey, H. G. (1997). *Understanding and managing public organizations*. San Francisco: Jossey-Bass.

Smith, J. (1991). The public service ethos. *Public Administration*, 69, 515 - 523.

Stewart, J. , & Clarke, M. (1987). The public service orientation: Issues and dilemmas. *Public Administration*, 65, 161 - 177.

Stewart, J. , & Walsh, K. (1992). Change in the management of public services. *Public Administration*, 70, 499 - 518.

Toonen, T. A. J. (1993). Analysing institutional change and administrative transformation: A comparative view. *Public Administration*, 71, 151 - 168.

Van Deth, J. W. , & Scarbrough, E. (1995). *The impact of values*. Oxford, UK: Oxford University Press/European Science Foundation.

Van Dyke, V. (1962). The study of values in political science. *Journal of Politics*, 43(3), 2 - 34.

Van Wart, M. (1998). *Changing public sector values*. Hamden, CT:

Garland.

Wamsley，G. L.，& Wolf，J. F.（1996）. *Refounding democratic public administration：Modern paradoxes，postmodern challenges*. London：Sage.

Weatherford，M. S.（1992）. Measuring political legitimacy. *American Political Science Review*，86(1)，149 - 166.

作者简介

托本·贝克-约根森是哥本哈根大学政治学的教授，教授和从事公共行政和公共价值的研究。

巴瑞·波兹曼是佐治亚大学公共政策的杰出教授和安德·克伦肖（Ander Crenshaw）主席，他还是哥本哈根大学的荣誉客座教授，从事公共管理和科学技术政策的研究。

3. 行政和治理的公共价值框架[*]

蒂娜·纳巴奇（Tina Nabatchi）

引　言

几乎毫无疑问，在公共治理这一领域，价值不但重要，而且经常引起冲突并造成困境。所谓困境，指的是不存在明显的获胜者或简单答案的境况。制定解决这些困境的方案是官僚个体、行政机构、公共行政学者乃至整个公共部门的主要工作（Buchanan and Millstone 1979：280）。解决价值冲突是该领域的主要特征和活动，因此长期以来，对于价值在公共行政中的作用，以及公共行政的基础和指导性准则应由哪些价值或价值体系构成，学界一直有争议。在最近的文献，尤其是被归为公共价值研究的文献中，这种讨论再度兴起。（例如 Bozeman 2007；Beck-Jørgensen and Bozeman 2007；Pesch 2008；Spicer 2009，2010；Van der Wal and van Hout 2009；Van der Wal，Nabatchi and de Graaf 2015）

尽管各个阵营的学者有时主张让一种或一套价值占绝对主导地位，但多数人持"更宽容的观点，即相信多种价值都是学术和实践相关的指南，在多种价值中寻找适当平衡正是公共行政复杂性的一部分"（Moynihan 2009：813）。因此，学者已经尝试将文献分为几个经

---

* 原文来源：Nabatchi, T.（2018）. Public values frames in administration and governance. *Perspectives on Public Management and Governance*，1(1)，59 - 72.

实践证明可用的类别（例如，Andersen et al. 2012；Beck-Jørgensen and Bozeman 2007；Rutgers 2008,2012；Steenhuisen，Dicke and de Bruijn 2009；Van der Wal and de Graaf 2008；Van der Wal and Huberts 2008），其中官僚主义风格和民主主义特质理念（例如 deLeon and deLeon 2002；Pugh 1991；Waldo 1980；Woller 1998）可能是公共行政学者最熟悉的。尽管这些分类可以用于公共价值文献的系统化，但对于理解并寻找行政管理中多种公共价值之间的"适当平衡"没很大帮助。

这就会产生许多问题，因为围绕公共价值和公共管理的问题不仅仅关乎知识上的自我满足，还会在现实世界中对治理的许多方面产生重要影响，包括创造公共价值和防止公众价值失灵。由于公共价值与行政和政策事项密切相关，为使相关研究发挥其理论和实践潜力，该领域需要有明确的概念和框架来理解公共价值。

本文迈出了构建这种框架的第一步。具体来说，本文的第一部分阐明和区分包括价值（单数）、价值取向（复数）、公共价值和公共价值（复数）在内的几个术语的定义，并简要讨论了创建公共价值、防止公共价值失灵和公共价值多元性的概念。接下来，本文介绍了行政管理的四个公共价值框架（政治、法律、组织和市场），以及影响学术研究和专业实践的几种流动价值。在文末提出了对未来研究的建议并对论文的实践意义进行讨论，尤其在创造公共价值和防止公共价值失灵方面。

公共行政和治理中的价值（单数）和价值（复数）

在研究行政和治理的四个公共价值框架之前，阐明一些术语的定义会起到帮助作用。首先，我们有必要区分"价值（单数）"和"公共价值（单数）"（例如 Moore 1995,2013）与"价值（复数）"和"公共价值（复数）"（例如 Bozeman 2007）。这些术语尽管相互关联，但是代表截然不同的概念,在建构理论时若混淆这些术语则会产生问题。(参见 Alford and O'Flynn 2009;Nabatchi 2012;O'Flynn 2009)探索这些术语与公共价值的创造,公共价值失灵的预防以及公共行政中的价值多元性之间的关系也会对研究产生积极作用。

"价值"(value)一词通常是指某物的价格。在政府中,公共价值(public value)是指对政府代表公众所创造并维持的事物的估值[1]。最常见的公共价值和创造公共价值的概念由穆尔提出。(Moore 1995:28)他说:"和私营部门的目的是创造私人价值一样,公共部门的管理工作的目的是创造公共价值。"

如果政府部门的政策和管理战略向上关照政治上的合法性,向外关照公民的愿望,向内关照管理的可行性和可持续性(Moore 1995,2013;Try and Radnor 2007),就会创造出公共价值。反之,如果政府部门对有待满足的需求,满足需求的战略或在生产和提供服务的过程中做出错误的决定,就会损害公共价值(Spano 2009:335)。如今,创造公共价值的概念已成为管理理念的一部分,其中公共服务以当地需求为导向,由服务使用者及其社区授权,并根据其结果进行评估(相关讨论请参阅 Benington and Moore 2011)。总而言之,根据穆尔(Moore 1995,2013)的观点,公共价值和公共价值的创造本质上是以管理为中心的概念,着重于评估政府官员和机构的绩效。

相反,"价值(values)是个人基于知识和情感反应产生的复杂判断"(Bozeman 2007:13)。作为一种基础广泛的情绪认知评估,价值是相对稳定的重要品质和标准,可以指导并权衡各种选择的行为(Bozeman 2007;de Graaf 2003;Van der Wal et al. 2006)。在政府治理方面,公共价值是指那些提供"(1)公民应(不应)享有的权利、利益和特权;(2)公民对社会、国家和公民的义务;(3)政府和政策应依据的原则等方面规范性共识"的价值(Bozeman 2007:13)。穆尔(1995,2000,2013)关注的是公共价值(public values)创造,而波兹曼(2002,2007)和其他公共价值学者(例如 Beck-Jørgensen 2006;

Beck-Jørgensen and Vrangbæk 2011；de Graaf，Huberts and Smulders 2016；de Graaf and Van der Wal 2010；Kernaghan 2003；Rutgers 2008，2015)的兴趣点则在于公共部门促进和维护公共价值(public values)的机制。此外,和市场失灵一样,公共价值失灵的情况同样存在。"当市场或公共部门不提供实现核心公共价值所需的商品和服务时,就会出现公共价值失灵。"(Bozeman 2002：150；2007：144)总而言之,依照波兹曼(2007)的思路来说,公共价值是政府官员和机构应追求和维护的社会标准、原则和理想。从这个角度看,公共价值和预防公共价值失灵针对的是更广泛的社会以及对社会集体规范和信念的促进和维持。

公共行政和治理面临的挑战在于,现存的公共价值数量众多,而在价值多元化的情况下,几种基本价值可能同样正确但相互冲突。例如,一篇文献的文本分析确定了 72 种基本公共价值(Beck-Jørgensen and Bozeman 2007),而另一篇的文本分析则确定了 538 种不同的公共价值(Van der Wal et al. 2006)。因此,对于任何问题,都可能使用多种不同的公共价值,从不同的角度指导个人、政府和社会的行为,并且证明其正当性。此外,在某些情况下,没有任何特定的公共价值或价值集(即一组相关价值)能完全产生规范共识。这种由价值产生的冲突在公共政策和管理中尤为普遍(Rutgers 2015)。例如,发展政策可能引发与经济增长、历史保护、环境保护和公平税收有关的价值之间的冲突;机会均等政策可能引发与效率、正义、平等、福利和个人成就有关的价值之间的冲突。犯罪政策可能引发自由、安全、正当程序、公平、效力、准入权和正义等价值之间的竞争;安全政策可能引发诸如知识生成、信息共享、机密性、隐私、公民自由、个人权利和安全等价值之间的冲突(Nabatchi 2012)。

价值多元化不仅导致了哲学上的挑战,还会对公共行政和治理产生实质性影响。许多政策问题本身固有的复杂性、规模性和争议性,使那些时刻关注下一个选举周期的"规避风险、依赖资源、在意媒

体"的政治家之间无法达成共识(Durant 1995:29)。因此,选举制度
常常无法解决政策冲突,这导致立法过程中的话语、目标和准则含糊
不清,这一问题以及其他问题迫使管理者在与价值冲突的斗争下[2]对
重要的政策和行政事务做出重大决定(cf. Meier 1997)。"公共行政
的法规试图调和多个目标,而关于管理者如何行动这一问题,价值常
常向他们发出互相矛盾的信号,此类价值冲突在公共行政中尤其普
遍。"(Molina and Spicer 2004:296;参见 Wagenaar 1999,2002)。然
而,尽管公共行政人员是"政治冲突的仲裁者",但他们可能会感觉
"受既定的官僚风气的束缚,无法专注于通过基于市场的实用工具提
高行政效率"(Nabatchi et al. 2011:i38)。只关注狭隘的管理主义价
值,即经济效益价值,而不顾及更广泛的公共价值,这常常使公共管
理者疲于应对存在分歧的复杂问题(Goerdel and Nabatchi 2012;又
见 Bozeman 2007);Nabatchi 2012;Nabatchi et al. 2011;Stivers
2008)。

为了解决公共价值多元性的问题,许多学者对公共价值进行了
分类,一些分类以核心价值、时间顺序或某种分歧及维度差异为标准
(Rutgers 2008);一些分类来自对公共行政和政治科学文献的分析
(Beck-Jørgensen and Bozeman 2007),或是基于公共组织和私营组
织之间治理模式的差异(Van der Wal and de Graaf 2008;Van der
Wal and Huberts 2008;Andersen et al. 2012)。还有一种将价值分
为"硬价值"和"软价值"(Steenhuisen,Dicke and de Bruijn 2009):分
类为个人、专业、组织、法律和公共利益价值(Van Wart 1998);或者
分为道德、民主、专业和人的价值(Kernaghan 2003);或是与行政理
性、民主道德和政治存续有关的价值(Buchanan and Millstone
1979)。尽管这些分类系统具有一定作用和重要性,也是人们所需要
的,但大多数分类系统超出了公共行政和治理的范畴,转而在更广泛
的社会环境中研究公共价值,这不一定有助于应对行政和治理领域
中的公共价值多元性的挑战。要应对这种挑战,行政部门不能将关

注点放在"整个公共价值宇宙"（即个人、文化、社会认同并持有的公共价值的总和），而必须专注公共行政历史上和当前的"某一公共价值星系"（参见 Van der Wal，Nabatchi and de Graaf 2015）。而且，在这些分类中，大多数都没有提供工具来帮助管理者对特定问题上的多种价值进行分类，从而决定创造公共价值和防止公共价值失灵的最佳策略。

考虑到这些问题，人们可能会建议回归（或复兴）"官僚精神"和"民主精神"二分法（例如 deLeon and deLeon 2002；Waldo 1980；Woller 1998）。这两种截然不同的知识框架塑造了美国，甚至包括其他地方的公共行政从古至今的实践。达雷尔·L. 皮尤（Darrell L. Pugh）（1991）认为，通常被视为占主导地位的官僚主义框架包含诸如效率、效能、专业知识、忠诚和阶级等价值。它以系统性的方法确保其连续性和一致性，该方法以工具主义、功利主义和市场逻辑作为行动标准，来评估与理性目的和具体目标相对的内容价值。

相比之下，皮尤认为民主精神框架包含了诸如宪政主义与政权价值（例如 Rohr 1976）、公民权利与公共利益（例如 Lippmann 1955）以及社会公平与正义（例如 Frederickson 1990）等价值。它以根植于历史和政治哲学的演绎，辩证和道义推理确保其连续性和一致性。在某些方面，官僚精神框架类似于穆尔（1995，2013）以管理为中心的公共价值，民主精神框架类似于波兹曼（2007）的以社会结果为导向的公共价值。但是，因为民主精神框架和官僚精神框架都有助于创造公共价值和预防公共价值失灵，这种类比并不精准。

官僚精神框架和民主精神框架都源于公共行政中的几个文献体系，并为之做出了贡献。尽管它们有助于概述该领域的许多争议话题，如自由裁量权、道德和公众参与等，但实际上，它们对管理者几乎没有实际用途。在某种程度上，这是因为这些框架被高度概括和混为一谈。例如，尽管公认民主精神框架"比官僚精神框架更兼收并蓄，定义更加模糊"（Woller 1998：86），但它包含的价值包括社会价值等特定价值、政权价值等更广泛价值，以及公正这种可称普遍的价值。此外，民主精神框架中有很多宽泛而不精确的价值，例如公民身份和公共利益。然而，人们多半会提出，公民身份在这两个框架中都具有意义，并且可以通过提升民主和官僚价值来满足公共利益（例如Waldo 1980）。同样，官僚精神框架受到了市场价值的渗透，但是市场价值和机制（例如创新精神和企业家主义）有时会与传统的官僚价值和机制（例如权威和指挥链）产生摩擦。因此，尽管民主精神和官僚精神框架有助于呈现特定问题上的争议，但对梳理公共行政和治理中存在多种价值的实际问题毫无帮助。学者需要更加细致入微地了解公共价值；实践者需要机制，这种机制能帮助他们，并使他们有意识地考虑要坚持哪些公共价值，以及什么样的工具和方法更可能起作用。

行政和治理中的公共价值框架

本文在之后几个部分中研究了四个公共价值框架。这里使用"框架"的概念来表示赋予某种事物（在本文中是公共行政和治理）构造和意义的开放结构。每个框架都提供了特定的视角来审视公共行政，或是讲述相关行政行为和活动的故事。这些框架共同提供了一种解释、交流和商议价值含义的方式，尤其是在政策和其他行政方面的价值。需要注意的是，本文介绍的框架应该被视为理想模型，它们源于可观察到的现实，但有意进行了简化。另外，这些框架是在美国行政环境中构想的，不过如结论所说，它们可能也适用于其他国家。

公共行政和治理中主要有政治、法律、组织和市场[3]这四个主要公共价值框架。尽管可能存在其他框架，但这四个框架是公共行政和治理的基础，并塑造了政策制定和管理的主要方法。四个框架中的每个框架都是根据核心的内容价值构建的，并以具有普遍性的理性模式，并以一组特定的主导方法为指导。内容价值由一系列相关公共价值组成，它们构成了框架的基础，并提供了需要通过行动实现的标准。理性模式是指如何运用理性进行思考来得出问题的结论。在某种程度上，它塑造并指导了系统化决策过程。方法是指用于创造内容价值的特定工具。具有普遍性的理性模式和主导方法帮助确保了每个框架的连续性和一致性，并提出解决公共问题的政策选择和管理活动。表1列出了四个框架中每个框架的内容价值、普遍理性和主导方法。

政治的公共价值

在美国，政治价值框架与民主密不可分。公共行政史上，学者们一直在研究与自由裁量权、民主控制和问责制有关的问题，并力求将行政实践与民主价值相结合（例如 Appleby 1945；Croly 1914；Gaus 1923—1924，1950；Lindblom 1990；Lindblom and Cohen 1979；Lippmann 1914［1961］，1929［1957］；Long 1962；Mosher 1968［1982］；Sayre 1951；Waldo 1948，1980）。

例如，华莱士·S. 塞尔（Wallace S. Sayre）（1958：105）指出，公共行政最终会走向政治理论中的一个问题：民主国家的根本问题在于对人民控制的责任。在越来越依靠行政机构行使自由裁量权的政府中，行政机构和官僚机构对民选官员（行政首长、立法者）的责任和响应处在核心位置。

表1 行政和治理的四类公共价值框架

价值框架	政治	法律	组织	市场
内容价值	参与 代表制 政治回应 自由 平等	个人实质性权利 程序正当 公正	管理效率 专门化和专业化 职权 绩效 形式化 对组织的忠诚度 政治中立性	节约成本 成本—效率 生产力 灵活性 革新 客户服务

（续表）

价值 框架	政治	法律	组织	市场
普遍的理性模式	实质理性（运用基于历史和政治哲学的演绎、辩证法和道义论推理）	法律理性（根据问题、规则和事实使用归纳和演绎推理）对抗性程序	技术和功能理性（运用技术、实用主义和工具理性）	工具理性（受经济个人主义和经济自由主义强化）
主要方法	大众（直接和间接）参与 保障民主自由与平等的机构 公民教育 利益整合	对抗性程序（包括诉讼外纠纷解决、规则制定、调查、起诉和谈判）	等级制度、网络、协作管理、经验主义科学方法（例如建立合理的程序，根据目标和目的评估内容价值）	"像运营企业一样运营政府" 以市场为方向的改革 （例如私有化、精简规模、恰当规模、精简、竞争、外包、特许经营、代金券计划和商业化）

　　尽管民主的定义仍存在争议，但人们可以相对容易地确定构成公共行政政治框架的内容价值：参与（主要是通过投票间接参与，也可以直接参与）、代表制、政治回应、自由和平等。有趣的是，与其他公共价值框架不同，政治框架中的许多内容价值也为决策提供了手段，也就是说，这些价值既是民主的"方法"（因为它们可以使投票有效且有意义），又是民主的"理想状态"（因为它们是使投票可行的道德特征）（参见 Riker 1982）。此外，政治框架包括许多"节点价值"，即与大量价值相关的价值（Beck-Jørgensen and Bozeman 2007）。

　　例如，大多数学者都认为，政府中的民众参与是民主的核心特征，而投票是最突出的参与形式（例如，Dahl 1989；Riker 1982）。因此，通过投票和其他方式参与既是一种价值，嵌入了诸如自我控制或自决、人类尊严和自尊之类的观念，同时也是民主产生政治代表性和回应性价值的方法。要注意的是，参与，作为一种价值和方法，已经随着时间的推移从通过投票间接参与的机制扩展到了在政治决策中表达意见的直接参与机制[4]（可参见 Nabatchi，2012；Nabatchi and Leighninger，2015；Roberts，2008）。因此，参与概念的内核是与政府推广和维护公民教育的责任相适应的其他价值（参见 Cook，2014；Nabatchi，2010）。

同样，各种民主自由（公民、宗教和/或经济自由）是民主制的重要特征，这些自由保护民选官员不因其思想或意识形态遭到起诉，且允许形成政治派别在选举中行使对政客的投票权。（Riker 1982）因此，民主自由不仅是政治框架中的价值，还是使公民真正按照自己的意愿投票、参与政府事务的方法。最后，尽管平等是为了确保投票过程公平而产生的，但它将"道德意义"视为"促进自尊和自我实现的手段"，因为"容忍严重的不平等意味着使某些人得不到民主正义中自我控制和合作管理的机会"（Riker 1982：8）。

政治框架中普遍使用的合理模式是公共行政中政治多元化的直接结果。"既然行政部门是政府的制定政策的中心，那么它的结构必须能在政治上代表整个社会范围内存在的各种有组织的政治、经济和社会利益，从而使得各个派系能相互制衡。"（Rosenbloom 1983：222）因此，这个框架倾向于考虑由具有相似利益的个人组成的群体。（Rosenbloom 1983）为了维持和保护多元化系统中的个人和团体，政治框架使用实质性的合理模式来确定社会团体的目标、价值和理想（例如 Weber 1946［1997］），并进行"演绎（从一般真理推导到特定事实）、辩证法（由问题及其答案推出其逻辑上的结论）和道义论（通过引用正式的道德准则判断行为的对与错）"（Pugh 1991：17）的推理。因此，政治框架与康德式推理紧密相关，扎根于历史和政治哲学，并依赖于案例研究作为分析和验证命题的手段。（Pugh 1991）

法律的公共价值

尽管人们普遍认为法治对民主至关重要，但对于法律在公共行政中的作用仍存在争议。在某种程度上，这种争议涉及的是两种法则的区别：作为正式框架的法律体系和塑造行政自由裁量权的价值的法则。（Lynn 2009；Moynihan 2009；Rohr 1978,1986,2002）作为正式框架的法律确立了"游戏规则"，并划定了管理者工作的"自由裁量权的合法区域"（Moynihan 2009：817）。法律框架越广泛，就能越明确地阐明和规范行政行为，而自由裁量权则越狭窄。法律作为正式框架的目的是防止滥用行政权力。因此，有人认为法律是"管理中的合法性指导"和"行政过程中的民主价值的拥护"，这就符合民主精神和结果导向的公共价值概念。（Christensen, Goerdel and Nicholson-Crotty 2011：i26, i29）但是，也有人同意约翰·洛克（John Locke）的观点，坚称法律不是民主制度，而是旨在保护私有财产的制度（例如 Meier and Bohte 2007）。

无论人们在法律功能这一问题上的立场如何，如果法律被用作指导行政行为的一套价值，且没有明确的框架，就会出现问题（例如 Moynihan 2009；Lynn 2009）。在这种情况下，与官僚精神和以管理为中心的公共价值一样，法律被视为"管理改革的障碍"和"对有效实施公共项目的无端限制"。（Christensen et al.，2011：i26, i29）行政措施若缺乏明确标准，公共管理者就往往会把重点放在是否符合法律规定上，而非发现并/或促进更高层次的法律（和其他）价值上。

部分内容价值对于法律框架至关重要，这些内容包括个人实质性权利、程序正当和公正性（例如 Rosenbloom 1983）。个人实质性权利是通常"在对《权利法案》（《宪法》的前十项修正案）"和《第十四修正案》的解释完善过程中所体现的一系列权利。（Rosenbloom 1983：223）例如，《权利法案》规定了实质性的自由权，包括言论自由、新闻自由、自由集会、自由结社、拥有私有财产的权利、拥有律师的权利以及反对不合理搜查和侦查，尤其是残忍和不常规的惩罚等权利。《第十四修正案》判定"在美国出生或加入美国国籍的人"均为美国和其居住州的公民，并保证其平等享有法律保护。因此，平等保护是一项附加的实质性权利，其目的是践行"人人生来平等"[5]的承诺。

法律框架中的第二个主要价值是正当程序权，其原则是政府必须尊重法律规定应属于一个人的权利。[6]正当程序"不能局限于某一套要求或标准"，而应"代表基本的公平价值，并被视为旨在保护个人（及其实质权利）免受政府恶意、随意、反复无常或违背宪法的损害"（Rosenbloom 1983：223）的程序。可以说，这是法律框架中的核心价值，因为它支撑了所有政府决定的效力和合法性。

最后，公正性是法律框架中的第三价值，它源于，或者说至少部分源于平等保护权。像正当程序一样，人们对公平有不同的解释。但是大体上，公平在公共行政中代表对当事方个人与政府之间的冲突解决是否公正。它反对对个人的任意或不公平对待，涵盖了宪法中大部分对平等保护的要求，并使法院能够为那些被政府行政行为侵犯宪法权利的个人提供救济。（Rosenbloom 1983：223）

为了维护这些价值，法律框架采用了法律理性的概念。法律理性遵循特定的推理模式，该模式通过五个步骤进行：（1）阐明受争议的特定问题；（2）确定处理该问题的法律规则；（3）阐明与法律规则有关的事实；（4）分析法律规则对于该事实的适用性；（5）通过将法律规则应用于该事实来解释结论或结果。

为了在法律推理中做出必要的决定，人们既要考虑成文法（即由各个立法机关通过的用以解决问题的法律），又要考虑普通法（即判例法或是随着时间的推移而发展的法律）。此外，这些步骤需要归纳推理和演绎推理——从与诉求相关的一般规则开始推理，再到与子问题相关的一般规则，然后为该规则和需要区别对待的情况设置特例，最后将更具体的情况与一般规则联系起来。

法律理性应用于决策中的主要方法，例如行政法律法官、听证官和监管委员会的独立和公正裁决"最大化使用了对抗制程序"（Rosenbloom 1983：223）。法律框架还采用了大量解决争端的替代机制，以及"法规制定、调查、起诉、谈判、和解和非正式法案"

（Rosenbloom 1983：222，引用 Davis 1975：6）。根据法律规定，上述方法中公职人员的行为应受客观合理概念的约束，其中"公职人员的行为被视作客观合理，因此，如果其行为并未违反该职位上一个理性公职人员应当了解的充分明确的法定或宪法权限，就应当享有（个人侵权责任）限定豁免的辩护"（Lynn 2009：806，引自 Lee and Rosenbloom 2005：36；参见 Lee 2004）。

组织的公共价值

公共价值组织框架可能是这里提出的四个框架中最著名也最容易表述的框架。这并不令人意外，因为它与官僚精神（因此还有以管理为中心的公共价值）关系最密切，并且在行政管理领域源远流长，这并不令人惊讶。例如，怀特（White 1926：vii）在首本行政管理教科书的序言中写道："对行政管理的研究应该从管理基础而不是法律根基开始，因此，它应更多地专注于美国管理协会的事务，而非法庭上的裁决。"（例如 Lynn 2009）[7]组织框架的核心内容价值是行政效率；框架中的其他内容价值——专业化和专业知识、功绩、合规、组织忠诚度和政治中立等——可以增强行政效率。

美国公共行政是一门自醒的学科，它诞生于威尔逊（Wilson 1887）的论文《行政学研究》中，并成为组织价值的传统。[8]为了应对政府腐败和政治庇护的问题，满足对公务员制度改革的需求，威尔逊主张将政治和行政事务分开，即所谓政治行政二分法。同时，威尔逊呼吁发展一种"行政管理实践科学"（Wilson 1887：481），以指导公共行政管理人员客观有效地履行职责。"行政管理研究的目的首先是探究政府如何正确和成功地开展工作；其次，政府如何以最高的效率和最低的成本（无论金钱还是精力）来做这些正确的事情。"（Wilson，1887：481）这一论点为"效率为行政价值范畴的第一公理"的组织性价值框架确立了持久的核心。（Gulick 1937：192）

　　在美国公共行政历史的早期，组织框架的内容价值就已经在一些知识增进的过程中完成了制度化进程，例如韦伯式官僚主义模型（Weber 1946［1997］），它帮助确定等级制度——专业化和专业知识、功绩、合规和政治中立的价值。此外，还有助于建立在组织过程和工作流程设计中以效率为核心原则的科学管理理论（Taylor 1967），明确了 POSDCORB[9]（Gulick 1937）（POSDCORB 呼吁人们关注行政长官工作中各种功能性要素，并以效率为隐含主题），强调了提高效率需要官僚等级制度的 14 条管理原则（Fayol 1946），以及注重有限理性和决策满意（Simon 1947）。因此，组织价值框架的发展（及其后的支配地位）应被视为该领域的历史及其成为一门独特的学科和专业领域的尝试（和渴望）共同作用而得到的结果。

　　公共价值的组织框架通常使用技术治理的理性模式，它"提升了科学分析的思维方式和对技术进步的信念"（Adams and Balfour 2009：28）。目的论和功利主义被纳入与理性目标相对的内容价值评估中，这种评估的重点是寻找最有效的手段来达到目的（参见 Pugh 1991）。评估行政决定是通过计算投入与产出的数值关系来判断的。如果输入最小化而输出最大化，则决策是良好（即有效）的，反之决策就是错误（即低效）的。（Simmons and Dvorin 1977）

　　技术统治和功能理性背后的主要方法是通过使用组织规划、理性程序、科学方法和经验主义来解决问题。这些方法"假定存在稳定并可预测的因果关系"，且"有奉献精神的员工可以根据已知的程序识别并解决特定的问题"（Adams and Balfour 2009：110）。例如，功能理性，或者说为了实现效率"将任务依照逻辑拆分成较小单元"的方法（Adams and Balfour 2009：28），被用于在韦伯理想模型的基础上设计的组织层级结构。这种理想模型强调功能专业性对效率的重要性。然后官僚层级依赖于有效协调。活动和功能会被明确分配给组织单位。重合度要达到最小。为了系统化地实现经济利益和激励员工提高效率，行政部门应对职位进行分类，形成一个合理体系和薪酬标准；应严格根据功绩选拔公务员，保持他们的职权在政治上的中立性；应以书面形式规范化公共行政人员与公共机构之间的关系；在任何情况下均应以平稳有序的方式管理公共事务（Rosenbloom 1983：220，引用被省略）。

近来，学术研究和实践（参见 Bingham and O'Leary 2008；O'Leary and Bingham 2007；Emerson and Nabatchi 2015）一直将重点放在网络治理、协作治理和协作公共管理上，用这些方法来实现公共目的。这些结构并不能代替层级制，不过可以作为层级制的补充。尽管有些人断言这些方法具有民主的底色，但每种方法最终都被描述为一种帮助组织"解决无法被单独解决的问题"的方法，并得到普及。

另外，经验主义和科学方法被优先考虑用于分析问题。这不仅体现在"要求将更严格的数学、统计和正统的理论应用于公共行政问题"（Gill and Meier 2000：193）的呼吁中，而且从该领域已发表的大量定量研究中也能发现这一点（Raadschelders and Lee 2011）。

市场的公共价值

如前所述，在官僚主义精神下，市场价值和组织价值常常被混为一谈，并且与以管理为中心的公共价值紧密相关。这两个公共价值框架尽管经常一起使用，但其实是截然不同的。当然，公共行政中的市场框架与组织框架的根源互相交织。

这两者都可以追溯到公共价值领域基于"通用商业原则"对"行政的实践科学"（例如 Wilson 1887）的追求。这两个框架的"本质"在于"相信一种名为'管理'的东西真实存在，并认为它是一种通用的、纯粹的工具性活动，体现了一套可应用于公域和私域的原则"（Boston 1991：9）。

寻找超越公域与私域的通用管理原则，不仅是公共行政的古典时期的标志（1880 年代至 1940 年），还是 20 世纪 70 年代"管理主义"诞生的标志（例如 Considine and Painter 1997；Pollitt 1990）。"经济危机、财政短缺、人口变化、移民以及随之而来的对福利国家财务状况的担忧，推动了强调政府紧缩和提高效率的公共政策"，并标志着"部分政策制定者对降低公共服务的成本的关注，在某些情况下甚至是痴迷"（Lynn 2006：104）。这也标志着公共行政中市场价值框架占据了支配地位。此框架中的主要内容价值是节省成本和提高成本效率。其他内容价值包括生产力、灵活性、创新和客户服务。

在 20 世纪 80 年代，新右派政治家和公共选择理论家强化了这种市场价值，他们帮助人们认识到公共服务的失败以及公共部门的官僚机构对经济和其他问题的责任，并使私人机构优于公共机构的观点合法化。（Saint-Martin 2000）因此，政客们推动了会使官僚机构更加具有商业特征的"新泰勒式"改革。（Pollitt 1990；Reed 1999；Terry 1998）

20 世纪 90 年代的第二波改革将对效率和行政控制的关注与公共选择理论、代理理论和交易成本经济学相结合。（Terry 1998）这些改革的口号是，"自上而下地提供标准服务的老式官僚垄断"是无效的，组织需要"企业家精神"而非"官僚主义"，向用户倾斜，做出积极回应，具有适应性，以及能够持续提高生产力。（Osborne 1993：351）这些改革改变了公共行政词汇，"公共行政人员"变成了"政策企业家"，灵活性、放松管制、私有化和政府再造成为当今的通用语言。

市场框架中的推理以工具理性为指导，该理性关注实现特定目标最有效或最具成本—效率的手段，而不考虑这一目标的价值。工具理性是经济自由主义（该观点支持不受政府干预的市场）和经济个人主义（该观点认为"经济人"追求自身利益将有助于共同利益）的主要推理模式。因此，经济自由主义和经济个人主义是市场价值框架中的强大力量。

市场价值框架的方法总体可以概括为"以运营企业的方式运营

政府"。正如新公共管理所体现的那样，这种方法的基本主题包括：从关注政策转向关注可衡量的绩效；从依赖传统官僚机构转变为采用松散耦合的准自治单位和竞争性招标服务；从注重发展和投资转向注重削减成本；根据私营公司的实践，使公共管理有更大的"管理自由"；从古典的"命令和控制"管理模式转向自我管理。（Lynn 2006:107，引自 Hood 1989:349；在 Hood 1991 中再次出现）

在公共行政的相关文献和实践中都可以找到各种市场导向的工具、思想和概念，来实现市场框架中的内容价值，如零基预算、按目标管理、项目规划预算系统、再造政府以及新公共管理的一般方法，都属于植根于新古典经济学的效率改革运动，旨在使行政部门更加精简、具有创业精神、有竞争力、客户导向、锐意进取和注重结果。在"私有化、规模精简、企业家精神、再造、企业化运营、质量管理和客户服务"等方法，连同竞争、外包、特许经营、补助金券计划和商业化，都可以看到"强调削减成本和生产管理"（Box 1999）的概念。简而言之，市场价值框架采用的方法旨在允许"管理者根据成本—效率的经济合理性进行管理"（Box 1999:21）。

流动的公共价值

敏锐的读者会注意到，在四个框架中，公共行政中几个核心价值明显有所缺失，如问责、公民权和合法性。这些公共价值确立了公共行政领域，助推了公共价值的创造，有助于预防公共价值失灵。

然而，尽管这些价值是公共行政领域的基础，但它们（以及或许还有其他价值）不契合这四个框架中的任何一个，更好的做法是让它们成为"流动"或者"浮动"的价值，这些价值尽管是公共行政的核心，但其意义和如何解读是视情况变化的。这些流动的价值不仅仅是作为节点价值存在（Beck-Jørgensen and Bozeman 2007），它们不仅仅是与其他重要价值有关联，而是从不同的角度看待它们，它们的含义也会不同。

对公共价值会有不同的解读，这一点不足为奇。然而，有趣的是这一现象出现的原因，以及公共行政者该如何分析和理解这些不同的解读。这四个框架使人们对以上问题产生了一些线索。简而言之，对流动性公共价值的解释随分析框架的不同而不同，每个框架都使用其特定的内容价值、理性模式和方法来解读流动性公共价值，并赋予其含义。

例如，问责对于公共行政领域至关重要，在行政自由裁量权的背景下更为如此。有效的行政管理（以及随之而来的有效政府）要求管理者行使自由裁量权，而行使自由裁量权则需要承担责任。问题就变成了，行政管理者对谁负责、对什么负责？公民权是该领域的另一个重要公共价值。学者大可以写一部关于公民权和公共行政的专著，然而可以说，尽管关于古典与自由主义公民传统的讨论（例如McSwain 1985）有趣且重要，但这也许与处理公共价值的公共行政人关系不大，比起亨利·明兹伯格（Henry Mintzberg）（1996）对客户（政府产品的消费者）、用户（政府服务的接受者）、公民（政府赋予的权利的持有人）和主体（政府义务的持有人）的分类，对处理公共价值争议的公共行政人而言，这种讨论可能没那么相关。

因此，回到流动价值的概念，问责（以"对谁和为了什么？"的形式表述）和公民权（从明兹伯格的客户、用户、公民和主体四种类型来看）在四个框架的每一个中都具有不同的含义。在政治框架中，问责的含义可能成了"对社会上的所有公民和个体，为按照民主原则和规范行事"而负责；在法律框架中，含义可能成了"对所有公民和个体以及政府机关和部门，为完全依照法律、法规和政策行事"而负责。在组织框架内，可能就是"对特定主体和顾客，以及行政机构和权力部门，为遵守组织规定和章程"而负责。在市场框架中，含义可能成了"对客户和用户，为了最大化实现成本—效率行事而负责"。如果我们认同这些价值在不同的框架中具有不同的含义，那么创造这些价值的方法也会因情境而异。

同样,合法性也可以被视为一种流动的公共价值。尽管合法性的类型和来源多种多样,为表达本文的观点,可以将该术语简单定义为对一个执政体制的普遍接受,即被管理者赞成或认可政体,并相信这些执政制度会以公共利益为准则。再次回到流动价值的概念,合法性在四个框架中具有不同的含义。在政治框架中,合法性可以通过确保机构能进行民主决策达成。在法律框架中,合法性可以通过保护个人权利免受政府的不合理侵犯或削弱而达成。在组织框架中,合法性可以通过提供行政上高效、政治上中立的公共物品和服务来达成。而在市场框架中,合法性可以通过提供符合成本效益的公共物品和服务达成。同样,在不同情况下,政府必须采用不同的方法来实现和维护合法性的价值。

当然,这些并不是公共行政中仅有的"流动"价值,其他一些价值也可能被归入其中,例如回应性、专业化和透明。关键是某些价值,甚至可能还包括公共行政和治理中最重要的价值,都必须基于其所依据的框架来解释。因此,在公共行政和治理中坚持和实现这些价值需要不同的思维方式和行动方法。通常,并不是说某种解读一定比另一种更好,然而,人们必须清楚自己是通过何种角度分析某一情况的。因为每个框架都使这些流动价值有了不同含义,所以在特定情境下使用不合适的框架可能会阻碍公共价值的创造或加剧公共价值的失灵。

然后呢? 研究意义和未来的研究方向

正如引言所述,研究和实现公共价值对公共行政和治理具有现实意义。在最基本的层面上,公共价值是(或者说应该塑造)政府活动的形式,并且这样有助于创造公共价值并防止公共价值失灵。

许多学者似乎同意"如果研究人员能够改变公共价值研究目前

模棱两可、缺乏界限的状态，即便是逐步推进，也可以推动许多不同的理论发展，甚至是满足实践目的"（Beck-Jørgensen and Bozeman 2007：355）。本文概述的四个框架（包括其主要内容价值、理性模式和方法）尽管肯定没有对公共价值下定论，但它尝试给行政和治理领域的主要公共价值提供了结构和划定边界，从而为指导学术研究和实践提供了方向。

由此，人们很容易想到未来研究可以涉及的几个领域。首先，在概念层面上，我们必须确定这四个公共价值的框架是否完整。如上所述，这些框架是在美国的体制下设定的。我们必须确定这四个框架是否可以概括其他国家，是否以及如何根据环境而变化。例如，本文解释的政治框架将不适用于非民主国家。同样，在不同的民主制度中，对法律和政治框架（或者组织和市场框架）的解释也可能不同。例如，自由民主、社会民主和结盟民主可能对参与权、代表权、实质权利和平等持不同观点。因此，探索这些框架在不同体制中的适用性和应用会是很有意思的。

其次，我们需要在公共行政中更多地探索流动价值。除了问责、公民权和合法性外，人们还可能将诚信、透明、回应、领导力和专业精神等视为流动价值。同样，我们也必须确定如何根据框架的内容价值、理性和方法来阐释、理解和实现各种流动的公共价值。

再次，探索其他类别的公共价值如何与这些框架契合会带来裨益。例如，学者可能想评估"公共"和"私人"价值（Van der Wal and de Graaf 2008；Van der Wal and Huberts 2008）或"硬"和"软"价值在这四个框架内的定位和运作情况（Steenhuisen，Dicke and de Bruijn 2009）。同样，他们可能会审视其他类别，例如个人、专业、组织、法律和公共利益价值（Van Wart 1998），道德、民主、职业和人民价值（Kernaghan 2003），或行政理性、民主、道德和政治生存价值（Buchanan and Millstone 1979）。根据本文介绍的四个框架评估各种公共价值分类，或许能让概念和理论更清晰。具体来说，将各种公共价值分类和框架聪明地联系在一起，或许能提供在一般情况下可验证的命题。

最后，我们也有必要审视公共行政者在决策过程中是如何识别、分析、选择和应用公共价值的。很少有研究探讨过公共行政人员在日常决策中如何考虑价值，更少有研究关注管理者要做出与价值相称的决策需要什么样的能力。未来对于该领域的研究无疑将增进我们对行政和治理中公共价值的认识。

在这些研究领域外，这四个框架还可以为实践提供参考。具体地说，行政管理者可以使用框架来确定哪些应是某一政策问题或管理情境的主要价值，然后选择可能有助于创造公共价值和防止公共价值失灵的行动或方法。例如，在提供垃圾回收服务时，生产力和成本—效率可能是关键的问题，因此，行政人可以正当地使用市场框架。但是，在确定垃圾处理设施的位置时，使用市场框架可能会带来所谓"环境正义"方面的挑战，从而损害公共价值创造，诱发公共价值失灵。在这种情况下，包含代表性、参与和回应性等价值的政治框架将发挥（或应发挥）更大的作用。同样，如果管理者在考虑如何处理和发行身份证，那么以行政效率和合规性为重点的组织框架是可以使用的，但组织框架不应被用于界定获取身份证的资格。在这种情况下，以正当程序、实质权利和平等为重点的法律框架更为重要。

这里想表达的是，考虑到具体情况的性质，某些框架的重要性可能会发生变化。使用一个不那么恰当（甚至是完全不恰当）的框架可能会限制公共价值的创造，引发公共价值失灵。因此，不能凭空评判这些框架的优先级。情境很重要。细节决定成败，我们只有下更多功夫才能确定评判框架优先级的标准。一个关于优先级评定的初步想法是关注要提供的服务或是正在做的工作的本质。举例来说，在提供标准化的常规服务（例如，发放护照或驾驶证）时，最相符的可能是组织架构。但是当服务的对象是特定人群（例如因犯或社会福利及社会服务的接受者），最合适的则可能成了法律框架。在就内部活动和程序做出决定（例如，处理文书工作或实施新技术）时，组织框架可能是最合适的。而在就政策事项做出决策（例如，设定利益相关人资格或公共设施与基础建设项目选址）时，可能采用政治框架才最合适。

当然，公共行政无法仅仅依靠这些公共价值框架中的某一个进行——几乎没有决策仅涉及单个框架的内容价值、理性模式或方法，考虑到当今问题的复杂性更是如此。也就是说，考虑到现代（以及未来）的问题所固有的范围、规模、风险和争议，毫无疑问，公共价值具有至关重要的意义。因此，研究和寻求理解行政和治理中的公共价值不仅仅是一项学术活动，而且也为理解应如何进一步解决当今的关键问题提供了基础。

注释

1. 我理解"公共"这个术语表示的范围不止政府，"政府"只是公共的一种重要表现。但是为了本文的写作目的，我对这一术语做了限定，取其关于政府的释义。

2. 这里，"价值冲突"这一术语指公共价值间的冲突，而非管理者个人与职业价值、伦理的冲突。在本文之外的大量文献都谈到了后者中的伦理、伦理性决策、问责结构等问题。

3. 可以将前两个框架，即政治框架和法律框架，理解为民主主义精神的子集。而将后两个框架，即组织框架和市场框架，理解为官僚主义精神的子集。

4. 当然，"一个了解政府、积极参与政府工作的公民的理想与美国独立革命一样根深蒂固、源远流长"（Pugh 1991：15）。不过，投票权奠定地位后，人们的注意力才转移到公民直接参与的机制上。（Nabatchi and Leighninger 2015）

5. 在《第十四修正案》颁布之前，《权利法案》概述的个人实质性权利仅受到联邦政府的保护，不受侵害。但是，根据"公司法则"，美国最高法院已将《人权法案》的大部分规定纳入了《第十四修正案》的正当程序条款中，因此，各个实质权利也受到了州政府的保护。

6.《宪法》中有两处体现了程序性正当程序：限制联邦政府权力的《第五修

正案》和限制州政府权力的《第十四修正案》。两处都表明，未经正当法律程序，不得剥夺任何人的"生命、自由或财产"。

7. 请注意，"怀特敏锐地意识到……美国政府缺乏对管理的一致关注"，因此，怀特认为自己"专注于尚未建构完成的新兴知识体系"（Moynihan 2009：816）。

8. 范·莱普（Van Riper）（1983）指出，直到 1940 年代，威尔逊才被认为是公共行政的奠基之父，而 D. 沃尔多（D. Waldo）（1948：79）则认为，"先于被错误地推上这一杰出地位的威尔逊"的弗兰克·J. 古诺（Frank J. Goodno）才是"公共行政之父"（Lynn 2009：805）。

9. 这可能是公共行政领域最著名的缩写字母组，它代表计划、组织、人员配备、指挥、协调、报告和预算。

参考文献

Adams，G. B.，and D. L. Balfour. 2009. Unmasking administrative evil. Armonk，NY：M. E. Sharpe.

Alford，J.，and J. O'Flynn. 2009. Making sense of public value：Concepts，critiques and emergent meanings. *International Journal of Public Administration* 32：171 - 191.

Andersen，L. B.，，T. Beck-Jørgensen，A. M. Kjeldsen，L. H. Pedersen，and K. Vrangbæk. 2012. Public value dimensions：Developing and testing a multi-dimensional classification. *International Journal of Public Administration* 35：715 - 728.

Appleby，P. H. 1945. *Big democracy*. New York，NY：Alfred A. Knopf.

Beck-Jørgensen，T. 2006. Public values，their nature，stability and change：The case of Denmark. *Public Administration Quarterly* 30：365 - 398.

Beck-Jørgensen，T.，and B. Bozeman. 2007. Public values：An inventory. *Administration & Society* 39：354 - 381.

Beck-Jørgensen，T.，and K. Vrangbæk. 2011. Value dynamics：Towards a framework for analyzing public value changes. *International Journal of Public Administration* 34：486 - 496.

Benington, J. , and M. H. Moore. 2011. *Public value: Theory and practice*. London: Palgrave MacMillan.

Bingham, L. B. , and R. O'Leary. 2008. *Big ideas in collaborative public management*. Armonk, NY: M. E. Sharpe.

Boston, J. 1991. The theoretical underpinnings of public sector reform restructuring in New Zealand. In *Reshaping the State: New Zealand Bureaucratic Revolution*, ed. J. Boston, 1–26. Auckland, New Zealand: Oxford University Press.

Box, R. C. 1999. Running government like a business: Implications for public administration theory and practice. *American Review of Public Administration* 29: 19–43.

Bozeman, B. 2002. Public value failure: When efficient markets may not do. *Public Administration Review* 62:145–161.

Bozeman, B. 2007. *Public values and public interest: Counterbalancing economic individualism*. Washington, DC: Georgetown Univ. Press.

Buchanan, B. , and J. Millstone. 1979. Public organizations: A value-conflict view. *International Journal of Public Administration* 1: 261–305.

Christensen, R. K. , H. T. Goerdel, and S. Nicholson-Crotty. 2011. Management, law, and the pursuit of the public good in public administration. *Journal of Public Administration Research and Theory* 21 (suppl 1): i125–40.

Considine, M. , and M. Painter. 1997. *Managerialism: The great debate*. Melbourne, Australia: Melbourne Univ. Press.

Cook, B. J. 2014. *Bureaucracy and self-government: Reconsidering the role of public administration in American politics*. Baltimore, MD: The Johns Hopkins Univ. Press.

Croly, H. 1914. *Progressive democracy*. New York, NY: The MacMillan Company.

Dahl, R. A. 1989. *Democracy and its critics*. New Haven, CT: Yale Univ. Press.

Davis, K. 1975. *Administrative law and government*. St. Paul, MN: West.

de Graaf, G. 2003. *Tractable morality: Customer discourses of bankers, veterinarians and charity workers*. Rotterdam: ERIM

de Graaf, G. , and Z. Van der Wal. 2010. Managing conflicting public values: Governing with integrity and effectiveness. *American Review of Public Administration* 40: 623 - 630.

de Graaf, G. , L. Huberts, and R. Smulders. 2016. Coping with public value conflicts. *American Review of Public Administration* 48:1101 - 1127.

deLeon, L. , and P. deLeon. 2002. The democratic ethos and public management. *Administration & Society* 34: 229 - 250.

Durant, R. F. 1995. The democracy deficit in America. *Political Science Quarterly* 110: 25 - 47.

Emerson, K. , and T. Nabatchi. 2015. *Collaborative governance regimes*. Washington, DC: Georgetown Univ. Press.

Fayol, H. 1946. General principles of management. In *Organization Theory: Selected Readings*, ed. D. S. Pugh, 181 - 202. London, UK: Penguin.

Frederickson, H. G. 1990. Public administration and social equity. *Public Administration Review* 50: 228 - 237.

Frederickson, H. G. 1997. *The spirit of public administration*. San Francisco, CA: Jossey-Bass.

Gaus, J. M. 1923 - 1924. The new problem of administration. *Minnesota Law Review* 8: 217 - 231.

Gaus, J. M. 1950. Trends in the theory of public administration. *Public Administration Review* 10: 161 - 168.

Gill, J. , and K. J. Meier. 2000. Public administration research and practice: A methodological manifesto. *Journal of Public Administration Research and Theory* 10: 157 - 199.

Goerdel, H. T. , and T. Nabatchi. 2012. Reconciling managerialism and 'public-centered' administration. In *Public leadership for added citizen value*, ed. G. Minderman, J. Bjorkman, R. Van Eijbergen, and H.

Bekke, 39 – 52. Stellenbosch, South Africa: School of Public Leadership.

Gulick, L. 1937. Notes on the theory of organization: With special reference to government in the United States. In *Papers on the science of administration*, ed. L. Gulick and L. Urwick, 3 – 13. New York, NY: Institute of Public Administration.

Hood, C. 1989. Public administration and public policy: Intellectual Challenges for the 1990s. *Australian Journal of Public Administration* 48: 346 – 358.

Hood, C. 1991. A public management for all seasons? *Public Administration* 69: 3 – 19.

Kernaghan, K. 2003. Integrating values into public service: The values statement as centerpiece. *Public Administration Review* 63: 711 – 719.

Lee, Y. S. 2004. The judicial theory of a reasonable public servant. *Public Administration Review* 64: 425 – 437.

Lee, Y. S. , and D. H. Rosenbloom. 2005. *The constitution and the reasonable public servant: Constitutional foundations of administrative conduct in the United States*. Armonk, NY: M. E. Sharpe.

Lindblom, C. E. 1990. *Inquiry and change: The troubled attempt to understand and shape society*. Cambridge, MA: Yale Univ. Press.

Lindblom, C. E. , and D. K. Cohen. 1979. *Usable knowledge: Social science and social problem solving*. Cambridge, MA: Yale Univ. Press.

Lippmann, W. 1914 [1961]. *Drift and mastery: An attempt to diagnose the current unrest*. Englewood Cliffs, NJ: Prentice-Hall, Inc.

Lippmann, W. 1929 [1957]. *A preface to morals*. New York, NY: Time-Life Books.

Lippmann, W. 1955. *The political philosopher*. Boston, MA: Little, Brown.

Long, N. E. 1962. *The polity*. Chicago, IL: Rand McNally.

Lynn, L. E. 2006. *Public management: Old and new*. New York, NY: Routledge.

Lynn, L. E. 2009. Restoring the rule of law to public administration: What Frank Goodnow got right and Leonard White didn't. *Public Administration*

Review 69: 803 - 813.

Matthews, D. 1994. *Politics for people: Finding a responsible public voice.* Urbana, IL: Univ. of Illinois Press.

McSwain, Cynthia J. 1985. Administrators and citizenship: The liberalist legacy of the constitution. *Administration & Society* 17: 131 - 148.

Meier, Kenneth J. 1997. Bureaucracy and democracy: The case for more bureaucracy and less democracy. *Public Administration Review* 57: 193 - 199.

Meier, K. J., and J. Bohte. 2007. *Politics and the bureaucracy: Policymaking in the fourth branch of government.* Belmont, CA: Wadsworth Publishing.

Mintzberg, H. 1996. Managing government, governing management. *Harvard Business Review* 74: 75 - 83.

Molina, A. D., and M. W. Spicer. 2004. Aristotelian rhetoric, pluralism, and public administration. *Administration & Society* 36: 282 - 305.

Moore, M. H. 1995. *Creating public value: Strategic management in government.* Cambridge, MA: Harvard Univ. Press.

Moore, M. H. 2000. Managing for value: Organizational strategy in for-profit, non-profit, and governmental organizations. *Non-Profit and Voluntary Sector Quarterly* 29: 183 - 204.

Moore, M. H. 2013. *Recognizing public value.* Cambridge, MA: Harvard Univ. Press.

Mosher, F. C. 1968 [1982]. *Democracy and the public service.* New York, NY: Oxford Univ. Press.

Moynihan, D. P. 2009. "Our usable past": A historical contextual approach to administrative values. *Public Administration Review* 69: 813 - 821.

Nabatchi, T. 2010. Addressing the citizenship and democratic deficits: Exploring the potential of deliberative democracy for public administration. *American Review of Public Administration* 40: 376 - 399.

Nabatchi, T. 2012. Putting the "public" back in public values research:

Designing participation to identify and respond to values. *Public Administration Review* 72: 699 - 708.

Nabatchi, T. , H. T. Goerdel, and S. Peffer. 2011. Public administration in dark times: Some questions for the future of the field. *Journal of Public Administration Research and Theory* 21(suppl 1): i29 - 43.

Nabatchi, T. , and M. Leighninger. 2015. *Public participation for 21st century democracy*. San Francisco, CA: Jossey-Bass.

O'Flynn, J. 2009. The public value debate: Emerging ethical issues. Paper presented at the Public Leadership Workshop, Australian National Univ. , Canberra, Australia, November 26 - 27.

O'Leary, R. , and L. B. Bingham. 2007. *A manager's guide to resolving conflicts in collaborative networks*. Washington, DC: IBM Center for the Business of Government.

Osborne, D. 1993. Reinventing government. *Public Productivity and Management Review* 16: 349 - 356.

Ostrom, E. 2005. *Understanding institutional diversity*. Princeton, NJ: Princeton Univ. Press.

Pesch, U. 2008. Administrators and accountability: The plurality of value systems in the public domain. *Public Integrity* 10: 335 - 343.

Pollitt, C. 1990. *Managerialism in the public services: The Anglo-American experience*. Oxford, UK: Blackwell.

Pugh, D. L. 1991. The origins of ethical frameworks in public administration. In *Ethical frontiers in public management*, ed. J. S. Bowman, 9 - 33. San Francisco, CA: Jossey-Bass.

Raadschelders, J. C. N. , and K. Lee. 2011. Trends in the study of public administration: Empirical and qualitative observations from *Public Administration Review*, 2000 - 2009. *Public Administration Review* 71: 19 - 33.

Reed, C. M. 1999. Managerialism and social welfare: A challenge to public administration. *Public Administration Review* 59: 263 - 266.

Riker, W. H. 1982. *Liberalism against populism*. San Francisco, CA: W. H. Freeman.

Roberts, N. C. 2008. *The age of direct citizen participation*. Armonk, NY: M. E. Sharpe.

Rohr, J. A. 1976. The study of ethics in the PA curriculum. *Public Administration Review* 36: 398 – 405.

Rohr, J. A. 1978. *Ethics for bureaucrats: An essay on law and values*. New York, NY: Marcel Dekker.

Rohr, J. A. 1986. *To run a constitution: The legitimacy of the administrative state*. Lawrence, KS: Univ. of Kansas.

Rohr, J. A. 2002. *Civil servants and their constitutions*. Lawrence, KS: Univ. Press of Kansas.

Rosenbloom, D. H. 1983. Public administrative theory and the separation of powers. *Public Administration Review* 43: 219 – 227.

Rutgers, M. R. 2008. Sorting out public values? On the contingency of value classifications in public administration. *Administrative Theory & Praxis* 30: 92 – 113.

Rutgers, M. R. 2012. *A pantheon of public values: A historical and conceptual approach to the normativity of facts and values*. Paper presented at The Public Values Consortium Biennial Workshop "Beyond Conceptualization: Integrating Public Values to Inform Policy & Management". University of Amsterdam, University of Chicago Illinois, Chicago, IL, June 2 – 4, 2012.

Rutgers, M. R. 2015. As good as it gets? On the meaning of public value in the study of policy and management. *American Review of Public Administration* 45: 29 – 45.

Saint-Martin, D. 2000. *Building the new managerialist state: Consultants and the politics of public sector reform in comparative perspective*. Oxford: Oxford Univ. Press.

Sayre, W. 1951. Trends of a decade in administrative values. *Public*

Administration Review 11：1－9.

Sayre, W. 1958. Premises of public administration： Past and emerging. *Public Administration Review*, 18 (2)：102－105.

Simmons, R. , and E. Dvorin. 1977. *Public administration*. Port Washington, NY：Alfred Publishing.

Simon, H. 1947. *Administrative behavior： A study of decision-making processes in administrative organizations*. New York, NY：Free Press.

Spano, A. 2009. Public value creation and management control systems. *International Journal of Public Administration* 32：328－348.

Spicer, M. W. 2009. Value conflict and legal reasoning in public administration. *Administrative Theory & Praxis* 31：537－355.

Spicer, M. W. 2010. *In defense of politics in public administration： A value pluralist perspective*. Tuscaloosa, AL：Univ. of Alabama Press.

Steenhuisen, B. , W. Dicke, and H. de Bruijn. 2009. "Soft" public values in jeopardy：Reflecting on the institutionally fragmented situation in utility sectors. *International Journal of Public Administration* 32：491－507.

Stivers, C. 2008. *Governance in dark times： Practical philosophy for public service*. Washington, DC：Georgetown Univ. Press.

Taylor, F. W. 1967. *The principles of scientific management*. New York, NY：Norton.

Terry, L. D. 1998. Administrative leadership, new-managerialism, and the public management movement. *Public Administration Review* 58：194－200.

Try, D. , and Z. Radnor. 2007. Developing an understanding of results-based management through public value theory. *International Journal of Public Sector Management* 20：655－673.

Van der Wal, Z. , and G. de Graaf. 2008. What's valued most? Similarities and differences between the organizational values of the public and private sector. *Public Administration* 86：465－482.

Van der Wal, Z. , L. Huberts, H. Van Den Heuvel, and E. Kolthoff. 2006.

Central values of government and business: Differences, similarities, and conflicts. *Public Administration Quarterly* 30: 314 – 364.

Van der Wal, Z., and L. W. J. C. Huberts. 2008. Value solidity in government and business: Results of an empirical study on public and private sector organizational values. *American Review of Public Administration* 38: 264 – 285.

Van der Wal, Z., T. Nabatchi, and G. de Graaf. 2015. From galaxy to universe? A cross-disciplinary review and analysis of public values publications from 1969 to 2012. *American Review of Public Administration* 45: 13 – 28.

Van der Wal, Z., and E. Th. J. van Hout. 2009. Is public value pluralism paramount? The intrinsic multiplicity and hybridity of public values. *International Journal of Public Administration* 32: 220 – 231.

Van Riper, P. P. 1983. The American administrative state: Wilson and the founders—an unorthodox view. *Public Administration Review* 43: 477 – 490.

Van Wart, M. 1998. *Changing public sector values*. New York, NY: Garland Publishing.

Wagenaar, H. 1999. Value pluralism in public administration. *Administrative Theory & Praxis* 21: 441 – 448.

Wagenaar, H. 2002. Value pluralism in public administration: Two perspectives on administrative morality. In *Rethinking administrative theory: The challenge of the new century*, ed. J. S. Jun, 105 – 130. Westport, CT: Praeger Publishers.

Waldo, D. 1948. *The administrative state: A study of the political theory of American public administration*. New York, NY: Ronald Press.

Waldo, D. 1980. *The enterprise of public administration*. Novato, CA: Chandler & Sharp.

Weber, M. 1946 [1997]. Bureaucracy. In *Classics of public administration*, ed. J. M. Shafritz and A. C. Hyde, 37 – 43. Fort Worth, TX: Harcourt

Brace. White, L. D. 1926. Introduction to the study of public administration. New York, NY: Macmillan.

Wilson, W. 1887. The study of administration. *Political Science Quarterly* 2: 197 - 222.

Woller, G. M. 1998. Toward a reconciliation of the bureaucratic and democratic ethos. *Administration & Society* 30: 85 - 109.

第四部分
公共价值视角:方法、路径和议题

一、公共服务与公共价值

1. 公共服务价值:一个公共领域服务动机研究的新路径[*]

伊娃·维斯曼和劳伦斯·沃特斯（Eva Witesman and Lawrence Walters）

　　本文详细介绍了一种从经验上提炼和审查公共服务价值及其对公职人员决策的影响的方法。该方法改编了沙洛姆·H. 施瓦兹（Shalom H. Schwartz）肖像式价值调查问卷,使之能够:(1) 引发与个人的公共服务角色相关的价值,而不是广泛的个人价值;(2) 纳入施瓦兹框架所遗漏的价值,包括贝克-约根森和波兹曼等人确定的价值。为了审查公共服务价值对具体公共管理决策的影响,我们采用了类似于菲利普·E. 特劳克（Philip E. Tetlock）提出的结构化决策情境陈述。我们发现:(1) 调整后的工具有力地映射到施瓦兹个人价值空间;(2) 公共服务价值空间包括扩大和完善施瓦兹所定义的个人价值空间的价值集;(3) 所提炼出的公共服务价值可以用来预测受访者在具体的公共服务决策情境中做出的决策。

引　言

　　在本文中,我们提出了一种新的公共服务价值（PSV）测量和分

---

　　* 原文来源:Witesman, E. , & Walters, L. (2014). Public service values: A new approach to the study of motivation in the public sphere, *Public Administration*, 92(2), 375 – 405.

析方法。我们认为这种新方法是公共服务动机(PSM)框架的演进，它既明确了公共服务中价值的独特性质，也明确了这些价值在解释公职人员行为方面的潜在力量。本文的研究内容：(1)为公共服务价值的扩展研究提供了一个理论框架；(2)概述了一种工具化、情境化和可分析的方法；(3)通过报告一个使用公共服务价值方法的初步研究结果，展示了这种方法的潜在效用。

　　事实证明，对人类价值的研究在一系列知识探索中具有持久的意义。近一个世纪以来，心理学、社会学和哲学界一直在努力运转和测量人类价值体系。(Beyer 1922；Allport and Vernon 1931)至少从20世纪60年代开始，管理学者就断言，价值对理解管理者及其下属的行为很重要(England 1967)。公共管理领域——包括学者和实践者——也开始在文献中关注从事专业公共服务的人所做的或应该做的价值指导。(Rutgers，2008)

　　公共管理学者对价值的这种兴趣特别集中在公共部门和私营部门之间的比较上，尤其是对新公共管理运动的回应(Jos and Tompkins，2004)。一些人认为，选择公共服务职业的人与选择其他职业道路的人有着根本不同的动机价值。(Perry and Wise，1990；Houston，2000，2006；Lyons et al.，2006；Buelens and Van den Broeck，2007；van der Wal and Huberts，2007；de Graaf and van der Wal，2008)其他作者则更多的是规范性的论述，他们认为，指导公职人员的价值应该与指导私营部门雇员的价值不同。(Heintzman，2007)在公共价值方面，活跃的研究继续发展(Schmidt and Posner，1986；Selden et al.，1999；Kernaghan，2000，2003；Lynn，2001；Langford，2004；Schreurs，2005；Lyons et al.，2006；Salminen，2006；Beck-Jørgensen and Bozeman，2007；van der Wal and Huberts，2007；Rutgers，2008；van der Wal et al.，2008a；van der Wal and van Hout，2009)，在公共决策方面也是如此(Lindblom，1959；Tetlock，1986；Simon，1997；Nutt，2006)。

在这一研究路线中,最普遍的表现形式是公共服务动机,它引起了全球学者的兴趣。(Perry and Wise,1990;Perry,1996;Alonso and Lewis,2001;DeHart-Davis et al. 2006;Coursey and Pandey,2007;Moynihan and Pandey,2007;Paarlberg and Perry,2007)对公共服务动机的研究以及与之相关的对公共价值和公共决策的讨论,一直是学术界和从业者会议的主导性话题。然而,正如洛特·勃赫·安德森(Lotte Bøgh Andersen)等人在实证评价中发现的那样,公共服务动机和公共价值的互补性和关联性话题表现出重要的差异。(Andersen et al.,2012)

公共服务价值:公共服务动机的演变

在对公共服务动机概念的介绍中,詹姆斯·L. 佩里(James L. Perry)和洛伊斯·R. 怀斯(Lois R. Wise)(1990)将公职人员的价值和与其工作相关的行动联系起来。"在呼吁美国人重新致力于与公共服务相关的价值时,政治领袖们认为这种动机可以转化为有效和高效的官僚行为。"我们认为,尽管公共服务动机和公共价值方面的研究做出了宝贵的贡献,但一些重要的问题仍然没有得到解答,具体包括:

1. 公共行政人员最常引用哪些价值来证明行动的合理性?

2. 语境在多大程度上影响了特定价值的显著性?

3. 公共服务价值观在多大程度上可以改变,例如通过公共行政方面的项目或在职培训和经验来加以改变?

4. 公共服务价值在个别行政人员之间以及在各部门和下属部门之间存在哪些差异和(或)模式?

5. 公共服务价值在多大程度上与其他可能被广泛认为不符合公共利益的价值相竞争?

6. 公共服务价值如何随着时间的推移而变化?

请注意,这里确定的一些问题与贝克-约根森和波兹曼(2007)确定的问题非常相似和/或相关。对公共服务价值的明确研究应力求对这些问题提供有价值的见解。

过去 20 年对公共服务动机的研究已经提供了强有力的证据，证明它是一种对雇员部门选择（Perry and Wise，1990；Houston，2000）、人力资源实践（Alonso and Lewis，2001）和组织行为（Paarlberg and Perry，2007）具有重要影响的现象。公共服务动机文献大多集中在与识别和测量一组特定的个人价值建构相关的问题上，这些价值建构表现为公共服务价值的六个维度（对公共决策的吸引力、对公共利益的承诺、公民义务、社会正义、自我牺牲和同情心）。这些维度被认为是对个人决定是否在公共部门工作以及如何在公共服务工作环境中做出决策特别独特和有价值的建构。

我们认为，潜在相关的公共服务价值集甚至比佩里和怀斯（1990）确定的价值集更广泛。考虑到公共服务动机文献所确定的价值对于描述和解释公共部门行为的重要性，我们认为，更广泛的公共服务价值将有助于为理解公职人员丰富多样的具体偏好、决策和行为提供有价值的信息。

我们将公共服务价值定义为社会、专业、伦理和其他价值的子集，这些价值与一个人作为公职人员的角色直接相关，并被公职人员认可为合理的、合法的和与履行公共部门特定职能相关的。虽然公共服务价值激励着职业行动，但它们与公共服务动机理论的当代应用不同。我们认为，目前对公共服务动机的研究更多关注的是一个人从事公共服务的动机，而不是对公职人员具体行动的多种方式的区分。

关于个人和组织价值的其他研究表明，公共服务动机所包含的价值只是更广泛的个人价值和组织价值的一个子集。（Rokeach 1973；Quinn and Rohrbaugh 1983；Schwartz 1992）在过去十年中，公共管理和相关领域的学术研究扩大了与公共部门相关的价值的范围，包括与政府实践相关的几十种价值。这些学术研究包括潜在相关价值的清单和分类法（Beck-Jørgensen and Bozeman 2007）、对价值在公共服务中的作用的讨论（van Wart 1996，1998；Kernaghan 2003）、对道德和伦理价值在公共服务中的作用的描述（Tsirogianni and Gaskell 2011）、在公共服务情境中诱发个人价值的尝试，以及一些将个人和组织价值观与公职人员个人决策直接联系起来的工作（Wright 2007）。这种范围更广的公共服务相关的价值——包括并补充了公共服务动机量表的各个维度——表明，目前的研究状况可能会受益于一种测量工具，这种工具可以扩大公共服务决策中发挥作用的全部价值范围。

公共服务动机的研究已经从部门和职业选择问题扩展到公职人员的行为、态度和决策等方面，尽管该理论在这些领域的应用有限，但它已经被应用于各种部门、下属部门、国际和实务环境中。因此，我们认为公共服务价值是公共服务动机的自然演化，是公共行政学术研究中下一个丰富而重要的领域。在公共服务动机领域，有影响公共部门相关选择的个人指标的量化，有对公共部门和私营部门之间的根本和内在差异的更多理解，有关于公共利益在公职人员动机和决策过程中的作用的积极讨论，以及个人价值偏好对公共领域行动的潜在影响。尽管有这些优势和贡献，但公共服务动机路径受到工具和方法论的限制。尽管一些研究者致力于完善和更新公共服务动机工具，但公共服务动机量表在很大程度上仍然是一种情境测量，它是为整个公共部门量身定做的，但对部门内的下属部门或分领域没有特别的适应性，而且在可以解释或预测的行动范围上也有一定的局限性。

公共服务动机量表旨在回答一些人通过成为公职人员为公众提供服务的动机的具体问题。将这些动机基础扩展到更广泛的情境后，公共服务动机研究便可以问：在特定情境中，公共服务动机水平高的人会做什么？公共服务动机水平低的人会做什么？公共服务动机的六个维度中，哪一个维度是这一行动的主要驱动力？更广泛的公共服务价值方法允许进行更多的调查。例如，一个公共下属部门的个人价值与另一个下属部门的个人价值有何不同？在一个特定的决策背景下，公职人员最经常考虑的是哪些价值？哪些价值被用来证明某项行动的合理性？哪些价值被用来证明其替代行动的合理性？公职人员在为其所做决策加以辩护或解释时最常引用哪些价值？通过扩大潜在相关的公共服务价值的范围，并提供一种旨在将这些价值组合置于特定决策环境中的方法，公共服务价值路径为公共服务动机研究者提出的问题增加了重要意义。

发展公共服务价值理论

贝克-约根森和波兹曼（2007，第 354 页）指出，一般来说，"关于公共价值的研究常常受到价值研究中更普遍的问题的阻碍"。关于公共服务价值的研究由于缺乏明确性而进一步受阻。例如，这种价值是否应该被视为个人价值（如公共服务动机方法）、社会价值（如公共价值方法）或专业价值（如在实践中通过道德准则和专业价值陈述经常被引用）？我们认为，调整一种被广泛验证的引用个人价值的经验方法，并将其用于研究在明确的专业公共服务环境中所调用的价值，是有可能克服这些障碍的。这种调整需要对以下方面有所了解：（1）个人价值结构；（2）公共服务价值不同于个人价值的方式；（3）测量和概念化问题。

决策者、学者和从业人员对指导公职人员的价值的关注——特别是在鼓励在公共管理中使用私营部门价值和做法的趋势下（Kernaghan，2003）——使得一些国家制定了正式的公共服务价值守则，其中包括加拿大（公共服务价值和道德办公室，2003）、澳大利亚（澳大利亚公共服务委员会，2009）和英国（公务员专员办公室，2006）。对实际指导实践的原则的关切使得世界各地的一些政府阐明了旨在指导公职人员履行其专业职责的价值。（Tait 1997；Kernaghan 2003）同样，美国国家公共事务和行政学院协会

（NASPAA）和美国公共行政学会等专业协会（ASPA）也通过了相关标准和守则，试图列举和编纂公共服务价值。（Mandell，2009）

尽管做出了这些努力，但公共行政领域学者的许多价值研究只是与其他领域的个人价值研究有外围联系。丰富的文献描述了个人价值以及基于价值的推理和决策所涉及的机制，并表明个人价值是个人思索他们所采取的行动的方式的组成部分（Tetlock 1986，2000；Skitka and Tetlock 1993；Weber 1993；Korsgaard et al. 1996；Marini et al. 1996；Fiske and Tetlock 1997；Lockwood 1999；Oliver 1999；Jackson 2001；Hemingway and Maclagan 2004；McGuire et al. 2006；Fritzsche and Oz 2007；Leikas et al. 2009；Suar and Khuntia 2010）。

尽管人们普遍承认其重要性，但施鲁斯（2005）认为，在公共行政领域，对价值的定义仍然严重缺乏明确性。同时，人们对价值集的共同特征有相当广泛的共识。根据施瓦兹和沃夫冈·贝尔斯基（Wolfgang Bilsky）提供的文献回顾，我们一般理解价值是"（a）概念或信念，（b）关于理想的最终状态或行为，（c）超越具体情境，（d）指导对行为和事件的选择或评价，（e）按相对重要性排序"（Schwartz and Bilsky 1987，第 551 页）。这与 N. 莱斯彻（N. Rescher）（1969）提供的定义一致，并为我们提供了一个价值的工作定义：

当且仅当 N 准备在行动的合理化中有力地调用 V，并承认另一个 N 调用 V 的合法性时，V 是 N 的价值之一。

为寻求一个可以观察和分类个人价值的普遍系统，施瓦兹（Schwartz，1992；Schwartz et al.，2001）在 20 个国家的 8000 多名受访者中，对十种个人价值集的系统进行了编码和验证。自 2002 年起，欧洲社会调查中加入了施瓦兹简化版的肖像式价值调查问卷（PVQ）（Schwartz，2011）。图 1 展示了施瓦兹价值框架。

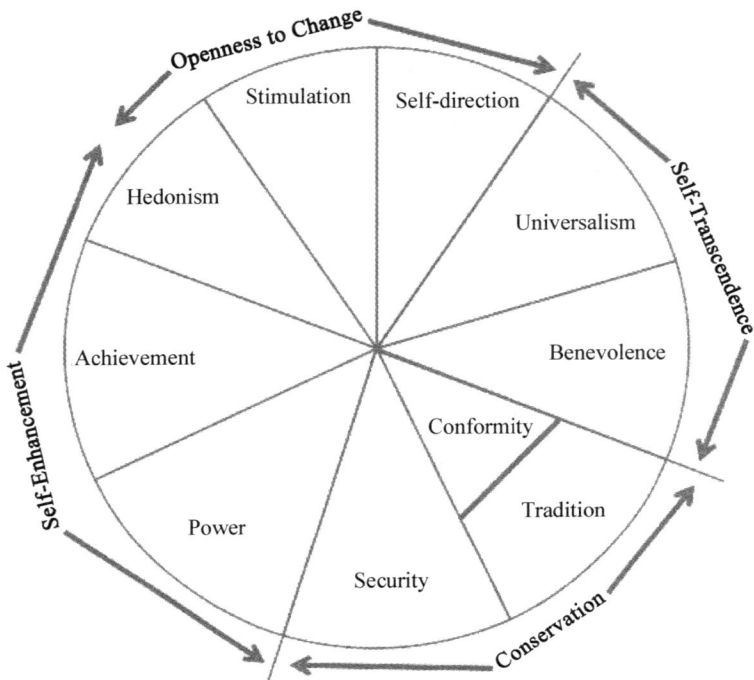

图1 个人普遍价值理论（Schwartz, 1992）

Openness to change	对变革持开放态度
Self-transcendence	自我超越
Conservation	保护/节约
Self-enhancement	自我提升
Stimulation	激励
Self-direction	自我导向
Universalism	普遍主义
Benevolence	仁爱
Conformity	合规性
Tradition	传统
Security	安全性
Power	权力
Achievement	成就
Hedonism	享乐主义

（此表为译者所加，是对原文图1内容的翻译。——译者注）

施瓦兹价值框架认为，有十种普遍的个人价值集（享乐主义、激励、自我导向、普遍主义、仁爱、合规性、传统、安全性、权力和成就）支撑着所有个人的决策。每一种价值集都追求一种特定的目标或价值目标（如成就价值的目标是通过按照社会标准展示能力而获得个人成功；权力价值的目标是获得社会地位和声望、控制或支配人和资源，见表1）。施瓦兹认为，通过一种被称为最小空间分析的分析方法，所有的个人价值可以在这些价值集合中进行经验映射。

表1　公共服务价值的结构和目标

价值集	理论价值目标	实践价值目标[2]	价值[7]
普遍主义[1]（公平/公正）（群体利益）[2]	普世主义：理解、欣赏、容忍和保护所有人和自然的福利[1]	促进整个社会的福利	公共利益[3,4] 人类尊严[3] 可持续发展[3] 共同利益[3] 社会凝聚力[3] 个人权利的保护[3] 尊重[4]
	公平：支持促进个人和群体公平与平等的制度和行动[2]	不歧视或不偏袒地分配社会福利	利他主义[1] 平衡利益[3] 平等待遇[1,3] 社会[1] 正义[3] 公正[3,4] 公平[3,4] 纵向公平[2] 横向公平[2]
	群体利益：保护和提高群体福利[2]	促进某一群体或一部分人的福利	保护少数群体[3] 未来之声[3] 保护多数群体[2] 利益相关者或利益相关者价值[3]
仁爱[1]	仁爱：保护和增进与你经常接触的人的福祉[1]	增进与你有私人接触的人的福祉	用户导向[3] 响应需求[1,3] 倡导[3] 友好[3] 忠诚[1]

（续表）

价值集	理论价值目标	实践价值目标[2]	价值[7]
客观性[2 4]（透明度[2]）（中立性[2]）	透明度：让信息和行动可供仔细审查[2]	公开资料	透明度[4]开放性[3]客观性[4]
	中立性：允许行为和信息经你之手时不对它们施加影响[2]	消除偏见	政府中立[6]政治中立[6]公平性[6]中立[3]
合规性[1]	合规性：对可能使人不安、伤害他人和违反社会期望或规范的行为、倾向和冲动的约束[1]	避免可能无法接受的行为	诚实[3]道德标准[3]道德意识[3]道德行为[4]诚信[3]保密[3]合法性[3]
传统[1]	传统：对传统文化或宗教所提供的习俗和思想的尊重、承诺和接受[1]	维护源自社会制度的习俗	规则[3]务实[3]政治忠诚[3]政权尊严[3]
安全性[1]	安全性：社会、人际关系和自我的安全、和谐和稳定[1]	避免危险或质量恶化	政权稳定[3]稳定性[3]国家稳定[1]信息安全[2]
权力[1]	权力：社会地位和威望，对人和资源的控制或支配[1]	实现对人和资源的控制或支配	掌控[1]果断[1,2]竞争力[3]积极影响[2]正面影响[2]威望[5]权限[5]
成就[1]（能力）[4]（个人成功）[2]	成就：通过展示符合社会标准的能力获得个人成功[1]	达到符合社会标准的能力，或获得符合社会标准的成功	责任[3,4]可靠性[3]及时性[3]专业性[3]生产力[3]合理性[3]有效性[3]

（续表）

价值集	理论价值目标	实践价值目标[2]	价值[7]
			稳健性[3] 节约[3] 能力[4] 效率[4] 响应性[3]
享乐主义[1]	享乐主义:自我的快乐和感官上的满足[1]	实现个人的快乐和满足	良好的工作环境[3] 自身利益[2] 薪资[5] 福利[5] 工作安全性[5] 工作小时数[5] 趣味性[5]
激励[1]	激励:生活中的兴奋、新奇和挑战[1]	追求刺激和挑战	适应性[3] 创新型[3] 风险准备[3] 热情[3] 挑战[5] 社会互动[5]
自我导向[1]	自我导向:独立思考和行动——选择、创造和探索[1]	保持独立的思想和行动	员工的自我发展[3] 公民的自我发展[3] 独立性[5] 创造性[1,5]
社区[2] (公民影响)[2] (协作)[2]	个人影响:支持个人和团体有权影响涉及他们的制度和政策[2]	维持个人和团体对涉及他们的机构和政策的影响	公民参与[3] 当地治理[3] 对话[3] 民主[3] 人民的意愿[3] 集体选择[3]
	协作:两个或两个以上的个人或团体为了共同的利益而分享权力和威望[2]	追求两个或两个以上的个人或团体的共同利益	倾听公众意见[3] 用户民主[3] 多数规则[3] 协同性[3] 折中[3] 合作[2] 社区[2]

1. Schwartz(1992)。

2. 作者补充。

3. Beck-Jørgensen and Bozeman(2007)。

4. NASPAA(2009)。

5. Lyons et al.(2010)。

6. 公务员制度专员办公室(2006)。

7. 加粗价值是指在最终工具中列入的陈述所对应的价值。带下画线的价值也出现在施瓦兹的理论中(1992,2011)。

施瓦兹个人价值框架已被广泛用于包括公共行政领域在内的各个领域的个人价值研究(如 Lyons et al.,2006)。然而,这个个人价值集缺乏许多与公共部门决策独特相关的社会价值。事实上,对各种社会公共价值分类法的研究表明,至少有些价值(如透明度、中立性)在个人价值框架中不那么常见,而最常见的是在组织环境中被引用。然而,很明显,这些价值很可能被决策者个人在以公职人员身份进行决策时使用。虽然施瓦兹个人价值框架似乎成功地描述了个人的偏好,但它可能无法准确地反映社会总体的偏好。公共服务价值研究的主要挑战是如何表示个人必须代表更大的群体(往往是代表整个社区甚至国家)而调用的独特价值集。

1998 年,范·沃尔特呼吁建立一个"公共行政价值领域"(Van Wart 1998,第 xix 页),并列举了公共部门决策中使用的五个价值来源：个人、专业、组织、法律和公共利益。虽然范·沃尔特阐明了许多从事公共服务价值系统研究的人的动机,但他没有对公共价值采用单一的、具体的定义,这影响了他所规定的测量方法。(Rutgers,2008)

针对范·沃尔特的研究议程,一些公共行政学者一直在努力确定一个适用于公共服务环境的独特价值集,以便民众和学者通过这些价值来评价政府的过程和结果。罗特格斯(2008)研究了对公共价值进行分类和分级的多种努力,他发现大多数努力都未能为具体的分类提供合理的理由。例如,贝克-约根森和波兹曼(2007)的文献回顾旨在确定公共行政文献中最常被视作政府价值的价值,他们根据这些价值所影响的公共行政领域整理了一份约 72 种价值的清单。正如他们所指出的那样，这种分析既没有历史，也没有背景，而且自觉地没有对调用任何价值或价值集的结果提出任何主张。尽管如此，最初的价值分类法的优点是给出了"对公共价值范围的总体印象……创造了沉思的空间"以及"确定了密切相关的价值并剔除了同义词"（第 358 页）。

贝克-约根森和波兹曼的公共价值清单为研究公共服务价值提供了一个宝贵的起点。然而，需要注意的是，我们在使用"公共服务价值"概念的方式上，与波兹曼所设想的"公共价值"概念化相比，有一个根本性的区别。波兹曼（2007）将公共价值概念化为"下列规范性共识：（1）公民应该（和不应该）享有的权利、利益和特权；（2）公民对社会、国家和彼此的义务；（3）政府和政策应该基于的原则"（第 37 页），而我们则将公共服务价值定义为公职人员为其在公共领域采取的行动进行正当性解释时的理由。

波兹曼的公共价值是社会层面的结果，是由广泛的公共和个人行动者的集体行动实现的，而公共服务价值则是行动的理由，明确地涉及公职人员个人的行动。这两套价值确实可能有很大的重叠；公职人员通常使用广为接受的社会成果（即公共价值）来证明其行动的合理性。然而，公共价值（社会层面的结果）和公共服务价值（个人层面的行动理由）在实践中存在很大差异。我们认为，目前的公共价值文献缺乏微观理论基础，无法提供对影响公职人员个人决策的心理层面的理解。通过从心理学领域重新引入与价值的衡量和概念化有关的理念，我们希望通过将分析单位转回个体决策者，来完善目前关于公共价值的文献。

对公共部门决策的研究——无论是在个人层面还是在社会层面的研究——都因一些困难的挑战而变得复杂。特别是，对公共服务价值的阐述和研究变得十分复杂，因为广为接受和认可的价值往往相互冲突。（Simon，1946；Kaufman，1956；Kernaghan，2000；

O'Kelly and Dubnick，2006)公共行政人员的工作需要在本质上相互对立的原则之间达成脆弱的平衡。公共行政人员可能会在表面上接受平等、正义、客观、公共安全、自由和公民参与等价值，但当这些价值发生冲突时，无论是在一般情况下，还是在特定情况下，哪种价值应该是至高无上的，就不那么明显了。(Kernaghan 2000)

重要的是要区分公共服务价值和公共服务道德。对公共服务道德的研究不仅包括审查公共部门决策的特性，而且还包括这些特性所涵盖的具体内容的规范性要素。我们不对公共部门决策的内容或程序做出规范性判断。相反，我们的目的是提供一个框架，对有道德因素和没有道德因素的决策进行实证检验。虽然公共部门的所有决定在某种程度上很重要，但不是所有决定都是合乎道德的决定。在这方面，我们同意克纳汉(2000，第95页)提出的价值区分："价值是影响我们从现有手段和目的中做出选择的持久信念。显然，并不是所有的价值都是道德价值，也就是说，并不是所有的价值都与对与错、善与恶的问题有关。"在公共部门尤其如此，在公共部门中，行动的对立理由普遍是两个都合意但对立的结果，而不是一个好结果和一个坏结果。

杰弗里·维克斯爵士(Sir Geoffrey Vickers)(1973)断言，在不断改变公共行动标准的诸多因素中，有一个因素是不断变化的、有说服力的公共话语，它经常呼吁平等、正义和自由等广泛的社会概念。这些"抽象的定性词语"以互补和矛盾的方式成对出现(自由与秩序、独立与协作、正义与仁慈)。维克斯认为这样一组词语中的每个词语都是一种价值。这种将价值视为成对的矛盾价值的观点，与当前政策过程文献(如 Kingdon 2003)、政策分析(Paris and Reynolds 1983)以及最近关于社会价值的思考(Tsirogianni 和 Gaskell 2011)中的几个流向产生了共鸣。然而，最近的其他工作表明，这种成对价值并不是一成不变的；相反，作为情境对立的成对价值存在惊人的流动性，对具体情境很敏感。(Tetlock，1986；van der Wal and van

Hout，2009）

这种价值冲突是公众对政府工作中重要问题辩论的根源：执法人员是否应该禁止使用种族或族裔特征，即使它能减少总体犯罪？一个城市是否应该允许白人至上主义团体开展公众集会，即使集会期间仇恨言论会很突出？在公共决策过程中，是否应该要求公民参与，即使它妨碍了一个机构履行其使命和职责？价值——指导行为的概念或信念——指导公共管理人员在其公职人员的角色中做出困难的选择。虽然公职人员在做出决定时所依据的价值可能来自社会价值，但实际上是在个人层面上对这些价值进行权衡、评估，并最终将其作为公共行动的理由。这种基于价值的推理在个人层面的应用，在对立的价值被整个社会视为同等价值的情况下尤为关键。在这些情况下，根据社会衍生的公共价值，两种对立的行动可能同样有道理。正是这样，公职人员个人的价值层级最为关键——如果任何一种选择对公众来说都是同样合理的，那么公职人员在偏向哪种价值和做出哪种选择方面有极大的自由裁量权。

过去的一些构建价值清单或层级排序的尝试，主要关注的是某一特定价值是否重要（Perry，1996；van Wart，1998；Beck-Jørgensen and Bozeman，2007），从而隐含地或明确地构建了二元对立的价值，即积极的价值（如"让公民参与""有效"）和消极的价值（如"不让公民参与""无效"）。这种方法属于错误的二分法，在这种情况下，积极的价值几乎肯定会比消极的价值更受欢迎。在实践中，公共管理人员面临的有趣而有辨别力的问题往往是在两种（或多种）行动之间做出选择，而每一种行动对公众来说都是基于不同的公共价值而同样合理的。举一个公共参与的例子，一个参与过程问题很少被框定为这样一种疑问，即"公民参与是否应该被纳入公共决策过程"？相反，它被框定为两种合理行动之间的选择，每一种行动都代表了一种潜在的有效的可供选择的价值视角："即使公民参与阻碍了一个机构履行其使命和职责，是否也应该将公民参与纳入公共决策过程？"根据所涉及的特定公职人员的价值取向，即使在第一个问题上达成了广泛的一致，对第二个问题的回答也可能有很大的差异。

特劳克（1986，第 819 页）提出了一个价值多元主义模型，在这个模型中，"人们很可能以综合复杂的方式来思考一个问题领域，以至于问题领域激活了人们认为（a）重要和（b）大约同样重要的冲突价值"。范·德尔·瓦尔和 E. Th. J. 范·豪特（E. Th. J. van Hout）（2009，第 220 页）发现，价值多元主义在公共领域尤其重要，"一些经典的公共价值在内部和相互关系上都表现出多元性、混合性和冲突的迹象"。

通过识别一组可能证明管理者任一决策合理性的价值，我们可以根据管理者的实际决策，开始对其个人公共服务价值特征进行排序。如果管理者选择请求公民参与，我们知道在这种情况下，她认为公民参与比有效更有正当性。收集管理者面对类似情境所做的行动理由，可以得到更广泛的视角，从而了解这些情境中常用的价值。通过充分的复制，可以生成一个跨越部门、专业、管理身份、情境或其他相关分组的、通用的价值图。

公共行政人员陈述的偏好、合理化和行动中产生的价值经验层次，可以提供一个指导性的图景，说明公共服务价值是如何被调用的、如何受到环境的影响、如何随着时间的推移而变化（或不变化），以及在各下属部门之间和下属部门内部存在什么模式。以往对公共价值的研究发现，公共价值不仅在文化背景内是多元的，而且在不同的文化背景之间也有很大的不同，从而增加了另一层潜在的复杂性。（van der Wal et al. ,2008b）对不同背景下的价值进行实证研究，将为理解公共管理人员的价值如何影响他们的行动，以及价值和行动之间的关系如何受到社会文化因素和其他背景变量的限制或改变提供基础。

公共服务价值方法和方法论

我们提出了一个理论框架，在这个框架中，个人价值构成了一个公共服务价值"空间"。个人价值、动机和信仰构成了一个集合，进而根据背景从中选择和应用相关的建构。为了在测量背景下有效地应用这个框架，我们提出了一种测量方法：(1) 通过识别与公共部门决策相关的价值概念和它们之间的关系来绘制价值空间，(2) 模拟个人决策的过程，这样相关的价值可以被用来支持（或反对）拟议的行动方案。

公共服务价值方法结合了两种不同类型的工具。第一种工具是基于施瓦兹理论的、能够引出公共服务价值的调查问卷。(Schwartz，1992；Schwartz et al.，2001) 公共服务价值调查问卷（PSVQ）包含 40 个问题。第二种工具是基于特劳克（1986）理论的决策情景工具，可以根据研究者个人感兴趣的背景、情景或主题进行定制。下面将描述每种工具及其发展情况。首先，对整个公共服务价值方法有一个大致的了解是很有用的。公共服务价值方法包括以下步骤：

1. 公共服务价值调查问卷的管理，使用基于施瓦兹等人（2001）理论的方法来识别受访者对特定价值的亲和力。

2. 利用决策情境和情景，要求受访者对一个二分（是或否）的问题做出决定，诱发受访者对感兴趣话题的决策偏好。（Tetlock 1986）

3. 在决策情境中收集敏感度分析信息，要求受访者根据所提供的信息确定自己做出正确决策的把握程度。（Tetlock 1986）

4. 利用最小空间分析法绘制受访者的"价值空间"，以确定对特定的受访者群体而言，每个价值的相对位置，从而可以确定价值建构之间的聚类关系。

5. 将受访者的决策偏好对所引出的价值进行回归分析（logit 或

probit），以确定与支持或反对决策情景中确定的决策最相关的价值。

6. 通过确定性度量加权，将受访者的决策偏好对所引出的价值进行回归分析（线性），以确定价值对某种决策情境下的信念强度的影响。

7. 在更复杂的决策方案模型中纳入相关值，如上面1—6所确定的，以控制所有适当的协变量。

上文概述的方法确定了应用公共服务价值方法深入了解特定公职人员群体所面临的任何决策情景的基本程序。用这种方法得到的数据——特别是使用公共服务价值调查问卷引出的价值——显然可以用于其他各种方式来加深我们对公共服务价值的理解。例如，可以比较不同受访者群体的价值空间图，以绘制出不同部门、不同时间、不同教育水平和经验以及其他众多因素下的公共服务价值的差异性和相似性。

公共服务价值调查问卷的确定

公共服务价值是一套独特的用于描述在公共服务环境中采取行动的理由。出于这个原因，我们从贝克-约根森和波兹曼（2007）的公共价值清单开始，开发公共服务价值调查问卷。这个清单是基于对公共部门价值相关学术工作的文献回顾。考虑到他们在创建这个清单时的系统性工作，我们认为它自然应该是我们清单的起点。

如前所述，贝克-约根森和波兹曼的公共价值清单并没有被调整为个人层面的价值图谱。为了开始在个人层面制定这些价值的过程，我们假设一下在将每个公共价值映射到施瓦兹确定的十个价值集时我们希望每个价值出现的位置。在这个过程中，我们遇到了四类问题：（1）一些关键的公共服务价值似乎没有出现在贝克-约根森和波兹曼的价值清单中；（2）一些公共价值似乎没有明确地适合于施瓦兹确定的任何个人价值集；（3）一些公共价值似乎聚集在施瓦兹框架确定的价值集的子主题周围,这表明施瓦兹的一些价值集过于宽泛,不能充分描述公共服务环境;(4) 在将公共价值映射到个人价值框架后,施瓦兹的一些价值集(特别是享乐主义)在功能上是空白的。

贝克-约根森和波兹曼的公共价值清单并不包含那些在清单编制时可能出现在实践中但没有出现在学术文献中的价值。因此,我们有意识地寻找实践中对公共服务价值的阐述,包括道德准则和其他公共服务价值陈述。所考虑的补充资料来源包括 NASPAA 认证标准(NASPAA,2009)、英国公务员专员办公室(2006 年)所阐述的价值,以及作者认为重要的一小套价值。我们还从施瓦兹的理论中直接摘取了潜在相关价值,目的是利用这些价值来验证工具,并在个人价值框架的大背景下确定我们的工作方向。

即使在编制了这个更大的公共服务价值清单之后,享乐主义价值集仍然几乎没有包括潜在的公共服务价值。这并不奇怪,因为包括大量经验性工作在内的大范围文献表明,公职人员的外在动机往往比私营部门的同行要少,而且公职人员应将公共利益置于个人利益之上(例如 Rainey 1982;Crewson 1997)。然而,为了建立一个平衡的框架,同时基于一些研究结果,我们发现,一些外在动机对公职人员来说可能是重要的(Crewson 1997),我们从其他学术研究中选择了一小部分价值(Schwartz et al. ,2001),我们期望将这些价值映射到享乐主义价值集中。

按照这种公共价值与个人价值框架的映射,我们为每个价值集确定了一个价值目标。价值目标通过确定应用价值集中的任何一个目标都应该朝着这个目标努力,来定义价值集。换句话说,价值目标确定了应用该价值集内的价值所导致的行动的预期结果。在某些情况下,施瓦兹的目标陈述既缺乏明确性,也缺乏平行结构,因此我们在忠于施瓦兹所确定的价值目标原意的前提下,对这些目标进行了编辑,因此,我们的价值目标与施瓦兹理论中所阐述的价值目标在操作性上存在一些差异。

　　一些公共价值包含的价值集（如透明度和客观性）似乎并没有映射到施瓦兹的个人价值框架中。对于这些价值集，我们制定了价值目标描述，并假设它们在公共服务价值图谱中相对于其他价值的位置。我们对映射到施瓦兹框架中的价值子集也做了同样的工作，但我们期望在公共服务价值背景下，在这些子集之间有更加充分的描述。

　　这一初步映射的过程产生了一份包含 97 种价值的清单，其中包括 12 种价值集和 17 种假设的价值目标。表 1 列出了价值集、理论和业务价值目标，以及潜在的公共服务价值清单，其中包括每个价值、价值集和价值目标的来源。

　　通过提供描述个人价值的语句，并询问“这个人跟你有多像？”，施瓦兹调查问卷侧重于引出个人价值。这种方法对指导个人的个人价值有一个广泛的认识。然而，应用在个人生活中的价值与他们作为工作者考虑的价值以及他们所代表的组织的价值不同。（Quinn and Rohrbaugh，1983；Korsgaard et al.，1996；Lyons et al.，2010）

　　我们将公共价值调查问卷从个人取向改编为专业取向，并创建了公共服务价值调查问卷，其中包括专门针对公共服务工作环境的公共价值的项目。我们改变了陈述的格式，将提供关于所信奉的价值的一般性陈述改为：（1）明确地将个人作为公职人员进行比较，（2）确定所描述价值应用的公共服务情境。修改后的提示语为“下列每项陈述都表明了一种通常与公仆角色相关联的价值。想象一下，一名公职人员在担任公职人员的角色时，是以以上价值为指导的。请指出这名公职人员跟你有多像”。虽然这个改编是独立开发的，但它与斯塔夫鲁拉·提鲁吉昂尼（Stavroula Tsirogianni）和乔治·加斯基尔（Geogre Gaskell）（2011）提出的建议是一致的。

　　为了将公共服务价值调查问卷使用的潜在公共服务价值清单进行操作化，我们为每个价值生成了适当的语句。我们使用了平行结构，以（1）避免数据中基于措辞的偏差、（2）通过与施瓦兹一致的方式引出价值、（3）明确识别价值及其操作定义。公共服务价值调查问卷的每个问题都使用以下格式：

> 他/她认为[价值]是重要的。他/她认为公职人员应该[价值的操作化定义]。

以社会正义为例，我们使用了以下表述：

> 他/她认为社会正义很重要。他/她认为公职人员应该为每个人寻求正义，即使是为她们不认识的人。

为了确保公共服务价值调查问卷的陈述有效地引出它们所要表达的价值，并确保可以合理地期望将这些价值映射到我们所假设的价值集中，5位独立的编码员（包括研究人员及其研究助理）独立地将每个公共服务价值调查问卷陈述与我们所确定的价值集目标进行匹配。为了完成这项工作，我们创建了一项电子调查，其中呈现了每个价值陈述，并要求编码员从价值目标描述清单中选择最合适的价值目标（见表1的第3列）。编码工作结束后，我们排除了所有没有就价值陈述和价值目标的匹配达成一致（16条陈述）或近乎一致（5个编码者中的4个；20条陈述）的陈述。然后我们对工具进行了编辑，使每个价值集至少包括2个价值陈述。这个过程的结果是公共服务价值调查问卷工具最终包含40条价值陈述。表1"价值"一栏中加粗的数值表示最后被纳入最终工具的陈述所对应的价值。

构成公共服务价值调查问卷的40项价值陈述的完整清单见附录。公共服务价值调查问卷根据受访者的性别列出了价值陈述（女性受访者收到的陈述使用代词是"她"，男性受访者收到的陈述使用代词是"他"），随后提示受访者说明陈述中描述的人与受访者的相似程度。相似程度共分为七个等级，从"完全不像我"到"跟我一样"。

决策情景的开发

我们感兴趣的是绘制公共服务价值图，并确定其与公共服务背景下的决策的相关性。因为并非所有的价值建构与每一个情境都相关（Kelly 1955），所以对价值偏好的研究需要确定价值应用的具体情境。由于公共服务价值的就地权衡通常涉及两个合理选择之间的冲突（Tetlock 1986；Kernaghan 2000；van der Wal and van Hout 2009），因此，当务之急是将工具和由此产生的分析结合起来，识别与决策情境相关的两极建构。

公共服务价值方法中的决策情景作为主要的因变量，由研究者量身定制，以确定与相关研究有关的决策和背景。对于这些情景的开发指导，我们密切关注特劳克的工作。特劳克（1986）创建了一个用于引出模拟政策决策的协议，并发现他能够根据所表达的政策偏好和受访者认为重要的价值，引出价值层次。我们倾向于用特劳克的方法来研究模拟决策，因为它（1）允许两个可能合理的行动之间发生冲突，（2）已经在公共服务环境中得到验证，（3）明确采用个人层面的价值来研究价值对决策的影响，（4）提供了背景，并且由于省略了小插图方法中经常出现的具体决策细节，它超越了施瓦兹和贝尔斯基（1987）所要求的个人决策。

特劳克的方法与在识别价值层级时使用的组合分析法非常相似，尽管组合分析法最终并不是必需的。然而，值得注意的是，这种方法与米嘉·沙米尔（Michal Shamir）和雅各布·沙米尔（Jacob Shamir）提出的分析技术是兼容的。在这篇文章中，沙米尔还提供了一个很好的文献综述，讨论了这种决策预测方法的相对优势和劣势，特别是相对于价值排序和使用小插图等其他技术而言。

表 2　决策情境

决策情境	回答"是"的百分比	模型的 R^2	与回答"是"的决策正相关的价值	与回答"是"的决策负相关的价值
一个城市是否应该为白人至上主义团体的公开集会提供许可，即使在集会期间仇恨言论会很突出？	59.2	0.23	可靠性（25.1%）国家安全（17.2%）利他主义（15.1%）	回应他人（11.0%）政府中立（9.2%）
是否应该要求公民参与公共决策过程，即使它妨碍了一个机构履行其使命和职责？	66.7	0.16	果断（18.6%）民主（21.0%）利他主义（21.7%）	效率（46.6%）热情（27.3%）
一个公共机构是否应该努力推翻它认为是非法的政策，即使该政策得到了广泛的公众支持？	88.0	0.31	合法性（52.4%）保护少数群体（38.6%）薪资（38.7%）	民主（120.7%）透明度（96.3%）
公共管理者是否应该执行最近通过的公民倡议，即使它违反了管理者的职业道德准则？	56.7	0.28	合法性（44.8%）政府中立（11.7%）利他主义（32.9%）	有效性（73.8%）社会正义（21.4%）薪资（25.9%）政治中立（11.7%）
即使一个不受欢迎的社会少数群体会导致更大的社会动荡，他们的权利是否仍应该得到维护？	91.2	0.36	协作（70.5%）保护少数群体（45.2%）可持续性（71.7%）	效率（160.2%）挑战（309.0%）
一个国家机构应该支持一项行政命令，要求所有的国家事务必须用英语进行，即使该命令被认为带有种族偏见？	57.5	0.22	协作（33.1%）国家安全（26.0%）	回应他人（12.4%）政治中立（8.9%）开放性（24.3%）

(续表)

决策情境	回答"是"的百分比	模型的 R^2	与回答"是"的决策正相关的价值	与回答"是"的决策负相关的价值
是否应该禁止执法人员使用种族或族裔特征,即使这减少了总体犯罪?	41.3	0.30	平等对待(27.1%)良好的福利(10.0%)	有效性(42.2%)
公共卫生官员是否应该支持关于新规划的公开公众评议期,即使她不期望从评议中获得新的信息,而且这种拖延会降低拟议规划的影响?	84.9	0.30	道德标准(41.9%)公民参与(30.0%)	利益(26.9%)政府中立(43.5%)
中层公共管理人员是否应公开揭发其部门先前忽视的违法行为,即使这样做会降低部门为市民服务的效率?	80.5	0.28	有效性(60.2%)响应性(44.0%)	利益(24.5%)政权尊严(44.6%)
城市管理者是否应该调查市民对一个有争议的提议的看法,即使这种调查会让公众认为管理者是软弱的、无法做出决定的?	87.5	0.23	合法性(52.7%)倾听公众(21.4%)利益相关者(21.4%)	协作(80.3%)国家安全(72.1%)
城市管理者是否应该实施一种她认为非常令人兴奋的、创新的、新颖的预算方法,即使它将令公众对预算过程感到困惑?	46.9	0.14*	掌控(7.0%)薪资(21.9%)热情(15.8%)	响应性(20.9%)
公共管理者是否应该与其他机构的管理者合作,即使这种合作限制了她的独立行动能力?	96.1	—	—	—

注:括号内的数字表示在其他价值保持不变、给定价值维度的平均值增加

10%时，做出"是"（"否"）决定的概率的百分比变化。所有报告的变量在 0.05 或更好的水平上具有显著性。＊模型缺乏适配标准。

按照特劳克的方法，每个价值冲突情景都确定了一个与公共管理者作为公仆角色相关的主题，并确定了情景中两个对立决策中每个决策的隐含理由。我们使用以下一般结构生成了几个价值冲突情景（样本语句见表 2 第 1 列）：

即使/虽然[将采取的行动的价值权衡后果是……]，是否应该[采取……行动，并说明理由]？

最终调查工具的价值冲突部分提供了价值冲突的情景，并请受访者(a)对建议的行动给出"是"或"否"的立场，(b)从七个等级中选出他们对政策立场正确性的信心。我们要强调的是，本文所介绍的初步研究使用的冲突情景（见下文）只是为了提供初步证据，证明公共服务价值调查问卷在描述和预测公职人员决策方面的潜在效用。它们不是公共服务价值调查问卷的一部分，也没有代表公职人员所做的全部决策。然而，它们展示了我们建议的决策情景的措辞方法，作为公共服务价值方法的一部分，几乎可以适应任何关于公职人员决策和行动的研究。我们相信，公共服务价值方法的灵活性既能保证一致性（通过公共服务价值调查问卷），又能适应广泛的研究应用要求。我们已经确定了一些主要的考虑因素，供今后研究制定方案时使用。这些考虑因素包括技术方面的关切（即决策情景是否有足够的变化以产生有用的结果）和实质性的关切（即对这一情景的研究是否改善了我们对世界的理解）。最有可能产生有用研究结果的决策情景具有以下特点：

1. 决策可以以二分法（是或否）问题的形式呈现。

2. 可以为所提出的两个选项中的任何一个确定具体的权衡结果。

3. 情景中的决策与公职人员通常做出的实际决策相映射。

4. 决策涉及相当多的结果权衡，从广泛的公共利益来看，这些权衡都是同样合理的。

5. 对该情景的反应各不相同，表明在哪个决定是适当的行动方案方面存在广泛的分歧。

6. 该决策对社会结果有重大影响。

研究不同情境下和不同公共部门层级下的决策情景（即考察政治家、行政人员和街道官僚的决策），将大大提高我们对公共服务价值在实践中的使用和应用的理解。

分析技术

为了从价值集、价值"空间"以及公共服务价值的相对位置等角度来描述价值，我们采用最小空间分析（SSA），以类似施瓦兹（1992）理论的方法将价值映射到一个二维空间。SSA 是最初由路易斯·格特曼（Louis Guttman）（Guttman，1968；Elizur et al.，1991）开发的多维尺度的一种变体。为了确定个体价值偏好对价值冲突情景下决策的影响，我们以受访者确定的决策为因变量，价值陈述为自变量，进行逻辑回归分析。在这样的分析中，支持决策的"是"被编码为 1，不支持决策的"否"被编码为 0。

请注意，为了产生足够范围的序数决策变量来进行线性回归分析，也可以对二分法的"是"/"否"回答进行重新编码，这样"是"被编码为"1"，"否"被编码为"-1"。然后，可以用 7 点置信度（"您有多确定您是对的"）乘以答复数。这种转换的结果是，每个决策方案都有一个 14 点的等级分值，范围从-7（非常确定不是正确答案）到 7（非常确定是正确答案）。这个新变量可以作为线性回归中的因变量，以作为公共服务价值调查问卷的价值陈述的回归量。

使用公共服务价值方法的初步研究结果

为了对公共服务价值方法进行初步测试，以绘制公共服务价值图，并研究公共服务价值对公共服务环境中的决策的影响，我们使用NASPAA认证的公共管理课程的在校学生和最近的校友进行了一项小规模的研究。初步研究的目标是：

1. 验证公共服务价值调查问卷以与施瓦兹一致的方式引出价值，以及从施瓦兹个人价值框架中引出的公共服务价值将在施瓦兹描述的普遍个人价值集中得到实证性映射。

2. 确定公共服务价值是否与一般个人价值（即施瓦兹个人价值框架）存在充分的差异性，以证明在公共服务价值研究中使用新的公共服务价值调查问卷工具，而不是施瓦兹肖像式价值调查问卷。

3. 确立公共服务价值调查问卷引出的适当的和相关的公共服务价值在决策场景中会作为重要预测因素出现的说法的表面有效性。

4. 证明不同的决策场景会从公共服务价值量表中引出不同的预测值。换句话说，并不是所有的价值都与每个公共部门的决策情境同等相关。

我们使用电子邮件邀请370名在校学生和近期校友参与研究。潜在的受访者群体包括高阶公共事务硕士（EMPA）的在校生和毕业生（每个人之前都有四年以上的工作经验），以及全日制公共管理硕士（MPA）的在校生和毕业生（先前工作经验差异很大）。在这一群体中，有129人（35%）提供了可用的答复，其中，55%是EMPA的在校生或毕业生，45%是MPA的在校生或毕业生。受访者的平均年龄为33.4岁（EMPA为38.5岁，MPA为27.2岁）。平均工作经验为7年（EMPA 10.0年，MPA 2.8年），55%的受访者在受访时为全职雇员。初步研究最终使用的电子调查工具包括三个部分：(1) 12

个假设的公共部门决策情景（见表 2 第 1 列），（2）40 个公共服务价值调查问卷陈述，以及（3）个人信息。

我们的第一个目标是证明与个人价值框架一致的公共服务价值将映射到施瓦兹（1992）描述的价值集中。为了映射这些价值，我们使用了 SSA。需要注意的是，施瓦兹及其同事已经在 20 多个国家验证了他们的方法，他们经常发现经验与他们的理论模型有微小的差异。施瓦兹（1992）通过计算 SSA 中"正确位置"的数量和"适合理想结构"所需的移动次数来报告这些变化。一个正确的位置意味着 SSA 样本将价值放在与其他价值相关的理论预期位置上。一个价值的位置没有落在预期的位置上的移动次数，只是计算了离其理论位置的段数（见图 1）。正确的位置表明了数据与模型的精确拟合程度，而移动次数则表明了数据与模型的近似拟合程度。在施瓦兹报告的 40 个样本中，没有一个样本在所有数值上都能完全拟合模型，但施瓦兹指出正确位置的数量从 73％到 98％不等，拟合至预期结构所需的平均移动次数为 2.4 次。

我们样本的 SSA 总体结果如图 2 所示。图中报告了每个价值项目的 SSA 位置和我们根据经验证据描述的价值集。标有填充圆圈的项目表示改编自施瓦兹原始工具的项目。在从施瓦兹调查问卷借用的 9 个项目中，有 6 个项目映射在个人价值框架所预测的区域内。例外的是：

- 回应他人的需求……尝试支持那些他们认识的人。
- 果断……成为领导者，做出重要的决定。
- 创造性……能够体验和表达独立的思想和创意。

回应他人被期望映射到仁爱价值集上，但出现在社区/回应性价值集上（一次移动；多次移动是用施瓦兹框架而不是修改后的框架计算的）。果断性作为一个成就值出现，而不是像预期的那样出现在权力价值集中（一次移动）。创造性映射到激励价值集上，但预计会映射到自我指导价值集上，并且这个价值集并没有像假设的那样成形。

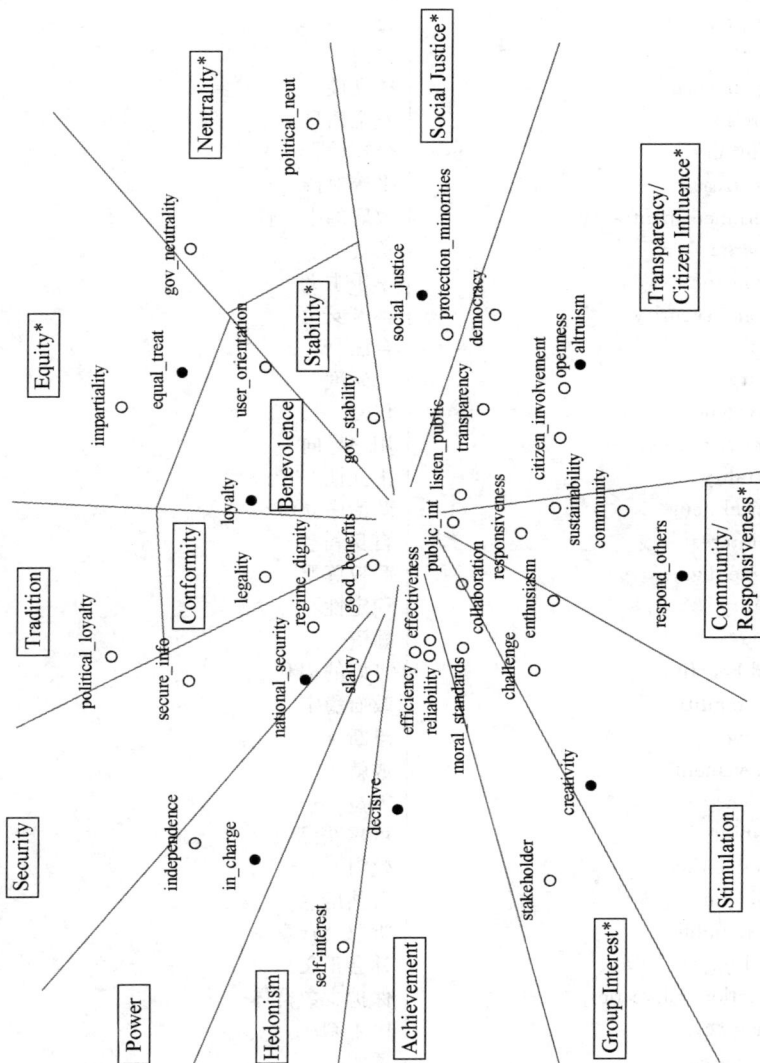

图 2 公共服务价值实证图

Security	安全性
Tradition	传统
Political loyalty	政治忠诚
Equity	公平
Impartiality	公正性
Power	权力
Independence	独立性
Secure info	安全信息
Conformity	合规性
Equal treat	平等对待
Government neutrality	政府的中立性
In charge	负责
Hedonism	享乐主义
National security	国家安全
Legality	合法
Loyalty	忠诚度
Benevolence	仁爱
User orientation	用户导向
Neutrality	中立性
Political neut	政治中立
Self-interest	自身利益
Regime dignity	政权尊严
Stability	稳定性
Salary	薪资
Good benefits	良好的福利
Gov stability	政府稳定
Decisive	果断
Achievement	成就
Efficiency	效益
Reliability	可靠性
Effectiveness	效力
Public_int	公共信息
Listen_public	听取公众意见
Social justice	社会正义
Protection_minorities	保护少数群体
Democracy	民主制
Transparency	透明
Moral standards	道德标准
Collaboration	协作
Responsiveness	回应性

（续表）

Challenge	挑战
Enthusiasm	热情
Stakeholder	利益相关方
Creativity	创造性
Citizen involvement	公民参与
Sustainability	可持续发展
Openness	公开
Altruism	利他主义
Community	社区
Group interest	群体利益
Respond others	回应他人
Transparency/citizen influence	透明度/公民影响力
Community/responsiveness	社区/回应性
Stimulation	激励

（此表为译者所加，是对原文图 2 内容的翻译。——译者注）

如果已经观察到了自我指导这个价值集，那么我们期望它出现在激励价值集和社区/回应性价值集之间（因为这是施瓦兹框架中本来就很普通的开端性内容）。因为创造力出现在其他激励项目的反面，所以我们认为它离其假设的价值集只有一步之遥。请注意，在这些情况中，各个价值均没有映射在施瓦兹确定的广泛价值集类别（即自我超越、对变化的开放性、自我提升）之外。我们认为，有足够的证据表明，公共服务价值方法与施瓦兹的研究结果相当一致。

此项研究的第二个目标是确定公共服务价值与个人价值之间是否有充分的差异性，以证明使用公共服务价值调查问卷的合理性。虽然我们样本的 SSA 图像的整体结构与施瓦兹框架惊人地相似，但有几个新增的内容（图 2 中用星号表示）。这些增加的内容包括公平、中立、稳定、社会公正、透明度/公民影响力、社区/回应性和群体利益的价值集。需要注意的是，该图（右侧）有一半的内容是个人价值框架中"普遍主义"价值集的内容。

我们预期普遍主义将被分离成三个不同的价值集（普遍主义、公平/正义和群体利益），而透明、中立、公民影响力和合作将作为新的和独特的价值集出现。表1中列出了我们期望定义这些价值集的每一种价值。我们曾预期，公共服务背景下会产生三个价值集（普遍性、公平性和群体利益），以取代施瓦兹更广泛的普遍性概念。事实上，在施瓦兹模型中出现的"普遍主义"类别中的价值跨越了六个公共服务价值集，包括公平、中立、稳定、社会公正、透明度/公民影响力和社区/回应性。群体利益被映射成一个独特的空间，包括利益相关者的利益（如预测的那样）、道德价值和合作。公民影响力和透明度价值集预计反映了不同的价值目标，但根据这个价值图谱，这两个价值集似乎没有区别，恰恰出现在同一个价值空间中，并包含了任何一个价值集的所有预测价值。图3展示了基于我们实证工作的公共服务价值框架。

尽管一些具体的价值没有按照表1的预测进行映射，但从价值图可以清楚地看出，单凭施瓦兹框架不足以描述公共服务价值调查问卷的映射响应所建议的框架中所显示的公共服务价值的全部范围。虽然不一定出现在原始框架所预测的位置上，但通过实证分析，我们假设的每个价值集都以某种形式出现。此外，对于那些不是同义词但有明显联系的价值（即透明度和公民影响力、社区和回应性）和其他一些价值，我们可以提出一些意见。这些意见表明，作为独特的公共服务价值目标，这些价值值得额外考虑（如稳定性）。施瓦兹理论将享乐主义置于边界上以及对变化的开放性和自我提升这两个价值之中。我们的数据将其置于成就和权力之间，两者都是施瓦兹的自我提升类价值。同时，也很难解释群体兴趣出现在成就和激励之间。这些反常现象表明，要想充分阐释公共服务价值的多维结构，还需要更大、更多样化的样本和进一步的复制。

初步研究的第三个目标是验证公共服务价值调查问卷所测量的价值是否有助于预测公职人员如何做出决策。表2列出了本次初步研究中的决策情景。第一列确定了提交给受访者的情景。表2的第

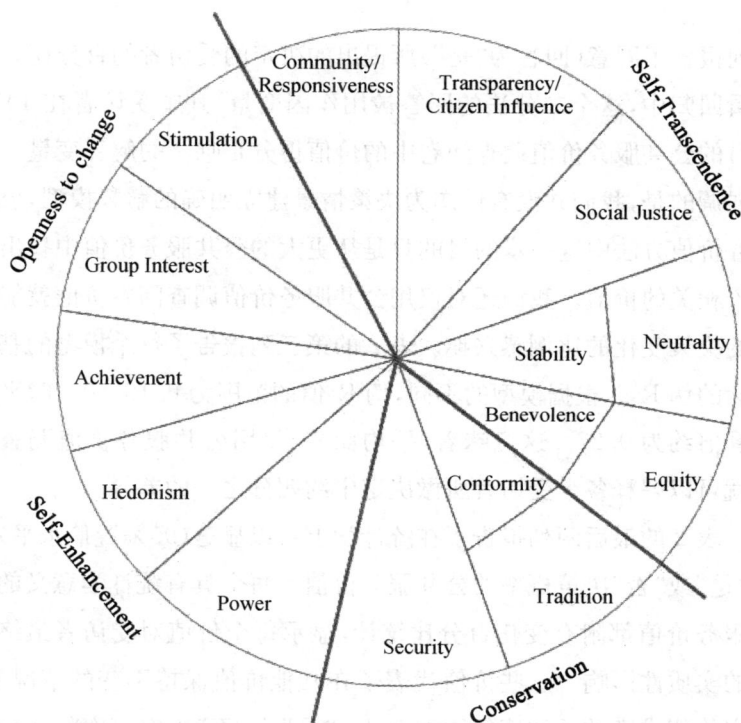

图3 公共服务价值框架

Openness to change	对变革持开放态度
Self-transcendence	自我超越
Self-enhancement	自我提升
Conservation	保护
Stimulation	激励
Community/Responsiveness	社区/回应性
Transparency/Citizen Influence	透明度/公民影响力
Social Justice	社会正义
Group Interest	群体利益
Stability	稳定性
Neutrality	中立性
Achievement	成就
Benevolence	仁爱
Conformity	合规性
Equity	公平
Tradition	传统
Power	权力
Hedonism	享乐主义
Security	安全性

（此表为译者所加，为原文图3内容的翻译。——译者注）

二列报告了同意（回答为"是"）所提出的决定的受访者的百分比。在逻辑回归中，这个二分法的回答被用作因变量，其中受访者在 40 个项目的公共服务价值调查问卷中的价值得分是唯一的解释变量。需要强调的是，我们并没有试图为决策情景建立明确的解释模型，公共服务价值方法中这一步的目的只是从更大的公共服务价值中找出与背景相关的价值。我们还对仅用公共服务价值调查问卷价值就能解释的决策变化的比例感兴趣。表 2 的第三列报告了每个模型的基于似然的伪 R^2。根据模型的不同，伪 R^2 值的范围为 0.16—0.36，平均解释值约为 0.27。这意味着，平均而言，仅用公共服务价值调查问卷就可以解释各个受访者所做决定中约四分之一的差异。

表 2 的最后两列报告了在统计学上可以显著（95％置信水平）解释"是"或"否"决策概率的公共服务价值。每个具有统计学意义的公共服务价值都附有变化百分比统计，显示每个价值对受访者最终决定的实质性影响。这些价值代表了在其他价值保持不变的情况下，特定价值维度的平均值每增加 10％，"是"或"否"决定概率的变化百分比。

试点研究的第四个目标是验证不同的决策方案会因不同的价值而产生共变。换句话说，我们希望证明公共部门的决定并不总是得到同一个价值集的支持。鉴于公共服务动机方法集中在六个对公职人员很重要的维度上，我们需要至少提供初步的证据，证明这六个维度无论多么有价值，都不足以预测、描述和解释大量的公共部门决策。

事实上，我们初步研究的结果表明，公共服务价值方法可以有效地引出因情景和背景不同而不同的独特价值要素。在任何情况下，确定的价值子集在不同的决策方案中都不一样。有几种价值在不同的决策情景中出现了不止一次，包括（按字母顺序排列）利他主义（3）、协作（3）、民主（2）、效力（3）、效率（2）、热情（2）、政府中立（3）、合法性（3）、国家安全（3）、政治中立（2）、保护少数（2）、对他人的回应

（2）、响应性（2）、薪水（3）和自我利益（2）。尽管个别价值有一些重叠，但百分比变化系数表明，这些价值中每一个价值的相对重要性根据背景不同而不同。用来支持一个决策的价值常常被用来反对另一个决策。

我们还发现，有几种价值与我们所研究的决策方案并不相关。公共利益、公正性、中立性、信息安全等价值在任何一种决策方案中都没有出现具有统计学意义的预测因素，无论是积极决策还是消极决策。这并不意味着这些价值在公共部门不重要。相反，它表明，这些价值不太可能被用来为本研究报告中审查的特定行动辩护。然而，这些价值可能与公共部门面临的其他类型的决策方案高度相关。在各种情况下重复使用各种决策方案，将有助于确定特定的公共服务价值如何、何时以及在多大频率上被用来为行动辩护。也有可能是其中一些价值的差异性不足，无法证明在统计上对预测决策有用。换句话说，这些价值可能被问题双方的人以相似的频率引用。

表2中的大多数价值都有很强的表面有效性，符合我们对公共部门决策者眼中的问题表达方式的一般理解。例如，对公民参与的偏好（情景2）得到了果断、民主和利他主义的支持，但遭到重视效率和热情的人的反对。然而，与特劳克观点一致的是，价值和价值权衡似乎是复杂的。一些经验结果显得令人惊讶，甚至是反直觉的。在公共服务动机方法发展的早期阶段，必须区分展示综合复杂性的丰富结果和用工具提示问题的结果。例如，"国家安全"这一价值与支持仇恨言论集会许可（情景1）、只说英语倡议（情景6）以及反对公民调查（情景10）的相关性并不明显。同样，薪资的价值也出现在支持推翻非法政策（情景3）、反对公民倡议（情景4）和支持新颖的预算编制方法（情景11）中。

在完善公共服务价值方法时，重要的是要有效衡量所引出的价值，而且这些价值确实是公共服务价值，并与公共部门的决策广泛相关。这两个特定价值背后的案例表明，有可能用一些价值来混淆分析,这些价值要么是在公共服务价值中表述不清,要么是与其他价值和(或)未衡量的社会政治影响混为一谈,要么是研究人员与从业人员的理解不同。薪资的例子进一步表明,有些价值虽然与公共服务工作普遍相关,但实际上可能不是本条所定义的公共服务价值,应排除在外。今后的工作应完善和进一步验证公共服务价值调查问卷包括的价值及其措辞。

作者承认本分析结果可能存在方法上的同源偏差。因为因变量和自变量是用同一项调查来测量的,所以可能会有一些交叉污染影响我们的结果。因为我们对作为行动理由的价值感兴趣,所以我们先问了决策情景问题,让受访者在回答 40 个项目的公共服务价值调查问卷时,初步说明得出这些答案的潜在理由。虽然这并不能缓解同源偏差的问题,但我们希望它能最大限度地利用这种偏差。另外值得注意的是,我们希望同源偏差的影响会同等程度地影响所有的情景和所有的价值陈述;因此我们希望这种偏差的影响最终是最小的。

从表 2 可以清楚地看到,公共服务价值似乎是理解公共服务决策的重要变量,公共服务价值调查问卷有可能为公职人员的决策过程提供重要的见解。对表 2 的一个耐人寻味的观察是,冲突并没有被简单地解释为价值 A 与价值 B,相反,冲突往往出现在问题双方的价值观念中。在某些情况下,四五种价值差异解释了近三分之一的决策变化。我们认为这是支持公共服务价值方法实用性的良好证据,表明完善公共服务价值调查问卷和复制研究是值得的。

结论和未来的方向

公共服务价值方法的初步研究结果表明,这种方法在回答有关公共部门价值作用的重要未决问题方面具有很大的潜力。然而,这里的实证分析是非常初步的。样本的规模有限,受访者的政治观点和社会背景相当单一,而且所有受访者与同一个研究生项目有关系。

该方法的有效性和最终价值取决于在不同的环境下、不同的下属部门中、不同的公共服务人群中,随着时间的推移,对该方法的复制情况。我们欢迎对公共服务价值调查问卷工具进行的强有力的验证,这样我们就可以最终发展出一个与公共服务价值紧密结合的、能够提供有用信息的文献体系,就像公共服务动机文献因一贯使用公共服务动机测量设计而产生的一致性一样。公共服务价值方法适应不同决策情境的可定制性,便于广大公共管理学者在自己的研究中运用这一技术。

公共价值评估的工具化还处于起步阶段。虽然在过去几十年中,已经使用了各种方法和工具来解决公共行政中与价值有关的问题,但由于对公共行政人员应支持何种价值的规范性争论,创建实证性的轮廓的努力受到了阻碍(van Wart 1998)。工具方面的努力也在很大程度上忽视了价值的二分性和背景的重要性。我们强调,用于描述公共服务价值的一些标准的、熟悉的词句在内部是不一致的,有时是相互矛盾的。这种歧义性导致了关于价值的作用、意义、解释和效用的激烈辩论。我们承认这些争论,并认为它们的存在为我们的主张提供了表面效度,即大多数(如果不是全部)公共服务价值都有相反的一面,在某些情况下,这些价值同样是公共行政人员行动的合理动机。

在公共行政背景下,不同类别的行动和行为可能有利于不同的价值应用。在某些情况下属于相关的价值建构,在其他情况下可能完全不相关。因此,理想的价值层次结构可能因其应用的背景而有所不同。这与玛丽·帕克·福莱特(Mary Parker Follett)的情境法则概念(Parker 1984)和乔治·亚历山大·凯利(George Alexander Kelly)关于建构的便利范围的推论(Kelly 1955;Butt 2008)是一致的。尽管每一种新的情况或背景在表面上都可能需要重新评估适用于做出合理决策的公共服务价值,但查尔斯·W. 安德森(Charles W. Anderson)(1990)和 H. A. 西蒙(H. A. Simon)(1997)都表明,这种全盘的重新评估很少发生。相反，公共行政人员依靠过去的做法和启发式方法来满足他们作为公共行政人员的要求，而没有详尽地考虑所有可能的行动、结果或价值。

创建价值轮廓是一项有益的工作，我们认为，公共服务价值可以而且应该在多个层面进行综合评估。个体价值轮廓可以发现个人基于价值的推理要么不一致（例如，使用与所采取的行动不相符的价值理由），要么不符合既定的专业准则。按服务级别、部门、下属部门、组织/机构或教育方案分类的大量价值轮廓可能有助于确定不同群体中出现的价值，并有助于跟踪一段时间内的变化。对新出现的群体层面的公共服务价值轮廓和个人层面的价值轮廓进行比较，可有助于确定求职者与其求职的领域或下属部门之间的潜在冲突点，或可被人力资源主管用来帮助确保在雇用新雇员时思想和方法的多样性。

同样，一些证据表明，公共服务价值的结构来自多个来源（如个人、组织、社会）的价值和价值集，将这些价值分成不同的轴线或维度可能便于更好地描述（Lyons et al. , 2010）。因此，即使是个人层面的分析，对不同价值来源的性质、起源和相对影响的额外研究也是一个重要的研究途径。这些工作可能会对这些价值集的发起者产生影响，包括专业组织、教育单位、机构和部门，甚至是整个政府。

由于公共话语、理论和学术研究的变化，以及其他社会因素的变化，公共部门的理想价值取向可能会随着时间的推移而变化。公共服务价值对情境背景敏感，也对社会文化敏感。（Vickers 1970, 1973；Rutgers 2008）从本质上讲，价值是社会建构的，是社会反应的，对输入因素敏感。因此，公共服务的价值取向可能会因部门的不同而不同。价值取向也可能因组织的等级而不同。

此处提出的公共服务价值路径，可使公共行政领域的学者能够从经验上观察公共服务价值结构中的细微差别，并进行实证性比较，这将有助于启迪关于公共行政人员能够和应该奉行何种价值观的规范性探讨。

参考文献

Allport, G. W. and P. E. Vernon. 1931. *A Study of Values: A Scale for Measuring the Dominant Interests in Personality*, etc. Boston, MA: Houghton Mifflin.

Alonso, P. and G. B. Lewis. 2001. 'Public Service Motivation and Job Performance: Evidence from the Federal Sector', *American Review of Public Administration*, 31, 4, 363 - 380.

Andersen, L. B. , T. B. Jørgensen, A. M. Kjeldsen, L. H. Pedersen and K. Vrangbæk. 2012. 'Public Values and Public Service Motivation: Conceptual and Empirical Relationships', *American Review of Public Administration*, doi: 10. 1177/0275074012440031.

Anderson, C. W. 1990. *Pragmatic Liberalism*. Chicago, IL: University of Chicago Press. Australian Public Service Commission. 2009. *APS Values and Code of Conduct in Practice*.

Beyer, W. C. 1922. 'Ethics in the Public Service: Proposals for a Public Service Code', *Annals of the American Academy of Political and Social Science*, 101, 152 - 157.

Bozeman, B. 2007. *Public Values and Public Interest: Counterbalancing Economic Individualism*. Washington, DC: Georgetown University Press.

Buelens, M. and H. Van den Broeck. 2007. 'An Analysis of Differences in Work Motivation between Public and Private Sector Organizations', *Public Administration Review*, 67, 1, 65 - 74.

Butt, T. 2008. *George Kelly: The Psychology of Personal Constructs*. New York: Palgrave Macmillan.

Coursey, D. H. and S. K. Pandey. 2007. 'Public Service Motivation Measurement: Testing an Abridged Version of Perry's Proposed Scale', *Administration & Society*, 39, 5, 547 - 568.

Crewson, P. E. 1997. 'Public-Service Motivation: Building Empirical Evidence of Incidence and Effect', *Journal of Public Administration Research and Theory*, 7, 4, 499 - 518.

de Graaf, G. and Z. van der Wal. 2008. 'On Value Differences Experienced by Sector Switchers', *Administration & Society*, 40, 1, 79 – 103.

DeHart-Davis, L. , J. Marlowe, and S. K. Pandey. 2006. 'Gender Dimensions of Public Service Motivation', *Public Administration Review*, 66, 6, 873 – 887.

Elizur, D. , I. Borg, R. Hunt and I. M. Beck. 1991. 'The Structure of Work Values: A Cross Cultural Comparison', *Journal of Organizational Behavior*, 12, 1, 21 – 38.

England, G. W. 1967. 'Personal Value Systems of American Managers', *Academy of Management Journal*, 10, 1, 53 – 68.

Fiske, A. P. and P. E. Tetlock. 1997. 'Taboo Trade-Offs: Reactions to Transactions that Transgress the Spheres of Justice', *Political Psychology*, 18, 2, 255 – 297.

Fritzsche, D. J. and E. Oz. 2007. 'Personal Values' Influence on the Ethical Dimension of Decision Making', *Journal of Business Ethics*, 75, 4, 335 – 343.

Guttman, L. 1968. 'A General Nonmetric Technique for Finding the Smallest Coordinate Space for a Configuration of Points', *Psychometrika*, 33, 4, 469 – 506.

Heintzman, R. 2007. 'Public-Service Values and Ethics: Dead End or Strong Foundation?', *Canadian Public Administration*, 50, 4, 573 – 602.

Hemingway, C. A. and P. W. Maclagan. 2004. 'Managers' Personal Values as Drivers of Corporate Social Responsibility', *Journal of Business Ethics*, 50, 1, 33 – 44.

Houston, D. J. 2000. 'Public-Service Motivation: A Multivariate Test', *Journal of Public Administration Research and Theory*, 10, 4, 713 – 727.

Houston, D. J. 2006. '"Walking the Walk" of Public Service Motivation: Public Employees and Charitable Gifts of Time, Blood, and Money', *Journal of Public Administration Research and Theory*, 16, 1, 67 – 86.

Jackson, T. 2001. 'Cultural Values and Management Ethics: A 10 – Nation

Study', *Human Relations*, 540, 1, 1267 - 1302.

Jørgensen, T. B. and B. Bozeman. 2007. 'Public Values: An Inventory', *Administration & Society*, 39, 3, 354 - 381.

Jos, P. H. and M. E. Tompkins. 2004. 'The Accountability Paradox in an Age of Reinvention: The Perennial Problem of Preserving Character and Judgment', *Administration & Society*, 36, 3, 255 - 281.

Kaufman, H. 1956. 'Emerging Conflicts in the Doctrines of Public Administration', *American Political Science Review*, 50, 4, 1057 - 1073.

Kelly, G. A. 1955. *The Psychology of Personal Constructs*. New York: W. W. Norton & Co.

Kernaghan, K. 2000. 'The Post-Bureaucratic Organization and Public Service Values', *International Review of Administrative Sciences*, 66, 1, 91 - 104.

Kernaghan, K. 2003. 'Integrating Values into Public Service: The Values Statement as Centerpiece', *Public Administration Review*, *63*, 6, 711 - 719.

Kingdon, J. W. 2003. *Agendas, Alternatives, and Public Policies.* New York: Longman.

Korsgaard, M. A. , B. M. Meglino, and S. W. Lester. 1996. 'The Effect of Other-Oriented Values on Decision Making: A Test of Propositions of a Theory of Concern for Others in Organizations', *Organizational Behavior and Human Decision Processes*, 68, 3, 234 - 245.

Langford, J. W. 2004. 'Acting on Values: An Ethical Dead End for Public Servants', *Canadian Public Administration*, 47, 4, 429 - 450.

Leikas, S. , J. E. Lonnqvist, M. Verkasalo and M. Lindema. 2009. 'Regulatory Focus Systems and Personal Values', *European Journal of Social Psychology*, 39, 3, 415 - 429.

Lindblom, C. E. 1959. 'The Science of "Muddling Through"', *Public Administration Review*, 19, 12, 79 - 88.

Lockwood, M. 1999. 'Humans Valuing Nature: Synthesising Insights from

Philosophy, Psychology and Economics', *Environmental Values*, 8, 3, 381 - 401.

Lynn, L. E., Jr. 2001. 'The Myth of the Bureaucratic Paradigm: What Traditional Public Administration Really Stood For', *Public Administration Review*, 61, 2, 144 - 160.

Lyons, S. T., L. E. Duxbury, and C. A. Higgins. 2006. 'A Comparison of the Values and Commitment of Private Sector, Public Sector, and Parapublic Sector Employees', *Public Administration Review*, 66, 4, 605 - 618.

Lyons, S.., C. A. Higgins, and L. E. Duxbury. 2010. 'Work Values: Development of a New Three-Dimensional Structure Based on Confirmatory Smallest Space Analysis', *Journal of Organizational Behavior*, 31, 7, 969 - 1002.

Mandell, M. B. 2009. 'Public Values as a Core Element of NASPAA', *Journal of Public Affairs Education*, 15, 3, 261 - 267.

Marini, M. M., P. L. Fan, E. Finley and A. M. Beutel. 1996. 'Gender and Job Values', *Sociology of Education*, 69, 1, 49 - 65.

McGuire, D., T. N. Garavan, S. K. Saha and D. O'Donnell. 2006. 'The Impact of Individual Values on Human Resource Decision-Making by Line Managers', *International Journal of Manpower*, 27, 3, 251 - 273.

Moynihan, D. P. and S. K. Pandey. 2007. 'The Role of Organizations in Fostering Public Service Motivation', *Public Administration Review*, 67, 1, 40 - 53.

NASPAA. 2009. *Proposed Accreditation Standards*. Washington, DC: National Association of Schools of Public Affairs and Administration.

Nutt, P. C. 2006. 'Comparing Public and Private Sector Decision-Making Practices', *Journal of Public Administration Research and Theory*, 16, 2, 289 - 318.

O'Kelly, C. and M. J. Dubnick. 2006. 'Taking Tough Choices Seriously: Public Administration and Individual Moral Agency', *Journal of Public Administration Research and Theory*, 16, 3, 393 - 415.

Office of Public Service Values and Ethics. 2003. *Values and Ethics Code for the Public Service. Minister of Public Works and Government Services.* Ottawa, Ontario: Canadian Government Publishing.

Office of the Civil Service Commissioners. 2006. *Civil Service Code.* London: Office of the Civil Service Commissioners.

Oliver, B. L. 1999. 'Comparing Corporate Managers' Personal Values over Three Decades, 1967 – 1995', *Journal of Business Ethics*, 20, 2, 147 – 161.

Paarlberg, L. E. and J. L. Perry. 2007. 'Values Management: Aligning Employee Values and Organization Goals', *American Review of Public Administration*, 37, 4, 387 – 408.

Paris, D. C. and J. F. Reynolds. 1983. *The Logic of Policy Inquiry.* New York: Longman.

Parker, L. D. 1984. 'Control in Organizational Life: The Contribution of Mary Parker Follett', *Academy of Management Review*, 9,4, 736 – 745.

Perry, J. L. 1996. 'Measuring Public Service Motivation: An Assessment of Construct Reliability and Validity', *Journal of Public Administration Research and Theory*, 6, 1, 5 – 22.

Perry, J. L. and L. R. Wise. 1990. 'The Motivational Bases of Public Service', *Public Administration Review*, 50, 3, 367 – 373.

Quinn, R. E. and J. Rohrbaugh. 1983. 'A Spatial Model of Effectiveness Criteria: Towards a Competing Values Approach to Organizational Effectiveness', *Management Science*, 29, 3, 363 – 377.

Rainey, H. G. 1982. 'Reward Preferences among Public and Private Managers: In Search of the Service Ethic', *American Review of Public Administration*, 16, 4, 288 – 302.

Rescher, N. 1969. *Introduction to Value Theory.* Englewood Cliffs, NJ: Prentice Hall.

Rokeach, M. 1973. *The Nature of Human Values.* New York: Free Press.

Rutgers, M. R. 2008. 'Sorting Out Public Values? On the Contingency of

Value Classification in Public Administration', *Administrative Theory and Praxis*, 30, 1, 92 – 113.

Salminen, A. 2006. 'Accountability, Values and the Ethical Principles of Public Service: The Views of Finnish Legislators', *International Review of Administrative Sciences*, 72, 2, 171 – 185.

Schmidt, W. H. and B. Z. Posner. 1986. 'Values and Expectations of Federal Service Executives', *Public Administration Review*, 46, 5, 447 – 454.

Schreurs, P. 2005. 'Symposium—The Values of Public Administration', *Administrative Theory and Praxis*, 27, 12, 301 – 310.

Schwartz, S. H. 1992. 'Universals in the Content and Structure of Values: Theoretical Advances and Empirical Tests in 20 Countries', *Advances in Experimental Social Psychology*, 25, 1 – 65.

Schwartz, S. H. 2011. 'Studying Values: Personal Adventure, Future Directions', *Journal of Cross Cultural Psychology*, 42, 2, 307 – 319.

Schwartz, S. H. and W. Bilsky. 1987. 'Toward a Universal Psychological Structure of Human Values', *Journal of Personality and Social Psychology*, 53, 3, 550 – 562.

Schwartz, S. H. , G. Melech, A. Lehmann, S. Burgess, M. Harris and V. Owens. 2001. 'Extending the Cross-Cultural Validity of the Theory of Basic Human Values with a Different Method of Measurement', *Journal of Cross Cultural Psychology*, 32, 5, 519 – 542.

Selden, S. C. , G. A. Brewer and J. L. Brudney. 1999. 'Reconciling Competing Values in Public Administration: Understanding the Administrative Role Concept', *Administration & Society*, 31, 2, 171 – 204.

Shamir, M. and J. Shamir. 1995. 'Competing Values in Public Opinion: A Conjoint Analysis', *Political Behavior*, 17, 1, 107 – 133.

Simon, H. A. 1946. 'The Proverbs of Administration', *Public Administration Review*, 6, 1, 53 – 67.

Simon, H. A. 1997. *Administrative Behavior*. New York: Free Press.

Skitka, L. J. and P. E. Tetlock. 1993. 'Providing Public-Assistance-Cognitive and Motivational Processes Underlying Liberal and Conservative Policy Preferences', *Journal of Personality and Social Psychology*, 65, 6, 1205 – 1223.

Suar, D. and R. Khuntia. 2010. 'Influence of Personal Values and Value Congruence on Unethical Practices and Work Behavior', *Journal of Business Ethics*, 97, 3, 443 – 460.

Tait, J. 1997. 'A Strong Foundation: Report of the Task Force on Public Service Values andEthics, the Summary ', *Canadian Public Administration*, 40, 1, 1 – 22.

Tetlock, P. E. 1986. 'A Value Pluralism Model of Ideological Reasoning', *Journal of Personality and Social Psychology*, 50, 4, 819 – 827.

Tetlock, P. E. 2000. 'Cognitive Biases and Organizational Correctives: Do Both Disease and Cure Depend on the Politics of the Beholder?', *Administrative Science Quarterly*, 45, 12, 293 – 326.

Tsirogianni, S. and G. Gaskell. 2011. 'The Role of Plurality and Context in Social Values', *Journal for the Theory of Social Behaviour*, 41, 4, 441 – 465.

van der Wal, Z. and L. Huberts. 2007. 'Value Solidity in Government and Business: Results of an Empirical Study on Public and Private Sector Organizational Values', *American Review of Public Administration*, 38, 3, 264 – 285.

van der Wal, Z. and E. T. J. van Hout. 2009. 'Is Public Value Pluralism Paramount? The Intrinsic Multiplicity and Hybridity of Public Values', *International Journal of Public Administration*, 32, 3/4, 220 – 231.

van der Wal, Z. , G. de Graaf and K. Lasthuizen. 2008a. 'What's Valued Most? Similarities and Differences between the Organizational Values of the Public and Private Sector', *Public Administration*, 86, 12, 465 – 482.

van der Wal, Z. , A. Pevkur and K. Vrangbæk. 2008b. 'Public Sector Value Congruence among Old and New EU Member-States? Empirical Evidence from the Netherlands, Denmark and Estonia', *Public Integrity*, 10, 4,

317 - 334.

van Wart，M. 1996. 'The Sources of Ethical Decision Making for Individuals in the Public Sector'，*Public Administration Review*，56，6，525 - 533.

van Wart，M. 1998. *Changing Public Sector Values*. New York：Garland Publishing.

Vickers，G. 1970. *Freedom in a Rocking Boat：Changing Values in an Unstable Society*. London：Allen Lane and Penguin Press.

Vickers，G. 1973. *Making Institutions Work*. New York：John Wiley & Sons.

Weber，J. 1993. 'Exploring the Relationship between Personal Values and Moral Reasoning'，*Human Relations*，46，4，435 - 463.

Wright，B. E. 2007. 'Public Service and Motivation：Does Mission Matter?' *Public Administration Review*，67，1，54 - 64.

附　录

　　首先询问受访者是男性还是女性。然后给出以下提示，每个陈述都配以相应的性别用语并以随机顺序呈现。这里只呈现男性用语版本。

　　以下每对语句都表示一种通常与公职人员角色相关联的价值。想象一下，一位公共管理者在其公仆角色中以所表示的价值为指导。请说明该管理者与你的相似程度。

　　1. 他觉得效率很重要。他认为，公职人员应该创造高质量的工作。

　　2. 他觉得效率很重要。他认为，公职人员应该善用资源。

　　3. 他觉得可靠性很重要。他认为，公职人员应该是那种值得信赖的人。

　　4. 他觉得忠诚很重要。他认为，公职人员应该把自己奉献给身边的人。

　　5. 他觉得对他人的需求做出回应很重要。他认为，公职人员应该尽量支持自己认识的人。

6. 他觉得以用户为中心很重要。他认为，公职人员应该主要关注使用其项目的公民。

7. 他觉得合法性很重要。他认为，公职人员应该确保自己的行为符合所有法律要求。

8. 他觉得道德标准很重要。他认为，公职人员应该坚持个人道德标准。

9. 他觉得协作很重要。他认为，公职人员应该在组织内外共同工作。

10. 他觉得社区很重要。他认为，公职人员应努力促进他们所服务的公民之间的共通感。

11. 他觉得公民参与很重要。他认为，公职人员应确保受公共政策影响的人能够影响该政策的制定和实施。

12. 他觉得民主很重要。他认为，公职人员应提倡允许通过投票表达意见和偏好的制度。

13. 他觉得倾听民意很重要。他认为，公职人员应该征求和回应公众的意见。

14. 他觉得平等对待很重要。他认为，公职人员不论个别情况如何，都应一视同仁。

15. 他觉得社会公正很重要。他认为，公职人员应该为每个人谋求公正，即使是不认识的人。

16. 他觉得保护少数人很重要。他认为，公职人员应该考虑和保护那些在社会上没有最大发言权的人的权利。

17. 他觉得利益相关者价值很重要。他认为，公职人员应促进那些在其组织中投入资源的人的利益。

18. 他觉得获得良好的雇员福利很重要。他认为，公职人员应该获得良好的工作福利和待遇。

19. 他觉得薪资很重要。他认为，公职人员应该得到公平的工作报酬。

20．他觉得自我利益很重要。他认为，公职人员应该能够追求自己的幸福。

21．他觉得政府的中立性很重要。他认为，公职人员不应该暗示他们的个人行为或喜好代表了他们机构的行为或喜好。

22．他觉得政治中立很重要。他认为，公职人员不应在选举或政治纠纷中偏袒任何一方。

23．他觉得公正很重要。他认为，公职人员的一切行为应该是公平和无偏见的。

24．他觉得掌控很重要。他认为，别人应该听从他的指挥。

25．他觉得果断很重要。他认为，公职人员应该成为领导者，做出重要的决定。

26．他觉得国家安全很重要。他认为，他的国家应该免受来自内部和外部的威胁。

27．他觉得政府的稳定性很重要。他认为，公职人员应该确保社会秩序得到保护。

28．他觉得信息安全很重要。他认为，公职人员不应泄露敏感的政府信息。

29．他觉得创造性很重要。他认为，公职人员应该能够体验和表达独立的思想和创意。

30．他觉得独立性很重要。他认为，公职人员在工作中应该有决定权。

31．他觉得挑战很重要。他认为，公职人员应该享受在为政府工作时所面临的挑战。

32．他觉得热情很重要。他认为，公职人员应该为自己的工作感到兴奋。

33．他觉得政治忠诚很重要。他认为，公职人员应该支持政治制度，执行政治权威人士的政策。

34. 他觉得政权尊严很重要。他认为，公职人员应该尊重政府的法律和政治机构。

35. 他觉得公开性很重要。他认为，公职人员应该将自己的行为和相应的理由等信息随时提供给他人。

36. 他觉得透明度很重要。他认为，公职人员应该公开他们所做的决定和工作。

37. 他觉得响应性很重要。他认为，公职人员应对市民的要求做出迅速而周到的回应。

38. 他觉得利他主义很重要。他认为，公职人员应该为他人服务，把他人的需要放在自己的需要之前。

39. 他觉得公共利益很重要。他认为，公职人员应该为社会的福祉做出贡献。

40. 他觉得可持续性很重要。他认为，公职人员应采取对未来社会继续有益的行动。

作者简介

伊娃·维斯曼是杨百翰大学罗姆尼公共管理学院的公共管理助理教授。劳伦斯·沃特斯是杨百翰大学罗姆尼公共管理学院的斯图尔特-格罗教授。

2. 公共价值与公共服务动机：两者在概念上和实证中的关系[①]

洛特·勃赫·安德森,托本·贝克-约根森,安妮·梅特·克尔森,琳恩·霍尔姆·佩德森和卡斯滕·弗朗比克（Lotte Bøgh Andersen，Torben Beck Jørgensen，Anne Mette Kjeldsen，Lene Holm Pedersen and Karsten Vrangbæk）

> 如果说有一种概念能像价值一样引起思想和哲学方面的困惑，那么它一定是动机。
>
> ——克里斯托弗·霍金森（Christopher Hodgkinson）
>
> (1996,第129页)

引　言

越来越多的公共行政文献开始关注超越自我利益的理论。例如,关于公共服务动机(PSM)和公共价值(PV)的研究探讨了公共服务是否受到除自身利益以外的因素驱动,目前这两种研究都是热点话题。公共价值文献侧重于公共部门的规范性理想,如诚实、正直、

---

① 原文来源：Andersen, L. B., Beck-Jørgensen, T., Kjeldsen, A. M., Pedersen, L. H. & Vrangbæk, K. （2012）. Public Values and Public Service Motivation: Conceptual and Empirical Relationships. *The American Review of Public Administration*, 43(3), 292-311.

效率和法治，而公共服务动机则关注个人通过提供公共服务为他人和社会做出贡献的动机。这两种文献独立发展，交叉参考的实例很少。（Maesschalck，Wal，& Huberts，2008，第 157 页；Perry & Hondeghem，2008，第 305 页）但是，它们会相互汲取对方的研究成果。正如 H. G. 雷尼（H. G. Rainey）、M. 科勒（M. Koehler）和 C. 张（C. Jung）（2008，第 10 页）所指出的，"价值的存在并不等同于付出努力实现它"。因此，通过将二者综合考虑，我们可以更全面地了解公共部门的价值和动机。

　　本文主要讨论了公共价值和公共服务动机之间的关系，旨在拉近两个研究领域的距离。由于我们不建议整合公共价值和公共服务动机理论，本文没有统一的理论作为依据来提出和检验假设。相反，由于实证分析旨在使用数据展示概念讨论，它既不依赖于数据，也不依赖于理论，实际上是由概念本身驱动的。

　　下一节中，我们将首先回顾有关公共服务动机和公共价值的当前文献，然后讨论二者在概念和理论上的关联。接着，通过一项对 501 名丹麦公共管理者的调查，我们将探讨公共价值和公共服务动机之间是否存在关联、存在怎样的关联，以及二者之间的关联为概念讨论提供了哪些依据。基于这些结果以及初步的理论讨论，我们最后会针对公共服务动机和公共价值未来研究的关联方向提出建议。

公共行政领域中的公共价值和公共服务动机研究

公共价值理论

　　马瑞·波兹曼（Barry Bozeman）（2007）认为，公共价值明确了"公民应该（或不应该）享有的权利、利益和特权、公民对社会、国家和彼此的义务，以及政府行事和政策制定的原则"（第 13 页）。在这个定义中，后面的体制部分非常重要，因为它体现了价值是公共部门的基本组成部分（Beck-Jørgensen，1999，第581页）。此外，肯尼斯·克纳汉（Kenneth Kernaghan）（2003）指出，公共价值概念是善治的核心。总之，公共价值可以被视为提供公共服务、规范公民行为所遵循的理想，或称为"原则"，因而它们能够指导公务员的行为。[1]

在公共价值研究中，公共价值通常被等同于"经典价值"，如公共利益、政治忠诚、问责、公正性、专业性、诚信和诚实。它们在许多战略文件中都得到推崇，如诺兰公共生活标准委员会发布的报告，以及联合国、欧洲理事会、经合组织和许多国家发布的善治准则。（Beck-Jørgensen & Sørensen，2013）

除经典价值外，还存在许多与"公共"相关的价值。贝克-约根森和波兹曼（2017）对相关学术文献中提到的公共价值进行了汇总[2]，将72种价值分成了7个集群。各集群内的价值均与公共部门的某些方面相关。例如，这些价值涉及公共部门对社会的贡献，或者公共行政与公民的关系。它们体现了公共价值领域的多维性，说明公共价值具有多方面的指导作用。[3]

如何维护价值是公共价值研究中一个非常重要的话题。（De Bruijn & Dicke，2006）值得注意的是，我们可以在不同的组织或系统层面上解释和维护价值，如：（1）战略文献，如使命和价值宣言、正式规则和领导发言；（2）组织结构和监管工具；（3）决策和行动；（4）仪式和行为模式；（5）员工心态；（6）建筑物和人工因素。

其中一个引起广泛讨论的价值维护措施是应用治理模式。一些研究人员提出了不同的治理模式，包括等级制度、宗族、网络和市场。（Beck-Jørgensen，1993；De Bruijn & Dicke，2006；Dunleavy & O'Leary，1987；Hood & Schuppert，1988；March & Olsen，1989；Ouchi，1980；Williamson，1975）从理论上讲，每一种治理模式都推崇一套价值。（Beck-Jørgensen & Vrangbæk，2011；Vrangbæk，2009）等级制度建立在韦伯式官僚制的基础上，遵循规则、正当程序和中立性特征非常明显（March & Olsen，1995；Olsen，1978；

Weber，1991）。传统的官员需要忠于上级、对政治利益保持中立，并考虑预算限制。对宗族而言，政府的建立基础是目标内化以及建立特定群体的规范。鉴于需要专业理论知识和职业内规范，职业通常被视为宗族治理模式的最好例证（Mintzberg，1983；Ouchi，1980），在这种模式中，独立的职业标准是关键价值之一。就网络而言，公共部门组织是由不同利益组织和社会团体组成的复杂网络中的一部分。（Kickert，Klijn，& Koppenjahn，1997；Pierre，2000；Rhodes，1997）国家不但是一个竞技场，还在这个网络中扮演着重要角色。因此，重要的价值能够起到平衡社会利益、达成共识或和解、确保所有群体被公平对待以及连接不同群体的作用。最后，市场能够培养强烈的用户导向意识。（Hood，1991；Pollitt & Bouckaert，2000）为了在市场中占有主导权，组织必须根据潜在客户的要求，以具有成本—效率的方式提供服务。

由于大多数公共组织采用不止一种治理模式，价值冲突经常会出现。（Beck-Jørgensen & Vrangbæk，2011；Steen & Rutgers，2011）实际上，单一治理模式中的价值应该互相关联、和谐共生。但先前的研究已经表明，事实并不总是如此。（Andersen 等人，2012）因此，价值冲突及其解决办法是公共价值研究中的一个重要内容。

综上所述，公共价值明确了政府及政策所依据的规范性原则，因而能够指导公务员的行为；此外，我们可以在个人和系统的层面上解释和维护公共价值。价值冲突是公共价值研究中的一个重要课题。

本文认为，公共价值研究存在两个不足之处。首先，价值的方向性作用有待进一步拓展，因为价值可以在不同精确程度上发挥指导作用。例如，与用户导向相比，公共利益和问责制更加模糊。其次，与公共服务动机不同，公共价值研究没有对应的测量量表。在本文中，我们首次尝试创建公共价值测量量表（Andersen 等人，2012）。该测量量表以上述四种治理模式为基础，原因有二：首先，核心公共价值在理论上与治理模式相关；其次，治理模式是我们理解公共部门运作的基础，因而能够在公共价值研究和其他公共行政文献之间建立联系。

公共服务动机理论

J. L. 佩里（J. L. Rerry）和 L. R. 怀斯（L. R. Wise）（1990）首先将公共服务动机定义为"个人主要或完全基于公共机构和组织的动机以做出响应的倾向，该倾向会驱使个人提供公共服务"（第 368 页）。我们认为，公共服务动机中的"公共"不仅指提供特定类型的服务，还包括为广大公众做一些有益的事情，在这个层面上与利己动机相反。与此一致，雷尼和宝拉·施泰因鲍尔（Paula Steinbauer）（1999）认为公共服务动机是"服务于社区、国家、民族或人类利益的一般利他动机"（第 23 页）。佩里和安妮·洪德海姆（Annie Hondeghem）（2008）也谈到了这一点，他们认为公共服务动机是"个人出于他人和社会的利益提供服务的倾向"（第 vii 页）。同样，沃特·凡登纳比（Wouter Vandenabeele）（2007）将公共服务动机定义为"超越自我利益和组织利益的信念、价值和态度，这些信念、价值和态度关注更大政治实体的利益，并激励个人在适当的时候采取相应行动"（第 549 页）。与佩里和洪德海姆一样，我们认为公共服务动机是在提供公共服务时出于他人和社会利益行事的倾向。

佩里和怀斯（1990）认为，公共服务动机有三种不同的类型：理性的、情感的和规范的。（第 368 页）首先，理性动机被理解为关注自我利益，但这一点似乎与公共服务动机作为一种社会动机的基本理念不一致（Wise，2000）。因此，我们最好将理性动机看作工具性因素，即其依据是了解如何结合不同手段与措施来提供公共服务。在这个意义上，做有益于他人和社会的事情可以指提供公共服务、参与政策过程和社区活动，或者参与社会发展活动（Kim & Vandenabeele，2010，第 703 页）。其次，与他人建立情感联系是服务于他人的情感基础。（Knoke & Wright-Isak，1982）认同是情感推理的核心，人们会认同他人，如弱势群体、公众、社区、社会和国家。与认同对象之间的一体感会让我们愿意做出对其有益的事情。（Kim & Vandenabeele，2010）最后，基于规范的推理指遵循价值和规范。作为公共组织和社会的一员，在提供公共服务时，个人可能会内化其需要遵守的有关恰当行为和社会贡献的社会规范和价值。他们在努力实现这些价值时会有自我满足感，因而会致力于服务公共利益。因此，最近的研究探讨了这种公共服务动机是否应被定义为"基于价值的动机"（Kim & Vandenabeele，2010）。

与公共价值理论相反，有关公共服务动机的文献根据上述三种理论原因创建了具体的测量量表并进行了验证。首先，佩里（1996）认为公共服务动机实证结构包含四个维度。其一，对公共利益的承诺，即期望基于价值和责任为社会提供服务。其二，同情心，包括基于认同和同理心为他人做好事的情感动机。其三，政策制定的吸引力，即有动力通过政治体制改善公共服务。其四，自我奉献，即愿意忽略自己的需求，为他人和社会提供帮助。"对公共利益的承诺""同情心""政策制定的吸引力"分别与公共服务动机的规范性、情感性和理性/工具性基础对应。"自我奉献"可以被看作其他维度的基础（Kim & Vandenabeele，2010），因为在进行公共服务过程中做有益于他人和社会的事情通常需要自我奉献，这个维度需要人们愿意通过为他人提供服务来换取个人回报（Perry，1996）。个人是否愿意牺牲个人利益的关键在于，他们是否有动力（例如，基于情感性、规范性或工具性理由）做有益于他人或社会的事情。因此，"自我奉献"可以被视为其他公共服务动机维度的基础或催化剂。

公共服务动机结构指一阶自成结构和二阶构成结构（Kim & Vandenabeele，2010），即由基础维度构成的聚合结构。在一些分析中，采用统一结构是有意义的，但若各维度的因果不一致，则应单独分析这些维度。（Kjeldsen，2012）

相互交织和重叠的概念和思想

　　通过回顾两种文献，我们认识到公共服务动机和公共价值是独立发展的，而且二者各自具备不同的特征。公共价值的作用是提供指导，相关文献从不同层面（从个人到社会）进行了研究。公共服务动机则指在进行公共服务过程中造福他人和社会的倾向，文献主要从个人层面进行研究；与公共价值不同，公共服务动机有一套进行实证分析的测量量表。虽然存在差异，但这两个基本概念在很多方面彼此交织。从公共价值的角度来看，价值具有激励作用。一些公共价值研究者认为价值很重要，因为它们会（1）让人们形成现实认知；（2）体现个人和组织的特色；（3）引导行为；（4）赋予公共服务以意义；（5）对于维护社区和社会是有必要的。（见 Kluckhohn，1962；Lawton & Rose，1994；Maguire，1998；Verdikommisjonen，1999）同样，在广为接受的价值定义中，价值的重要性都得到了默认。例如，克莱德·K. M. 克拉克洪（Clyde K. M. Kluckhohn）（1962）将价值定义为"理想要素"（另见 Van Deth & Scarbrough，1995），M. 罗克奇（M. Rokeach）（1973）则定义为"个人或社会偏爱的要素"。价值甚至可以被定义为一种"影响人们选择恰当的模式、手段和行动目的"（Kluckhohn，1962，第 395 页）的概念。根据这个定义，对行为没有影响的价值不能称之为价值。

　　从公共服务动机的角度来看，价值问题是公共服务动机结构的理论基础。第一，价值与公共服务动机的关联体现在规范性动机方面。其核心理由在于，遵循规范和价值会取得令人满意的效果，因而会成为动机。第二，公共服务动机实证结构的不同维度包含不同程度的价值。"对公共利益的承诺"表示期望基于价值和责任为社会提供服务。服务于公共利益可以被视作一种公共价值，但显然我们还要明确更具体的价值，以确定服务于社会具体包括哪些层面。"自我奉献"维度与利他主义（价值）相关，而"同情心"维度与同理心（价值）

相关。另外，一些研究将用户导向等概念（Andersen & Pedersen，2012；Vandenabeele，2008）视为动机维度之一，尽管传统上它被认为是一种公共价值（Beck-Jørgensen & Bozeman，2007）。

尽管（或者正是因为）这两种概念相互交织和重叠，但我们至今仍不清楚二者之间的理论和经验联系。如果价值和动机可以相互替换、相辅相成，那会发生什么后果？让这两种概念保持各自的纯粹性、相互区分是最有效的策略吗？还是说，将价值理论和动机理论进行合并，即将公共价值和公共服务动机作为一个概念进行定义和测量，会更有效？

通过回顾两种文献，我们发现概念分离很难实现。或者，更准确地说，交织难以避免，但也非常必要。单纯地说价值没有激励作用是毫无道理的。这会让价值失去规范性作用，削弱"理想性"和"可取性"特质，还会消灭动机的规范性理由，即价值不能成为公共服务动机结构不可或缺的一部分。此外，如果公共服务动机不包含某些公共价值，那么公共服务动机的名称就不成立了，只能称作动机。同样，"对公共利益的承诺"也需要通过公共价值确定具体的公共利益是什么。

那么，难道说我们可以进行概念整合吗？答案是否定的，原因有三。其一，公共服务动机结构应涵盖所有可能的价值，由于价值数量庞大，而且公共价值的重要性可能会因时间而变化，并在不同政策部门和国家之间有所不同，因此这种结构本身既不实用，也不恰当。另外，由于存在大量公共价值，价值冲突的可能性也随之增加，从而使得公共服务动机结构的可加性变得更加复杂。相反，在公共价值研究领域，研究价值变化和冲突是其中一个明确目标。在公共组织中，不同公共价值之间的冲突是一种定律，而非例外；同样，组织内的个人可能会对公共服务动机有不同的解释（Brewer，Selden & Facer，2000；Gailmard，2010）。冲突的类型和程度可能各不相同，还会涉及不同的参与者；它们既可能发挥激励作用，也可能造成僵局。冲突可能出现在管理者和员工之间，也可能出现在不同员工群体之间。同样，公共服务动机结构无法一一捕捉这些变化，因此我们需要单独研究价值和动机。

其二，动机与个人相关，但价值也适用于系统层面。例如，我们可以通过战略文件（如使命宣言），甚至在建筑工程中传达和维护公共价值。我们不能想当然地认为，个人的公共服务动机与其组织的公共价值或其认为该组织或其员工应具备的公共价值相关。这是一个实证问题。如果个人践行双重标准，或者遵循的标准不一致（适用于其自身和组织），那么整合公共价值和公共服务动机就会导致重要的见解不再有用。

其三，公共价值研究讨论的是动机之外的话题，如政治理论、伦理学、信任和腐败研究、行政史和公共管理。仅仅为了适用于一个领域（即公共服务动机）而调整公共价值概念并不合适。

同样，与公共价值相比，公共服务动机的情况更加复杂。例如，凡登纳比（2007）认为公共服务动机与身份、制度和其他类型的自主性动机相关。

还有呢？我们同意杰伦·麦沙尔克（Jeroen Maesschalck）等人（2008）的观点，他们认为在具体阐述公共价值和公共服务动机研究之间的关联前，有必要了解有关实际公共价值和公共服务动机之间关系的经验知识。因此，我们进行了探索性实证分析，以映射特定价值与公共服务动机之间可能存在的关系。由于我们不建议整合公共价值理论和公共服务动机理论（以之作为依据提出并检验假设），本文的实证分析是探索性的。但是，通过概念讨论以及回顾现有文献（特别是 Kim & Vandenabeele，2010），我们得出如下结论：（1）公共价值与"自我奉献"无关，因为"自我奉献"（如前文所述）是其他公共服务动机维度的基础，不具有很强的指导性；（2）公共价值与"对公共利益的承诺"关联最大，因为后者是公共服务动机中最关注价值的维度。虽然本文强调上述两个公共服务动机维度，但由于实证分析的探索性质,我们依然探讨了传统的公共服务动机维度。

探索性实证分析

数据和测量

本文根据针对丹麦公共管理者的问卷调查结果,研究了个人的公共价值与其公共服务动机之间的关系。调查问卷被发送给 811 名来自中央或地方政府、自治公共机构和其他机构的公共管理者,他们均在 2009—2011 年完成了奥胡斯大学或哥本哈根大学的公共管理硕士学位课程。我们共收到 501 份答复,应答率为 62%。这两所高校的学员一般拥有教育、护理、工程或同等学位,硕士学位课程的目标是教授公共管理者当前的职位所需的理论知识。

公共价值研究中的价值分类并不权威。但是,由于上文提到的基于治理模式(等级制度、宗族、网络和市场)的价值分类方法已成功应用于丹麦实证研究(Andersen 等人,2012;Vrangbæk,2009),本文将其作为测量公共价值的依据。

因此,根据经验,公共管理者被要求评价理论上与四种治理模式相关联的不同价值(如问责制、正当程序、专业性、生产力、用户民主)的重要性(见表 1)。公共管理者需要根据其组织概况、员工的能力或员工的积极性对每个价值的重要性进行评分,评分范围为 1—5,其中 5 代表最重要(表 1 注释内提供了相关问题)。经过探索性主成分分析,安德森等人(2012)总结出七种具有一致性和内涵的公共价值维度,包括表 1 所示的价值问题(表注说明了每个问题归属的具体层次:组织、员工能力或员工积极性)。该测量量表的有效性在下文的验证性因素分析(CFA)中得到了验证。或者,我们还能研究每个价值与公共服务动机之间的关联,但在可能的情况下,精简原则要求我们尽量降低复杂性。

表 1　价值维度

治理模式	维度名称	维度内的价值	维度的解读
等级制度	广大公众	一般社会责任[a] 公众洞察力和透明度[a]	对社区普遍开放
	遵守规则	司法价值/正当程序 a 忠于规则[b]	遵守现行规则
	控制预算	有经济意识[b] 保持在预算内（以之为动力）[c]	不超出民主分配的资源
宗族	专业性	独立专业标准[a] 有专业动力[b] 专业承诺（以之为动力）[c]	遵守优质服务专业标准
网络	利益平衡	政治忠诚[a] 能够解释政治局势[b] 平衡社会利益[a] 构建网络	兼顾不同的社会利益 （包括当选政客和特殊利益）
市场	有效供给	生产力[a] 商业化运营[a]	为特定资源提供尽可能多的服务
	以用户为中心	满足用户需求[b] 用户民主[a] 与用户保持良好关系（以之为动力）[c]	符合特定用户的意愿

　　注释：来源于安德森等人（2012）文章中的表 4。所有项目有五个顺序应答类别，即从"非常重要"到"一点儿不重要"。
　　[a] 问题是"您认为这些价值在您的组织中有多重要？"
　　[b] 问题是"在您看来，执行组织核心任务的员工具备以下能力有多重要？"
　　[c] 问题是"在您看来，哪些动机对于执行核心任务的员工非常重要？"

　　与公共价值研究不同，过去 20 年来有关公共服务动机的实证研究主要探讨了佩里开发的一个著名的分类和测量量表，其中包含 24 个李克特量表问题（Perry，1996；另见 Wright，2008）。因此，我们对公共服务动机的测量也以该量表为基础。更具体地说，我们使用的是经过大卫·H. 库西（David H. Coursey）和桑杰·K. 潘迪

(Sanjay K. Pandey)(2007)验证的简略版佩里(1996)量表的改编版本，另外加上了"自我奉献"测量项目。事实证明，库西—潘迪项目能够有效创建适用于丹麦的一致性指标(Andersen, Pallesen, & Pedersen, 2011; Andersen & Pedersen, 2012)，但"自我奉献"项目尚未在丹麦研究中得到验证。因此，我们决定验证几乎一整套的佩里(1996)量表(8 个项目中选择 7 个)。[4]

通过两项验证性因素分析，七个公共价值维度和四个公共服务动机维度的有效性得到了验证。由于数据的有序性，即其中几个项目的分布严重倾斜，验证性因素分析使用了非参数对角阵加权最小二乘法估计方法(DWLS 或稳健的 WLS)，而非基于采样协方差矩阵的多元正态分布参数标准最大似然估计方法(Coursey & Pandey, 2007; Diamantopoulos & Siguaw, 2000; Jöreskog & Sörbom, 1993)。但是，这种方法要求样本达到一定规模——尽管具体达到多少尚不清楚。K. G. 乔瑞斯科(K. G. Jöreskog)和 D. 索伯(D. Sörbom)(1996)建议，对于 $p > 12$，样本量至少为 $1.5p(p+1)$(p 指分析包含的项目数量)。在本研究中，公共价值验证性因素分析的样本量为 513，公共服务动机验证性因素分析的样本量为 434。相比之下，近期的模拟研究发现，DWLS 在样本量低至 200 (Flora & Curran, 2004)或 400 (Nye & Drasgow, 2011)时就可以取得满意的结果。在本调查中，501 名公共管理者的样本量已经足够。

表 2 和表 3 列出了使用 LISREL 8.80 进行验证性因素分析的结果(公共服务动机指标之间以及公共价值指标之间的相关性分别如本文附录中的表 A1 和 A2 所示)。表 2 列出了安德森等人(2012)总结的七个因素解法，并评估了 λ 系数(因子载荷)和相应的 t 值。通过计算测量量表的区别效度(Anderson & Gerbing, 1988)，我们发现没有任何一个因素间相关性的置信区间包含最大值 1.00。表 3 中公共服务动机的验证性因素分析也是如此。但是，在这里我们必须从测量量表中删除"PSM24：我对那些不愿意迈出第一步帮助自

表 2　公共价值维度的验证性因素分析

维度	项目	M	SD	λ(SE)	t值	R²	信度	
							克隆巴赫系数	乔瑞斯科rho系数
广大公众	一般社会责任	82.6	14.86	0.51(0.06)	8.32	.26	0.405	0.512
	公众洞察力和透明度			0.67(0.07)	9.16	.43		
遵守规则	司法价值/正当程序	84.1	14.68	0.75(0.07)	11.05	.56	0.481	0.604
	忠于规则			0.56(0.07)	8.28	.31		
控制预算	有经济意识	64.9	19.63	0.76(0.05)	16.43	.58	0.667	0.730
	保持在预算内（以之为动力）			0.75(0.04)	18.04	.57		
专业性	独立专业标准	92.1	9.47	0.47(0.07)	6.70	.22	0.541	0.726
	有专业动力			0.93(0.07)	13.01	.89		
	专业承诺（以之为动力）			0.61(0.08)	7.97	.37		
利益平衡	政治忠诚	69.3	16.52	0.64(0.06)	10.25	.41	0.584	0.642
	能够解释政治局势			0.72(0.05)	14.39	.51		
	平衡社会利益			0.42(0.06)	7.16	.18		
	构建网络			0.43(0.08)	5.36	.19		

（续表）

维度	项目	M	SD	λ(SE)	t值	R^2	信度	
							克隆巴赫系数	乔瑞斯科 rho 系数
有效供给	高生产力	77.6	16.89	0.79(0.05)	14.89	.63	0.624	0.736
	商业化运营			0.73(0.04)	16.95	.54		
以用户为中心	满足用户的迫切需求	73.2	15.43	0.33(0.09)	3.79	.11	0.506	0.579
	用户民主			0.80(0.10)	7.08	.63		
	与用户保持良好关系（以之为动力）			0.52(0.08)	6.61	0.27		

注释：所有公共价值维度是反映性指标（未加权，理论范围 0—100）。

表3 公共服务动机维度的验证性因素分析

维度	项目	M	SD	λ(SE)	t值	R^2	信度	
							克隆巴赫系数	乔瑞斯科 rho 系数
对公共利益的承诺	PSM23：我为社区做贡献。	83.9	13.13	0.39(0.08)	5.01	0.15	0.644	0.696
	PSM39：我认为公共服务是我作为公民的义务。			0.51(0.06)	8.03	0.26		

（续表）

维度	项目	M	SD	λ(SE)	t值	R^2	信度	
							克隆巴赫系数	乔瑞斯科 rho系数
	PSM30：有意义的公共服务对我来说非常重要。			0.67(0.05)	12.42	0.45		
	PSM34：我更希望看到公职人员做对整个社会最有益的事情，即便这损害了我的利益。			0.78(0.05)	16.43	0.60		
同情心	PSM4：当看到别人陷入困境时，我很难控制自己的感受。	71.9	18.14	0.46(0.08)	5.21	0.21	0.297	0.353
	PSM13：每天发生的各种事情都在不断地提醒我，我们多么依赖彼此。			0.44(0.08)	5.72	0.19		
政策制定的吸引力	PSM27：政策制定对我没有吸引力（R）。	52.8	19.53	0.60(0.08)	6.70	0.36	0.633	0.697
	PSM31：我不太喜欢政治家（R）。			0.50(0.06)	8.33	0.25		
	PSM11：我认为政治有益。			0.86(0.08)	9.70	0.74		
自我奉献	PSM1：对我而言，改变社会比个人成就更加重要。	55.0	14.57	0.58(0.05)	12.86	0.34	0.760	0.798

（续表）

维度	项目	M	SD	λ(SE)	t值	R^2	信度	
							克隆巴赫系数	乔瑞斯科 rho 系数
	PSM17:我认为相比于从社会获取东西,人们应该更多地回报社会。			0.69(0.04)	17.64	0.48		
	PSM26:我已经准备好为社会的利益做出牺牲。			0.50(0.05)	9.55	0.26		
	PSM19:像我这样的人愿意冒个人损失的风险来帮助社会。			0.73(0.03)	20.76	0.53		
	PSM5:我把公民义务放在自己前面。			0.75(0.04)	20.59	0.56		
	PSM9:我做的很多事情都是为了比自己更伟大的事业。			0.67(0.05)	18.52	0.46		
	PSM6:财务状况良好肯定比行善更重要(R)。			0.22(0.06)	3.58	0.05		

注释:PSM 编号指佩里(Perry, 1996)项目。所有公共服务维度是反映性指标(未加权,理论范围 0—100)。

己的人没有什么同情心（反面）"（测量"同情心"的项目），因为该项目
的因素负荷 t 值分别为 0.04 和 0.28，显然非常不重要。如表 3 所
示，"同情心"维度仅包含两个项目，因此涉及该维度的结论应慎重
分析。

表 4　模型拟合指标

	x^2(SB)	df	RMSEA	RMSEA (90% CI)	SRMR	CFI
公共价值（7 个因素，18 个项目）	267.94	114	0.051	0.044；0.060	0.072	0.95
公共服务动机（4 个因素，16 个项目）	299.66	98	0.064	0.056；0.073	0.069	0.93

注释：Df＝自由度；RMSEA＝渐进误差均方根；SRMR＝标准化残差均方根；CFI＝比较拟合指数

除"自我奉献"维度外，几乎所有的公共价值和公共服务动机维
度的克隆巴赫（Cronbach's alpha）信度系数都没有达到常规阈值
0.7。（Robinson，Shaver，& Wrightsman，1991，第 13 页）在本研究
中，大多数维度仅包含两到四个项目，而克隆巴赫系数取决于项目的
数量。因此，我们还计算了每个维度的另一个信度测量系数，即乔瑞
斯科 rho 系数（Jöreskog's rho）（也表示组合/建构信度），它在验证
性因素分析中的应用更为广泛（Diamantopoulos & Siguaw，2000，
第 90 页；Fornell & Larcker，1981，第 45 页）。就该系数来说，几乎
所有的公共价值和公共服务动机维度都达到了阈值 0.6，但需要特
别注意"同情心"维度。即便如此，公共价值和公共服务动机的测量
量表结果总体良好，因为表 4 所示的拟合指标达到了常规临界点[比
较拟合指数（CFI）高于 0.90，标准化残差均方根（SRMR）低于 0.1，
渐进误差均方根（RMSEA）等于或低于阈值[5]](Bentler，1990；Hu
& Bentler，1999；Jöreskog & Sörbom，1993；Kelloway，1998；

Schumacker & Lomax，2004；Williams，Vandenberg，& Edwards，2009）。通过两项验证性因素分析，我们共得到七个公共价值指数和四个公共服务动机指数。所有指数被重新调整为 0 到 100 之间，对于相关维度至少两个测量项目存在有效得分的公共管理者来说，若某个特定项目的得分无效，则应替换为其他调查对象在该项目上的平均分值。

在映射公共服务动机和公共价值指数之间关系的分析中，存在三个控制变量。第一个是公共管理者的性别，对某些公共服务动机和公共价值维度来说，女性管理者和男性管理者的得分会存在差异（例如，男性管理者强调"政策制定的吸引力"和"控制预算"，而女性管理者强调"同情心"和"以用户为中心"）。第二个是公共管理者的年龄，之前的研究表明，随着年龄的增长，个人会倾向于支持更多的利他价值和动机（McAdams & de St. Aubin，1992，第 1005 页；Pandey & Stazyk，2008）。第三个是组织任务，即公共管理者所在组织报告的主要任务，因为"你所在的机构"会对你的动机，甚至是价值有非常重要的影响（例如 Steinhaus & Perry，1996）。组织任务被编码为虚拟变量，1＝服务提供组织任务（社会福利/关怀、健康、教育、文化），0＝监管/行政任务（能源/环境、基础设施、商业/贸易、外交关系、税收/贸易监管、其他经济或司法任务）。

结　果

下面，我们将阐述公共价值和公共服务动机维度之间的相关性。表 5 所示为加入控制变量（性别、年龄和组织任务）之后的相关性（服务生产与监督/管理）。研究结果主要有两个：（1）"自我奉献"维度与所有价值维度均没有关联；（2）四个价值维度与一个公共服务动机维度有关联性，这种关联在理论上可以理解，不过一般比根据概念亲密度预期的关联性要弱。

表 5　加入性别、年龄和组织任务作为控制变量之后的
公共价值指数与公共服务动机指数

	公共服务动机整体	对公共利益的承诺	同情心	政策制定的吸引力	自我奉献
"广大公众"价值指数	0.093*	0.131**	0.055	0.012	0.037
"遵守规则"价值指数	0.067	0.176***	−0.060	0.023	0.058
"控制预算"价值指数	0.008	−0.037	−0.058	0.107*	−0.014
"专业性"价值指数	0.101*	0.165***	0.035	0.048	0.005
"利益平衡"价值指数	0.170***	0.084	0.092*	0.177***	0.014
"有效供给"价值指数	0.075	0.095*	0.061	0.073	−0.065
"以用户为中心"价值指数	0.063	0.047	0.113*	0.015	−0.042

注释：相关性指数指加入了性别（1＝男性，0＝女性）、年龄（年）和组织任务（1＝服务提供组织任务，0＝监管/行政任务）作为控制变量之后的偏相关指数。PV＝公共价值；PSM＝公共服务动机。

* $p<0.05$；** $p<0.01$；*** $p<0.001$。

关于第一个发现，由表 5 可看出，所有价值维度与"自我奉献"这个公共服务动机之间的关联不大（双变量相关分析的结果也是一样）。"自我奉献"是指示性最弱的公共服务动机维度；因此，它与价值维度（即对理想性规范进行概念化）之间并不相关这一点不足为奇。换句话说，"自我奉献"指没有明确指示性的纯粹能量。

关于第二个发现，如表 5 所示，有四个关联具有很强的稳健性。引入性别、年龄和组织任务作为控制变量后，他们之间的相关性变得非常显著（$p<0.01$），而且它们的皮尔逊相关系数 r 值均高于 0.1，其中三个涉及"对公共利益的承诺"，说明公共价值与该公共服务动机维度的相关性最为显著。这四种关联如下所述：

- "遵守规则"价值与"对公共利益的承诺"呈正相关。
- "广大公众"价值与"对公共利益的承诺"呈正相关。
- "专业性"价值与"对公共利益的承诺"呈正相关。

- "利益平衡"价值与"政策制定的吸引力"呈正相关。

除这些关联外，以下维度之间的关联也很显著（$p=0.05$，皮尔逊相关系数 r 值约为 0.1）：（1）"有效供给"价值与"对公共利益的承诺"，（2）"以用户为中心"价值与"同情心"，（3）"控制预算"价值与"政策制定的吸引力"，（4）"利益平衡"价值与"同情心"（见表5）。但是，这几个维度之间的关联性不如上述四种关联稳健。特别是，由于测量有效性较弱，与"同情心"这一公共服务动机维度之间的关联需要慎重解释。因此，下文将更详细地讨论上述四种显著的关联。

"遵守规则"价值属于"等级制度"治理模式的一部分（见表1）。我们发现，相比于认为这些价值不太重要的管理者，重视这些价值的管理者"对公共利益的承诺"通常更高。他们似乎并不认为规则是繁文缛节，也就是说，规则不会对组织绩效产生负面影响（Bozeman & Feeney，2011）。罗伯特·K. 克里斯滕森（Robert K. Christensen）等人（2011）认为，如果公共行政基于法制化优先权和流程，那么管理者采用这种政策改善公共产品的交付并不现实，而且对公共利益有较高承诺的管理者可能会认为"正当程序"和"忠于规则"作为最终目标较为理想，或者这两个价值能够增进相关"公众"的福祉。由于公共价值和公共服务动机维度之间不存在术语重叠，"遵守规则"明显具有指示性，因此可以被理解为公共服务动机维度中"公共利益"的一个规范。

高度重视"广大公众"维度价值的管理者通常对公共利益有更高的承诺，这意味着"对公共利益的承诺"通常会对看重问责制、公众洞察力和透明度的管理者有激励作用。这一点并不奇怪，因为从理论和实操上来说，公共服务动机指有动力获得（在调查对象看来）能够最大限度地造福于社会集体（即"公众"）的长期生存和增进他们福祉的结果（Bozeman，2007，第17页）。总之，不论在术语含义上还是操作上，"广大公众"和"对公共利益的承诺"之间的关联性都很大。但令我们惊讶的是，如表5所示，二者的关联性并不强（皮尔逊相关系

数 $r=0.131$）。

"专业性"是与"对公共利益的承诺"呈正相关的最后一个价值。这个结果与专业社会学中的功能理论非常吻合，因为专业人员追求的理想应与实现公共利益和提供优质服务有关（Freidson，2001；Goode，1969；Parsons，1954）。正如 G. D. 格拉夫（G. D. Graaf）（2011，第 295 页）指出，"专业性"非常重要，它不仅仅包含知识，还意味着举止得体、遵守游戏规则。你的行为应该以公众利益为指导。优势职业的规范性目标是，职业规范（而非同理心或政治决策）对行为应该有指导作用（Andersen & Pedersen，2012；Kjeldsen，2012）。同样，若"同情心"或"政策制定的吸引力"对认同"专业性"价值的公共管理者有激励作用，肯定也会比较奇怪。由于公共价值和公共服务动机维度之间不存在术语重叠，"专业性"明显具有指示性，因此可以被理解为公共服务动机维度中"公共利益"的一个规范。

政策制定往往会对认可"利益平衡"价值的管理者更具吸引力。佩里和怀斯（1990，第 368 页）明确表示，特殊利益是另一个公共服务动机，即个人认为其抉择的受益者是特殊群体，他们认为倡导这种动机会促使多元化社会容纳更多的政策观点。这样的话，参与政策制定会变得既令人兴奋，又具有激励性。由于"利益平衡"价值和"政策制定的吸引力"动机呈正相关性，参与政策制定也会对重视调解和平衡社会利益的管理者有激励作用。乍一看，我们可能认为公共价值和公共服务动机维度之间存在术语重叠。但我们更细致地研究各个项目后，会发现它们之间并没有重叠。因此，"利益平衡"具有指示性，可以被理解为"公共政策制定的吸引力"的一个规范。

尤其令我们惊讶的是，"广大公众"与"对公共利益的承诺"的相关性，以及前面讨论的公共价值与公共服务动机维度的相关性都不显著。同样值得注意的是，只有"广大公众""专业性"和"利益平衡"价值与整个公共服务动机结构呈显著正相关。部分原因可能在于方法论层面，鉴于价值（作为"理想品质"，比较重要）和公共服务动机

（利用李克特量表问题测量，调查对象可以同意/不同意相关的动机陈述）之间存在概念差别，它们的测量方法也并不相同。

分离、融合或建设性交互？

前述分析表明，在某种程度上，价值和动机在概念层面上相互重叠，在实证层面上是也相关联的。这种关系会造成什么后果呢？如前文所述，我们可以采用不同的策略：概念分离（例如，让两个概念保持纯粹性并且相互割离）或融合（例如，在公共服务动机结构中）。

首先，我们来考虑动机和价值相互分离的情况。这种方法乍一看比较有用，尤其是因为概念分离会促使我们对二者之间的关系进行实证研究。但是，绝对分离很难会取得有效成果。首先，从价值中剥离动机成分毫无意义。若从定义上说，价值不能起到激励作用，那么就不可能还有"强价值"的说法，而且我们眼前的价值就只能是冰冷、"学术性的"，不可能给人以骄傲感或促使其承担义务。其次，公共服务动机概念意味着具有指示性，即提供有意义的公共服务。公共服务动机的理论定义和实际措施都提到了（公共）价值，如利他主义和公民义务。我们也很难想象一个不认可任何公共价值的人怎么会具备公共服务动机。实证研究发现，"自我奉献"与所有公共价值维度不相关，这说明存在分离的可能性，但公共价值维度和其他公共服务动机维度之间存在四种显著关联，说明二者除概念上的重叠之外，还有经验关联。

这是否意味着我们应该实行第二个策略——融合？其中一种方法是在公共服务动机结构中增加一个公共价值维度。金尚默（Sangmook Kim）和凡登纳比（2010）认为，"对公共利益的承诺"必须被重新定义为"对公共价值的承诺"，而且该维度应更多地关注追求公共价值的个人倾向。不出所料，如表5所示，我们发现在公共服务动机维度中，"对公共利益的承诺"与大多数公共服务维度["广大公众""遵守规则""专业性"和(虽然不够稳健)"有效供给"]都呈显著正相关,说明该维度包含一种追求公共价值的普遍倾向。但是,研究结果还发现,在公共服务动机结构中融入公共价值可能会引发许多问题,因为某些公共价值维度之间并不相关(见本文附录中的表A2),甚至呈负相关。在加入控制变量研究所有价值的重要性时,安德森等人(2012)发现"专业性"价值和"社会利益"价值之间呈负相关。接下来,一个重要的问题是哪些价值应该被纳入公共服务动机和公共价值综合测量中。本研究包括 18 个价值,实证分析结果显示,"对公共价值的承诺"这个新的公共服务动机维度应包含与"广大公众""遵守规则""专业性"和"有效供给"相关的价值。但是,我们不确定其他实证分析的结果是否相同。另外需要注意的是,贝克-约根森和波兹曼(2007)罗列了超过 60 个价值,范·德尔·瓦尔(2008)也从几百个价值中提取出 20 个组织价值。此外,在公共服务动机结构中加入的公共价值可能只是当前比较重要,它们会随时间发生变化。最后,如果公共价值和公共服务动机之间在定义上就存在关联(即公共服务动机定义包含公共价值),那我们就不能从实证角度研究这种关联。

　　总而言之,融合似乎是最不合适的解决方案,尽管公共价值和公共服务动机之间存在概念重叠,但我们建议在分析时将二者分别作为指示性和激励性进行区分,即对"理想性"(在不同价值之间)原则和个人是否愿意遵循该原则进行区分。另一项事实也证明了这个结论,即由于价值的实际限制和冲突性质,我们无法总能获得理想的结果。若个人认可的价值之间相互冲突,如与"以用户为中心"和"遵守规则"相关的价值,那么他们必须从中做出抉择。另外,价值能够适用于系统层面,而动机与个人有关,这意味着组织层面和个人层面的价值之间可能存在冲突。因此,在分析中区分公共价值和公共服务动机能够使二者以建设性的方式相互影响,也就是说,二者既相互区分又相互关联,关于这一点显然需要进行实证研究。

结　论

到目前为止,相关文献对公共服务动机和公共价值概念的研究都是分开进行的。本文同时从概念和经验两个方面研究了这两个概念。

通过概念探讨,我们明白了这两个概念不能完全割裂,因为价值是具有激励性的,而动机的目的通常是实现期望(如价值)。虽然二者在很大程度上具有互补性,但我们必须承认两个概念有重叠性。相反,本文还讨论了将价值和动机融合到同一个结构中会造成严重的问题。例如,价值数量繁多,经常相互矛盾,因此不能被简单融合到一个公共服务动机结构中。

有关公共管理者的实证研究结果表明,公共服务动机和公共价值之间存在经验关联,二者需要相互考量,但不得全面融合。在公共服务动机维度中,"自我奉献"与所有价值维度没有关联,但四个价值维度与一个公共服务动机维度有关联性,这种关联在理论上可以理解,不过实际上比根据概念亲密度所预期的关联性要弱。总之,我们建议在分析中区分价值和动机(分别与指示和能量有关),以便进行单独的实证研究。

本文对公共价值和公共服务动机的测量方法可以进一步讨论,"同情心"信度低表示与该维度相关的研究结果需要慎重解释。有关丹麦公共管理者的研究也不具有普遍适用性,尤其是因为所有调查对象参加过类似的硕士学位课程,潜在干扰因子的固定性增加了被研究机构的内部效度。最后,对于未来的公共价值—公共服务动机研究,其他价值分类方法(如贝克-约根森和波兹曼区分的七个价值集合)也可能会发挥作用。

尽管存在上述限制,本文的探索性实证研究还是为未来的公共价值和公共服务动机研究指明了方向。可以肯定的是,如果可以假设"另一个概念"保持近似恒定,那么在分析时可以将这两个概念完全区分开来。例如，如果某一组员工认可的价值类似，那么就可以在不考虑价值的情况下，分析他们的公共服务动机和绩效之间的关系（Brewer，2008；Perry & Wise，1990）。在另一个示例中，P. 阿隆索（P. Alonso）和 G. B. 刘易斯（G. B. Lewis）（2001）以 35 000 名联邦白领员工为调查对象，研究了公共服务动机和工作绩效之间的关系。同样，如果能够合理假设个人的动机存在微小差异，那么我们能够在不考虑动机的情况下分析不同价值对个人行为的影响。

但是，这些假设通常并不现实，而且在很多情况下需要同时研究公共价值和公共服务动机。首先，"对公共利益的承诺"和公共价值维度之间的相关性表明，公共价值研究能够确定到底哪些因素与公共利益这一模糊的术语相关联。此外，公共价值研究还可以确定哪些价值与其他公共服务动机维度相关。我们确定的关联性在理论上是可以理解的，如果不同的价值组合能够促成不同的行为，那么分析这类模式会非常有趣。就这一点而言，我们已经知道公共服务动机会影响公共服务行为（Alonso & Lewis，2001；Brewer，2008），但有关不同公共价值对行为影响的类似研究是缺位状态。其次，通过公共价值—公共服务动机研究，我们还可以确定在哪些情况下由于实际限制只有价值指引方向，而没有能量作为动力，或者在哪些情况下动机充分，但方向性指引不足。在这里，"自我奉献"是一个非常有趣的特例。最后，通过综合研究公共价值和公共服务动机，我们可以了解不同类型的冲突及其后果。动机与个人层面相关，而价值通常可以在系统层面描述和维护（例如战略文件、法律、组织规则、仪式等），系统层面的价值与个人层面的公共服务动机之间可能会出现矛盾。有关以下话题的研究也会非常有趣：组织价值冲突对公共服务动机的影响、个人价值不一致对公共服务动机的影响，以及价值冲突和公共服务动机矛盾之间的关系。

总之，本文中的概念和经验讨论结果表明，公共价值和公共服务动机之间的关系是以建设性的方式相互作用，即二者各自的经验测量结果可以共同或单独应用，具体取决于我们基于对概念重叠和差异的认识所做出的主动选择。但是，未来还需要更多的实证工作，来确定公共价值和公共服务动机在实践中可以通过哪些方式相互作用。

附　录

表 A1　公共服务动机指数之间的相关性

	公共服务动机整体	对公共利益的承诺	同情心	政策制定的吸引力	自我奉献
公共服务动机整体	1.000				
对公共利益的承诺	0.653***	1.000			
同情心	0.626***	0.305***	1.000		
政策制定的吸引力	0.494***	0.068	−0.054	1.000	
自我奉献	0.539***	0.305***	0.159***	−0.066	1.000
公共服务动机整体	1.000				

注释：$n=501$；PSM＝公共服务动机

*** $p<0.001$。

表 A2　公共价值指数之间的相关性

	广大公众	遵守规则	控制预算	专业性	利益平衡	有效供给	以用户为中心
广大公众	1.000***						
遵守规则	0.279***	1.000***					
控制预算	0.166***	0.186**	1.000				
专业性	0.192***	0.136***	0.091*	1.000			
利益平衡	0.184***	0.244***	0.368***	0.018	1.000		
有效供给	0.179***	0.192***	0.348***	0.231***	0.238***	1.000	
以用户为中心	0.185***	−0.021	0.106*	0.233***	0.129***	0.239***	1.000

注释：$n=501$；PV＝公共价值

* $p<0.05$；** $p<0.01$；*** $p<0.001$。

注释

1. 关于价值和公共价值的概念是存在争议的。关于定义的讨论，见 Beck-Jørgensen(2007)、Bozeman(2007)、Hodgkinson(1996)和 Van der Wal(2008)。

2. 关于公共价值的类似集合，见 Van der Wal(2008)。

3. 关于公共价值的其他分类，见 Hood(1991)、Van Wart(1998)和 Kernaghan(2003)。

4. 这里不包括"PSM12：即便没有人付钱给我，为公民提供服务也会让我感受良好"，因为本研究的调查对象是高薪管理者，本项目关系不大。

5. 关于 RMSEA 的分界点在文献中存在很大的争论，但是大多数学者都采用 0.06 作为阈值。如表 5 所示，公共服务动机四因子测量量表的 RMSEA 值为 0.064，90% 置信区间表示公共服务动机的 RMSEA 值可能高于 0.06。正如 Browne 和 Cudeck(1993)、Williams 等人(2009)所说的，若 RMSEA 值介于 0.05 和 0.08 之间，则表示拟合是合理的[例如，Coursey 和 Pandey(2007)认为 RMSEA 值为 0.1 是良好拟合的临界点]，因此与临界点有微小偏差是可以接受的。

参考文献

Alonso, P., & Lewis, G. B. (2001). Public service motivation and job performance: Evidence from the federal sector. *American Review of Public Administration*, 31, 363 - 380.

Andersen, L. B., Beck Jørgensen, T., Kjeldsen, A. M., Pedersen, L. H., & Vrangbæk, K. (2012). Public value dimensions: Developing and testing a multi-dimensional classification. *International Journal of Public Administration*, 35(11), 715 - 728.

Andersen, L. B., & Pedersen, L. H. (2012). Public service motivation and professionalism. *International Journal of Public Administration*, 35(1), 46 - 57.

Andersen, L. B., Pallesen, T., & Pedersen, L. H. (2011). Does employment sector matter for professionals' public service motivation? *Review of Public Personnel Administration*, 31(1), 10 - 27.

Anderson, J. C. , & Gerbing, D. W. (1988). Structural equation modeling in practice: A review and recommended two-step approach. *Psychological Bulletin*, *103*, 411 – 423.

Beck-Jørgensen, T. (1993). Modes of governance and administrative change. In J. Kooiman (Ed.), *Modern governance: New government-society interactions* (pp. 219 – 232). London, UK: Sage.

Beck-Jørgensen, T. (1999). The public sector in an in-between time: Searching for new public values. *Public Administration*, *77*, 565 – 584.

Beck-Jørgensen, T. (2007). Public values, their nature, stability and change: The case of Denmark. *Public Administration Quarterly*, *30*, 365 – 398.

Beck-Jørgensen, T. , & Bozeman, B. (2007). Public values: An inventory. *Administration & Society*, *39*, 354 – 381.

Beck-Jørgensen, T. , & Sørensen, D. -L. (2013). Codes of good governance: National or global public values? *Public Integrity*, *15*(1), 71 – 95.

Beck-Jørgensen, T. , & Vrangbæk, K. (2011). Value dynamics: Towards a framework for analyzing public value changes. *International Journal of Public Administration*, *34*, 486 – 496.

Bentler, P. M. (1990). Comparative fit indexes in structural models. *Psychological Bulletin*, *107*, 238 – 246.

Bozeman, B. (2007). *Public value and public interest: Counterbalancing economic individualism*. Washington, DC: Georgetown University Press.

Bozeman, B. , & Feeney, M. K. (2011). *Rules and red tape: A prism for public administration theory and research*. Armonk, NY: M. E. Sharpe.

Brewer, G. A. (2008). Employee and organizational performance. In J. L. Perry & A. Hondeghem (Eds.), *Motivation in public management. The call of public service* (pp. 136 – 156). Oxford, UK: Oxford University Press.

Brewer, G. A. , Selden, S. C. , & Facer, R. L. , II. (2000). Individual conceptions of public service motivation. *Public Administration Review*, *60*, 254 – 264.

Browne, M. W. and R. Cudeck. (1993). Alternative Ways of Assessing Model Fit. In K. A. Bollen and J. S. Long, (Eds.), *Testing structural equation models* (pp. 136 – 162). Newbury Park, London, New Delhi: Sage.

Christensen, R. K., Goerdel, H. T., & Nicholson-Crotty, S. (2011). Management, law, and the pursuit of the public good in public administration. *Journal of Public Administration Research and Theory*, *21*(1), 125 – 140.

Coursey, D. H., & Pandey, S. K. (2007). Public service motivation measurement: Testing an abridged version of Perry's proposed scale. *Administration & Society*, *39*, 547 – 568.

De Bruijn, H., & Dicke, W. (2006). Strategies for safeguarding public values in liberalized utility sectors. *Public Administration*, *84*, 717 – 735.

Diamantopoulos, A., & Siguaw, J. A. (2000). *Introducing LISREL*. Thousand Oaks, CA: Sage.

Dunleavy, P., & O'Leary, B. (1987). *Theories of the state: The politics of liberal democracy*. London, UK: MacMillan.

Flora, D., & Curran, P. (2004). An empirical evaluation of alternative methods of estimation for confirmatory factor analysis with ordinal data. *Psychological Methods*, *9*, 466 – 491.

Fornell, C., & Larcker, D. F. (1981). Evaluating structural equation models with unobservable variables and measurement error. *Journal of Marketing Research*, *18*(1), 39 – 50.

Freidson, E. (2001). *Professionalism: The third logic*. Cambridge, MA: Polity Press.

Gailmard, S. (2010). Politics, principal-agent problems, and public service motivation. *International Public Management Journal*, *13*(1), 35 – 45.

Goode, W. J. (1969). The theoretical limits of professionalization. In A. Etzioni (Ed.), *The semi-professions and their organization* (pp. 266 – 313). New York, NY: Free Press.

Graaf, G. D. (2011). The loyalties of top public administrators. *Journal of Public Administration Research and Theory*, *21*, 285 – 306.

Hodgkinson, C. (1996). *Administrative philosophy: Values and motivations in administrative life*. Oxford, UK: Pergamon.

Hood, C. (1991). A public management for all seasons? *Public Administration*, *69*(1), 3 – 19.

Hood, C. , & Schuppert, G. F. (Eds.). (1988). *Delivering public services in Western Europe: Sharing Western European experience of para-governmental organization*. London, UK: Sage.

Hu, L. , & Bentler, P. M. (1999). Cutoff criteria of fit indices in covariance structure analysis: Conventional criteria versus new alternatives. *Structural Equation Modeling*, *6*(1), 1 – 55.

Jöreskog, K. G. , & Sörbom, D. (1993). *LISREL 8: Structural equation modeling with the SIMPLIS language command language*. Hillsdale, NJ: Lawrence Erlbaum.

Jöreskog, K. G. , & Sörbom, D. (1996). *LISREL 8: User's reference guide*. Chicago, IL: Scientific Software International.

Kelloway, E. (1998). *Using LISREL for structural equation modeling: A researcher's guide*. London, UK: Sage.

Kernaghan, K. (2003). Integrating values into public service. *Public Administration Review*, *63*, 711 – 719.

Kickert, W. J. M. , Klijn, E. H. , & Koppenjahn, J. F. M. (Eds.). (1997). *Managing complex networks: Strategies for the public sector*. London, UK: Sage.

Kim, S. , & Vandenabeele, W. (2010). A strategy for building public service motivation research internationally. *Public Administration Review*, *70*, 701 – 709.

Kjeldsen, A. M. (2012). Sector and occupational differences in public service motivation: A qualitative study. *International Journal of Public Administration*, *35*(1), 58 – 69.

Kluckhohn, C. (1962). Values and value-orientations in the theory of action: An exploration in definition and classification. In T. Parsons & E. A. Shils (Eds.), *Toward a general theory of action* (pp. 388 – 433). Cambridge, MA: Harvard University Press.

Knoke, D., & Wright-Isak, C. (1982). Individual motives and organizational incentive systems. *Research in the Sociology of Organisations*, 1, 209 – 254.

Lawton, A., & Rose, A. G. (1994). *Organisation and management in the public sector*. London, UK: Pitman.

Maesschalck, J., Wal, Z. V. D., & Huberts, L. (2008). Public service motivation and ethical conduct. In J. L. Perry & A. Hondeghem (Eds.), *Motivation in public management: The call of public service* (pp. 157 – 176). Oxford, UK: Oxford University Press.

Maguire, M. (1998). Ethics in the public service: Current issues and practice. In A. Hondeghem (Ed.), *Ethics and accountability in a context of governance and new public management* (EGPA Yearbook, pp. 23 – 34). Amsterdam, Netherlands: IOS Press.

March, J. G., & Olsen, J. P. (1989). *Rediscovering institutions: The organizational basis of politics*. New York, NY: Free Press.

March, J. G., & Olsen, J. P. (1995). *Democratic governance*. New York, NY: Free Press.

McAdams, D. P., & de St. Aubin, E. (1992). A theory of generativity and its assessment through self-report, behavioral acts, and narrative themes in autobiography. *Journal of Personality and Social Psychology*, 62, 1003 – 1015.

Mintzberg, H. (1983). *Structure in fives: Designing effective organizations*. Englewood Cliffs, NJ: Prentice-Hall.

Nye, C. D., & Drasgow, F. (2011). Assessing goodness of fit: Dimple rules of thumb simply do not work. *Organizational Research Methods*, 14, 548 – 570.

Olsen, J. P. (1978). Folkestyre, byråkrati og korporatisme [Democracy, bureaucracy and corporatism]. In J. P. Olsen (Ed.), *Politisk organisering* (pp. 13 - 114). Oslo, Norway: Universitetsforlaget.

Ouchi, W. G. (1980). Markets, bureaucracies and clans. *Administrative Science Quarterly*, *25*, 129 - 141.

Pandey, S. K., & Stazyk, E. C. (2008). Antecedents and correlates of public service motivation. In J. L. Perry & A. Hondeghem (Eds.), *Motivation in public management: The call of public service* (pp. 101 - 117). Oxford, UK: Oxford University Press.

Parsons, T. (1954). *Essays in sociological theory* (Rev. ed.). New York, NY: The Free Press of Glencoe/ Collier-Macmillan.

Perry, J. L. (1996). Measuring public service motivation: An assessment of construct reliability and validity. *Journal of Public Administration Research and Theory*, *6*(1), 5 - 22.

Perry, J. L. & Hondeghem, A. (2008). Directions for future theory and research. In J. L. Perry&A. Hondeghem (Eds.), *Motivation in public management: The call of public service* (pp. 294 - 314). Oxford, UK: Oxford University Press.

Perry, J. L., & Wise, L. R. (1990). The motivational bases of public service. *Public Administration Review*, *50*, 367 - 373.

Pierre, J. (Ed.). (2000). *Debating governance: Authority, steering and democracy*. Oxford, UK: Oxford University Press.

Pollitt, C., & Bouckaert, G. (2000). *Public management reform: A comparative analysis*. Oxford, UK: Oxford University Press.

Rainey, H. G., & Steinbauer, P. (1999). Galloping elephants: Developing elements of a theory of effective government organizations. *Journal of Public Administration Research and Theory*, *9*(1), 1 - 32.

Rainey, H. G., Koehler, M., & Jung, C. (2008). *Public values and public service motivation: How do public values relate to patterns of public service motivation?* Presented at the Copenhagen Workshop on Public

Values and Public Interest—Normative Questions in the Evaluation and Development of the Public Sector, The University of Georgia, Athens, GA.

Rhodes, R. A. W. (1997). *Understanding governance: Policy networks, governance, reflexivity and accountability*. Buckingham, UK: Open University Press.

Robinson, J. P., Shaver, P. R., & Wrightsman, L. S. (1991). Criteria for scale selection and evaluation. In J. P. Robinson, P. R. Shaver & L. S. Wrightsman (Eds.), *Measures of personality and social psychological attitudes* (pp. 1 - 16). Oxford, UK: Academic Press.

Rokeach, M. (1973). *The nature of human values*. New York, NY: Free Press.

Schumacker, R. E., & Lomax, R. G. (2004). *A beginner's guide to structural equation modeling*. Mahwah, NJ: Lawrence Erlbaum.

Steen, T. P. S., & Rutgers, M. R. (2011). The double-edged sword: Public service motivation, the oath of office and the backlash of an instrumental approach. *Public Management Review*, *13*, 343 - 361.

Steinhaus, C. S., & Perry, J. L. (1996). Organizational commitment: Does sector matter? *Public Productivity & Management Review*, *19*, 278 - 288.

Van der Wal, Z. (2008). *Value solidity: Differences, similarities and conflicts between the organizational values of government and business*. Amsterdam, Netherlands: VU University.

Van Deth, J. W., & Scarbrough, E. (Eds.). (1995). *The impact of values*. Oxford, UK: Oxford University Press/European Science Foundation.

VanWart, M. (1998). *Changing public sector values*. Hamden, CT: Garland.

Vandenabeele, W. (2007). Towards a theory of public service motivation: An institutional approach. *Public Management Review*, *9*, 545 - 556.

Vandenabeele, W. (2008). Development of a public service motivation measurement scale: Corroboration and extending Perry's measurement instrument. *International Public Management Journal*, 11(1), 143 - 167.

Verdikommisjonen. (1999). *Verdier—fellesskap og mangfold：Verdikommisjonens midtveisrapport* [Values—Community and diversity：The national value commission mid-term report]. Oslo, Norway：Author.

Vrangbæk, K. (2009). Public sector values in Denmark：A survey analysis. *International Journal of Public Administration*, 32, 508 - 535.

Weber, M. (Eds.). (1991). *From Max Weber：Essays in sociology.* London, UK：Routledge.

Williams, L. J., Vandenberg, R. J., & Edwards, J. R. (2009). 12 structural equation modeling in management research：A guide for improved analysis. *Academy of Management Annals*, 3, 543 - 604.

Williamson, O. E. (1975). *Markets and hierarchies：Analysis and antitrust implications.* New York, NY：Free Press.

Wise, L. (2000). The public service culture. In R. J. Stillman, II (Ed.), *Public administration concepts and cases* (7th ed., pp. 342 - 353). Boston, MA：Houghton Mifflin.

Wright, B. E. (2008). Methodological challenges associated with public service motivation research. In J. L. Perry & A. Hondeghem (Eds.), *Motivation in public management：The call of public service* (pp. 80 - 98). Oxford, UK：Oxford University Press.

作者简介

洛特·勃赫·安德森是奥尔胡斯大学政治科学与政府系和丹麦政府研究所的副教授，主要研究内容为公职人员的动机、行为和绩效，尤其关注经济激励、指挥系统、领导力、性别和公共服务动机。

托本·贝克·约根森是哥本哈根大学政治学系名誉教授、哥本哈根商学院兼职教授以及丹麦政府研究所的客座教授，研究方向包括公共组织的公共价值、体制与治理、公共组织理论和公共部门改革。

安妮·梅特·克尔森是奥尔胡斯大学政治科学与政府系的博士生，研究方向包括公共部门和私人部门的公共服务动机，尤其是社会服务和医疗保健领域的公共服务动机。

琳恩·霍尔姆·佩德森现任哥本哈根丹麦政府研究所的研究主任，研究方向十分广泛，包括公职人员的动力（特别关注公共价值和公共服务动机）、公共政策、公共部门改革和地方政府研究。

卡斯滕·弗朗比克现任丹麦政府研究院的研究主任，其书籍和文章涉及公共价值、福利国家改革、卫生政策和管理话题，当前研究方向包括公共价值、问责制和改革、欧盟实施和公私互动。

3. 将价值与公共服务相融合:作为核心组成部分的价值表达①

肯尼斯·克纳汉(Kenneth Kernaghan)

公共行政界需要更加注意如何将价值纳入公共组织的结构、过程和系统中。特别是,应该更加强调价值声明作为价值制度的中心组成部分。本文探讨了四个威斯敏斯特式政府的价值声明的内容和格式、使价值在公共服务业务中发挥普遍影响的举措,以及其他国家的学习要点。每个政府的价值声明都应该抓住公共服务的本质。领导者既要成为基于价值的行为典范,又要成为价值管理艺术的熟练实践者。那些认为价值是在所有组织层面上共享的并且结合了领导角色在整个组织中的分散性的价值声明,为将价值纳入公共服务提供了特别坚实的基础。

引 言

价值的概念已成为公共行政实践与研究的一个主要特色内容。蒙哥马利·范·沃尔特(Montgomery Van Wart)在呼吁建立一个单独的公共行政价值领域时指出:"从业人员的价值管理艺术已经成为公共部门组织的管理人员和领导者必备的主要技能。……公共行政

---

① 原文来源:Kernaghan, K. (2003). Integrating Values into Public Service: The Values Statement as Centerpiece, *Public Administration Review*, 63 (6), 711 – 719.

学的学者和学生的价值科学也同样成为一个重要的研究领域……"
(1998,319,着重号是后加的)本文认为,无论是从业者还是学者,都
需要将更多的精力放在如何将价值最为适当地融入公共组织的结
构、过程和系统中。特别是,应更多地强调价值声明,将其作为价值
制度的核心组成部分,即让共同价值成为公共服务文化的一个组成
部分的一系列措施。

　　本文第一部分简要解释了价值的含义和类型,以及提高其在公
共行政中地位的主要原因。第二部分探讨了澳大利亚、新西兰、英国
和加拿大四个威斯敏斯特式政府中关于公共服务价值声明的内容和
格式。这四个国家近年来都在尝试将价值融入公共服务。第三部分
介绍了这些国家为使价值对公职人员的决策和行动产生普遍影响而
采取的举措。第四部分总结了这些国家以及其他国家的学习要点。

价值的分类和颂扬

含义和解释

　　公职人员和学术界对价值概念以及相关的道德和原则概念的含
义存在分歧。价值在这里被定义为影响我们在现有手段或目的下做
出选择的持久信念。(Rokeach 1973,5)"价值"和"道德"这两个词
经常被作为同义词使用,但它们的含义并不相同。并非所有的价值
都是道德价值,即关于行为对错的持久信念。"价值观可以是道德
的、非道德的或直接是非道德的。"(Henry 1998,xiv)道德价值越来
越多地被视为价值的一个子集。(Guy 1990,14;Kernaghan 1994,
621-622;Van Wart 1998,316)

表 1 公共服务价值分类

道德	民主	专业	人民
诚信	法治	有效性	关爱
公平	中立	效率	公平
问责	问责	服务	宽容
忠诚	忠诚	领导	体面
卓越	开放	卓越	同情
尊重	响应性	创新	勇气
诚实	代表性	质量	仁慈
廉洁	合法性	创造力	人类

在本文中，总体的价值领域被分为四类（见表 1）：道德价值，如诚信和公平；民主价值，如法治和忠诚；专业价值，如效率和创新；人民价值，如关怀和同情。（Canada 2000, 53 - 58）关于专业价值，要区分传统价值（效率）和新价值（创新）。由于某些价值属于多个类别（例如，问责制既是一种道德价值，也是一种民主价值），因此试图将价值划分为几个确切的类别是一个长期问题。四类价值内部和之间的价值冲突是公共行政的一个普遍特征。提及道德价值有助于解决问责制和合法性等民主价值之间的冲突，以及问责制等民主价值和创新等专业价值之间的冲突。

"原则"的概念与道德的概念一样，常常与价值的概念交替使用。不同的政府将同一类型的文件描述为原则声明或价值声明。然而，原则常常被视为比价值更广泛、更基本的概念。史蒂芬·柯维（Stephen Covey）在《以原则为中心的领导力》（Principle-Centered Leadership）一书中认为，原则"是与人际关系和人类组织有关的体系法则"，而价值"是内部的、主观的"（1990, 18, 19）。柯维命名的原则——公平、公正、诚信、诚实和信任——被其他学者广泛描述为价值。通常情况下，一个原则的形式是一句话，其中包含了几种价值。例如，新西兰的《行为守则》（Code of Conduct）中的一项原则规定，"公职人员应诚实、忠实、高效地履行公务，尊重公众和同事的权利"。

相比之下，澳大利亚的价值声明没有提到原则，但它作为广泛服务范围的"哲学基础"（Australia 1999b），用于行为守则和包含更具体指导的部门守则。

价值评估

　　在 20 世纪 60 年代中期，美国和发达的威斯敏斯特国家进入了公共行政的"道德时代"。从那时起，其他许多政府都大大提高了对维护和促进公共服务道德的重视程度（OECD 2000）。早期的重点是处理具体问题的道德"规则"（条例、准则和法规）。道德准则或行为守则很少明确提到基本的公共服务价值。虽然偶尔提及诚信和合法性等价值，但也夹杂着关于利益冲突、保密和骚扰等问题的详细规定。目前这类文件的例子包括美国的《行政部门雇员道德行为标准》（*Standards of Ethical Conduct for Employees of the Executive Branch*）和加拿大的《公职人员利益冲突和离职后守则》（*Conflict of Interest and Post Employment Code for the Public Service*）。然而，在经济合作与发展组织（OECD）关于政府信任的研究报告中，这些文件被列为这些国家的"核心价值"声明。（OECD 2000，118 - 119，318 - 319）

　　自 20 世纪 60 年代中期以来，对公共服务道德的重视得到了前所未有的加强——特别是自 20 世纪 80 年代中期以来——公共服务价值得到了前所未有的强调。发达国家威斯敏斯特政府的官方文件都肯定了价值的核心重要性。例如，在澳大利亚，"价值概括了澳大利亚公共服务（APS）的独特之处，价值是公共部门就业的公共利益的核心。它们提供了服务的真正基础和综合要素，它的专业性、它的正直性和它的文化，为当时的政府提供公正的和有求必应的服务"（Australia 2001，17）。而在新西兰"价值基本上是公职人员日常工作与民主治理的广泛目标之间的联系"（New Zealand 2001a，1）。

　　20 世纪 80 年代初的两项运动的开展提高了公共服务价值的地

位。"公司文化"运动强调澄清和阐明公司价值，它认为组织文化与组织的成功之间有着密切的联系。托马斯·J. 彼得斯（Thomas J. Peters）和罗伯特·H. 沃特曼（Robert H. Waterman）（1982）把价值作为企业文化的精髓，把共享价值作为企业成功的关键，对公共组织的思想和实践产生了实质性的影响。第二场运动"新公共管理"强调将商业实践经验和技术应用于公共组织，它以若干方式影响了公共服务价值，要求制定带有使命、愿景和价值声明的战略计划，更加注重对结果的问责，强调创新和服务等商业价值，以及淡化传统的公共服务价值，这些都使公共服务价值问题凸显出来。实行内阁议会制的威斯敏斯特政府，一直在宪法约定的部长责任制与创新、创业等新的职业价值之间挣扎。国内的特殊关注也导致更加注重价值。例如，在澳大利亚，强调价值的部分原因是，在向个别组织大量下放权力的情况下，促进统一的公共服务。在加拿大，最近对价值的重视代表了公职人员和部长之间的关系、传统价值和新价值，以及公共服务领导力等问题上统一价值和行动方面的努力。（Canada 2000，1）

自 20 世纪 80 年代中期以来，众多政府的道德倡议和价值倡议可分为两类：一类起源于 1960 年代，主要是更新和完善现有的道德规则和法规，并制定新的规则和法规；另一类是将价值声明作为战略计划的一个组成部分或作为独立的文件。这种发展促进了道德和价值文件的不断衍生，这是许多政府的特点。一些政府认识到，由于价值和道德之间的密切联系以及需要承认和正式确定这种联系，这两类文件应该是一脉相承的。其中一些政府将道德和价值文件合并或明确地联系在一起，还有一些政府提供了价值基础，作为道德和其他规则的上层建筑基础。

让价值正确

本节研究四个威斯敏斯特政府为表达其公共服务核心价值而采

用的文件内容和格式。

澳大利亚

价值是澳大利亚公共服务局（APS）的一个非常重要的内容。管理咨询委员会 1993 年的一份出版物首次阐述了澳大利亚公共服务局的价值。（Australia 1993）然后，在 1999 年，澳大利亚公共服务局的价值声明作为新的《公共服务法案》（Australia 1999a）的开篇部分被载入。该声明主要包括民主、道德和传统的专业价值，但也包括新的专业价值。此外，该声明的 15 条规定中，有几条包含多种价值。这些规定包括，"澳大利亚公共服务局将公平、有效、公正和有礼貌地提供服务……并对澳大利亚公众的多样性保持敏感"和"澳大利亚公共服务局是非政治性的，以公正和专业的方式履行其职能"（6）。

澳大利亚公共服务局的价值声明之后是澳大利亚公共服务局行为守则。这两份文件是相互联系的，因为守则规定，"澳大利亚公共服务局的雇员在任何时候都必须以维护澳大利亚公共服务局价值的方式行事"（9），而价值声明规定"澳大利亚公共服务局具有最高的道德标准"（6）。该守则包含了各种价值（其中大部分是诚信、尊重等道德价值）和关于保密、利益冲突等事项的道德规则。其中的规定包括："澳大利亚公共服务局的雇员在受雇于澳大利亚公共服务局的过程中必须以诚实和正直的方式行事"（8），以及"澳大利亚公共服务局雇员必须披露并采取合理的步骤避免与澳大利亚公共服务局聘用有关的任何利益冲突（实际的或明显的）"（8）。

价值声明为道德和其他行为规则提供了一个基础。《联邦公务员公务行为准则》（Australia 1995）对这两份法定文件进行了补充（虽然没有明确联系）。这份长达 100 页的文件就立法、法规和准则中涉及的民主、专业和人民方面的各种价值和道德问题提供了详细的指导。

新西兰

虽然没有一项单一的声明确认新西兰公共服务的核心价值，但官方文件将这些价值概括为诚信、诚实、政治中立、专业、遵守法律、尊重民主体制、尊重《怀唐伊条约》（关于土著人民）以及自由和坦率的建议。（New Zealand 2001b，6）《公共服务行为守则》对这些价值做了最全面的阐述。这份冗长的文件中没有"价值"一词，但它阐述了三项主要原则，其中确实包含了价值。例如，第一项原则规定，"公职人员应以专业精神和诚信履行对政府的合法义务"(8)。对这一原则的阐述包括政治中立和发布官方信息等标题下的指导意见。

与《澳大利亚公共服务局价值和行为守则》不同的是，新西兰的守则是由国家服务专员根据1988年《国家部门法案》的授权发布的。不过，与《澳大利亚公共服务局价值和行为守则》一样，该守则旨在提供一个基础，让各个部门可以在此基础上制定更详细的规定，以满足其特定要求。新西兰的守则还得到了其他一些文件的补充，其中包括《国家部门指导目录》，该目录链接了涉及各种价值和道德问题的在线出版物和网站（New Zealand 2001a）。还有一份由国家服务部部长发布的《政府对国家部门的期望声明》（New Zealand 2001a），其中以不同的形式包含了与守则相同的价值。不过，该声明的内容超出了该守则的范围，包括专业价值，并列出了国家对公职人员设定的某些责任，以及公职人员对国家承担的责任。

英国

提及国家对公职人员的义务亦是1996年通过的英国《公务员守则》的一个特点。（United Kingdom 1996）与新西兰一样，有多项声明概述了公共服务的核心价值，最著名的是《公务员守则》以及《愿景和价值声明》(United Kingdom 1999)。与新西兰的行为准则一样，但与澳大利亚公共服务局的价值声明不同，《公务员守则》将民主和道德价值放在首位，而很少关注专业价值。英国的守则，像澳大利亚和新西兰的价值及道德文件一样，主要关注的是部长和公职人员之间的关系——在威斯敏斯特体系中，部长责任的宪法约定的重要性激发了人们的关注。守则指出，"公职人员的宪法和实际作用是以诚信、诚实、公正和客观的态度，协助正式成立的政府制定政策、执行决定和管理他们所负责的公共服务"(1)。彼得·亨尼西(Peter Hennessey)认为，该守则是"你能找到的关于公职人员为何工作的最佳定义"(1995，134)。

《公务员守则》交织着价值、原则、准则和程序等内容。虽然它包含了十几种价值，但并没有出现"价值"这个词。然而，1999 年通过的《愿景和价值声明》作为英国政府现代化议程的一部分，为公职人员提供了"一套共同的原则或价值"(United Kingdom 1999，着重号是后加的)。虽然该声明包含了守则中的一些民主价值和道德价值，但它主要包括专业价值(如结果、创新和质量)。事实上，它的每一个价值都明确地以欧洲基金会质量管理卓越模型的基本概念为基准。该声明与《公务员守则》只有微弱的联系，其目的是补充而不是取代该守则。

加拿大

与其他威斯敏斯特国家不同的是，加拿大还没有正式的服务范围的价值声明或原则声明。然而，有大量的非正式协议认为，核心价值包括忠诚、问责制、适当程序、诚实、诚信、公平、平等、优秀、质量和效率。(Bourgon 1997)这些是联邦副部长的公共服务价值和道德问题工作组在 1996 年报告(Canada 2000)中所强调的主要价值。该工作组呼吁通过一份公共服务原则声明，并设立一个办公室，来提供咨询、收集信息和协调这些原则的管理工作。

　　为此,该政府于 1999 年设立了价值和道德办公室(http://www. tbs-sct. ge. calveo-bver res e. asp),以领导相关工作,该办公室是促进价值和道德发展的专门知识中心,并支持部门倡议。该办公室还为担任公共服务价值和道德联合倡导者的两位副部长(各部门的行政首长)提供秘书处服务。2001 年,共同倡导者就原则声明草案征求了所有公职人员的意见。除了与全国 2000 名公职人员就声明草案进行协商外,声明草案还与解释性说明一起张贴在政府网站上。本着公开和透明的精神,原则草案和公职人员的意见都向公众公布。虽然公职人员提出的许多意见大多支持原则声明,但也有人对管理者是否有可能遵守这些原则表示关切。因此,在正确对待价值的同时,必须积极努力将其融入公共服务实践中。

让价值复苏

　　本节探讨四个威斯敏斯特政府为将其价值融入公共服务的文化和运作中而采取的主要措施。

澳大利亚

　　1998 年,澳大利亚公共服务专员开始向议会提交年度报告,评估每个机构在多大程度上纳入了澳大利亚公共服务局的价值,以及机构制度和程序是否足以确保遵守《行为守则》。这项内容承认了这样一个事实,即"价值需要融入组织文化,然后才能形成一个强有力的框架,用于决策和应对新出现的问题"(Australia 1999c, 18)。朝着这个方向迈出的第一个重要步骤是发表了一份文件,其中解释了每一种价值的含义,为各机构和雇员个人提供了一份清单,供其将价值应用于组织目标和个人行为,并为各机构制定了评估价值应用情况的指标。（Australia 2000c）例如，一个非政治性、公正和专业的公共服务机构的指标是：（1）建立系统和结构，使其能够对所有相关的问题和选择进行明确和充分的分析；（2）拥有监督其向政府提供的建议的有效性和质量的系统；（3）能够证明其建议是客观、公正和及时的；（4）拥有明确的、可利用的系统，以促进公平和及时地解决关切，包括与政治影响有关的关切。

一些机构在澳大利亚公共服务局价值的框架内阐述了自己的价值。公共服务专员鼓励已经有价值声明的机构解释机构价值与澳大利亚公共服务局价值之间的关系，来对其进行补充，并建议各机构不要把重点放在机构特有的价值上，而损害了澳大利亚公共服务局的整体价值。

将澳大利亚公共服务局的价值和行为守则作为 1999 年《公共服务法案》的主要章节，表明政府将价值和守则的规定纳入公共服务文化的决心。公共服务专员将服务状况报告描述为"一份成绩单……其中说明了服务部门在其职能范围内对澳大利亚公共服务局价值和行为守则的理解及应用情况"（Australia 2001，11）。在报告中涉及择优录用、客户服务和领导力等主题的章节中，处处提到了这些价值和守则。专员不仅监督各机构用于促进价值和道德发展的制度和程序，而且还对雇员进行调查，了解这些工作是否成功。

各个机构为促进澳大利亚公共服务局价值发展所采取的措施包括以信息会议、内联网列表和书签的形式实现基本合规性，以及将价值纳入招聘程序、绩效协议和学习活动。已经采取了类似的措施来提高对该守则的认识，专员监督各机构的程序，包括实施制裁的程序，以确保遵守该守则（Australia 2000a）。

新西兰

2001 年，国家服务委员会采取了一项重大举措，将核心价值纳入新西兰公共服务。总的主题是"说到做到：让价值成为现实"（New Zealand，2001b），该委员会制定了一份适用范围广泛的促进指南，以推进对核心价值的认识和理解，鼓励公职人员在其决定和行动中坚持这些价值，并将守则付诸实践。该指南包括守则、解释共享价值（特别是信任和诚信）的重要性的视频，以及若干基于价值的情景，还提供了学习计划，使可能不是价值和道德方面专家的人能够加强对以价值为基础的问题和困境的知情讨论。

英国

澳大利亚的价值和行为文件已在法规中得以确立，新西兰的《公职人员行为守则》是《国家服务法案》授权的，而英国的《公务员守则》则是根据 1995 年的《公务员理事会令》（由公务员事务大臣制定的法律条例）颁布的。《公务员管理守则》就广泛的事项提供了指导，要求所有部门和机构将《公务员守则》纳入其雇员的服务条件，明确适当的行为标准和违反这些标准将面临的制裁，并确保这些规则"充分反映"该守则。

1999 年的《愿景和价值声明》旨在补充该守则的不足。它为各部门和机构提供了一套共同的价值，使它们可以在此基础上建立自己的愿景，并解释了"如何将愿景和价值融入公务员今后的工作中，使公务员活用这些价值，而不是仅仅谈论这些价值"（United Kingdom 1999，第 3 段）。为实现这一目标，应敦促公务员在绩效管理、招聘和甄选、培训和发展等主要管理过程中体现这些价值。例如，绩效管理制度必须"承认和奖励提供及维护价值的人；正视一贯违背价值的人的不良业绩；发展能力……以反映支持愿景和价值所需的行为"（第 12 段）。

加拿大

自 1999 年以来，加拿大的价值和道德办公室一直在促进对话、研究和案例研究，并开始制定一项原则声明，作为管理价值和道德的综合框架的核心组成部分。有几个部门已经采取行动，制定了自己的价值和道德制度。例如：公共工程和政府服务部的战略方针涉及制定道德价值声明，使政策和程序与声明相一致；通过教育、培训和发展提高道德意识；强调道德领导力在组织内从上到下的重要作用；强调经常沟通、反馈和成功；采取公平行动政策来处理不当行为指控。（Robillard 2000，8－9）

学习要点

威斯敏斯特国家的经验为希望通过或修订价值声明（或原则声明）的政府以及个别公共组织提供了经验教训。"理想的声明应该是简明扼要、语气和措辞庄重、侧重于公共服务的伟大原则、能够经久不衰的。"（Canada 2000，61）

价值、道德和原则

学术著作和行政实践都表明，不太可能就"价值"和"原则"这两个词的含义和用法达成普遍一致。重要的是，每个政府的正式声明都抓住了公共服务的实质，无论这一声明被描述为价值声明还是原则声明。

表 2 澳大利亚价值声明中的公共服务价值

道德	民主	专业	人民
高道德标准	不关心政治	专业	不受歧视
诚实	问责	基于价值的	多样性
公平	公正	有效	有礼貌
	以坦率、全面、准确、及时的意见回应政府	工作场所的沟通、咨询和合作	公平、公正
		高质量的领导	
		公平、灵活、安全、有益的工作环境	
		结果导向	
		绩效导向	
		职业生涯导向	
		凝聚力	

　　将道德价值概念化为一般价值的一个子集，并评估道德价值相对于民主价值、专业价值和人民价值的优先性，是有帮助的。人们普遍认为，价值声明应简明扼要，只应包含支撑公共服务的最基本价值。但挑战在于，决定是否应将每一类价值包含在内，如果包含在内，那么应该包含哪些价值。澳大利亚价值观声明的 15 条规定包含了 4 类约 25 种价值，尤其是专业价值一类，其中包括一些新的价值（见表 2）。而新西兰的《公共服务行为准则》有 3 项原则，共包含 8 项民主、道德和传统的专业价值，并辅以对每项识别其他价值的原则的阐述。新西兰的"公共服务大原则"更容易识别和记忆。然而，澳大利亚也许可以通过积极努力将这些价值融入其结构、程序和系统来抵消其价值清单的冗余性。

清理和澄清混乱之处

　　虽然简明扼要的核心价值声明有助于将价值纳入公共服务，但必须将这一声明与涉及价值和道德的其他正式文件区分开来。澳大利亚、新西兰和英国都有多份这类主要文件。在澳大利亚，两份主要文件——《澳大利亚公共服务价值声明》和《行为准则》——有着明确而密切的联系；而在英国，两份主要文件——《公务员行为准则》和《价值声明》——之间的联系并不明确，也很脆弱。在所有这三个国家中，由于存在着许多其他相关文件，特别是那些涉及道德的、多年来作为对具体问题的临时反应而制定的文件，因此，寻求一致性的工作变得更加复杂。

除了这些文件外，大多数部门和机构还制定了自己的规则，以应对特定的问题，但往往没有参照服务范围的规定。理想的情况是，这些零散的规则应该被整理成一套清晰、连贯、可理解的、相互关联和相互参照的文件。这项工作也将有助于消除重叠和不必要的规则。在实践中，这项工作可能非常耗时，并可能需要大量的合作，如果是在整个服务范围内进行，更是如此。因此，应优先考虑将最核心和最全面的文件联系起来并使之合理化，例如适用于整个公共服务的价值声明和行为守则或道德守则。这往往会使公职人员的注意力集中在公共服务的主要价值、原则和标准上。这反过来又有助于更好地理解作为许多公共服务规则基础的公共服务核心价值，并为各个部门和机构建立自己的价值体系奠定基础。

打造坚实的基础

就前两个学习要点采取行动将有助于确保价值声明的质量和明显性。威斯敏斯特国家的经验表明，应认真考虑建立一个由二级规则所依据的核心公共服务价值基础组成的两级制度。举例来说，有关利益冲突的规章、指引及法规的重要性，可以用诚信和公平等道德价值来解释。关于政治党派的规则将与中立和忠诚等民主价值联系起来。

在确定核心价值时，有必要评估与新公共管理运动密切相关的创新和创业等新的专业价值的持久力。20 年前,这些价值不会被列为公共服务核心价值。威斯敏斯特声明和守则中几乎没有人民价值,如关怀和同情,但可能应该纳入这些价值,以表明政府打算成为与私营部门竞争的首选雇主。

为整个公共服务而设的二级价值和规则体系应辅以类似的二级体系,以配合个别机构的要求。一个部门可以加强整个服务范围的核心价值,并以其特定职责所产生的价值作为补充(例如,财政部门的审慎财政)。同样,该部门可以用满足其特定需求的规定来补充服务范围内的规则(例如,采购部门的利益冲突规则要更强、更详细)。

确保核心价值

对纳入公共服务价值的另一个主要影响是用来表达这些价值的工具。例如,这些价值可能在法规中(澳大利亚)、在条例中(英国)或在准则中(新西兰)得到巩固。主张采用法定办法的人认为,这样做可以做到以下几点:

1. 发出信号,象征着政府对该声明的大力支持。

2. 促进公众、立法和媒体对该声明的形式和内容进行讨论。

3. 以高调的方式让公众了解公职人员所代表的价值,从而增加公众对公共服务的赞赏。

4. 以正式的方式让公职人员了解他们应该追求的价值。

5. 允许对该声明给予更大的支持。

主张非立法方式的人认为,它将:

1. 有助于实现上述目标 3 和 4。

2. 更容易修订声明,以应对新的挑战(例如,更加强调新的专业价值,如创新,或因利益冲突问题增加而产生的道德价值,如诚信)。

3. 避免在声明上发生党派冲突的可能性(澳大利亚声明的长度和包容性在很大程度上是议会辩论的结果)。

在选择这些文书时，不能脱离有关事项的决定，如一份还是多份中心文件、声明是简明扼要和鼓舞人心的还是冗长和规定性的，以及，特别是，价值声明是否将附有促进和监督遵守情况的有力措施。

寻求合规性

在威斯敏斯特国家中，澳大利亚拥有促进遵守其价值声明和行为守则的最正式制度。如上所述，根据《公共服务法案》，公共服务专员必须向议会报告各机构采用澳大利亚公共服务局价值和遵守守则的情况。专员指出（1999 年 12 月 5 日）："现在提供了一个强制性的标准和原则框架，可据此评估各机构及其工作人员在维护这些价值方面的表现。"（Australia 2000c，24）机构负责人必须制定程序，以确定雇员是否违反了守则，他们有权实施诸如终止雇用、重新分配职责和减薪等制裁措施。虽然现在评估这些工作是否成功还为时过早，但值得注意的是，专员的报告赞扬了某些机构在灌输尊重和遵守澳大利亚公共服务局价值和行为准则方面所做的努力，并对其他机构的表现表示惋惜，同时警告说要继续关注价值和道德的推进情况。

澳大利亚维多利亚州在将价值和道德纳入其公共服务方面采取了一种值得注意的做法。根据该州 1998 年《公共部门管理和就业法案》发布的行为守则，规定了四项"行为原则"——公正、诚信、成果问责制和响应性服务。公务员就业专员认为这些原则"与在经合组织29 个成员国中最常见的核心公共服务价值一致"（State of Victoria 2000）。该专员发布了一项关于维护公共部门行为的指示，要求机构负责人表明他们对这些原则的承诺，并建立公平的程序来调查和报告被指控的不道德行为。专员还向议会报告各机构适用这些原则的程度。报告的数据包括过程指标、产出指标、定期研究和特别案例。（Salway 2001，568）

结 语

这些学习要点表明，价值声明是将价值纳入公共服务的一个基本条件，但这还不够。如果声明正确而执行错误，就有可能导致愤世嫉俗和降低士气。有效的价值管理要求公共组织回答以下四个问题。

我们现在在哪里？

在审查一个组织的价值管理时，应评估其价值声明（或采用价值声明的可取性）。评估一个组织的价值环境的最流行的机制是价值（或道德）审计，它提供了关于当前的做法和问题以及可能的改进的数据（Lewis 1991，19293. 199 - 202）。其他方法包括客户和公民评估、雇员评估、绩效评估、基准和质量评估（VanWart 1998，260 - 270）。

我们希望在哪里？

理想的情况是，一个公共组织将以这些数据为基础，采取措施，尊重其核心价值纳入其业务的所有方面。每个组织都可以根据其对价值驱动型组织的理想模式的愿景来评估这些数据，并考虑其资源在多大程度上允许它朝着这个方向发展。

我们如何做到这一点？

正如威斯敏斯特国家所表明的那样，各国政府在分配给价值管理的资源和追求价值一体化的机制方面都有很大的不同。其他地方的政府可以评估采用或调整这些机制的可取性和可行性，并可以制定自己的创新举措。

我们如何实现这一目标？

将价值成功地融入公共服务需要以价值为中心的领导。领导者不仅要成为以价值为基础的行为的典范，而且要成为价值管理艺术的熟练实践者。早在 1957 年，菲利普·塞兹尼克（Phillip Selznick）就认识到，一个组织的领导者"首先是一个促进和保护价值的专家……创造性领导的艺术是对人类和技术材料进行再加工的艺术，以塑造一个体现新的和持久价值的有机体"（28）。詹姆斯·M. 库泽斯（James M. Kouzes）和巴瑞·Z. 博斯纳（Barry Z. Posner）（1995，18）在他们的畅销书《领导力的挑战》（The Leadership Challenge）中也表达了这一信息。模范领导力的要素包括：通过吸引他人的价值、兴趣、希望和梦想来吸引他们进入一个共同的视野，并通过符合共同价值的行为方式来树立榜样。而诺兰（Nolan）勋爵著名的《公共生活标准》（Standards in Public Life）（United Kingdom 1994）中的领导原则是："担任公职的人应该通过领导和榜样来促进和支持这些原则（无私、正直、客观、问责、公开、诚实）。"

在本文研究的四个国家中，澳大利亚最值得注意的是，它认识到领导力对于将正确的价值有效地融入公共服务的核心重要性。如前所述，公共服务专员和机构负责人在这一领域提供领导力的责任是正式规定的。然而，澳大利亚和其他地方的高级公职人员必须在正式的和法律规定的任务之外，激发共同的愿景，并通过其行动和决定树立榜样，体现价值。此外，虽然以价值为基础的领导力在公共组织的高层尤为重要，但在各级都可以找到并鼓励这种领导力。那些认为价值是在所有组织层面上共享的并且结合了领导角色在整个组织中的分散性的价值声明，为将价值纳入公共服务提供了特别坚实的基础。

注释

1. 在本文付印期间，加拿大政府通过了《公务员价值和道德守则》，于 2003 年 9 月 1 日生效。该守则见 http://www. tbs-sct. gc. ca/pubs_pol/hrpubs/TB_ 851/veccvel_ e. asp♯_Toc46202800(2003 年 8 月 19 日查阅)。

参考文献

Australia. 1993. *Building a Better Public Service*. Canberra, Australia: Management Advisory Board.

——. 1995. *Guidelines on Official Conduct of Commonwealth Public Servants*. Canberra, Australia: Public Service Commission. Available at http://www. psmpc. gov. au/publications/ index. html. Accessed July 5, 2002.

——. 1999a. Public Service Act 1999, No. 147. Available at http://scaletext. law. gov. au/html/comactl10/6059/top. htm. Accessed July 3, 2002.

——. 1999b. Public Service Bill 1999. Explanatory memorandum. Available at http://www. psmpc. gov. au/psact/ psbil199. htm. Accessed July 5, 2002.

——. 1999c. *State of the Service Report*, *1998 - 1999*. Canberra, Australia: Public Service and Merit Protection Commission.

——. 2000a. *Managing Breaches of the APS Code of Conduct*. Canberra, Australia: Public Service and Merit Protection Commission. Available at http://www. psmpc. gov. au/publications/index. html. Accessed July 5, 2002.

——. 2000b. *State of the Service Report*, 1999 - 2000. Canberra, Australia: Public Service and Merit Protection Commission.

——. 2000c. *Values in the Australian Public Service*. Canberra, Australia: Public Service and Merit Protection Commission. Available at http://www. psmpc. gov. au/publications00/ values. htm. Accessed July 5, 2002.

——. 2001. *State of the Service Report*, *2000 - 2001*. Canberra, Australia: Public Service and Merit Protection Commission.

Canada. 2000. *A Strong Foundation: Report of the Deputy Minister's Task*

*Force on Public Service Values and Ethic*s. Ottawa, Canada: Canadian Center for Management Development. Available at http://www. ccmd-ccg. gc. ca/research/publications. Accessed July 5, 2002.

Covey, Stephen R. 1990. *Principle-Centered Leadership*. New York: Simon and Schuster.

Guy, Mary E. 1990. *Ethical Decision Making in Everyday Work Situations*. Westport, CT: Quorum.

Hennessey, Peter. 1995. *The Hidden Wiring: Unearthing the British Constitution*. London: Victor Gallancz.

Henry, Nicholas. 1998. Foreword. In *Changing Public Sector Values*, edited by Montgomery Van Wart, xii-xv. New York: Garland.

Kernaghan, Kenneth. 1994. The Emerging Public Service Culture: Values, Ethics and Reforms. *Canadian Public Administration* 37(4): 614 – 630.

Kouzes, James M. and Barry Z. Posner. 1995. *The Leadership Challenge*. San Francisco, CA: Jossey-Bass.

Lewis, Carol W. 1991. *The Ethics Challenge in Public Service*. San Francisco, CA: Jossey-Bass.

New Zealand. 2001a. *Values and Standards: Values in the New Zealand Public Service*. Wellington, New Zealand: State Services Commission. Available at http://www. ssc. govt. nz/documents/valintro. hm. Accessed July 5, 2002.

——. 2001b. Walking the Talk: Making Values Real — Facilitation Guide. Wellington, New Zealand: State Services Commission.

Organisation for Economic Co-operation and Development (OECD). 2000. *Trust in Government: Ethics Measures in OECD Countries*. Paris: OECD.

Peters, T. J. and R. H. Waterman. 1982. *In Search of Excellence*. New York: Harper and Row Robillard, Paul. 2000. Promoting Ethics and Values in a Major Government Department: Strategy and Challenges. Paper presented to the Commonwealth Association of Public Administration and Management biennial conference, October 16, Capetown, South

Africa.

Rokeach, Milton. 1973. *The Human Side of Values*. New York: Free Press.

Salway, Peter. 2001. Reporting on Public Sector Ethics and Values: A New Public Management Model in Practice. *International Review of Administrative Sciences* 67(3): 567–570.

Selznick, Philip. 1957. *Leadership in Administration: A Sociological Interpretation*. New York: Harper and Row.

State of Victoria (Australia). 2000. *Conduct Management* 2000: *A Study into How Public Sector Managers Assist Employees Apply the Conduct Principles*. Available at hup://www. opevic. gov. au/ope/OPERes. nsf/ SearchRes/Conduct+Management+2000. Accessed July 5. 2002.

United Kingdom. 1994. *Committee on Standards in Public Life* (the Nolan Committee), First Report, Cmnd. 2850 – 2851, vol. 1. London: Her Majesty's Stationery Office.

——. 1996. *The Civil Service Code*. London: Cabinet Office (Office of the Public Service).

——. 1999. *Vision and Values*, *Civil Service Reform: A Report to the Meeting of Permanent Heads of Departments*, Sunningdale, England, September 30-October 1, 1999. London: Cabinet Office.

Van Wart, Montgomery. 1998. *Changing Public Sector Values*. New York: Garland.

作者简介

肯尼斯·克纳汉是安大略省圣凯瑟琳市布洛克大学政治学和管理学教授,《国际行政科学评论》编辑,加拿大皇家学会研究员。他与人合著的书包括《新公共组织》《负责任的公职人员》和《加拿大的公共行政学》,他的研究领域包括公共服务价值、道德和电子政府与民主。

.

二、公共部门与公共价值

4. 自由化的公共设施部门的公共价值保障策略^①

汉斯·德·布鲁因和威廉姆恩·迪克（Hans de Bruijn and Willemijn Dicke）

在公用事业部门,需要保障诸如负担能力、安全和环境保护等公共价值。在过去的 15 年间,大多数公用事业要么自由化,要么私有化。为了在这些新的条件下保障公共价值,公用事业部门的这种转变伴随着严格的管理和规范化。这些都属于等级保障机制的一部分。这种机制可能会造成不利影响,如增加交易成本,从而削弱甚至毁掉所谓自由化和私有化的优势。

除了等级保障机制之外,本文还介绍了两种用于保障公共价值的机制:网络机制和市场机制。我们认为,网络机制与等级机制的巧妙结合,以及市场机制与等级机制的巧妙结合,都能够比单纯依靠等级机制更高效地保障公共价值。

引　言

近年来,保障自由化公用事业部门中的公共价值问题引起了广泛的讨论。这些公共价值包括服务的可靠性、安全性和负担能力等。

---

① 原文来源:De Bruijn, H. & Dicke, W. (2006). Strategies for safeguarding public values in liberalized utility sectors. *Public Administration*, 84 (3): 717 - 735.

2001年1月的加州电力危机在美国引发了一场辩论。逐利的私人公司在这种生活必需品方面的供应保障是否足够充分？在1999年10月和2000年3月英国发生两起重大铁路事故后，也出现了同样的讨论。在私人公司垄断铁路的情况下，监管机构是否真正能够确保安全性？第三个案例是北欧国家（2003年）、意大利（2003年）、伦敦（2003年）和纽约（2003年）的重大停电事件。事故和危机的数量还在不断增加，各地都在开展相关讨论。

在随后的公开讨论中，这些危机被归咎于自由化。根据伦敦市长肯·列文斯顿（Ken Livingstone）的说法，"那场席卷全球的私有化大潮"是这一问题的罪魁祸首，因为私有化的结果是"缺乏投资，（这）近乎犯罪"（Livingstone 2003）。在学术界，我们也听到了类似的声音。例如，托本·贝克-约根森（Torben Beck Jørgensen）和巴瑞·波兹曼（Barry Bozeman）认为，"私有化和外包往往会侵蚀公共价值"（2002，第65页）。

公用事业部门自由化和私有化必然会引发关于公共价值在私人手中是否安全的争论。这些趋势对传统的保障机制产生了重大影响。在基础设施方面，政府过去在几乎所有情况下都是唯一的生产者和销售者。因此，人们认为没有必要建立严格的监管框架。公共行为者的道德观念在其中起着关键作用，他们保护这些价值，包括那些并不总被明确指出的价值。（Van Wart 1998；Kernaghan 2003）

自由化和私有化使生产、分配和供应成为若干公共和私人行为者的责任，这就形成了一个相互依存的行为者网络。过去隐含在单一公共机构中的目标和程序，现在需要在不同的合同伙伴之间明确说明。因此，伴随着公用事业部门的自由化，不可避免地出现了复杂的法律规定。这些规定有助于识别、分配和减轻所涉及的且在公有制条件下并不存在的各种风险。（Lobina and Gall，2003，第22页）

本文试图阐述在自由化或私有化背景下，为了保护公共价值，同时减少严格监管带来的不利影响，必须做出的保障安排。在公用事业自由化和私有化的情况下，法律和监管显得至关重要。然而，鉴于严格界定目标和过于严苛的监管所带来的弊端，如何将法律法规与其他保障机制结合起来，既给经营者留有余地，又给监管者留有权力？

在接下来的章节中，我们简单阐述了关于公共价值的论述，并讨论了"公共价值"概念的相关性。然后，我们概述了以下三种类型的保障机制：等级式、市场式和网络式。紧接着我们讨论了不同机制的巧妙组合。最终，本文简要地讨论了不同组合获取成功的条件。

定义公共价值

关于公共价值的文献非常广泛，特别是当我们将机构经济学、法律和公共行政使用的观点纳入其中时，会产生大量的理论和术语，包括为了普遍利益而服务（例如，见 EC 2004）、公共价值（例如，见 Moore 1995；Beck-Jørgensen and Bozeman 2002）、公共目标（例如，见 Noam 1996）、公共利益（例如，见 Blumstein 1999；Raad voor Verkeer en Waterstaat 2003）、外部性（例如，见 Michie 1997；Ostrom 等人 1999）和公共规范（例如，见 ECN SEO 2004）等等。还应该记住，即使作者使用了相同的概念，它们的含义也可能千差万别。

在梳理研究公用事业部门公共价值保障的三个重要学科（即法律、经济和公共行政）的文献时，我们发现了一些与公用事业部门自由化和私有化辩论有关的公共价值观点。以下是对这些观点的总结。

程序性价值与实质性价值

在本文对公共价值的论述中，程序与内容相互分开且互成对比。程序性的公共价值指的是公共部门的行为方式，以及政府行为过程中应该达到的标准。这些程序性价值包括"诚实、正直、公正、为公共利益服务、政治问责、政权稳定、透明、社会凝聚力、用户导向和效率"等等（Beck-Jørgensen and Bozeman 2002，第 64 页），这种论述无疑是有力的。一些国家的政府已经建立了确保"道德行为"的办公室。例如，加拿大设立了价值和道德办公室（见 Kernaghan 2003，第 714 页），一些国家的政府还制定了行为准则（例如，新西兰、英国和澳大利亚）。在这一论述中，有人认为，在生产作为集体物品或共同物品的商品和服务时，应该考虑到基本的（程序性的）公共价值（见 Beck-Jørgensen and Bozeman 2002，第 64 页）。这一类理论强调了公共价值的不同方面，它们主要关注的是如何增强公民意识、公平、正义、道德和响应性（Frederickson 1997）。

本文关注的是实质性的公共价值，而不是这些程序性的公共价值。在公用事业部门的公共价值论述中，中心思想是国家有责任直接或间接地保障实质性的公共价值，如普遍服务、连续性、服务质量、可负担性、用户和消费者保护。可以针对每一个公用事业部门指定这些价值（例如，Schmitter 1988；Wetenschappelijke Raad voor het Regeringsbeleid 2000；Ministerie van Economische Zaken 2002，第 6 页；European Commission 2002，2004；Dubash 2003，第 149 页；Nyfer 2003；Encore 2004）。其他作者则选择了"公共目标"（Encore 2004）、"公共工程价值"（Tonn 2000）或"公共利益"（PIER 2001，第 2 页）等术语。当然，在程序性公共价值和实质性公共价值之间不可能做出明确的区分。在本文中，我们将证明实质性公共价值的界限可以是模糊的。

公共价值与私人价值：公共利益与私人利益

与"私人"价值相比，哪些价值属于"公共"价值？一个价值如果属于"公共"价值，则它必须带有集体性含义，即可以在集合或累积层面从这种价值保护中受益。"私人"价值等同于私人利益,这些私人价值与集体利益形成对比(Weintraub 1997,第 5 页)。与"公共"相对的是那些只与个人有关的方面。存在这样一种隐性或显性的推理,即只有当集体从中受益时,该价值才是公共的,而这种推理在关于公共价值的所有分析中非常普遍。

在政治辩论中,经常会使用"公共价值"的概念,却没有人对此提出质疑。公共价值是"凝聚力符号"。"这种象征性的形式将不同的焦虑和情感与对时间、地点和行动的共同期待融合在一起,从而唤起共同支持和对敌人的共同感知。"(Edelman 1971,第 135 页)然而,在公用事业部门,我们看到一个备受争议的概念出现。在实践中,用于准确地划定公共价值与私人价值之间界限的方法差别很大。在一个国家的公用事业部门中被定义为公共价值的内容,在另一个国家的同一部门中可能被贴上"私人"的标签。或者说,在一个时期被称为公共价值的内容,在另一个十年中可能被定义为私人价值。英国的自来水公司就是一个模糊公共和私人标签的例子。尽管它们已经完全私有化,但在日常用语中仍将这些公司称为"公众公司"。当我们谈到"保障"公共价值时,这种定义就更加模糊了。公共价值可能会被私人行为保护。以保护被捆绑的消费者为例,比如在电信行业,这种价值是由私人行为来保护的。由于运营商众多、方式多样(固定和移动电话、互联网电话),消费者有很多选择,运营商要想与消费者建立唯一联系,不能说不可能,但也是极其困难的。

公共价值和效率

另一个观点是,保护公共价值会产生成本,而公共价值总是需要在自身价值和效率之间进行权衡,这种权衡似乎需要比较琐碎的观察。但问题是,自由化使其本身的成本以及私有化的成本变得明显,这些成本越明显,就越需要在公共价值和效率之间做出权衡。举例来说，电力部门供应可靠性的公共价值，这种供应可靠性可以通过使电力供应系统变得极其冗余（例如，在部分电网出现电力中断的情况下，总能通过另一条线路向消费者输送电力）来提高，但会极大地增加成本。因此，问题不在于如何保证供电的可靠性，而在于如何在考虑成本—效率的同时保证供电可靠性。这可能是止步于投资电网可靠性的一个理由。荷兰经济政策分析局认为，对客户来说，哪怕面对偶尔的停电或存在的停电风险，也可能比进一步投资电网可靠性更便宜（CPB 2004）。人们可能会怀疑，如果发电、运输、配电和供电仍然由一个捆绑式的公共机构负责，这个问题是否会出现。因此，问题不在于"我们如何保证绝对的供电可靠性，或绝对的安全性"，而在于"政府或消费者对于每单位的额外供电可靠性准备支付多少钱"。

竞争价值

公共价值的相对性还表现在它们可能是相互冲突的。例如，在航空业中，服务质量和乘客安全可能是相互竞争的关系。"9·11"事件之后，乘客安检可能会造成延误。另一个例子是饮用水行业，一种特殊的供水管道建设方式。"冲压"有利于公众健康，它可以尽量缩短水停留在供水系统中的时间。然而，"网状"管道对供水的可靠性更好，虽然它能使水通过几条水管到达用户，但水在系统中停留的时间更长。在这里我们看到，公共价值不仅是竞争性的，而且还表现出与技术基础设施的相互依赖性。

公共价值之间的竞争性总是需要权衡，在某些情况下是在不同的公共价值之间权衡，但在另一些情况下甚至是在同一种公共价值之内权衡。这一事实意味着对这种权衡的判断往往是主观的。不同的相关方（例如，政府、私营公司、公民、网络管理者、服务提供者）可能会有不同的取舍，这就使得公共价值进一步丧失了其绝对内涵。

公共价值之间的动态权衡

在需要权衡公共价值的情况下——如下文所举的例子——这种权衡从来都不是静止的。关于一种公共价值相对于另一种（公共）价值应得到何种保护的观点是不断变化的，并受到各种因素的影响。下面我们举两个例子。

1. 突发事件：燃气公司如果频繁检查突发事件风险较小的家庭中的燃气管道，会因为造成不便而引起公民的恼怒，从而带来社会成本。如果因燃气管道维护不到位而导致燃气爆炸，人们却会立即呼吁加强安全和检查。

2. 技术发展：高度依赖其计算机基础设施的公司，在技术上能够"实时"保存所有信息。这样的公司可能不太愿意为每年几秒钟的电力中断付出更多的代价。

上述例子的本质是，在需要时，可以随时重新进行权衡。

三种保障机制

公共价值本质上是相对的，而且很难明确界定这些价值。在公共价值和效率之间以及在各种公共价值之间需要相互权衡，而这些权衡会随着时间的推移而改变，公共价值固有的相对性是有所裨益的。我们将保障机制区分为三种类型。

1. 等级式：例如，通过规章制度等将公共价值强加于人。

2. 网络式：关于公共价值的相互作用。

3. 市场式：针对公共价值展开竞争。

我们将展示这些机制的本质和三者之间的差异，以及它们应对公共价值相对性的能力。接下来的章节将介绍这些保障机制的组合使用实例。

等级式：强加公共价值

等级保障机制的案例有很多。政府可以在供电可靠性不足的情况下处以罚款。在英国，电力监管机构天然气与电力市场办公室要求电力公司进行创新。（Ofgem 2003）在比利时电力市场，公共价值已经转化为非常详细的规范。例如，社会包容的公共价值已经转化为经营者制定统一价格的义务。另一个公共价值"平等"已经转化为"统一条件"和"保证性供应"的义务，即每年 500 千瓦时（500 kW·h）的免费供应量。（Ministerie van Economische Zaken 2002）

我们应该指出，公共价值绝不总是由公共组织来调节的。正如科林·斯科特（Colin Scott）（2003）所表明的那样，在"监管治理"方面存在着巨大的组织多样性。在大多数经合组织国家，都存在一定程度的隐性监管和自我监管，只有日本和韩国等国家继续强调强大的部门部级架构，但即使在这些国家，部门监管也与强大的行业协会的自我监管相结合（Scott 2003，第 302 页）。

鉴于上述公共价值的相对性，值得注意的是，在关于如何保护这些价值的思考中，以下解决方案占据了主导地位：一个强有力的政府将价值转化为明确划分的标准，并为保护这些标准制定明确的规则。相关案例是荷兰政府政策科学委员会的权威报告，该报告主张"严格的政府控制"（Wetenschappelijke Raad voor het Regeringsbeleid 2000，第 12 页），或者是普华永道关于这一问题的建议，以及对"公共价值的定义和划分"的呼吁（Price Waterhouse Coopers 2001，第 8 页）。

这些建议假定政府与服务的提供者和/或生产者之间存在着一种等级关系，政府显然能够强制保障公共价值（"严格控制""严格管理"）。他们还假设可以明确定义公共价值（"明确定义"）。正如我们在上文试图证实的那样,由于公共价值的相对性,这些假设可能会出现问题。除了公共价值与等级机制之间不协调这一主要原因外,还有更多的实际原因要求慎重使用等级工具。这些众所周知的理由主要来自反官僚主义理论,我们只做简单的总结。

等级制会不会导致非理想和静态化的价值优先性?

严格监管的一个风险是,它无法应对公共价值的模糊性问题。相反,它选择了公共价值的一种特定定义,或公共价值与效率或各种公共价值之间的特定权衡。如上所述,公共价值和公共价值之间的权衡可能会随着时间的推移而改变。在大多数情况下,等级制无法应对这种动态变化。这就是加利福尼亚州危机的实质:州政府希望在自由化后防止电价过快上涨,为此对行业实行价格上限。这种片面强调可获得性的公共价值,无法应对不断变化的环境,从而导致供电中断,并忽视了供电可靠性这一价值。(Ten Heuvelhof 等人,2003,第 145 页)

等级工具是否具有可操作性?

在许多涉及公共价值的案例中,政府规定了一个要求框架,利润最大化的公司通过合同来提供约定因素。正如约翰·凯(John Kay)(2002)得出的正确结论,这种安排要么效果不够好,要么根本行不通(Dicke 2001,第 64 页)。这种安排中的错误假设是,关于公共价值的规则和协议或多或少毫不含糊地引导着操作执行。然而,在技术复杂的公用事业部门,情况往往并非如此。(Van Eeten and Roe 2002)由政府制定的规则必须在每天成千上万的单独决策中加以解释,成为"日常"运营管理的一部分。在所有这些决策中,必须在公共、部门和公司相互冲突的价值之间取得平衡。

等级工具是否能激励战略行为？

为具有争议的操作化过程设立确切的规划，也往往会在操作层面激发人的各种战略行为。（Kuit 2002；de Bruijn 2002）以荷兰为例，有一个案例是荷兰铁路公司从操作变量的调控中产生战略行为。荷兰政府打算着手检查火车是否准时运行，统计有多少列车延误，延误了多长时间，这似乎是一项清晰明确、相对容易的任务。事实证明，情况恰恰相反。自从荷兰铁路公司的准点合同出现后，相关消费者组织和荷兰铁路公司对具体的统计方式产生了分歧。荷兰铁路公司计算的是晚点列车的延误情况，而不是停运列车的延误情况；因此，准点率只显示实际运行的列车的数据。然而，非运行列车的日期信息是很重要的，因为停运列车会给拟乘车人员带来严重的延误问题和烦恼（ROVER 2001）。

等级工具是否使政府和其他行为者之间的关系法律化？

等级制可能会使政府和其他行为者之间的关系法律化。（Habermas 1984）这可能是个问题，因为法律化使得向政府提供的信息具有选择性。公司向政府提供了它从法律角度认为必须提供的信息，但没有提供可能相关的其他信息。

上述讨论并不意味着等级保障机制毫无意义。在公用事业部门，保障公共价值是一个重要的社会问题。如果一个社会没有可靠的、经济适用的饮用水，社会将何去何从？如果不断发生电力故障，当代社会将如何运转？从宪法的角度看，我们完全有理由在法律和法规中对公共价值加以保障。这是公共价值制度化的一种形式。由于这种制度化，监管可能具有以下制度性功能。

1. 关于何为公共价值，它创建了一个共同的参考框架，表明了重要性。这个参考框架在政府、企业和消费者之间的相互作用中可以发挥重要作用。

2. 构成了进一步行动的法律基础,例如,签订履约合同。

3. 一旦确定了公共价值,它们就可以在社会辩论中发挥重要作用。例如,在关于绩效合同的谈判中,或者当公司必须为其行为向消费者负责时,也可能会产生指导作用。这种谈判是在"法律阴影"下进行的,可能会鼓励谈判各方达成一致。

4. 提供了一个重要的、可靠的选择。当企业对公共价值的保护不足,而自愿协商又不能产生足够的效果时,政府可以依靠法律和法规进行单方面的干预。

网络式:关于公共价值的谈判

在私有化和自由化的条件下,公用事业公司在一个高度相互依存的伙伴网络中提供服务,这些伙伴包括生产者、销售者、政府、各类客户和社会组织。这些相互依存的关系意味着没有任何一方能够将自己的观点强加给其他方。因此,决策的结果来自这些各方之间的相互作用(例如,协商、谈判)。(Giddens 1994;de Bruijn and Ten Heuvelhof 1999;Klijn and Koppenjan 2000;Webler 等人 2001;Halvorsen 2001)

为了在协商和谈判过程中保障公共价值,政府必须为此创造条件。政府可以为这些谈判的制度结构的建立提供便利,例如,鼓励消费者在代表机构中建立自己的组织。从制度性角度来看,政府可以为这些谈判设计程序或规则。例如,这种规则可以规定谁参加谈判、何时进行谈判、如何制定议程等等。政府可以自己设计这些程序,也可以请人设计,或者邀请谈判各方提出设计建议。这里最重要的是,各方要同意遵守这种规则,从而创造一个"谈判环境"。

这类似于交互式决策过程,在过去的 20 年里,交互式决策过程一直在不断发展。政府设计了一个让社会各方参与公共决策的过程,社会决策的结果如何与政府的特殊地位和责任相关联是这一过程的一个重要问题，这个问题也是保护公共价值进程的一个重要方面。因此，政府应该说明公司和消费者之间谈判过程的结果与正式决策之间的关系：（1）在什么条件下，它将证实谈判结果？（2）在什么条件下，它希望能够偏离这个结果？

市场式：针对公共价值展开竞争

建立保护公共价值的市场安排，其本质是企业通过标榜自己保障公共价值，使自己与竞争对手有所区分。从等级上看，保护公共价值的是政府本身。这种看法的原因之一是，企业有危害这种价值的强烈动机。但从市场角度来看，会出现不同的认知。政府利用市场力量来保护公共价值，而不是反对和试图减轻这种力量。因此，公司在公共价值方面展开竞争，试图通过表达对保护公共价值重要性的认知来赢得消费者的青睐。

这种机制的一个案例是能源生产商通过提供"可持续"的能源使自己与竞争对手有所区分。因此，私有化往往伴随着相关公司知名度的提高和该部门整体透明度的增加。（Dicke 2001）公司的行动是为了实现对"环境"这一公共价值的保护，而第一价值很可能因为自由化和私有化而被摒弃。电子商务公司为这种机制提供了另一个例证，以金融数据的安全性为例，这些公司彼此竞争，且都具有强烈的动机以最大限度保证信用卡数据的安全性，公司能确保的安全性越高，对消费者的吸引力越大。

政府如何确保公司之间在公共价值方面展开竞争？这个问题的制度部分似乎很容易回答。引入竞争意味着公司必须比以往更明显地将本公司与其他公司区分开来，因此原则上已经存在针对公共价值展开竞争的激励。

从制度性的角度来看，政府激活公共价值竞争有一系列的可能性。

1. 当有拍卖或招标项目时,政府可以规定有关公共价值的特殊条件。例如,在拍卖部分铁路系统的运营许可时,可以制定质量标准、可负担性和创新标准。

2. 政府可以就某一行业的透明度规定条款。例如,政府可以规定,所有电力供应商必须明确一些公共价值:价格(可负担性)、每年中断次数(可靠性)或电力来源(可持续性)。所有这些反过来又促进了市场的透明度。它有助于消费者洞察不同供应商保护公共价值的程度,使他们能够基于该种洞察力做出选择。

3. 政府可以对宣传公共价值的公司予以补贴。例如,比利时的能源公司可以提供免费能源,因为政府对其有部分补贴。在荷兰,政府对那些供应可持续能源的公司予以补贴。

反对等级工具的人们认为,它们"设定"了公共价值,这种设定是静态的,不具有可操作性,而且这种设定有助于将政府和公司之间的关系法律化。如果通过谈判或竞争保护公共价值,那么这些反对意见要么不适用,要么适用程度较低,原因如下:

1. 网络式保障机制和市场式保障机制由政府和公司提供,在公共价值和效率之间以及在各种公共价值本身之间做出权衡的空间远远小于等级式保障机制。在类似网络式的保障机制下,各方可以通过谈判就所需的权衡达成一致,这就导致了一种协商式权衡的产生。如果各方认为将来有可能根据环境的变化来调整这种权衡,他们也可以就此达成协议。有了类似于市场式的保障机制,企业在公共价值方面展开竞争,从而总是会提供对消费者最有吸引力的权衡。如果竞争中有任何动态,公司或竞争者可以做出不同的取舍。

2. 根据定义,等级机制试图以自上而下的方式保护公共价值,因此,这种机制有可能无法触及"底层",即操作层面。而在网络机制和市场机制中,对公共价值的保护是自下而上的,相关方要么持有保护公共利益的立场,并就此开始谈判(网络式),要么研究如何保护公共利益(以及他们能够保护哪些公共利益),然后向消费者或政府提出要约（市场式）。

3. 等级工具使关系司法化。这不同于网络机制中的关系，在网络机制中，各方就公共价值进行谈判，因此是合作伙伴关系。它也不同于市场机制中的关系，在市场机制中，公司以公共价值为竞争基础，因此必须尽可能透明地保护这些价值。

保障机制的巧妙组合：如何"融入"等级制？

如上文所述，有充分的理由建立一套强有力的等级保障机制（另见 de Bruijn 2005）。在自由化和私有化的条件下，公用事业越来越多地被嵌入一个不仅有等级制而且有网络和市场机制的结构中。因此，还应该有更多的网络式和市场式的保障机制。耐人寻味的问题是，这种混合机制是否可能。公共价值的等级保护机制能否改善网络和市场机制的运作？下面的讨论主要集中在网络与等级制这一混合体以及市场与等级制这一混合体上。

网络和等级制

2002 年，荷兰铁路公司提议在 2003 年 1 月 1 日和 6 月 1 日实施两次加价。这些加价令政府和消费者组织都感到意外，因为它们违反了政府、消费者组织和荷兰铁路公司之间早先的协议。由于大家都认为荷兰铁路公司提供的服务很糟糕，因此加价幅度有限。

在荷兰议会的敦促下，交通部做出了等级干预：阻止加价，向法院提起诉讼（消费者组织也加入了诉讼），并赢得了这场官司。在这次法院判决后，荷兰铁路公司和消费者组织之间进行了谈判。由于面临更多法院诉讼的威胁，荷兰铁路公司不得不走上谈判桌。2003年夏天，荷兰铁路公司举行了多次谈判会议。（ROVER 2004）消费者组织热衷于谈判，因为法院的裁决给了他们一个武器，让他们可以强制要求荷兰铁路公司让步（ROVER 2004）。然而，交通部决定不参与该谈判进程，将此事留给运营商和消费者组织处理。这次谈判的结果是，如果荷兰铁路公司满足一些质量标准，将允许其提高票价。质量体现在三个变量：准点率方面，荷兰铁路公司确定的标准为84.4％和86.8％；必须提高客户满意度；减少列车取消次数。

为了监督这些数值，相关方使用了原先的和新的测量系统。除了计算列车数量外，还将通过其他方式来衡量"服务质量"。首次衡量服务质量时，采用的方法是消费者的定性访谈和定性判断，从而降低无效的可能性。这可以被看作对运营商已经表现出的战略行为的一个新的回答，即完全放弃列车服务，因为这在以前是不包括在测量或"服务质量"标准中的（见上文）。对运营商和消费者组织来说，结果都是令人满意的。

上述利用等级机制和类似网络机制来保护公共利益的案例显然是一个混合型的案例，事先对"可负担性""可获得性"和"服务质量"等公共价值进行了谈判，这些谈判的结果是在这些公共价值之间进行权衡。如果服务的可及性和质量都有实质性的改善，则允许提高价格（影响可负担性）。

然而，等级干预至少在三个方面对这些谈判的成功至关重要。

1. 关于公共价值进行谈判；等级制在这些谈判一开始就被用作激励手段。如果不是交通部的等级干预以及法院诉讼，荷兰铁路公司和消费者组织之间就不会有谈判。不可能不使用任何等级机制而把一切留给有关的利益攸关方。因此，如果相关各方没有紧迫感，不启动谈判，不达成共识，网络机制必然失败。

2. 在等级制的影响下，谈判取得进展。值得注意的是，交通部尽管没有参与谈判，但它出现在这一事件中，例如，它威胁说，如果荷兰铁路公司不能与消费者组织达成协议，它将进一步向法院提起诉讼。这显示了等级制的影响，等级干预被用来对谈判施加压力。然而，如果双方达成协议，这些等级干预就不会发生。如果他们不能达成协议，等级干预就会随之而来。交通部之所以能够发挥这种作用，是因为它没有参加谈判。如果参加了谈判，它可能会在这一过程中导致一种不太能接受的结果。

3. 等级制与回旋余地，即谈判空间的结合。如果等级干预仅限于上述两个要素，则荷兰铁路公司的立场几乎不会是一个有吸引力的立场。等级制被用来强制谈判，而在谈判过程中，使用了等级干预这一威胁方式。然而，该策略的第三个重要因素是，荷兰铁路公司有所收获。交通部准备接受谈判的结果，即使这个结果在许多方面偏离了先前的协议或法院裁决。这使得谈判对荷兰铁路公司很有吸引力，因为谈判意味着可以淡化一些对它有约束力的协议，我们称之为"虚伪"策略。一方面，利用等级制对谈判施加压力，迫使谈判向特定的方向发展；另一方面，荷兰铁路公司获得了回旋的余地，从中获得益处。

等级保障机制有三个主要缺点：是静态的、不能落实到操作层面，以及将政府和私人相关方之间的关系司法化。混合型机制完全不包含这些缺点，或者包含的程度较低，因为等级制的作用是激励和促进公共价值的谈判，而不是决定什么是公共价值以及如何保障公共价值。

市场和等级制

在公用事业部门，有充分的理由依靠市场机制来保护公共价值。市场机制的最大利好是提高效率，从而降低消费者的支出。然而，制度经济学家长期以来一直试图让我们相信与交易成本增加相关的不利影响。（Williamson 1981）如何将法律法规与市场机制结合起来，从而给经营者留下空间，给监管者留下权力？

在英国威尔士水务公司的案例中，可以找到市场和等级制混合策略的例证。水务监管机构——英国水务办公室对公共价值进行了极为严格的监管。英国的饮用水部门是完全私有化的,像所有的水务公司一样,威尔士水务公司在 1989 年被私有化并上市。2001 年,情况发生了变化,威尔士水务公司被格拉斯·威尔士(Glas Cymru)收购,这是一家"非营利"的通过发行债券融资担保的有限公司。该公司已经完成"去风险化",也就是说,投资者认为存在风险的大部分业务都被剔除了,这样便产生了一家只经营水务的公司(威尔士水务公司的前所有者——综合型公用事业公司海德破产),实行无外资政策,并尽可能多地进行外包。公司总共签订了 14 份合同,具体如下:

1. 1 份资产运营合同,涵盖了所有的供水和污水处理,还有一些污水泵站

2. 4 份污水处理业务合同

3. 3 份污水泵站合同

4. 6 份资产投资合同

在市场上,公共价值如何得到保障?英国水务办公室进行了整体绩效评估。这个评估被具体化为 23 个关键绩效指标,这些指标被用于英国饮用水公司的整体绩效评估。它们反映了所涉及的不同公共价值(饮用水的质量、客户服务和环境保护),以及这些价值之间的权衡。这些指标具体包括客户服务(如付款联系人、书面投诉)、供水服务(如水压不足、供水中断、饮用水质量)、污水处理服务(如下水道内部泛滥、环境影响)、补偿(如保证标准计划的运作)和信息质量。

英国水务办公室的整体绩效评估是严格保障公共价值的一个案例。水务办公室的指标是强加给威尔士水务公司的,并直接转化为与分包商签订的合同内容。投标者必须说明他们预计如何完成监管机构规定的指标,这一过程确保与在所有公共价值方面表现良好的分包商签订合同,而不仅仅考虑效率方面。

威尔士水务公司及其分包商的绩效会受到监督,超出水务办公室指标的分包商可获得一定比例的奖励,根据水务办公室的价格上限条款,威尔士水务公司可以保留这些奖励。这是一个强有力的激

励措施,不仅在效率上,而且在所有公共价值上可以刺激他们产生良好的表现。各项指标的得分极为重要。每五年会对所有水务公司的整体绩效评估进行一次基准测试。然后使用这个测试结果——依据价格上限条款决定公司可以获得多少奖励。

以上是等级保障机制和市场保障机制的结合使用。但等级机制也有重要的作用,具体如下:

1. 公共价值掌握在市场手中,但对公共价值的保障是等级的。威尔士水务公司是一家在市场中运作的私有化公司,它有许多潜在的分包商。但监管机构水务办公室定义了什么是公共价值,威尔士水务公司应该有怎样的表现。这似乎是两全其美的办法——分包商之间(市场)和对公共价值的单方面监管之间的竞争。在投标中,分包商必须说明他们将如何保障公共价值。换句话说,他们在公共价值方面开展竞争。

2. 等级机制强化了威尔士水务公司在市场中的地位。由于水务办公室设定的绩效标准,威尔士水务公司相对于其他各方来说占有强势地位。他们的谈判空间有限,也就是说,只能就业绩标准进行谈判,因为威尔士水务公司可以引入单方面强加要求的第三方,这就使威尔士水务公司处于一个极为有利的境地。如果没有第三方,分包商就会被诱导去讨论所要求的绩效。

3. 等级制与回旋余地相结合。市场各方均有喘息的空间,超额履约对他们有吸引力,因为它能带来奖励。这对监管机构水务办公室也有吸引力,因为每隔五年,它可以将超额业绩转化为新的、更严格的业绩标准。这减少了等级机制带来的公共价值固化的风险。

在这个案例中,等级制也是"融入"其中的,而不是局限于将公共价值强加给市场相关方。等级制促进了正常的投标和签订合同的市场过程。如前所述,等级制的一个主要缺点是,它是静态的,而上述的混合制则给有关各方留下了谈判空间。

结 论

公用事业部门的自由化和私有化促使人们思考如何保障这些部门的公共价值的问题。在本文的基础上,有三个结论至关重要。第一,公共价值是模糊的。它们很难客观化;它们会随着时间的推移而变化;它们需要与其他(公共)价值进行权衡,而这种权衡每次都有可能不同。这就给政府提出了一个艰难的挑战。一方面,公共利益需要保护;另一方面,无法对这种公共价值做出明确规定。

第二,等级保障机制难以处理公共价值的模糊性问题。这就是其他保障机制[市场机制(针对公共价值展开竞争)和网络机制(关于公共价值的相互作用/谈判)]。这些保障机制要么不包含完全的等级保障机制的缺点(等级制是静态的;等级制不能落实到操作层面;等级制法律化),要么在较低程度上包含这些缺点。

第三,混合策略是完全可能的。虽然混合策略没有分等级保障公共价值,但等级制可用来增加市场机制和网络机制成功的机会。等级制不仅成为就公共价值展开谈判的动力,也成为针对公共价值展开竞争的动力。

参考文献

Berg, C. van den. 2000. 'Water Concessions: Who Wins, Who Loses and What to Do About It', *Public Policy for the Private Sector*, October, note no. 217. The World Bank (http://www. worldbank. org/html/fdp/notes).

Blumstein, W. 1999. 'Public-interest Research and Development in the Electric and Gas Utility Industries', *Utilities Policy*, 7, 4, February, 191 - 199.

Boyne, G., J. Gould-Williams, J. Law and R. Walker. 2002. Plans, Performance Information and Accountability: The Case of Best Value.

Public Administration, 80, 4, 691 - 710.

Bozeman, B. 2002. 'Public-value Failure: When Efficient Markets May Not Do', *Public Administration Review*, 62, 2, March/April, 145 - 161.

Bruijn, J. A. de. 2005. 'Roles for Unilateral Action in Networks', *International Journal of Public Sector Management*, 18, 4, 318 - 330.

Bruijn, J. A. de. 2002. *Managing Performance in the Public Sector*. New York: Routledge.

Bruijn, J. A. de and M. De Bruijne. 1999. 'Amerikaanse toestanden: Over de kansen en gevaren van gefragmenteerde toezichtstelsels' (American situations: About the opportunities and threats of fragmented regulation systems) (in Dutch), *Bestuurswetenschappen*, 56, 6, 545 - 549.

Bruijn, J. A. de and E. Ten Heuvelhof. 1999. *Management in Networks*. Utrecht: Lemma.

Consumers International. 2004. *Improving Utilities: Consumer Organisations, Policy and Representation*, Marilena Lazzarini, President, Consumers International World Bank, Washington, 4 May (http://www.consumersinternational. org/document_store/Doc1088. pdf, accessed October 2004).

Cowen, T. 1998. 'Three Principles for Sound Water Policy', IEA. *Economic Affairs*, June, 14 - 15.

Dicke, W. M. 2001. *Bridges and Watersheds: A Narrative Analysis of Water Management in England, Wales and The Netherlands*. Amsterdam: Aksant.

Dicke, W. M. 2002. Het begrensde privatiseringsdebat: 'Naar een nieuwe conceptualisering op basis van analyse van Nederlands en Engels watermanagement' (The restricted privatization debate. Towards a new conceptualization based on an analysis of Dutch and British water management) (in Dutch), *Bestuurskunde*, 11, 6, 243 - 251.

D' souza, J. and W. L. Megginson. 1999. 'The Financial and Operating Performance of Privatized Firms during the 1990s', *The Journal of*

Finance, LIV, 4, August, 1397 – 1438.

Dubash, N. K. 2003. 'Revisiting Electricity Reform: The Case for a Sustainable Development Approach', *Utilities Policy*, September 2003, 11, 3, September, 143 – 154.

Durodié, B. 2003. 'The True Cause of Precautionary Chemicals Regulation', *Risk Analysis*, 23, 2, 389 – 398.

Energy Research Centre of the Netherlands (Stichting voor Economische Onderzoek der Universiteit van Amsterdam). 2004. *Norm voor Leveringszekerheid, Een minimumnorm voor waarborging van het evenwicht tussen elektriciteitsvraag en-aanbod op lange termijn (A standard for reliability of supply, a minimum standard for safeguarding the balance between the long-term demand for, and supply of, electricity)* (in Dutch) (http://www. ecn. nl/docs/library/report/ 2004/c04055. pdf, accessed October 2004).

European Commission. 2002. Final Report on the Green Paper 'Towards a European Strategy for the Security of Energy Supply', COM(2002) 321, Brussels.

European Commission. 2004. *White Paper on Services of General Interest*, COM (2004) 374, Brussels.

Eeten, van, M. J. G. and E. Roe. 2002. *Reconciling Ecosystem Rehabilitation and Service Reliability*. Oxford: Oxford University Press.

Encore. 2004. 'Evolutionary Regulation, from CPI-X Towards Contestability'. Sumicsid (http://www. encore. nl/paper_agrell_bogetoft_000. pdf. pdf, accessed June 2006).

Financial Service Authorities. 2003. 'The Combined Code on Good Governance' (private sector) (http://www. fsa. gov. uk/pubs/ukla/lr_ comcode2003. pdf, accessed 14 September 2004).

Frederickson, H. G. 1997. *The Spirit of Public Administration*. Hoboken, NJ: Jossey-Bass.

Giddens, A. 1994. *Beyond Left and Right: The Future of Radical Politics*.

Cambridge: Polity Press.

Grünebaum, T. and H. Bode. 2004. 'The Effect of Public or Private Structure in Wastewater Treatment on the Conditions for the Design, Construction and Operation of Wastewater Treatment Plants', *Water Science and Technology*, 50, 7, 273 - 280.

Glas. 2003. *Annual Report and Accounts 02/03 Glas Cymru Cyfyngedig.* Cardiff: Westdale Press.

Habermas, J. 1981. *Theorie des Kommunikativen Handelns. Bd. 1: Handlungsrationalität und gesellschaftlicheRationalisierung; Bd. 2: Zur Kritik der funktionalistischen Vernunft.* Frankfurt: Suhrkamp.

Halvorsen, K. E. 2001. 'Assessing Public Participation Techniques for Comfort, Convenience Satisfaction and Deliberation', *Environmental Management*, 28, 2, 179 - 186.

Heuvelhof, E. , M. de Jong, M. Kout and H. Stout (eds). 2003. *Infrastratego. Strategisch gedrag in infrastructuurgebonden sectoren* (*Infrastratego. Strategic behavior in infrastructure-based sectors*) (in Dutch). Utrecht: Lemma.

Jørgensen, T. B. and B. Bozeman. 2002. 'Public Values Lost: Comparing Cases on Contracting out from Denmark and the United States', *Public Management Review*, 4, 1, 63 - 81.

Kabinet der Koningin (The Queen's Secretariat). 2000. *Public values en marktordening. Liberalisering en privatisering in netwerksectoren* (*Public values and market regulation. Liberalization and privatization in network sectors*) (in Dutch). Kamerstukken (Parliamentary Documents) II 1999 - 2000, 27018, No. 1, The Hague.

Kay, J. 2000. 'When competition will not do', *Financial Times*, 15 November, p. 14.

Kernaghan, W. 2003. 'Integrating Values into Public Service: The Values Statement as Centerpiece', *Public Administration Review*, 63, 6, Nov/Dec.

Kuit，M. 2002. *Strategic Behavior and Regulatory Styles in The Netherlands' Energy Industry*. Delft：Eburon.

Livingstone，K. 2003. 'London Power Failure Enrages Mayor'，Friday 29 August，posted 12：06 pm EDT. London，England（http：//www. cnn. com/2003/WORLD/europe/08/29/london. power，accessed October2004）.

Lobina，E. and D. Hall. 2003. 'Problems with Private Water Concessions：A Review of Experience'（http：//www. psiru. org）.

Michie，J. 1997. 'Network Externalities—the Economics of Universal Access'，*Utilities Policy*，6，4 317－324.

Mierlo，J. G. A. 2001. 'Over de verhouding tussen overheid，marktwerking en privatisering. Een economische meta-analyse'（On the relation between government，competition and privatization：An economic meta analysis）（in Dutch），*Bestuurswetenschappen*，55，5，368－385.

Ministerie van Economische Zaken（Ministry of Economic Affairs）. 2002. *Internationaal vergelijkend onderzoek inzake marktordening in netwerksectoren*（International comparative study into competition in network sectors）. The Hague：SDU.

Minister van Economische Zaken aan de Tweede Kamer der Staten Generaal. 2003. Liberalisering Energiemarkten（Minister of Economic Affairs to the Lower House of the Dutch Parliament，Liberalizing Energy Markets）（in Dutch）. *Kamerstukken*（*Parliamentary Documents*）2002－2003，28982，No. 1.

Moe，R. C. 2001. 'The Emerging Federal Quasi Government：Issues of Management and Accountability'，*Public Administration Review*，May/June，61，3，290－312.

Moore，M. 1995. *Creating Public Value：Strategic Management in Government*. Cambridge，MA：Harvard University Press.

Noam，E. and A. Níshúilleabháin.（eds）. 1996. *Private Networks Public Objectives*. Amsterdam：Elsevier.

NRC. 2001. *Vertrouwelijke brief aan Kok. Netelenbos wil ingrijpen bij de*

NS（Confidential letter by Jaco Alberts and Mariel Croon to Prime Minister Kok; Netelenbos wants to intervene in Dutch Rail）（in Dutch），18 July. P. 1.

NRC. 2003. *Bij meer treinen op tijd. Duurder treinkaartje in twee fasen* （Japke-D. Bouma; If more trains run on time. Rail fares up in two phases）（in Dutch）10 July. P. 1.

Nyfer. 2003. *Publieke belangen in private handen* （W. Bijkerk，J. Poort and A. Schuurman; Public interests in private hands）（in Dutch）. Breukelen; Nyfer.

OECD. 2000. *Building Public Trust; Ethics Measures in OECE Countries*, OECD programme on Public Management and Governance （PUMA）, Policy Brief No. 7. OECD; Paris.

Ofgem. 2003. *Innovation in Registered Power Zones*, discussion paper, July.

Ostrom，E. , J. Burger，C. Field，et al. 1999. 'Revisiting the Commons; Local Lessons, Global Challenges', *Science*, 284，5412，278 – 282.

PIER. 2001. （Public Interest Energy Research Program）*Annual Report* 2000, California，March 2001.

Price Waterhouse Coopers. 2001. *Borging van public values in de waterketen. Agenda voor een Rijksvisie op de toekomst* （Safeguarding public values in the water chain; An agenda for a governmental view of the future）（in Dutch）. Amsterdam; Price Waterhouse Coopers.

O'Toole，L. J. , Jr. 1997. 'Treating Networks Seriously; Practical and Research-based Agendas in Public Administration', *Public Administration Review*, 57，1，45 – 52.

O'Toole，L. J. , 1998. Strategies for Intergovernmental Management; Implementing Programmes in Interorganizational Networks, *Journal of Public Administration*, 11，4，417 – 441.

Poncelet，E. C. 2001. Personal Transformation in Multistakeholder Environmental Partnerships, *Policy Sciences*, 34，273 – 301.

Scott，C. 2003. 'Organizational Variety in Regulatory Governance; An Agenda for a Comparative Investigation of OECD Countries', *Public Organization Review*, 3, 3, September, 301 – 316.

Raad voor Verkeer en Waterstaat en AlgemeneEnergieraad. 2003. *Tussen droom en daad ⋯ Marktordening en public values rond vitale transportinfrastructuren. Voorstudie in het kader van Marktwerking bij vitale infrastructuren.* (Transport Council and General Energy Council: Between dream and action ⋯ Market regulation and public values surrounding vital transport infrastructures. Preliminary study in the context of competition in vital infrastructures.) (in Dutch). The Hague: Raad voor Verkeer en Waterstaat.

ROVER. 2003. *ROVER acht verlagen kwaliteitseis spoorwegen onverteerbaar, en eist compensatie voor de reiziger en bevriezen tarieven* (ROVER finds the lowering of rail transport quality standards unacceptable and demands compensation for passengers and freezing of fares) (in Dutch) (http://www. rovernet. nl/nieuws/persberichten/ 2001 – 09 – 10. htm, accessed 15 July 2004).

ROVER. 2004. Interview with Rover, a consumer organization for the users of the Dutch Railways, conducted Summer 2004.

Saal, D. S. and D. Parker. 2004. 'The Comparative Impact of Privatization and Regulation on Productivity Growth in the English and Welsh Water and Sewerage Industry, 1985 – 1999', *International Journal of Regulation and Governance*, 4, 2, 139 – 170.

Schmitter, P. C. 1988. 'Five Reflections on the Welfare State', *Politics and Society*, 16, 4, 503 – 515.

Stout, H. and R. Bergamin (eds). 2001. *Recht op Spanning. De kleinverbruiker in de geliberaliseerde elektriciteitsmarkt* (The right to electricity. Private consumers in the liberalized electricity market) (in Dutch). The Hague: Boom Juridische Uitgevers.

Symes, A. 1999. Book review of 'Creating Public Value', *International Public Management Journal*, 2, 1, 158 - 167.

Tonn，B. E. 2000. 'Technology for a Sustainable Environment: A Futures Perspective, Oak Ridge National Laboratory', *Public Works Management and Policy*, 4, 3, January, 171 – 176.

Trouw (Dutch national newspaper). 2001. *Deel NS'ers vertrekt met opzet te laat* (Some Dutch Rail staff delay departures deliberately) (in Dutch), 24 December, P. 1.

Transport Council and General Energy Council. 2003. *Between dream and action. Market regulation and public values surrounding vital transport infrastructures. Preliminary study in the context of competition in vital infrastructures*. The Hague: Raad voor Verkeer en Waterstaat.

United Nations. 2003. International Year of Freshwater. Backgrounder: *The Right to Water. Water as a Human Right*. United Nations Department of Public Information，DPI/ 2293F—February (http://www. un. org/events/water/TheRighttoWater. pdf, accessed 15 July).

Webler，T. S. Tuler and R. Kruger. 2001. 'What is a Good Public Participation Process?', *Environmental Management*, 27, 3, 435 – 450.

Wetenschappelijke Raad voor het Regeringsbeleid. 2000. *Het borgen van publieke waarde*，(Netherlands Scientific Council for Government Policy, 'Safeguarding public values') (in Dutch). The Hague: SDU.

Williamson，O. E. 1981. 'The Economics of Organization: The Transaction Cost Approach', *American Journal of Sociology*, 87, 3, 548 – 577.

作者简介

汉斯·德·布鲁因和威廉姆恩·迪克分别为代尔夫特理工大学技术、政策和管理学院的公共管理教授与助理教授。

5. 公共部门决策的五种价值来源[①]

蒙哥马利·范·沃尔特(Montgomery Van Wart)

在做困难的决策时,既要做正确的事,又要避免做错误的事,这时人们一般必须考虑若干因素,所涉范围从社会的使命到个人的信念。如果这些做决策的人在公共部门工作,他们可能会比其他人更敏锐地感受到价值竞争的压力,原因有以下几点:

1. 他们已经隐含地(有时是明确地)宣誓对国家及其组织做出更高的道德标准承诺。

2. 相关决策和行动可能要考虑更复杂的反作用价值。

3. 由于强烈的公民承诺,他们的个人标准可能会更加严格,而由于个人利益服从于公共利益的伦理,他们的个人需求可能是专业组织大家庭中考虑最少的。

在做决策时,个人必须考虑自己的标准和需求、专业学科的原则、特定组织的戒律,以及法律的规定,同时还要努力实现整体公共利益。在这些不同的利益中,由于没有一种利益是长期不变的,因此兼顾这些利益变得更加困难。即使是公共管理人员最基本的假设也在被巧妙地重新定义和解释,就像新的宪法修正案巧妙地重新定义社会和最高法院的裁决重新解释旧的行为方式一样。在当前这个价

① 原文来源:Van Wart,M.(1998).In *Changing public sector values*. New York: Garland Publishing, pp. 3 - 30.

原文尾注:本章基于《公共部门个人道德决策的来源》,载于《公共行政评论》(*Public Administration Review*)第 56 期(1996 年 11—12 月);第 525 - 534 页。经许可使用。

值大转变的时代,公共管理人员必须做出的决策不仅更加具有本质性,而且更容易引起辩论和分歧。在这样的背景下,清楚地了解这些决策和行动的基本价值是至关重要的,同时需要据此解决公共管理人员提出的一些典型问题,具体包括:新的组织结构中蕴含的基本价值是什么? 个人对职业和安全的关注在机构缩编中应在多大程度上发挥作用? 应该如何最好地执行新的、更严格的社会政策? 本书旨在帮助分析和解释行政人员所做的许多决策,其主要前提之一是,行政人员有责任不仅能够理解其重要决策中所隐含的价值,而且能够向组织中的其他人——尤其是下属、客户和组织外的合法监督者——清楚地表达这些价值。

本章从个人的角度研究决策。首先概述了文献中描述的各种——有时是相互竞争的——决策来源分类,以及本章讨论的基础分类法的推导和理由。本章还讨论了在使用每种来源时的一些主要考虑因素,并提供了一些例子。指导行政行为的五种来源(及其构成性的基本假设)与共和国的历史一样古老,但是,正如任何发展中的社会在每一个新时代的典型特征一样,这些来源正在经历重大的重新解释,从而形成了它们内部和它们之间的新重点。

本章的目的不仅是要研究影响道德问题和难题的决策,而且要把这种研究扩展到所有的决策——包括传统的和更明确的公共行政人员的道德决策。[1]

识别决策来源的问题

哪些是关键来源或价值集?

人们普遍认为,行政人员有许多价值集或角色,这是他们做出决策的来源。例如,一位行政人员可能在其他点上专注于法律问题,在某一点上专注于组织问题,在另一点上专注于个人利益。当人们试图确定和命名对公共管理人员至关重要的具体来源或价值集时，这种共识很快就会消散。

　　研究者们以多种方式划分了行政人员的主要价值集。有些人专攻一个领域，尽管他们的观点很广泛，如约翰·罗尔（John Rohr）专注于政权价值（法律和法律传统）、乔治·弗里德里克森（George Frederickson）关注社会公平（公共利益）。[2] 许多研究人员有意识地划分这些来源，以涵盖所有主要的决策基础。达雷尔·皮尤（Darrell Pugh）和艾普尔·赫卡-艾金斯（April Hejka-Ekins）都将合法性来源分为官僚精神和民主精神。[3] 巴瑞·博斯纳（Barry Posner）和沃伦·施密特（Warren Schmidt）将坚定的个人主义伦理与社区和合作伦理进行了比较。[4] 有人定义了三个关键的价值集，如帕特里克·多贝尔（Patrick Dobel）将政权责任、个人责任和谨慎作为道德决策组合的关键；类似的，凯瑟琳·登哈特（Kathryn Denhardt）将荣誉、仁爱和正义区分开来并作为三种"道德基础"。[5] 特里·库珀（Terry Cooper）将四个来源——个人属性、组织结构、组织文化和社会期望进行了分类。[6] 唐纳德·沃里克（Donald Warwick）的四个来源分别是公共利益、选民利益、官僚利益和个人利益。[7] 卡罗尔·路易斯（Carol Lewis）、史蒂芬·邦切克（Stephen Bonczek）和哈罗德·高德纳（Harold Gortner）分别详细介绍了五个来源；高德纳的文章对角色分类的分析尤为透彻。[8] 根据价值的狭隘性和允许它们重叠的程度，其他研究者对更多的来源进行了编目，例如，乔纳森·韦斯特（Jonathan West）、埃文·伯曼（Evan Berman）和安尼塔·卡瓦（Anita Cava）确定了 11 种流行的道德角色，而德怀特·沃尔多（Dwight Waldo）则发现了十几种角色。[9]

　　行政价值集的流动性可以包含所有这些分类，因此一项分析的决定性考验可能是使用它的目的。美国公共行政学会（ASPA）的职业道德委员会及其重新起草《道德规范》的小组委员会，选择了五种角色来源作为 ASPA 规范使用的 32 条原则的组织基础。[10] 这里同样使用这 5 种角色来源。它们分别是个人价值、专业价值、组织价值、法律价值和公共利益价值。"5"是一个能够充分区分来源而又不至于过分重叠的数字。然而，如果不首先考虑和明确与一致地定义角色或来源有关的一些问题，讨论这些来源中的任何一个都是不成熟的。

来源定义的问题

来源定义（或角色定义）基于决策环境的不同而有很大的差异，罗尔将这种现象称为角色道德。"角色道德的有限性（或特殊性）特征直接挑战了大多数道德命题的普遍性。"[11]换句话说，所有的角色或价值集，甚至是法律主义的角色或价值集，在应用于具体案例的细节时，会失去其普遍的吸引力。这一点在一个典型的例子中就很清楚。杀人在法律上被认为是不道德的，但在各种特殊情况下，杀人是被认可的，比如战争时期的战斗、自卫，以及国家对犯人的处决。在普遍规则之外，有两种更有争议的、可能存在的例外情况：一是部分得到法律认可的堕胎，二是目前没有得到法律认可的安乐死。此外，即使确立了普遍规则，每个案例的具体细节也很少能够确保做出"干净"的决定。例如，什么时候撤掉患者的生命支持系统属于安乐死？什么时候这样做是恢复自然状态？

在定义来源或角色时面临的第二个问题是，在个人、组织、国家和文明的生活或演变过程中，角色中的价值（价值集）会发生变化。优秀的价值研究者米尔顿·罗克奇（Milton Rokeach）指出：

> 如果价值是完全稳定的，个人和社会的变化就不可能发生。如果价值是完全不稳定的，人类个性和社会的连续性就不可能存在。任何关于人类价值的概念，如果要取得成果，就必须能够说明价值的持久性和变化性。[12]

公共行政经历了与联邦党人、杰克逊主义者、公务员制度改革者和进步人士、新政拥护者以及 20 世纪 60 年代民权运动和大社会运动有关的价值变化。[13]这种变化显然是对公共行政的巨大挑战，因为"重塑政府"涉及对新思想、新价值和新角色的深刻承诺。[14]因此，虽然自共和国成立以来，每个来源都是一套重要的价值，但这些来源的定义方式随着时代的变迁而发生了显著变化。目前价值的大转变（在信仰层面）不仅会微妙而深刻地改变法律价值等内容的定义（改变价值集中的价值），而且也会改变与其他来源相比对某一来源的重视程度。那么，行政人员在做出决策时，如何在相互竞争的来源中做出选择呢？

面对竞争性来源，哪个来源优先？

价值的来源识别和来源定义的问题可能主要是智力方面的，但当合法性来源相互竞争时，从业人员所面临的决策挑战就会变得非常严峻。至少，竞争性来源意味着艰难的决定，它们也可能为道德困境提供肥沃的土壤。经验性研究表明，"管理部门最棘手的困境是在试图平衡相互竞争的目标时出现的"[15]。

举个浅显的例子，政府雇员很清楚，政府车辆只用于公务。如果雇员因公务出差数周，那么去餐馆或干洗店等个人需求是否就成了"公务"？如果不是，雇员是否要承担打车或使用酒店洗衣服务的费用？还是希望雇员在外出时，因其全职公共服务职能而将紧急的个人需求酌情考虑为公务需求的一部分？这对管理部门来说是一个两难的问题，因为即使是不想给人以不恰当印象的政府雇员，当被期望去做他们可能认为是不必要的事情时，也可能会感到不安。

不同的原因使得无论是大众的认知还是政府部门的训练，都没有普遍认识到公共部门决策的复杂性，因为公共部门有相互竞争的任务、使命、客户和利益相关者。大众往往认为公共部门充斥着与买一个 300 美元的锤子有关的贪污行为，以及公然懒惰和搪塞的雇员。

这种看法是极不准确的，并导致对其他问题的误判，如官僚主义病态、政治家决策不力和公众不切实际的期望。

就政府部门培训而言，由于时间和资源的限制，它们往往采用简单化的"请勿"的方法。部门道德课程往往侧重于道德立法或"请勿"做法，如：利益冲突、竞标、歧视、裙带关系、员工的政治活动、公开会议法、披露和公共记录法、举报法规、设施和设备的正确使用、礼物和优惠。这类课程为帮助员工避免无知或不经意的错误行为提供了重要帮助。然而，这些课程往往屈从于时间压力，无法帮助雇员追求"正确的行为"，而"正确的行为"对于正直和效能等价值至关重要。与短期道德培训课的狭隘观点不同，职业道德规范通常更广泛，不仅涉及广泛的禁止性规定，还涉及正确行为的鼓励倡导方面。职业道德规范可能缺乏的是技术细节，但它们可以用更丰富的背景来抵消这一缺陷。然而，与其他任何良好决策的工具一样，如果道德规范没有现实性和一致性，没有通过培训、教育和组织文化来加以鼓励，没有通过制裁和奖励来加以监督和支持，那么道德规范的效力微乎其微。[16]

总而言之，公共部门决策中使用的价值可能非常复杂。在很大程度上局限于法律价值的、定义明确的禁止性规定对于新手来说是有用的，但这只是解决问题的第一个切入口。在复杂的问题和议题中，常常混杂着五大价值来源。更好地理解它们有助于行政人员为每天面对的复杂决策做好准备。

价值的五大来源

影响行政人员决策——包括公共部门禁止的和倡导的——主要来源有五个：个人、专业、组织、法律和公共利益价值。这里将在各节单独讨论每种来源，在每一节的结论中，ASPA 道德规范的相关部分提供了一个具体的示例。

个人价值

　　用亚历山大·汉密尔顿（Alexander Hamilton）的话来说，好的政府需要诚实的人，并鼓励他们保持诚实。[17]最近，库珀和其他一些人重新激发了关于美德的讨论，将其作为公共管理人员的激励因素。但是，当存在着相互竞争的价值时，如何使用这种诚信？或者更具体地说，个人利益和价值何时以及在多大程度上在困难的决策中发挥作用？

　　诚信被定义为"完整的状态；不间断的条件；整体性"。[19]诚信的人一般都有完整的生活，其特点是在生活的各个方面以及他们的信仰和行动之间都是和谐的，这样的人言出必行，不太可能为了一时的方便而改变自己的信仰和行为。那么，公职人员的诚信就带来了异常沉重的责任，因为接受公职就意味着积极接受社会普遍认可的公民原则。公共管理人员应具备"公民诚信"，这意味着他们领会宪法和国家法律，尊重政治法律制度。如果不尊重权威决策的一般制度或未肯定其潜在的合法性，公职人员就可能会将法律视为麻烦，在没有人注意的时候忽视或绕开法律规定。具有讽刺意味的是，偶尔政治官僚和公职人员会因为认为法律在完成公共利益方面效率低下或效果不佳而无视法律。公民诚信需要通过法律和"制度"来发挥作用，在法律无效的情况下对其进行必要的修改。只有在最极端和罕见的情况下，才会承认为了一个公民原则（如在技术合规可能导致意外死亡的情况下的安全原则）而违反另一个公民原则（如技术上遵循法律）。

　　一般来说，公民诚信也包括普遍认同的文化价值：

　　· 诚实——如果人们不诚实，就不可能有效沟通，所有其他的价值是一个谜，有待观察发现。[20]在几乎所有关于美国价值的研究中，诚实都排在首位，甚至排在能力之前。

　　· 一致性——从原则出发合理尝试而非一时兴起的；在这里，

这个词并不意味着一成不变或僵化。

• 连贯性——试图将原则与这些原则的例子联系起来，并使它们尽可能和谐的合理尝试。

• 互惠性——合理地尝试对待他人的方式，就像你希望他们在类似的条件下对待你的方式一样。

当这四种价值都发挥作用时，就会建立起一种高信任度的文化，而高信任度的文化是高绩效团队和组织的特征。[21]

那么，这种推理的结果是，不仅不诚实是不道德的，而且不一致、不连贯和非互惠的行为也是不道德的。这是一个严格的测试，类似于以原则为中心的决策，这是心理学家和伦理学家劳伦斯·科尔伯格（Lawrence Kohlberg）认为最重要的道德意识水平。[22]基于原则进行决策的行政人员使用了最有力的控制形式，因为他们的控制来自内部。[23]

公职人员不是公共奴隶，他们享有民主国家所有公民应有的权利。他们有权利争取足够的收入、稳定的工作和职业发展。不能简单地期望公职人员放弃对自身需求的兴趣。然而，他们行使权利的方式是这次讨论的关键。一方面，优厚的薪酬、较低的工作流动率和工作晋升的机会通常为一个优秀的组织的存在创造了条件，这是事实；另一方面，许多公共部门组织的任务没有经费，令人不快的工作条件导致较高的人员流动率，工作晋升的机会也很少，这也是事实。

仅举一例，当一名公职人员面对远低于市场平均水平的薪酬时，他可以采取什么行动？雇员可以辞职、要求加薪、参与工会谈判、通过政治系统寻求加薪，但是这样做必然会受到各种"哈奇法案"的高度限制。然而，参与罢工、工作拖延、减少工作时间（而不是计薪时间）、拒绝接受常规任务，从而迫使组织以非正式的方式解决问题或"支付薪酬"，这是否符合伦理（如果法律并不禁止的话）？纯粹主义者可能会说，在公共部门就业是一种特权，而不是权利，所以雇员最终拥有的唯一权利就是辞职。但是，什么时候遭受实质性和普遍性不公平待遇的雇员有权利做更多的事情呢？随着越来越多的公共部门雇员到了领食品券援助的程度,并达到一种不太安全的状态,这个问题变得越来越相关。

公共管理人员的另一个难题是个人信念。除非我们想建立一个由"应声虫"组成的政府,否则我们必须允许一系列基于个人信念的言论和行动。纽伦堡审判确立了在特殊情况下私人信念高于公共利益的先例。美国人不应该天真到相信他们的政府从来没有犯下暴行(虽然人们可以希望他们很少犯下暴行,而且规模要小得多)。[24] 因此,这里要研究的价值范围从言论自由和对人类尊严的个人信念的一个极端,延伸到公民不服从的另一个极端。

在为表达个人信念的权利而发声时,艾略特·理查森(Elliott Richardson)指出:"诚信要求你们始终如一地追求美德,你们愿意大声说话、争论、质疑和批判,与愿意接受其他思想、鼓励辩论和接受批评一样,是判断优点的关键。"[25] 虽然他行走在政策层面,但他的观点同样适用于主管层面的组织问题,希望大多数个人信念和组织指令之间的冲突可以通过改进、建立共识和妥协等方式来加以解决。当无法解决时,个人可以选择追求更高级别的异议声明。丹尼斯·汤普森(Dennis Thompson)确定了四种等级:

1. 抗议和可能的改派请求
2. 在履行其他职责时在组织外举行抗议活动
3. 公开阻挠政策
4. 秘密阻挠,如向新闻界泄露消息[26]

不应轻视不同意见,特别是汤普森所确定的较高级别的不同意见。组织和个人都可能为价值冲突付出一些代价。就个人而言,可能会失去工作或名誉,可能是两者兼而有之。

个人价值的最后一个方面是政府工作中印象的重要性。廉洁不仅是重要的,而且廉洁的形象也是政府工作有效开展的必要条件。[27] 这一标准为行为、共识和沟通建立了比公共行政以外的标准更高的标准。[28] 在过去的四分之一世纪里,政治家们卷入了太多的丑闻,以至于由于连带罪过，舆论对公共管理人员的印象也危险地恶化了。[29]

虽然形象很重要，因为它能让人们保持信心和自豪感，但过分强调形象会消耗用于解决问题的精力，导致人们过度"作秀"，并助长一种保密或掩盖的气氛。例如，尼克松总统被迫辞职，并不是因为水门事件的不当行为，而是因为后来的掩盖行为，这是一种保护公众印象的失败尝试。

ASPA 道德规范第二节的标题是《展示个人诚信》。它敦促成员"在所有活动中表现出最高的标准，以激发公众对公共服务的信心和信任"。其准则敦促成员：

1. 保持真实性和诚实性，不"为晋升、荣誉或个人利益"而妥协。

2. 确保他人的工作和贡献得到认可。

3. 积极防范利益冲突或利益冲突所带来的印象，例如裙带关系、不正当的外部工作、滥用公共资源和收受礼品。

4. 尊重上级、下级、同事和公众。

5. 对自己的错误负责。

6. 履行公职时不搞党派。

专业价值

专业价值是行政决策的一个微妙而重要的来源。没有一个单一的专业定义，但一位研究者提出了六大专业特征：[30]

- 一种心态或自我意识的铸造
- 理论和知识的语料库
- 一种社会理想
- 一个促进其利益的正式组织
- 一个尊敬和表彰其主要从业人员的国家学院
- 道德标准

最"成功"的专业（如医学和法律）往往是那些范围窄到足以增强身份认同，但范围广到足以帮助确定该领域准入法律标准的专业。

然而,从智力型到体力型的专业中,越来越多的专业都能看到专业性的特征。对于拥有 1900 万雇员的公共部门来说,面临的挑战是学科利益的多样性。因此,虽然公共部门内有众多的"专业人员",但只有使用最微弱的标准,才能认为公共部门本身就是一种专业。

专业性具有对公共部门组织有吸引力的特点。专业人员往往对所需的教育和培训有明确和极其具体的想法,并往往随着专业的成熟度而推动更高层次的教育。对理解该领域最先进的理论、知识和技能抱有较高的期望,成为进入该领域的初步标准。对继续教育抱有的较高期望可能是强制性的。这反过来又导致该行业发展更高的一般标准和复杂的技能,从而形成独立决策。詹姆斯·斯蒂弗(James Stever)等人认为,专业性是灌输类似的、适当的和高道德的标准的最佳手段。[31] 然而,公共部门的异质性为个别专业或整个公共部门作为一个专业提供了强有力的挑战,以达到所建议的高标准。

即使人们能够在公共部门有一个统一的身份(如前所述,这是不存在的),各专业的价值观念也在面临批评或问题。两个最相关的问题是不切实际的标准和自私自利的倾向。各行各业可能对教育、入行和实践的高标准过于执着,以至于无法设身处地地思考公共部门组织所面临的实际情况。例如,只有少数人能负担得起的昂贵培训限制了医学实践,以至于收入有限的人被剥夺了进入这个行业的机会,而公共部门的医疗预算也没有成比例地膨胀。实际上,在无法达到相对较高的医疗标准的情况下,医疗往往被完全禁止。一系列的因素促成了高端标准的执行,但事实仍然是,各专业往往在实际的非精英标准上投入的精力很少。

专业方面的第二个问题是他们与利益集团的相似性,有自利行为。专业人士和任何利益集团一样,可能会认为高标准的薪酬、支持或尊重是他们应得的。他们可能会扼杀政策讨论,因为他们自利的政治影响会压制任何不符合他们利益的想法。在这种情况下,专业人士认为,他们必须在一个市场导向的多元社会中争夺资源。然而,这种论点与专业价值所使用的论点几乎相反，他们宣称自己是价值和道德的标准承担者，因为他们具有公民美德。[32]

ASPA 道德规范第五节"追求专业卓越"指出，成员应"强化个人能力，鼓励他人的专业发展"。其准则敦促成员：

1. 为提升能力提供支持和鼓励。

2. 把及时了解新出现的问题和潜在问题作为个人责任。

3. 鼓励他人在整个职业生涯中，参加专业活动和协会。

4. 分配时间与学生见面，在课堂学习和现实的公共服务之间提供桥梁。

组织价值

将组织利益作为行政决策和自由裁量权的第三个来源，并不是要将其在决策中的作用降到最低。事实上，高德纳认为，它们可能是第二大被使用的价值集。[33]同样，库珀认为诱导负责任行为的四个因素中有两个因素与组织有关——组织结构和组织文化。然而，这里的重点是，当组织利益与其他适当的价值集，如法律、个人诚信和公共利益，发生冲突时，组织利益是否应该发挥作用，以及如何发挥作用。

组织健康

一个首要的考虑因素是需要一个充满活力和健康的组织。在多大程度上应将组织视为实现公共产品的宝贵工具？如果组织本身的待遇不好，它很可能成为执行公共政策的无效工具。例如，当雇员的利益与其他适当的价值观念发生冲突时，应给予雇员多大的重视？在许多机构中，矫正和社会服务的负责人与立法机构争夺新的资金，以便将新的资金用于增加工资，而不是用于新的设施或扩大任务。机构本身的声誉是否曾经是一个有效的考虑因素？如果不是，那么公共机构是否应该公布他们的错误以及他们的成功？然而，一个不言而喻的事实是,缺乏良好声誉的机构很难招聘到高素质的人才,同样也很难留住他们。

组织价值压倒所有其他价值这种极端情况可能最好地说明了在组织价值和其他价值集之间保持适当平衡的重要性。这种情况通常被称为官僚病理学,它是极权主义国家的特征,这些国家是为了行政系统而不是为了服务人民而存在的。这种极端的情况很少出现在美国的体制中,但更微妙的官僚病理形式并不罕见,比如当组织成员的便利性超过了它所服务的公众的便利性时。这一领域的著名研究者杰拉尔德·凯登(Gerald Caiden)指出,当官僚病理笼罩整个系统时,所造成的问题"不是构成组织的个人的失误,而是组织的系统性缺陷,从而导致组织内的个人出现不当行为"[34]。此外,彼得·德鲁克(Peter Drucker)认为,如果允许组织在平衡自身利益与其他利益方面过于自由,任何组织通常都会将"组织保护是为了公共利益,且组织利益与公共利益是共通的"这一论点合理化。[35]

组织设计

许多组织的价值都蕴含在组织设计中。在宏观层面上,组织价值与组织应该如何与环境互动有关? 例如,在与公众的互动中,它应该使用管制措施还是市场激励措施?

组织的结构表达了另一个价值集,即设计价值。例如,工作可能围绕着尽可能少的功能来设计,以保持工作的简单性;这种工作的工资可能很少,员工很容易被替代,也可能将工作做成多维度的(工资相应地更高,专业员工更不容易被替代)。关于工作的价值也被纳入组织设计中。是围绕解决当前的"问题"来组织工作,还是积极主动,预见未来的可能性,鼓励创业精神? 最后,组织设计会反映出许多关于员工的价值。他们主要是被视为一种开支还是一种资产? 设计价值往往会聚拢到组织类型中。如果一个组织更多地使用市场激励措施而不是管制措施，并且主要依靠专业人员作为一线生产操作人员，那么它可能会倾向于强调前瞻性的行为（因为专业人员本身会有能力做到这一点），并将这些行为视为重要的资产。组织设计的两个方面——生产力和专业知识——在这里是相关的。

生产力价值，如效率和效益，在公共部门受到高度重视，在私人部门也是如此。组织的存在就是为了提供服务或生产商品，政府组织也不例外，即使这种服务有时是间接的，比如监管和国防。然而，与私营部门不同的是，公共部门一般不认为效率和效益是首要价值。

例如，美国治理体系中对正当程序的高度重视，体现在公共部门普遍具有的广泛而重叠的上诉程序中，把它作为对行政决策权的保障。罗伯特·登哈特（Robert Denhardt）指出，效率只是需要考虑的众多价值之一，他说："组织及其成员决不能只在效率高时讲道德，它们必须只在讲道德时讲效率。"[36] 例如，当一个因组织规则和工作任务而不堪重负的疾病和危机干预人员遇到一个有可解决的问题的家庭，却无法投入有效干预所需的大量时间时，效率在与其他价值的竞争中获胜。

专业知识，也就是这里所考虑的组织设计的第二个方面，往往会赋予额外的自由裁量权，尤其是在技术层面。因此，诸如桥梁安全、公共卫生保护和军事安全等问题往往是留给专家处理的。专业知识可以为决策带来很多洞察力，特别是关于选择、成本—效率和对未来可能产生的影响。因此，由于公共部门的"专家"经常选择可供选择的选项，进行成本—收益分析，并估计未来的可能效果，因此他们有很大的权力。当添加委托决策时（例如对备选选择的责任），这些人是非常有影响力的，因为所有的决定，甚至是技术决定，有隐含的价值，专家权力的问题在价值或伦理的讨论中是不容忽视的。技术专家很容易陷入"我们最了解"的陷阱，客户或客户的兴趣通常被认为是孩子气的表现。

全面质量管理（TQM）及包含它的管理革命，不仅从根本上重新定义了管理者的角色,而且也改变了专家的角色。这可能是目前公私部门中价值转变最大的领域之一。当组织试图了解他们的客户是谁时,他们会仔细地询问他们的偏好。许多人发现他们组织的假设已经过时了,他们的客户比他们所设想的更有鉴别力。因此,专业知识在决策中的作用是具有挑战性的。所面临的挑战是确保各组织具有专业知识并从中了解情况,同时又确保专家不滥用权力。

领导风格

最后一套重要的组织价值体现在领导风格中,它有很多可能的表现形式。领导风格倾向于使用等级制度还是团队?领导者认为组织的驱动力是传统、金钱、启发还是参与?当行动决策是通过命令、相互协商或共识达成时,是否被认为是最佳的?(第 4 章确定了常见的在这个特定领域显示了很大的价值范围的价值集群。)

综上所述,组织利益是公共行政文化框架的一个重要方面,也是影响实际决策的一个重要因素。组织价值包括从组织健康到组织设计再到领导风格的大量因素。总是有组织因素压倒其他利益的威胁,特别是公共利益价值和个人价值。然而,过度的限制(在最近几十年被认为使众多公共组织僵化、高度官僚主义、缺乏灵活性和缺乏创造力)导致了一场强大的管理变革,如政府再造、全面质量管理和重构运动所见证的那样。

ASPA 道德规范第四节"推动道德组织建设"鼓励成员"加强组织能力,以便在服务公众时纳入道德、效率和效益"。其准则敦促成员:

1. 提高组织开放沟通的能力、创造力和奉献的能力。

2. 把对制度的忠诚置于公共利益之下。

3. 建立促进道德行为的程序,并对个人和组织的行为负责。

4. 为组织成员提供表达异议的行政手段、正当程序的保证和防止报复的保障。

5. 提倡价值原则，防止任意和反复无常的行为。

6. 通过适当控制和程序促进组织的问责制。

7. 鼓励组织采用、分发和定期审查伦理规范，将其作为一份发挥效力的文件。

法律价值

法律价值可以广义地定义为宪法，联邦、州和地方法律，具有法律效力的规章制度，解释法律的司法裁决，以及颂扬美国是法治国家、将正当程序作为基本的人类价值和政治价值的伦理道德。在学术文献和从业者的观点中，美国社会对法律和正当程序的高度尊重程度是同等明显的。法律是政治上一致认同的价值的象征，对于那些致力于通过公共服务来定义、维护和执行法律的人来说，法律具有特殊的意义。人们对法律和正当程序的尊重是如此强烈，以至于汤姆·彼得斯（Tom Peters）这样的企业家和成本削减倡导者也警告称，不要过度简化法律程序，因为行政人员必须保护的是微妙平衡的公众信任。他说："我完全支持一个精英团队来管理政府，无论是地方政府还是联邦政府，只要这是我的精英团队……（但是）因为我不能保证我的精英团队将永远占据主导地位，作为一种替代选择，低效率（来自繁文缛节）听起来似乎是一种可以接受的代价。"[37]

有关法律利益作为行政人员道德决策来源的讨论，有时夸大了这些立场，使其听起来好像法律利益是那些宣誓维护宪法的人唯一真正合法的来源。另一些人则认为，法律利益是一个法律底线，与道德没有多大关系，道德是在一个更高、更理想主义的层面上来处理问题的。尽管有些夸大其词，但每一种观点基本上都是正确的，行政人员必须同时平衡这两种观点。

常识和实证研究[38]表明，当出现道德困境时，法律和正当程序从未偏离行政人员的核心思想。法律往往是困境的中心问题。举一个极端的例子，一个被任命的行政人员的困境是，他必须执行一项法律,而这项法律将削减一个组织不善的团体的"合法"利益。另一种情况是,监督者被有权有势的上级命令执行一项合法性严重可疑的任务,如果向上级提出反对意见,上级就可能解雇监督者。至少,法律、支持法律的法规和正当程序构成了其他竞争性价值的基线。然而,在许多情况下,法律利益发挥的作用很小或没有发挥作用,因为法律要么是沉默的,要么没有处理在特定情况下相互竞争的价值。

因此,在缺乏裁量权的情况下,法律及其配套体系就显得突出,这几乎是不言自明的;在具有大量行政裁量权的情况下,法律就变得次要了。完全的行政自由裁量权通常被积极地防范,而完全没有自由裁量权几乎是不可能存在的,因此,法律和正当程序,尽管并不总是最重要的,但通常存在于那些相互竞争的价值,这些价值在各种决策问题和各级行政人员所经历的伦理难题中都会体现。

尽管法律利益是一个关键的价值来源,但许多受人尊敬的评论家对法律主义提出了警告,即对法律的不合理和过度依赖性的警告。例如,在讨论对官僚机构的法律控制时,乔尔·弗莱施曼(Joel Fleishman)、兰斯·理伯曼(Lance Liebman)和马克·穆尔(Mark Moore)指出:"我们只能在察觉到失败时制定程序;我们当然也没有能力用证据来重新评估我们为打击虐待而发明的机制。"[39]一种越来越普遍的抗议是,法家主义降低了生产力和创新能力,因为"现有的程序常常是对有生产力的创新者的惩罚"[40]。

在对法律主义的全面批判中,多贝尔列举了他所称的法律—制度模式的五个局限性:[41]

1. 它助长了胆小、被动、循规蹈矩的政府官员。
2. 它破坏了主动性和异议声明。
3. 它引发了一种过度狭隘的关注或法律主义。
4. 它忽视了公职人员必须行使的不可避免的自由裁量权。
5. 它完全代表了富有和组织良好的集团的利益。

为了说明多贝尔的意见,杰出的行政人员理查森指出:

　　　近年来，联邦政府越来越依赖具体的法律、法规和规章来指导官员和雇员的行为……然而，他们的主要目的并不是促进高标准的道德标准，而是消除对不道德行为的怀疑。此外，目前的一些限制太过了。[42]

　　ASPA 道德规范第三节"尊重宪法和法律"要求成员"尊重、支持和研究界定公共机构、雇员和所有公民责任的宪法和法律"；其准则敦促成员：

　　1. 理解并应用与他们的专业角色相关的法律法规。

　　2. 努力改善和改变适得其反或过时的法律和政策。

　　3. 消除非法歧视。

　　4. 通过建立和维持强有力的财政和管理控制，支持审计和调查活动，防止各种形式的公共资金管理不善问题。

　　5. 尊重和保护所有机密信息。

　　6. 鼓励和促进政府内部合法的异议活动，保护公职人员检举的权利。

　　7. 在保障公民权利时坚持平等、公正、代表性、回应性、正当程序等宪法原则。

公共利益价值

　　对许多从事公共服务的人来说，公共利益是一组充满能量的价值。它远远超出了仅仅服从政治决定的意志（通常是模糊的、冲突的或沉默的）。对大多数公共管理人员来说，"公共利益可以说是他们的专长"[43]。实证研究还表明，公共部门管理者"认为，在公共部门中，公平、正义和公正比在商业中更重要得多"[44]。不幸的是，尽管公共利益价值对公共管理人员具有特殊重要性这一观点大家基本意见一致，但对于什么是公共利益有不同寻常的分歧。

理论定义及其含义

一些分析家似乎把公共利益定义为社会的长期价值。这些广泛的价值包括民主、个人对幸福的追求、资本主义、商业所有权而不是国家所有权(特殊情况除外)、政教分离、以尽可能少的政府干预保护免受伤害。从这个角度来看,公共部门成为社会价值的守护者。如果对这一观点做适当的解释,公共管理人员就应该对社会价值观保持敏感性和谨慎性。如果积极追求这种观点,公共行政就会变得非常国家主义。

公共利益的第二个定义关注的是公民个人。它来自长期的、西方的、个人主义的、孕育了美国的《权利法案》的传统。这种观点对个人的关注促使人们关注多数暴政体、对个人的意外伤害,以及对整个社会的积极包容。按照这种定义,公共管理人员成为那些受到或曾经受到不公平待遇的个人的权利保护者。

第三种观点将公共利益定义为公众参与政府的权利,不仅在选举过程中,而且包含通过行政过程行使的权利。在这一角色中,公共管理人员成为公民的政府的管家,使他们保持知情和参与。

那些将公共利益理解为促进社会价值的人,有时会表达对公共利益将被用作行政自由裁量权的一种来源的担忧。正如罗尔谨慎地指出的那样,"定义公共利益的人肯定会进行治理"[45]。对罗尔来说,当一个公共管理人员指出公共利益是决策(裁量权)的基础时,他就提出了治理的主张。政治家和政治学家经常表达这种担忧。民主理论的这一点,可以从城市管理者的两个角度来清楚地加以说明。理查德·博克斯(Richard Box)讲述了佐治亚州萨凡纳市一位城市管理者的故事。他说,一位管理者可以"就政策问题和政策行动提出建议,但决不能忘记他的选民是议会成员,而不是公众"[46]。这位城市管理者的观点与迈克尔·科迪(Michael Cody)和理查森·林恩

（Richardson Lynn）的观点形成了鲜明对比，他们认为官员（任命的）首先应该效忠于所有公民，而不是民选官员。[47]由于美国社会各个阶层的价值发生了重大变化，因此这是一个重要的普遍性学术辩论领域。

实际定义及其应用

公共利益在实践层面上也很难定义，因为它最常被解释为促进对公民个人或公民团体的公平。这种观点在 20 世纪 60 年代末的新公共行政时期尤其流行。[48]至少似乎存在两种概念。一种概念主要根据社会公平和正义来定义公共利益。[49]公共利益的社会公平定义似乎进一步分为外部焦点和内部焦点。外部焦点集中在那些不那么幸运的人、那些没有权力的人、那些值得同情的人，以及那些急需帮助的人。有时，这种外在的关注被称为善行。内部焦点专注于组织中的人或者那些有权利加入组织的人。尼古拉斯·亨利（Nicholas Henry）举了一个著名的例子，说明由于过去的障碍和当前的就业不平衡，少数族裔享受了优先聘用的待遇。[50]薇拉·布鲁斯（Willa Bruce）注意到，目前人们对这一焦点的兴趣体现在劳动力多样性、组织民主和赋权方面。[51]

公共利益的另一个定义涉及无利益的概念。无利益诉诸一种重要的公平意识，而不是自利。无利益是对抗个人利益的必要条件，但这种逻辑同样适用于组织的利益，它通常是无处不在的，而且更为强大。这一逻辑甚至适用于政治利己主义，在这种政治利己主义中，无利益可以抵消固执己见的政治主人、咄咄逼人的多数人和强大的利益集团的自负力量。[52]尽管如此，无利益的概念更接近于传统的政治—行政二分法的中立，而不是社会公平倡导者经常提出的保护者的概念。

最后，还需要关注公众理解、使用和参与作为政府一部分的行政管理的能力。公众在这方面的兴趣鼓励公开行政工作和与公众的持续沟通,例如使用有关政府事务的公共通讯和报纸版面。假定公众可能没有意识到自己的需要,或者可能不适合使用(或不适合防御)一套复杂的和技术官僚的机构,那么它的任务则是积极协助公众进行管理。这一观点鼓励发挥监察员的职能和采取类似措施,并促进公众在可能时参与行政工作,如利用公民咨询委员会和公共论坛。

即使关于公共利益作为价值来源的优点的争论是肯定存在的,这个问题也最终转变——因为它符合所有其他管理决策的竞争来源——为这些来源所适用的条件、适用的程度、其所代表的价值的实践场景。

ASPA 道德规范第一节"服务于公共利益"劝告成员在公共部门就业时,"服务大众,超越自我"是光荣的。其准则敦促成员:

1. 行使自由裁量权,促进公共利益。
2. 反对一切形式的歧视和骚扰,促进平权行动。
3. 承认并支持公众了解公众事务的权利。
4. 让公民参与政策决策。
5. 保持同情、仁慈、公平和乐观。
6. 以完整、清晰和容易理解的方式回应公众。
7. 协助公民与政府打交道。
8. 准备好做一些可能不受欢迎的决定。

ASPA 现行道德规范的完整文本如下。它的 32 条原则构成了 5 个价值集群或来源。

结　论

大多数人都会承认,很少有行政人员会故意违反法律、违反公共利益、损害组织、违反职业规范,或者肆意增加个人利益,如贪婪。正如盖瑞·布拉姆贝克(Gary Brumback)所指出的,"尽管有政府丑闻,但腐败并不是主要问题"[53]。当确实发生极其不道德的行为时,例如当公职人员携公款潜逃时，这种行为很容易被贴上不道德的标签。对大多数行政人员来说，更有挑战性和意义的是，他们必须执行一个模糊的法律、平衡相互竞争的公共利益集团、从组织的自我意识中整理出适当的组织利益、考虑更高但昂贵的专业标准，以及不夸大也不放弃个人利益。在大多数情况下，真正艰难的行政决策是那些需要考虑两个或两个以上正当价值来源的竞争性决策。行政的"道德选择涉及常规与理性、服从与主动、狭隘利益与公共利益的相互竞争"[54]，因此没有任何单一的公式或规则自动占据优先地位。当各种资源竞争时，行政人员的决定不能仅仅根据他们最终行动的内容来确定是否适当和合乎道德。相反，这样的决定只能从行政人员在制定最佳决策时对所有正当价值进行彻底考虑之后产生。

附：美国公共行政学会道德规范

美国公共行政学会（ASPA）旨在发展公共行政的科学、程序和艺术。本学会申明有责任在其成员中培养专业精神，并以身作则，提高公众对公共服务道德原则的认识。为此，本学会的成员承诺遵守以下原则。

一、服务于公共利益

服务大众，超越自我。

ASPA 成员承诺：

1. 行使自由裁量权，促进公共利益。

2. 反对一切形式的歧视和骚扰，促进平权行动。

3. 承认并支持公众了解公众事务的权利。

4. 让公民参与政策决策。

5. 富含同情、仁慈、公平和乐观。

6. 以完整、清晰和容易理解的方式回应公众。

7. 协助公民与政府打交道。

8. 准备好做一些可能不受欢迎的决定。

二、尊重宪法和法律

尊重、支持和研究界定公共机构、雇员和所有公民责任的宪法和法律。

ASPA 成员承诺：

1. 理解并应用与其专业角色相关的法律法规。

2. 努力改善和改变适得其反或过时的法律和政策。

3. 消除非法歧视。

4. 通过建立和维持强有力的财政和管理控制，支持审计和调查活动，防止各种形式的公共资金管理不善问题。

5. 尊重和保护所有机密信息。

6. 鼓励和促进政府内部合法的异议活动，保护公职人员检举的权利。

7. 在保障公民权利时坚持平等、公正、代表性、响应性、正当程序等宪法原则。

三、展示个人诚信

在所有活动中表现出最高的标准，以激发公众对公共服务的信心和信任。

ASPA 成员承诺：

1. 保持真实性和诚实性，不"为晋升、荣誉或个人利益"而妥协。

2. 确保他人的工作和贡献得到认可。

3. 积极防范利益冲突或利益冲突所带来的印象，例如裙带关系、不正当的外部工作、滥用公共资源和收受礼品。

4. 尊重上级、下级、同事和公众。

5. 对自己的错误负责。

6. 履行公职时不搞党派。

四、推进道德组织建设

加强组织能力，以便在服务公众时纳入道德、效率和效益。

ASPA 成员承诺：

1. 提高组织开放沟通的能力、创造力和奉献的能力。

2. 把对制度的忠诚置于公共利益之下。

3. 建立促进道德行为的程序，并对个人和组织的行为负责。

4. 为组织成员提供表达异议的行政手段、正当程序的保证和防止报复的保障。

5. 提倡价值原则，防止任意和反复无常的行为。

6. 通过适当控制和程序促进组织的问责制。

7. 鼓励组织采用、分发和定期审查道德规范，将其作为一份动态文件。

五、追求专业卓越

强化个人能力，鼓励他人的专业发展。

ASPA 成员承诺：

1. 为提升能力提供支持和鼓励。

2. 把及时了解新出现的问题和潜在问题作为个人责任。

3. 鼓励他人在整个职业生涯中，参加专业活动和协会。

4. 腾出时间与学生见面，在课堂学习和现实的公共服务之间提供桥梁。

道德规范的执行应符合 ASPA 章程第一条第四节的规定。

1981 年，美国公共管理协会全国理事会通过了一套道德原则。三年后的 1984 年，理事会批准了 ASPA 成员的道德规范。1994 年，对该规范进行了修订。

美国公共行政学会的地址：华盛顿特区西南大道 700 号 G 大街 1120，20005 202/393 - 7878

注释

1. 伦理学家对"伦理"决策的范围有不同的意见。其使用范围从极窄的范围到极广的范围不等。(1)在某些语境中,道德决策似乎只意味着违反明确的禁止性规定,如法律和规则。(2)它也意味着违反明确的禁止性规定和被广泛接受的文化禁止性规定,如说谎。(3)在另一些情况下,道德决策的重点是禁止和理想。根据所采用的价值来判断什么是错误的行为,什么是非常好的行为。第三种立场认为,大多数决策既不涉及恶劣的错误行为,也不涉及勇敢的正确行为。这是我比较喜欢的道德决策思想。(4)有些人似乎认为,所有的决策有道德的成分,即必须确保自私的利益(个人或组织)不扭曲法律和公共利益。我并不关心这种观点,因为虽然它有真理的成分,但我认为它巧妙地贬低了个人和组织的价值,过分强调了法律和公共利益的价值。(5)最后,最近一些分析家似乎暗示,所有的决策是基于道德的,决策和道德决策是同义词。虽然我喜欢在伦理决策和一般决策的情况下使用相同的来源框架,并在这里提供了这样一个可替换的框架,但对于把伦理的含义扩大太多,我确实有一个问题。在古典意义上,它指的是对与错,显然被认为是个人在社会环境中的指南,即相对于其他人和社会,个人应该如何行动(或不行动)? 将伦理道德的含义界定为行为的边界(通常有相当好的社会共识)是非常有用的。什么是错误的行为? 什么是非常好的行为? 在我看来,如果所有的决定是合乎道德的,似乎是在延伸这个词的所有含义。它意味着,为办公室选择家具的颜色,或者处理一个例行的申请(也许是当天几百个或几千个申请中的一个),最有用的是用正确—错误的术语来分析。同样,我更喜欢传统的伦理和价值的含义。价值用于所有的决策;而伦理与对错有关,这样可以在很大程度上将其局限于某种社会背景下个人行为的下限和上限的狭义决策集。

2. John. A. Rohr, *Ethics for Bureaucrats*: *An Essay on Law and Value*, 2nd ed. (New York: Marcel Dekker, 1989); George H. Frederickson, "Public Administration and Social Equity," *Public Administration Review* 50, no. 2 (March/April 1990), pp. 228 – 237.

3. DarrellL. Pugh, " The Origins of Ethical Frameworks in Public Administration," in *Ethical Frontiers in Public Administration*, James Bowman, ed. (San Francisco: Jossey-Bass, 1991); April Hejka-Ekins, "Teaching Ethics in Public Administration", *Public Administration Review* 47, no. 5 (September/ October 1988), pp. 885 – 891.

4. Barry Z. Posner and Warren H. Schmidt，"An Updated Look at the Values and Expectations of Federal Government Executives，" *Public Administration Review* 54, no. 1 (January/February 1994)，pp. 20 - 24.

5. J. Patrick Dobel，"Integrity in the Public Service," *Public Administration Review* 50, no. 3 (May/June 1990)，pp. 356 - 366；Kathryn G. Denhardt，"Unearthing the Moral Foundations of Public Administration：Honor，Benevolence，and Justice," in *Ethical Frontiers in Public Administration*，James Bowman，ed. (San Francisco：Jossey-Bass，1991).

6. Terry Cooper，*The Responsible Administrator* (San Francisco：Jossey-Bass，1991).

7. Donald P. Warwick，"The Ethics of Administrative Discretion," in *Public Duties：The Moral Obligations of Government Officials*，Joel L. Fleishman，Lance Leibman，and Mark H. Moore，eds. (Cambridge，MA：Harvard University Press，1981).

8. Carol W. Lewis，*The Ethics Challenge in Public Service：A Problem Solving Guide* (San Francisco：Jossey-Bass，1991)；Stephen Bonczek，"Ethical Decision Making：Challenge of the 1990s—A Practical Approach for Local Governments," *Public Personnel Management* 21，no. 1 (Spring 1992)，pp. 75 - 88；Harold F. Gortner，*Ethics for Public Managers* (New York：Praeger，1991).

9. Jonathan P. West，Evan Berman，and Anita Cava，"Ethics in the Municipal Workplace," *Municipal Year Book* 1993 (Washington，DC：ICMA) pp. 3 - 16；Dwight Waldo，*The Enterprise of Public Administration* (Novato，CA：Chandler and Sharp，1981).

10. ASPA 职业伦理委员会被委任重新起草伦理守则，我作为此委员会的成员有幸对重新编制新的伦理守则发挥了一定的作用。

11. John A. Rohr，"The Problem of Professional Ethics," *Bureaucrat* (Spring 1991)，p. 9.

12. Milton Rokeach，*The Nature of Human Values* (New York：Free Press，1973)，pp. 5 - 6.

13. Zhiyong Lan and David H. Rosenbloom, "Public Administration in Transition?" *Public Administration Review* 52, no. 6 (November/December 1992), p. 535; David H. Rosenbloom, "Have an Administrative Rx? Don't Forget the Politics!" *Public Administration Review* 53, no. 6 (November/December 1993), p. 505.

14. Evan M. Berman and Jonathan P. West, "Values Management in Local Government: A Survey of Progress and Future Directions," Paper delivered at the National Conference of the American Society for Public Administration (San Francisco, June 1993), pp. 16 - 17.

15. Posner and Schmidt, op. cit., p. 21. 还有其他观点一致的学者，参见 Elliot Richardson and the Council for Excellence in Government, "Ethical Principles for Public Servants", *Public Manager* 4 (Winter 1992 - 1993), p. 38; Linda Dennard, "Recognizing the Right Thing to Do," *Public Administration Review* 51, no. 5 (September/October 1991), pp. 451 - 453; Gortner, 1991, op. cit.; Robert S. Kravchuk, "Liberalism and the American Administrative State," *Public Administrative Review* 52, no. 4 (July/August 1992), p. 374; Cooper, op. cit., p. 19.

16. 惩戒和奖励手段的应用在不同情境下有很大的不同。有一些特定的行为准则可以作为一些机构惩戒的强有力基础，但是在一些专业组织中可能不适合作为惩罚的依据。基于行为准则来进行奖励的方法则通常被忽略了。

17. "每一个政治体制的目标都首先是，或者说都应该首先是拥有这样的领导者：具备最多智慧和最高美德去洞察和追求社会的公共善，接下来就是采用最有效的措施确保领导者们能够保持这种道德的状态。"引自 Ralph Chandler, "The Problem of Moral reasoning in American Public Administration", *Public Administration Review* 43, no. 1 (January/February 1993), p. 35.

18. 比如 Terry L. Cooper and N. Dale Wright, eds, *Exemplary Public Administrators: Character and Leadership in Government* (San Francisco: Jossey-Bass, 1992), 库珀关注的是公共行政人的角色，这是一个更大的问题的一部分，这个大问题是根植于亚里士多德(《政治学》)关于美德和公民角色的讨论的。最近的一些对于这个大问题的评论者有：James Q. Wilson, *The Moral*

Sense（New York：Free Press，1993）；Alasdair MacIntyre，*After Virtue*，2nd
ed.（Notre Dame：University of Notre Dame Press，1984）；and William
Bennett，*The Book of Virtues*（New York：Simon & Schuster，1993）.

19. *Webster's New World Dictionary*（New York：World Publishing Co，
1978）.

20. 一个有趣的特例是 1996 年夏天的盖勒普（Gallup）民意调查复审了比
尔·克林顿（Bill Clinton）和 鲍勃·杜尔（Bob Dole）的好感度数据。总的来说，
在诚实方面的指数不高的政治候选人很难成功当选。在预选投票中，虽然克林
顿的诚实度指数远远低于杜尔，但是在选举中因为更高的个人能力指数而占据
压倒性的优势（接近 20％的领先）。

21. 关于团队，请参阅 Jon R. Katzenbach and Douglas K Smith，*The
Wisdom of Teams：Creating the High Performance Organization*（Boston：
Harvard Business School Press 1993）；关于组织，请参阅 Stephen R. Covey，
Principle-Centered Leadership（New York：Simon & Schuster，1991）.

22. Lawrence Kohlberg，*The Philosophy of Moral Development：Moral
Stages and the Idea of Justice*，vol，1（New York：HarperCollins，1981）.

23. Charles Manz and Henry P. Sims，Jr.，*Super Leadership：Leading
Others to Lead Themselves*（New York：Berkeley Books，1990）.

24. 最近被讨论的这类政府行为是 1950 年代和 1960 年代对发育迟缓的儿
童使用放射性物质治疗，政府对此是知情且支持的，但是儿童的父母并不知情。

25. Richardson，op. ctp.，p. 38.

26. Dennis Thompson，"The Possibility of Administration Ethics，" *Public
Administration Review* 45，no. 5（September/October 1985），pp. 555 - 561.

27. 贝弗利·西格勒（Beverly Cigler）提到，"以前只是国家机构的形象问
题，现在已经发展为职业气质、人员招募和留住人才的问题，这些问题最终从各
个方面影响政府雇员和向民众提供的服务质量"。Beverly A. Cigler，"Public
Administration and the Paradox of Professionalism，" *Public Administration
Review* 50，no. 6（November/December 1990），p. 638.

28. Dennis Thompson，"The Possibility of Administration Ethics，" *Public
Administration Review* 52，no. 3（May/June 1992），p. 256. 比如，作者提到选

举和任命官员不是去寻找更低的政府行为标准，而是去寻找更高的或至少是更具有限制性的行为标准。

29. 不过就这种复杂现象单单去指责政治家是不太准确的。可以参照第27 个注释中西格勒的更加全面的分析来讨论公共行政衰退的复杂原因。

30. Pugh, op. cit. , p. 9.

31. James A. Stever, *The End of Public Administration*: *Problems of the Profession in the Post-Progressive Era* (Dobbs Ferry, NY: Transnational Publishers, 1988).

32. Curtis Ventriss, "Reconstructing Government Ethics: A Public Philosophy of Civic Virtue," in *Ethical Frontiers in Public Management*, James Bowman, ed. (San Francisco: Jossey-Bass, 1991).

33. Gortner, op. cit.

34. Gerald E. Caiden, "What Really Is Public Maladministration?" *Public Administration Review* 51, no. 6 (November/December, 1991), p. 490.

35. Peter F. Drucker, "What Is Business Ethics?" *Public Interest*, no. 63 (Spring 1981), pp. 18 – 36.

36. Robert B. Denhardt, "Morality As an Organizational Problem," *Public Administration Review* 52, no. 2 (March/April 1992), p. 105.

37. Tom Peters, "Excellence in Government? I'm All For It! Maybe." *Bureaucrat* (Spring 1991), p. 6.

38. Gortner, op. cit.

39. Joel L. Fleishman, Lance Liebman, and Mark H. Moore, *Public Duties*: *The Moral Obligations of Government Officials* (Cambridge, MA: Harvard University Press, 1981), p. x.

40. Walter L. Balk, "Productivity Improvement in Government Agencies: An Ethical Perspective," *Policy Studies Review* 4, no. 3 (1985), p. 482.

41. Dobel, op. cit.

42. Richardson, op. cit. , p. 37.

43. Waltzer, 见 Cooper, op. cit. , p. 41.

44. West, Berman, and Cava, op. cit. , p. 16.

45. Rohr, op. cit., p. 12.

46. Richard C. Box, "The Administrator As Trustee of the Public Interest: Normative Ideals and Daily Practice," *Administration and Society* 24, no. 3 (November 1992), p. 5.

47. Michael W. J. Cody and Richardson R. Lynn, *Honest Government: An Ethics Guide for Public Service* (Westport, CT: Praeger, 1992).

48. 见 Frank Marini, ed, *Toward a New Public Administration* (Scranton, PA: Chandler, 1971).

49. 关于公共利益的一系列出色的论文,请参阅 George H. Frederickson, ed, "A Symposium: Social Equity and Administration," *Public Administration Review* 34, no. 1 (January/February 1974), pp. 1 – 51.

50. Nicholas Henry, *Administration and Public Affairs*, 3rd ed. (Englewood Cliffs, NJ: Prentice-Hall, 1986), p. 351.

51. Willa M. Bruce, "Ethics and Administration," *Public Administration Review* 52, no. 1 (January/February 1992), pp. 81 – 83; 以及 "Rejoinder to Terry Cooper's Response to the Review of 'The Responsible Administrator: An Approach to Ethics for the Administrative Role'," *Public Administration Review* 52, no. 3 (May/June 1992), pp. 313 – 314.

52. 漠不关心和"涉他的"概念可能是被这位学者最充分地发展起来的: Brent Wall, "Assessing Ethics Theories from a Democratic Viewpoint," in *Ethical Frontiers in Public Management*, James Bowman, ed. (San Francisco: Jossey-Bass, 1991).

53. 因为一些原则可以依几种不同的来源而进行划分,我的组织的原则与 ASPA 伦理准则并不是同样的。

54. Gary B. Brumback, "Institutionalizing Ethics in Government," *Public Personnel Management* 20, no. 3 (Fall 1991), p. 362.

55. Warwick, op. cit., p. 115.

作者简介

蒙哥马利·范·沃尔特是加州州立大学圣伯纳迪诺分校教授。

6. 丹麦的公共部门价值：一个调查分析[①]

卡斯滕·弗朗比克 (Karsten Vrangbæk)

简 介

在过去十年里，公共部门价值问题在欧洲公共部门改革的相关争论中越来越重要。(Beck-Jørgensen，2007；Lundquist，2001；Rhodes，1987；Rothstein，2003)其中的原因各不相同，但往往与实行公共管理改革有关，据称这些改革对公共部门较传统的规范基础提出了挑战。(Hood，1991；Lundquist，1998)欧盟的扩大和纳入具有迥然不同的公共部门传统的国家，是重新引发关于公共价值的争论的另一个因素。

虽然关于价值和规范性基础的争论很多，但关于价值轮廓和价值变化的经验性证据很少。(Bozeman & Rainey，1998；Hansen & Lauridsen，2004；Wal，de Graaf & Lasthuizen，2006)本文旨在通过介绍一项关于丹麦各级公共部门价值取向的重要研究数据来解决这一局限。丹麦是一个稳定的欧盟国家，长期致力于发展民主和北欧式的福利制度(Esping Andersen 等人，2000)，但同时也在进行受新公共管理(NPM)启发的公共管理改革尝试(Ejersbo & Greve，

---

① 原文来源：Vrangbaek，K.（2009）. Public sector values in Denmark：A survey analysis. *International Journal of Public Administration*，32(6)，508 – 535.

2005）。因此,研究中的许多一般性观点将对其他稳定、民主的西方国家具有借鉴意义。

本文研究了以下问题:丹麦公共部门的公共管理者如何看待价值? 我们能否为公共部门或其分管部门构建价值轮廓? 本文提出了两个相关的假设。首先,可以确定一套几乎所有公共管理人员都认为重要的价值。其次,这些价值轮廓反映在与公务人员技能和动机相关的价值取向和认知中。

公共部门人员是提供公共服务的核心。因此,调查与这些人员技能和动机有关的价值和认知是很有意思的。可以预期,关于公共部门的一般价值取向也会反映在公共部门工作人员的价值和观念中,但对这些主题的调查也可以为价值讨论提供更详细的视角。

本文首先提出了四种对公共部门治理形式的理想典型的认知以及相关的价值取向。然后利用最近对丹麦公共部门各级公共管理人员的调查数据（详见附录）,分析了公共部门总体层面和不同部门的价值轮廓。第三节讨论了价值取向的变化,第四节分析了公共部门人员的技能和动机。本文最后对公共部门价值以及今后如何推进这方面的研究做了总体描述。

理想的典型治理形式及对价值期望的影响

价值轮廓的问题可能与对公共部门的更广泛和理想化的代表性认知有关。可以根据完成公共治理任务的主要组织原则来构建这种理想的公共部门典型形象。表1代表了四种一般治理形式和相关的价值取向。这四个价值轮廓应该算是理想的典型反映,可以用来分析数据中的价值轮廓。族群/专业视角来自组织理论（Mintzberg, 1979；Ouchi, 1979）,近年来,网络治理视角在公共行政文献中成为一个重要的视角（Fredericksson, 2005；Klijn, 2005；Rhodes, 1997）。基于市场的治理观点来自 NPM 文献（Hood, 1991；Pollitt

表1 公共部门的治理形式和可能的价值轮廓。与员工技能和动力有关的一般价值/认知

	分层治理	族群/专业治理	网络治理	基于市场的治理
一般价值	• 政治忠诚 • 司法价值/正当程序 • 总体上对社会负责 • 公众见解与透明度 • 倾听民意	• 独立的专业标准 • 持续性和稳健性 • 正当程序	• 平衡不同的利益 • 开发网络	• 满足用户需求 • 生产力 • 创新和服务导向
与员工技能有关的价值/看法	• 遵守规则和忠诚 • 个人诚信 • 对政治气候和信号的解读能力 • 经济后果意识	• 专业驱动 • 个人诚信 • 伦理意识	• 对政治气候和信号的解读能力 • 良好的人际交往能力	• 创新和更新 • 风险承担 • 灵活性
与员工动力有关的价值/看法	• 在公共等级制度中的职业机会 • 与上级主管部门保持良好关系 • 识别与管理 • 对组织角色/任务的承诺 • 保持在预算之内	• 同行认可 • 在工作中学习和发展 • 职业机会（专业）	• 合作和网络 • 沟通技巧	• 工资 • 职业机会 • 管理识别 • 良好的用户关系 • 保持在预算之内

& Bouckaert，2001），而等级观点则是结合了传统官僚制理论（Weber，1991）和民主制度中政治—行政互动的理想代表性表述（Olsen，1978）。丹麦权力与民主研究资助的一份出版物（Beck-Jørgensen & Vrangbæk，2004）较早地介绍了该表的简略版。

图中显示了四种不同的一般治理形式和相关的价值轮廓。等级治理形式代表的是古典（韦伯式）官僚制，强烈倾向于遵循规则、正当程序和中立（March & Olsen，1995；Olsen，1978；Weber，1991）等价值。基本的精神来自对公共官僚机构作为民主制度的服务者这一特殊作用的认知，在更广泛的意义上，它代表着普遍的公共利益。公平、公开和透明是实现对政治体制和一般公众的责任的重要价值。

古典官僚制应遵循规则，忠于上级，在政治利益方面保持中立。个人品德很重要，但最终要诉诸等级指挥系统。传统官僚制的原型强调合法和遵循规则。公共部门的活动越来越复杂，节奏越来越快，可能无法为所有情况制定正式的指导方针。现代官僚制首先应该能够解读来自政治上级的宽泛的信号，以便制定政策和做出决定。对经济上产生的后果的认识对官僚制来说也变得更加重要。

基于族群/专业的治理形式体现了专业主导的公共组织。（Mintzberg，1979；Ouchi，1979）医院和公立大学是典型的例子，其主导价值与实现专业标准和确保处理危机情况的能力相关联。专业价值可能会主导对等级控制的关注，因此，组织可能会被认为是寻求关于等级制度的相对自治。更传统的官僚组织也可能具有专业价值取向。各董事会和机构可能以环境事务、卫生或教育等具体事业为导向，而不是以政治信号或用户需求为导向。

专业导向和相对自主性还反映在关于工作人员技能和动机的价值/认知上。工作人员应该首先受到职业理想、价值和规范的驱动。他们还应该具有与专业规范和标准相关的强烈的个人操守。这些标准是通过同行审查和控制而不是管理控制来执行的。因此，激励是基于同行的认可，而不是管理上的认可。学习和工作发展很重要，职业模式主要与职业发展相联系。

网络治理体现了一种视角，即把公共部门组织机构作为不同利益组织和团体的复杂网络中的一部分。(Klijn，2005；Pierre，2000；Rhodes，1997)国家既是这种网络中的一个舞台，也是其中的一个角色。这意味着，重要的价值涉及谈判的过程、平衡利益、确保所有群体(包括当前少数派政治行动者)处在公平条件下等多个层面。在这种环境中执行公务的人员应该具有较强的解读其他行为体信号和意图的能力、较强的人际交往能力和较强的谈判技巧。

市场治理反映了在公共组织中引入市场理念和私营部门管理原则。(Hood，1991；Pollitt & Bouckaert，2000)在这样的环境中，客户服务价值以及与企业相关的价值(如生产力和创新能力)都变得非常重要。

可以预期，与传统的等级公共组织相比，风险承担、灵活性和竞争力是更受重视的技能。此外，同样可以预期的是管理人员认为公务人员更多是受到直接的激励(工资、管理层的认可和职业机会)，而不是严格的职业动力或对政治过程和一般公众的关注。

下面的任务是调查各价值的相对权重，以探索公共部门不同部门管理者眼中的价值轮廓和可能的价值轮廓的变化模式。基于调查数据的分析可以为公共部门价值共存和冲突的讨论提供相关信息。C. 胡德(C. Hood)(1991)和 L. 伦德奎斯特(L. Lundquist)(1998)都认为，随着时间的推移，特定类型的价值在公共部门中变得更具有支配性，而其他价值则受到威胁。特别是，有人声称，过去几十年来的新公共管理(NPM)趋势提高了公共部门的效率和市场导向的价值。

胡德在 1991 年的一篇重要文章中指出，强调与 NPM 有关的价值可能会威胁到更多传统的公共部门价值，如公平/公正和稳健性(Hood，1991)。该文章的一个主要观点是，可能存在着这样一种实践中的权衡，即更加强调效率和企业主义，进而可能会削弱对公平、正当程序和稳健性的关注，这就要求必须接受对某些价值有所放松，以便能够应对不可预见的挑战。如果"排挤"论是真实的，那么"市场治理"价值更受肯定这一点在数据中就应有所反映。

一个相关的一般性问题是，我们是否在处理一个零和游戏，或者公共组织是否能够在现有的价值组合中纳入新的价值，而不失去对公共部门核心价值的关注。如果纳入新的价值，它们可能会像沉淀物一样覆盖旧的价值，形成更复杂的价值组态，并突出公共管理者积极解决价值管理问题的必要性（Beck-Jørgensen，2007）。

文献中的另一个普遍说法是，我们已经经历了从传统的公共等级制度向结构更松散的网络型治理的渐变（Pierre，2000；Rhodes，1997）。如果这是真的，上文所说明的网络治理的特征应该在数据中浮现出来。最后，组织理论认为，许多公共组织最好被视为由专家组成的专业官僚机构，并高度嵌入专业价值和规范（Mintzberg，1979）。这很可能反映在医院和大学等业务性公共组织的概况中，但其他公共部门是否同样如此？数据可以让我们根据任务（行政与业务）和与中央政治进程的距离（国家、地区、市镇、半独立企业）对价值轮廓进行比较。

整个公共部门的价值

价值和价值轮廓的变化

哪些价值在公共部门占主导地位？是否有一组价值在丹麦大多数公共组织中起主导作用？为了解决这些问题，对公共部门的管理人员进行了广泛的抽样调查（详见附录），并提出了以下问题。"在贵组织的日常工作中，下列价值的意义是什么？"其想法是将抽象的价值与组织中的具体工作情况联系起来。根据近 2 000 名受访者的回答，表 2 显示了整个公共部门，并分别列出了行政级别和机构级别的结果。

前五个最重要的价值是"创新/更新""独立的专业标准""对整个社会负责""公众洞察力/透明度"以及"司法价值/正当程序"。前三项在行政和制度层面都很重要，而后两项在行政层面尤为重要。暂且抛开"创新/更新"不谈，所有这些都可以被解释为等级治理传统的一部分，与基于族群/专业的治理形式的要素相结合。"专业标准"既可以解释为与中立的、专业的韦伯主义理想官僚有关，也可以解释为与公共部门中的主要专业群体（如医生、教师、社会工作者等）有关。"对社会总体负责""公众洞察力""司法价值/正当程序"等价值涉及对中立的、有法可依的公共部门的基本认知。所有这些价值属于通常被认为是传统公共部门价值的核心内容。

"创新/更新"被认为是公共部门所有部分的重要价值。这可能反映了以下几种不同的趋势：

1. 对变革和发展以及过去几十年来的许多管理和组织变革的强烈的、规范性的关注。这些变化是由多种因素推动的，如国际化、任务的变化、适应新的外部关系、新的员工情况以及普遍的效率驱动。

2. 各级开发新解决方案的专业动力。随着公共部门变得更加专业化，这一点变得更加重要。

3. 引入 NPM 类型的词汇，它强调企业家精神和变革。

表 2　价值轮廓：以下价值对您持续履行职责有多重要？

（"基本"＋"通常非常重要"）

	全部*	行政级别（国家、区域和本地）†	业务级别（国家、区域和本地）‡
创新和更新	89	88	91
独立的专业标准	87	89	85
对整个社会负责	85	84	86
公众见解/透明度	80	82	77

	全部*	行政级别（国家、区域和本地）†	业务级别（国家、区域和本地）‡
司法价值（如正当程序）	80	91	68
效率	74	89	58
满足用户需要	72	60	85
政治忠诚（履职能力）	71	85	57
平等的机会	71	64	78
连续性	66	56	76
用户民主	62	52	72
平衡利益	57	63	52
网络化	54	60	49
职业发展机会	54	59	48
听取民意	47	49	44

* 回答"这是基本价值"或"通常重要"的"行政层面"和"业务层面"的集合组中的平均频率值（百分比）。其他的回答选项包括"偶尔重要""次要角色""无关紧要"和"不知道"。受访者分别回答了每个问题。他们没有被明确要求将这些价值相互进行排序。

† "行政层面"：国家部委（$n=73—74$）、国家机构（$n=213—216$）、地区行政部门（$n=50—51$）和市政部门（$n=781—789$）的回答。这个总数是这四类的简单平均数。

‡ "业务层面"：国家（$n=66—71$）、地区（$n=104—106$）和市政（$n=503—526$）业务组织（例如，铁路系统、灯塔、医院、学校和托儿机构）的管理者的回答。这个总数是这三类的简单平均数。

创新的重点反映在政府发展公共部门的核心计划中，它是从"现代化项目"开始的[1983—1992 年由保守党/自由党政府提出，随后社会民主党政府（1993—2001 年）和自由党/保守党政府（2001 年至今）以不同的名称和略有不同的重点继续进行]。"更新/创新"一直是推行预算编制、改革内部指导系统，以及与公众不断变化的需求相联系的流行语。更新最初被视为在 20 世纪 80 年代和 90 年代初预算紧缩的情况下实现现代化的必要手段，但一直被视为持续调整的核心机制（Ejersbo & Greve，2005）。

要区分不同的潜在因素是很难的。对创新的强调很可能反映了内部动机的变革压力和对行政政治中一般外部话语的结合。有趣的是，在任何情况下，在丹麦公共部门的所有部门中，变革和创新被视为一种基本价值。

在五大价值之后，紧接着是两个更符合市场治理概念的价值，即"效率"和"满足用户需求"。虽然效率一直是公共行政中长期关注的问题，但它与客户服务导向和私人部门管理风格一起，已经获得了更加核心的地位，成为 NPM 论述的支柱之一（Kettl，2000；Pollitt & Bouckaert，2000）。NPM 的趋势也出现在丹麦的行政政策中。（Ejersbo & Greve，2005）因此，公共管理者没有把这种价值放在更高的位置上，这有点儿令人惊讶。

值得注意的是，"效率"在官僚层面似乎比在业务机构层面更为重要。这可能表明，这种趋势在业务组织和通常由专业主导的组织中渗透得较少，而行政部门认为自己是持续关注效率的代理人。表中排名最低的价值与国家的网络和谈判角色有关（"网络""平衡利益""倾听公众意见"）。这些价值在日常实践中可能很重要，但在与其他选项进行比较评估时，显然不会被认为是核心价值。"连续性"和"职业机会"等价值也被放在了最底层。这强化了将创新作为核心价值的印象，并表明公共部门在为工作人员制定激励措施方面没有走在前列。在上一节描述的总体情况下，还存在一些差异。下一节将进一步讨论这些差异。

价值轮廓的差异

比较行政和业务层面可以发现，"司法价值/正当程序"在行政层面特别重要，而业务层面显然没有那么多理由强调这一价值。另外，像"连续性""用户民主""满足用户需求"等价值，业务管理者的重视程度高于行政管理者。这两个结果似乎可以直观地理解。对司法价值的关注，对应的是等级治理结构中传统的观念，即一个中立的、以规则为基础的正式官僚机构，它强调的是平等对待和正当程序，而不是满足个人差异化的用户需求。它也反映了一个行政队伍在传统上由司法人员组成，并受到司法规范的熏陶。

业务性公共组织似乎更多是面向最终用户。这反映了他们提供服务的任务以及与实际使用者的持续接触，而不是更抽象的"公共利益"的图景。行政组织比业务组织更强调政治忠诚，这一事实可能支持这样的结论，即相对传统的公共部门价值依然存在，中央行政部门在某种程度上将自己视为这种价值的守护者。

现在我们来看看不同行政级别的国家部门、国家机构、地区行政机构和市级行政机构的变化。这样，我们就把一个变量保持不变，因为我们只考察行政组织中的管理人员，而把业务组织排除在外。基本的假设是，根据对国家政治决策过程的接近程度和参与程度，价值取向可能存在差异。

从表3可以看出，四个行政级别之间存在着比较高的同源性。同时，频率的分布似乎也是有限的，许多价值被75%以上的受访者赋予了很高的优先性。这意味着，我们的关注点应该是与上述一般模式的有限相对差异。

对于部级部门来说，主流模式是将"政治忠诚""司法价值/正当程序""对一般公众负责"和"创新/更新"作为最重要的价值。前三项是传统的公共部门价值，对于中央部委来说并不十分奇怪。第四项符合上文所述的注重创新和变革的大趋势。排名最低的"用户个人需求"，反映出各部门直接接触用户的机会有限，工作联系也是多种多样。各部门在"利益平衡"方面得分相对较高，也反映了不同利益相关者的重要性。

部级机构与其他机构不同的是，其得分普遍较低，并且将"生产力"和"专业标准"排在很高的位置，而传统的公共部门价值则排在更靠后的位置。这表明，向公众和政治决策者提供的独立专业顾问具有非常强烈的专业取向和自我形象。

区域当局似乎是更多偏向于"政治治理能力""透明度"和"正当程序"的政治组织。这些价值与"生产力"和"创新"等现代价值相结合。一般来说，区域管理者同时强调许多不同的价值。这可能反映了公众和政治方面对区域任务的强烈关注，如医疗卫生，从而反映了区域有许多强大的利益相关者的事实。而"平衡利益"的得分相对较高，则进一步强调了这一点。

市政当局类似于区域当局，但也非常强调与用户相关的价值。这反映了市政当局在提供国家核心福利服务方面的重要作用，以及与许多不同用户群体的持续互动。

可以得出的结论是，尽管在整体层面上存在相对单一的情况，但在不同层面上也存在一些显著的差异。特别是，我们看到中央部级部门和地区政治实体相对更强调传统的公共部门价值，而部级机构则强调专业价值，因此在他们的价值轮廓中高度强调来自更自主的国家模式。市政部门的特点是比其他级别更强调用户民主和用户需求。在比较集中式和分散式业务组织时也可以看到类似的差异（表3 中未显示）。

表3 公共部门价值：国家、地区和市政当局。 * 以下价值有多重要？

	平均值†	市政部门	部级机构	地区行政当局	市政行政当局
正当程序	91	92	88	88	96
生产力	89	84	94	90	89
独立的专业标准	89	84	92	92	88
创新	88	89	80	94	87
政治施政能力	85	96	57	98	89

	平均值†	市政部门	部级机构	地区行政当局	市政行政当局
对整个社会的责任	84	91	74	90	81
对公众的透明度	82	76	70	94	89
平等的机会	64	65	61	63	66
平衡利益	63	76	52	69	55
创建网络	60	62	49	63	67
个人用户需要	60	35	54	77	73
职业发展机会	59	57	59	61	58
连续性	56	47	63	57	56
加强用户民主	52	31	47	59	70
对反对派少数派的关注	49	57	35	59	46

　　* 来自国家部门（$n=73—74$）、国家机构/主管部门（$n=213—216$）、地区行政当局（$n=50—51$）和市政行政当局（$n=781—789$）的回答。

　　† 回答"这是基本价值"或"通常重要"的"行政层面"和"业务层面"的聚合组中的平均频率（百分比）。其他的回答选项包括"偶尔重要""次要角色""无关紧要"和"不知道"。

近十年来公共价值的发展情况

　　在过去十年中，价值构成是否发生了变化？请公共管理者根据上述清单指出价值轮廓中最重要的三个变化（见表4和表5）。

　　主要的情况是，过去十年，"创新"在各个层面的作用更加突出。在机构层面，出现了一些额外的价值。这是否意味着其他价值变得不那么重要（见表6和表7）？

表4 行政层面：在过去十年间变得越来越重要的价值

	部级部门	部级机构	地区行政单位	市政行政单位
排名前*	创新（27%）	创新（32%）	创新（28%）	—†
"n"	48	159	39	579

注：受访者需要列出具有重要性的价值，并对最多三种价值排序。该表显示了被受访者列为第一的价值出现的频率。只包含频率超过20%的价值。这意味着排名第二和第三的价值没有包含在这个表中，因为提及这些价值的受访者比例不足20%。

†20%以下的价值。

表5 机构层面：在过去十年变得越来越重要的价值

	国家—业务组织（例如，皇家图书馆、国家剧院、公共广播和电视）	国有企业和国有公司（如国家铁路、邮政）	地区业务组织（如医院）	市政机构（如学校）
第一名	创新（39%）	创新（32%）	提升用户民主（22%）创新（25%）	创新（29%）
"n"	207	19	72	293
第二名	开发网络（25%）	平等机会（23%）	提升用户民主（23%）	提升用户民主—*
"n"	20	13	59	210

表6 行政层面：在过去的十年里变得越来越难以维持的价值

	部级部门	部级机构	地区行政当局	市政行政当局
第一名	连续性（39%）	连续性（33%）	—*	—*
"n"	33	126	26	495
第二名	连续性（33%）	—*	—*	—*
"n"	21	77	22	356

* 20%以下的价值。

表7　业务层面:在过去的十年里变得越来越难以维持的价值

	国家—业务组织（例如,皇家图书馆、国家剧院、公共广播和电视）	国有企业和国有公司（如国家铁路、邮政）	地区业务组织（如医院）	市政机构（如学校）	半私人组织
第一名	连续性(24%)33	连续性(46%)生产力(27%)	连续性(26%)	连续性(23%)	职业发展机会(31%)
"n"	38	11	64	280	16

强调创新的一个结果似乎是,保持连续性的价值变得更加困难。这可以进一步被认为是稳健性价值面临压力的一种表现。能够保证稳健性,并且可能还可以保证正当程序的常规惯例正在被打破,这些历史记忆(也指惯例。——译者注)可能正在消逝。同时值得注意的是,并没有人提到经典的公平和正义价值在面临压力。

对于所有公共部门来说,创新价值被排在很高的位置。整个组织的变革和创新压力似乎很大,至少在价值和话语方面,我们看到的公共部门与传统的停滞和保守形象相去甚远。对创新的关注反映了自20世纪80年代以来自由/保守政府和社会民主政府对公共部门实施的"现代化"计划(见上文)。该计划改变了公共部门内部的预算编制和指导关系,通过私有化、外包和自由选择医院、学校、养老院等方式引入了市场导向措施,并提供了更灵活的就业条件。最近,实行了一项重大的行政改革,将建立更大的市级和区域单位,并改变国家和分权政治层面之间的关系(Bundgaard & Vrangbæk,2007)。改革于2007年1月1日开始实施,目的是简化公民获得服务的途径,提高权力下放单位的专业可持续性。

尽管发生了这样的变化,但我们的数据显示的公共部门概况保持了一些传统的官僚价值观念,并结合了专业价值观念,即大力强调创新和变革。传统的等级价值似乎与专业/族群价值并存。尽管对创新的强调表明公共部门是一个充满活力和变革的部门,但基于市场的价值似乎并没有像我们预期的那样强烈地渗透进来。国家网络化价值在数据中没有被大力强调。在思考与公共部门工作人员的技能和动力有关的价值时，是否也有这些模式？

公务人员的技能和动力

公共管理人员需要回到以下问题：在贵组织履行核心职能的人员具备以下技能有多重要？（见表8和表9）

表中提到的一些技能达到了两类技能加起来超过75%的经验法则。这在一定程度上反映了所有提及的价值/技能是"积极的"，并且受访者可能不愿意区分。受访者需要分别评价每个问题，而不是强迫他们对不同的价值进行排序。因此，我们发现最有趣的是技能的相对权重。我们看到，在几乎所有的情况下，最重要的分类都是"个人诚信""专业动力"和"创新能力"。

在天平的另一端，我们发现"愿意承担风险"和"经济后果意识"等价值/技能。这是一个非常发人深省的结果，创新能力的排名很高，而风险承担的价值接近排名底部。在公共部门组织中，似乎存在着一种紧张关系，一方面将创新/更新作为一种核心价值，另一方面又不接受在许多情况下作为创新前提的风险承担。因此，这些数据说明了一种普遍的看法，即公职人员的作用变得更加模糊，并且带有一些相互冲突的要求。（Jørgensen，1990；Pollitt，2003）公职人员必须同时进行创新，并确保传统价值，包括连续性。从更广泛的角度来看，并参照表1中的理想类型，似乎许多组织中的公共部门工作人员必须同时应对来自等级、市场、族群和基于网络的治理形式的压力及价值。

在这一总体情况下，我们发现一些有趣的差异。业务型组织比行政型组织更倾向于强调人际交往能力。与此相对应的是，与高权力部门和机构相比，用户直接接触的任务更多。"'读懂'政治形势的能力"在集中式行政组织中的价值远高于其他组织。这并不奇怪,因为正式的政治过程在这些级别的日常活动中发挥着更直接的作用。值得注意的是,区域当局对"道德意识"的重视程度高于其他级别。这可能反映出,这些级别的任务(包括医疗)因而涉及生死攸关的问题。最后,我们注意到,国有企业的管理人员对承担风险的重视程度相对高于更传统的业务性公共组织的管理人员。

表 8 公共行政:在您的组织中履行核心职责的员工拥有以下技能有多重要?

	平均值*	部级部门	部级机构	地区行政当局	市政行政当局
专业驱动	97	97	96	100	96
个人诚信	96	95	96	96	99
创新能力	92	95	86	96	92
调整的能力	90	95	89	86	90
善于与他人互动	82	81	77	86	86
道德意识	81	73	71	94	86
忠诚规则	80	78	90	66	85
"读懂"政治形势的能力	75	96	58	74	74
经济后果意识	71	66	56	82	81
愿意承担风险	38	43	27	34	46

注:第一和第二个回答选项的频率(pct):"基本重要,这是我们的组织应该以此闻名的","通常重要"。

*四组的简单平均值。

部门:$n=32—72$。机构:$n=58—208$。地区行政当局:$n=34—100$。市政行政当局:$n=360—778$。

表9　业务组织:员工技能

	平均值*	国家—业务组织(例如,皇家图书馆、国家剧院、公共广播和电视)	国有企业和国有公司(如国家铁路、邮政)	地区业务组织(如医院)	市政机构(如学校)
个人诚信	98	99	97	100	99
善于与他人互动	94	91	89	98	95
专业驱动	92	90	88	95	97
调整的能力	91	91	94	94	90
创新能力	88	90	76	93	95
道德意识	87	87	67	97	93
忠诚规则	83	86	82	78	80
经济后果意识	52	59	74	47	42
愿意承担风险	46	44	42	69	49
"读懂"政治形势的能力	33	25	27	40	36

注:第一和第二个回答选项的频率(pct):"基本重要,这是我们的组织应该以此闻名的","通常重要"。

* 四组的简单平均值。

国家级业务组织:$n=17—69$。地区组织:$n=42—107$。市政组织:$n=185—517$。国有企业:$n=9—34$。

我们现在来看看管理人员对其组织中激励工作人员的因素的看法(见表10和表11)。

表10　公共行政:员工的动力是什么?

	平均值*	部级部门	部级机构	地区行政当局	市政行政当局
职业价值及承诺	97	99	95	98	96
在工作中学习和发展	89	93	84	96	84
识别与管理	86	84	86	86	89

	平均值*	部级部门	部级机构	地区行政当局	市政行政当局
协作	83	78	84	82	87
同事的认可	77	69	76	82	80
与用户保持良好的关系	69	50	63	84	79
对组织角色/任务的承诺	69	72	64	73	65
职业发展机会	37	42	40	33	31
保持在预算之内	28	19	23	35	33
与上级主管部门保持良好关系	22	18	22	20	28
工资	21	11	27	16	30

注：第一个和第二个回答类别合并为："极其重要"和"非常重要"。

＊四组的简单平均值。

国家部门：$n=72—74$。国际机构：$n=22—95$。地区行政当局：$n=20—98$。市政行政当局：$n=783—785$。

表 11　公共业务组织：员工的动力是什么？

	平均值*	国家—业务组织（例如，皇家图书馆、国家剧院、公共广播和电视）	国有企业和国有公司（如国家铁路、邮政）	地区业务组织（如医院）	市政机构（如学校）
与用户关系良好	92	91	82	96	96
职业价值及承诺	91	84	91	97	95
协作	90	92	88	97	95
同事的认可	80	80	77	91	91
管理层的认可	79	76	74	86	87
在工作中学习和发展	77	77	65	91	83
对组织角色/任务的承诺	67	67	64	73	75

（续表）

	平均值*	国家—业务组织（例如，皇家图书馆、国家剧院、公共广播和电视）	国有企业和国有公司（如国家铁路、邮政）	地区业务组织（如医院）	市政机构（如学校）
与上级主管部门保持良好关系	39	34	36	26	37
工资	32	33	30	41	40
保持在预算之内	31	36	39	20	25
职业发展机会	24	33	29	27	22

注：第一个和第二个回答类别合并为："极其重要"和"非常重要"。

* 四组的简单平均值。

国家业务组织：$n=69—71$。地区业务组织：$n=106—107$。市政业务组织：$n=520—529$。国有企业：$n=33—34$。

所有受访群体指出了"职业承诺"。此外，许多人还指出了"工作中的学习和发展""上级的认可"和"与用户的良好关系"。相对较少的管理者指出"职业机会""工资""保持在预算范围内"和"与上级主管部门关系良好"。如果我们将这些不同的激励因素分为以下三类，就会出现一种可能的解释，其中前两类大致对应盖伊·彼得斯（Guy Peters）的物质激励因素和专业激励因素（Peters，2001），以及基于"族群"和被"标记"（具有显著职业特征——译者注）的治理形式，而第三类则对应上文所述的等级治理形式（见表12）。

表 12 动机类别

专业和任务相关的激励因素	个人和物质动力因素	等级动力因素
专业承诺 同事的认可 学习和发展 协作 与用户关系良好	工资 职业机会	管理层的认可 致力于组织的使命 与上级主管部门保持良好关系 保持在预算之内

利用这些分组我们看到，专业和任务相关的动机因素占主导地位。层级因素紧随其后，而个人动机因素被认为发挥的作用比较有限。因此，我们可以说，作为 NPM 思想的核心部分，更灵活的物质和职业相关的激励因素的想法显然在丹麦公共部门没有找到牢固的立足点。

公共管理者认为员工更多是受职业价值感和职责观念的驱动。对职责的定位与用户和个别组织挂钩，而较少与上级主管部门和预算控制等外部因素挂钩。在这一总体情况下，虽然以医院和大专院校为主的区域性业务组织似乎具有很强的专业性，但差异也很有限。它们似乎牢牢地扎根于以族群为基础的管理形式中，在这种管理形式中，专业价值、工作中不断学习和同行认可等内容是核心。

结束语和讨论

本文首先提出了一个问题，即是否有可能找到在整个公共部门中占主导地位的价值。我们找到了一系列答案，这些答案显示出相当程度的同质性，但也有一些差异。特别是，我们看到，有四种价值似乎构成了跨越不同组织的公共部门精神。这些价值可以概括如下：公共部门对公众负有普遍责任，公共事务必须透明，维持司法价值很重要，公职人员应基于对专业标准的认真考量开展业务。这四种价值反映了政治民主、"法治国家"和福利国家的遗产。这些价值表明，公共管理者的自我形象是中立的，是为了服务于更广泛的公共利益和社会理想而提升的。这四种价值似乎深深地扎根于公共组织中，可能也扎根于更广泛的文化传统中。人们普遍认为，丹麦公共部门作为公共利益的守护者，具有合法性和积极的作用。

除了这四种价值之外，还有第五种价值，即创新和更新。这显然是公共部门所有部门的一个强劲趋势。这可以有不同的解释，也可以是不同的变革压力的结果，如全球化、技术、人口和文化变化，以及对公共部门提高效率的要求。无论如何，这说明抵制变革和保守主义的消极刻板观念是站不住脚的。公共管理人员认为自己处于一个非常动态的世界中，需要创新和适应能力。所面临的挑战是如何同时持续关注公共部门核心价值。注重创新的坏处似乎是，连续性越来越难以维持。

在这种公共部门价值观的总体情况下，我们看到了一些差异。主要的模式是，行政层面似乎最倾向于与等级和族群治理形式相对应的价值，而业务层面则相对更关注用户体验和服务，即市场治理价值。

一般的价值轮廓还体现在关于员工技能和激励的价值上。公共管理人员发现，个人诚信、专业动力和承诺应该是关键技能，与专业承诺有关的价值似乎是主要的激励因素。创新和灵活性也是重要的技能，而承担风险的意愿不被高度重视。此外，有趣的是，物质因素（如工资和职业机会）被认为是有限的动机因素。公职人员似乎更看重对使命的承诺和专业标准。数据表明，对创新的承诺和职业标准之间存在着有趣的矛盾。看来，管理者还没有准备好接受注重创新的后果，即让员工承担更多的风险。

总而言之，这些数据并没有简单直接支持国家间文献中关于传统的公共部门价值观念受到严重侵蚀的关切。（Hood，1991；Lundquist，1998）然而，一种非常强烈的创新和变革取向似乎补充了这些价值，而这种取向可能并不是在所有情况下与传统价值观相一致。当然，连续性以及进一步的稳健性和机构惯性，可能受到影响。从长远来看，随着创新深入公共部门的各个领域，紧张关系也有可能变得更加强烈。

公共部门在这个时候表现出如此相对同质的价值，是好是坏？一般来说，尽管近几十年来发生了许多变化，并将重点放在更新和创新上，但传统的公共部门价值观念仍然存在，这一点似乎令人欣慰。共同的价值基础可能有助于各部门领域和行政级别之间的协调和互动，并确保在一个政治管理变化相对频繁、特别需要跨政治倾向和行政级别合作的系统中保持一定程度的稳健性。数据中发现的差异似

乎是对特定任务和组织环境的合理反应。然而，也可以说，处理许多
新的公共部门任务和压力（如商业和政治的全球化、移民、老龄化和
要求更高的用户）需要更加多样化和灵活的价值轮廓。在某种程度
上，这已经反映在部门的价值观念差异中（Vrangbæk，2003），但比预
期的要少。

相对的同质性还可能使我们考虑到话语与实践的困难问题。同
质的价值轮廓是否仅仅反映了一种普遍的话语而不是"实地"的实
践？目前的调查材料无法对这一问题进行深入调查，而对不同组织
在不同情况下（如扩张与裁员、公众监督与平静生活、政治动荡与稳
定生产）进行深入的个案研究，很可能会发现实际价值应用的差异。
我们对问卷调查的书面意见以及在随后的演讲和研讨会上现场对话
的轶事证据的回顾，提供了更多的细微差别，但并没有指出我们对价
值轮廓的构建存在系统性问题。

文章中的大多数讨论都涉及现状，以及在此基础上可以构建的
价值轮廓和取向。随着时间的推移而发生的变化是无法客观追溯
的。然而，调查表包含了关于受访者个人对价值变化的主观认识的
问题。这些问题的答案被用来作为初步讨论价值变化的基础。主要
的调查结果是，在过去的 10 年里，创新和更新成为一种越来越重要
的价值，而连续性则变得越来越难以维持。在这一总体图景下，还存
在着一些差异。

本文的讨论中，对未来公共部门价值的研究有两个方面的意义。
第一，将广泛的调查数据与"实践中的价值"的深入案例研究结合起
来的研究设计，对于充分把握价值轮廓的细微差别非常重要。第二，
通过开发时间序列数据，我们能够跟踪价值取向随着时间的推移而
发生的变化，因为公共组织正在适应不断变化的环境条件。第三个
令人感兴趣的可能性是开发比较研究的设计，将目前的数据与其他
国家的价值轮廓进行比较，以检验国家体制结构差异的重要性。

参考文献

Antonsen, M. , & Jørgensen, T. B. (2000). *Forandringer i teori og praksis. Skiftende billeder fra den offentlige sektor.* Copenhagen: Jurist-og Økonomforbundets Forlag.

Bozeman, B. , & Rainey, H. G. (1998). Organizational rules and the "bureaucratic personality". *American Journal of Political Science*, 42(1), 163 – 189.

Bundgaard, U. , & Vrangbæk, K. (2007). Reform bycoincidence? — Explaining the policy process of structural reform in Denmark. *Scandinavian Political Studies*, 30(4), 491 – 520.

Ejersbo, N. , & Greve, C. (2005). *Moderniseringen af den offentlige sektor.* Copenhagen: Børsens Forlag.

Esping-Andersen, G. (Ed.) (1996). *Welfare states in transition: National adaptations in global economies.* London: Sage.

Fredericksson, G. H. (2005). Whatever Happened to Public Administration? Governance, Governance Everywhere. In E. Ferlie, L. Laurence, & C. Pollitt (Eds.), *The Oxford handbook of public management* (pp. 282 – 304). Oxford: Oxford University Press.

Hansen, M. B. , & Lauridsen, J. (2004). The institutional context of market ideology: A comparative analysis of values and perceptions of local government CEOs in 14 OECD countries. *Public Administration*, 82(2), 491 – 524.

Hood, C. (1991). A public management for all seasons? *Public Administration*, 69, 3 – 19.

Jørgensen, T. B. (1990). Den heterogene stat og administrationspolitik. *Nordisk Administrativt Tidsskrift*, 71(3), 268 – 287.

Jørgensen, T. B. (2007). Public values, their nature, stability and change. *Public Administration Quarterly*, 30(4), 365 – 398.

Jørgensen, T. B. & Melander, P. (Eds.) (1999). *Livet i offentlige organisationer* (2nd ed.). Copenhagen: Jurist-og Økonomforbundets

Forlag.

Jørgensen, T. B. , & Vrangbæk, K. (2004). *Det offentlige styringsunivers. Fra government til governance?* Århus, Denmark: Magtudredningen og Aarhus Univsitetsforlag.

Kettl, D. (2000). *The global public management revolution: A report on transformation of governance.* Washington, D. C. : Brookings Institution Press.

Klijn, E. H. (2005). Networks and interorganizational management: Challenging, steering, evaluation and the role of public actors in public management. In E. Ferlie, L. Laurence, & C. Pollitt (Eds.), *The Oxford handbook of public management* (pp. 282 - 304). Oxford: Oxford University Press.

Lundquist, L. (1998). *Demokratins Våktare.* Lund, Denmark: Studentlitteratur.

Lundquist, L. (2001). *Medborgerdemokratin och eliterna.* Lund, Denmark: Studentlitteratur.

March, J. G. , & Olsen, J. P. (1995). *Democratic governance.* New York: The Free Press.

Mintzberg, H. (1979). *The structuring of organizations.* Englewood cliffs, NJ: Prentice Hall.

Olsen, J. P. (1978). Folkestyre, byråkrati og korporatisme. In J. P. Olsen (Ed.), *Politisk Organisering* (pp. 13 - 114). Oslo, Norway: Universitetsforlaget.

Ouchi, W. G. (1979). A conceptual framework for the design of organizational control mechanisms. *Management Science*, 25(9), 833 - 848.

Pedersen, O. K. (2002). *EU i forvaltningen. Broen fra Slotsholmen til Bruxelles.* Copenhagen: Jurist-og Økonomforbundets Forlag.

Peters, B. G. (2001). *The politics of bureaucracy* (5th ed.). London: Routledge.

Pierre, J. (Ed.) (2000). *Governance, authority, steering and democracy.*

Oxford：Oxford University Press.

Pollitt，C. （2003）. *The essential public manager*. Buckingham，UK：Open University Press.

Pollitt，C. ，& Bouckaert，G. （2000）. *Public management reform：A comparative analysis*. Oxford：Oxford University Press.

Rhodes，R. A. W. （1987）. Developing the public service orientation. *Local Government Studies*，3，63－73.

Rhodes，R. A. W. （1997）. *Understanding governance：Policy networks，Governance and Accountability*. Buckingham & Bristol，UK：Open University Press.

Rothstein，B. （2003）. *Sociale Fällor och tillitens problem*. Stockholm，Sweden：SNS forlag.

Vrangbæk，K. （2003）. Værdilandskabet i den offentlige sektor. Resultater fra en survey. In T. B. Jørgensen （Ed.），*På sporet af en offentlig identitet. Værdier i stat，amter og kommuner* （pp. 105－133）. Århus，Denmark：Aarhus Universitetsforlag.

Wal，Z. v. d. ，de Graaf，G. ，& Lasthuizen，K. （2006）. *What's valued most？A comparative empirical study on the differences and similarities between organizational values of the public and private sector*. Working paper for European Group of Public Administration，conference 6－9 September，Milan.

Weber，M. （Ed. ）（1991）. *From Max Weber：Essays in sociology*. London：Routledge.

附　录

数据收集

目前的调查是由丹麦权力和民主研究发起的关于公共部门变革和价值的较大研究项目的一部分。调查数据是在 2001 年收集的（见表 13）。

表 13　不同组别的回应率

	最初提交	回应	回应率
国家行政当局	483	295	61%
区域行政当局	76	54	71%
市政行政当局	1394	782	56%
运作中的公共组织的随机样本	2873	1246	43%
合计	4826	2377	49%
补充特殊人群			
—带有/不带文化部门的组织	68	50	74%
—医院管理者	68	48	71%
总计	4962	2475	50%

国家行政当局

已将调查表提交给所有部门和机构的管理人员。此外，向各司管理者以及各科（如果相关组织没有下设司）发出了调查表。该名单基于（Pedersen，2002）更新版本的部长电话簿和部长网站，并以此作为补充。原则上，其中包括国家行政部门的全体高级管理人员。

区域和市行政当局

已将调查表提交给所有部门的高级管理人员。通讯录是基于互联网建立的，并以电话收集数据作为补充。原则上，调查涵盖全部区域和市政管理人员，但由于正在进行改组，名单和实际结构之间可能没有完全对应。

公共组织的随机样本

国家统计局的工作场所数据库作为基本人口数据库。本次调查选取了 33 604 个公共工作地点，并抽取了 2873 个机构做简单随机抽样调查。这个数据库包含了一组非常不同的公共组织，从单人灯塔到大型的半公共运营组织，如国家铁路和邮政系统。该数据库还包含了一些正式的公共工作场所，但实际上不是真正组织的单位。由私人律师管理的公共基金和选举产生的教会委员会就是这种单位。这些问题可能是导致相对较低的响应率(43%)的一个因素。从积极的方面来说，我们认为自由选择可能意味着剩下的答案对我们感兴趣的人群更有代表性，因为它们涵盖了广泛的组织类型，而排除了最明显不相关的组织。

特殊群体的调查

对文化部和医院管理人员范围内的组织进行了特别抽样。在这两种情况下，调查覆盖了整个人群。

无回应和偏见

我们控制了所有群体的系统性无响应和偏见问题，并未能在地理(特别是针对随机样本以及市政和区域行政当局)或部门方面找到明确的模式。主要的例外情况是在不同部门的高级经理之间，其中不包含国务部和外交部。

在系统上缺乏特定观点的偏见是很难控制的。行政层面较高的响应率可能会减少这类偏见，但我们不能完全排除受访者的自由选择存在问题的可能性。

数据处理和报告组

为了报告，我们根据收到的答复进行了新的分组。这对行政层面尤其重要，因为在行政层面上，通过比较提交清单和收到的答复，已经形成了新的、更精确的分组。在某些情况下，如果最初的分组是错误的，受访者就会被"移动"到新的组别。表14列出了上述调查中使用的报告组别。

表 14　报告组别

报告组别	响应者人数
国家部门*	74
国家机构*	216
地区行政当局	52
市政行政当局	798
行政当局总数	1140
国家业务组织	72
分散式国家行政当局*	35
总计	107
地区业务组织	107
市政业务组织	533
所有业务组织	747
国有企业	35
外包活动	31
联合市政公司等	28
"灰色地区"合计	94
业务和灰色地区合计	841
合计＝行政当局、业务和灰色地区	1981
特殊群体	
文化部组织	50
文化部减去职业经理人	38
医院管理人员	48
总计	2079

* 高层和中层管理人员

建构问题和解释答复

该调查表是由一个研究小组编制的，并在该部门的相关答复群体中进行了试点测试。为所有群体选择统一的设计产生了一些问题，因为并非所有问题对所有答复群体都具有同等的相关性。我们认为这些问题尤其与"随机抽样"组织有关，其中包括一些组织的管理者并不同样习惯于科学调查和一般的管理论述。

在解释答案时面临许多挑战。某些受访者总是有可能误解问题或发现问题，以及出现答案类别不适合他们的特殊情况。我们试图通过在问卷中设置备注位置，以及在数据收集后的各种课程和研讨会上展示数据并与受访者群体进行交流，来评估这些问题的严重性。这提高了我们的认识，并督促我们评估是否需要详细的解释，但没有发现重大的系统性误解。

作者简介

卡斯滕·弗朗比克是哥本哈根大学政治科学和公共卫生系教授。

7. 政府和企业的价值固化：关于公共部门和私人部门组织价值的实证研究结果①

泽格·范·德尔·瓦尔（Zeger Van der Wal）和里奥·休伯茨（Leo Huberts）

公共部门和私营部门价值：三大论断

当前，关于公共部门组织和员工（例如，Beck Jørgensen，2006；Beck Jørgensen & Bozeman，2007；Bowman，1990；Bowman & Williams，1997；Goss，2003；Kernaghan，1994，2003；Schmidt & Posner，1986；Vrangbaek，2006）以及私营部门组织和员工（例如，Hemingway & Maclagan，2004；Jurkiewicz & Giacolone，2004；Kaptein & Wempe，2002；Posner & Schmidt，1984，1993；Watson，Papamarcos，Teague，& Bean，2004）的道德和价值的实证文献呈现快速增长的趋势。但这些研究的侧重点都是政府或企业。虽然已有大量文献研究过公共部门和私营部门组织在结构、组织和管理方面的差异性（Allison，1979/1992；Boyne，2002；Coursey & Bozeman，1990；Nutt，2006；Ross，1988），但关于道德差异的比较实证研究

---

① 原文来源：Van der Wal，Z.，& Huberts，L.（2008）. Value solidity in government and business：Results of an empirical study on public and private sector organizational values. *The American Review of Public Administration*，38（3），264 - 285.

少之又少（Berman & West，1994；Solomon，1986；Wittmer & Coursey，1996）。

即便如此，关于企业和政府价值差异的讨论，以及关于"部门模糊性"（Bozeman，1987）、外包（Beck Jørgensen & Bozeman，2002）和新公共管理（NPM）（Hood，1991；Kettl，2005；Schick 1998）对公共价值影响的讨论，已经成为当代公共行政和公共管理领域最活跃、最突出的话题。对于两个部门组织价值之间的差异性、相似性和关联性，不同学者的观点甚至完全相反。其中主要包括三大论断。

许多人强调差异性，并且在大部分情况下并不认同价值融合或趋同（Bovens，1996；Frederickson，2005；Jacobs，1992；Jos & Tompkins，2004；Schultz，2004），如果没有一套明确的道德规则居于主导地位（Schultz，2004，第 293 页），可能就会出现问题；更有甚者，如果政府组织和企业的运作方式相同，不道德的行为可能会增加（Frederickson，2005）。H. G. 弗里德里克森（H. G. Frederickson）（2005）强调公平和效率等关键价值之间存在冲突，"私人市场旨在提高效率，而不是保证公平；民主自治至少会努力实现公平，同时兼顾效率（第 178 页）"。简·雅各布（Jane Jacob）（1992）提出了类似的见解，她认为有必要明确区分公共部门气质（"监护人道德集合"）和私营部门气质（"商业道德集合"），"如从这两种集合中（随机）挑选规则遵循，则会产生可怕的道德混合体；将相互矛盾的道德集合混合在一起，会导致道德深渊以及各种各样的功能混乱"（第 xii 页）。

过分强调企业管理价值有可能会导致服务于公共利益所必需的独特价值缺失（Maesschalck，2004），出于这种担忧，笔者主张遵循一套明确的公共服务价值（如 Van Wart，1998）以及与之相呼应的其他价值（如 Kernaghan，2000，2003）。其他提议包括"新公共服务"（Denhardt & Denhardt，2000）等新模式，以及最近提出的一种基于公共价值的公共部门管理方法，它与基于 NPM 的公共管理框架截然相反（Bozeman，2007）。

第二种观点同样承认差异性，但从乐观而非悲观的角度来看待这些差异。例如，A. 沃思(A. Voth)(1999)表示：

> 当公共部门和私营部门合作时，会出现一种激烈的文化"碰撞"挑战。双方通过建立桥梁，满足彼此的合作需求以及各自客户的特殊需求，二者在基本人类行为价值方面比较统一。（第56页）

还有一些学者则持更加乐观的态度，如 A. 罗顿(A. Lawton)(1998，1999)和 M. 泰勒(M. Taylor)(1998)，他们认为市场部门和国家之间增加互动会带来理想的结果。其中，泰勒(1998)的主要观点是，不要假设公共部门比私营部门更有道德意识。

第三类观点强调两个部门之间的相似性，表示所有类型的组织可以（甚至应该）采用同样的道德标准和价值（Caiden，1999；Kaptein，1998）。虽然管理文献有关这个观点的记载不多，但它代表了国际学者和实践者的普遍想法。在 1998 年国际公共伦理研究所(IIPE)"公共部门—私营部门诚信"会议上，约 125 名与会者中有85％同意"私营部门和公共部门道德标准中的基本价值和规范相同（因此两者非常相似）"(Van der Wal，Huberts，van den Heuvel，& Kolthoff，2006，第 328 页)。值得注意的是，关于公共部门和私营部门员工个人价值和动机的大多数实证研究也强调了它们之间的相似之处，而不是差异性，并将其称作一种独特的公共服务动机（如 Lyons，Duxbury，& Higgins，2006)。

企业社会责任(CSR)和 NPM 理论进一步强调了相似性讨论的重要性，这增加了传统公共部门和私营部门的价值融合的可能性。企业社会责任重视传统的公共部门价值，如可持续性、社会责任、问责制（特别是与企业诚信有关）(Kaptein & Wempe，2002)、同理心、团结、可靠性和公平性(Kaptein & Wempe，2002，第 237—246 页)。

新公共管理的特点是管理主义，包含创新、利润、能力和品质等传统的商业价值（Lane，1994；Tait，1997）。

本研究旨在对荷兰一些公共部门和私营部门机构的组织价值偏好进行实证分析，即询问这些组织的高层管理者，哪些组织价值对决策至关重要。进而，我们能以实证的方式确定公共部门和私营部门组织的关键价值，之后便能知道两个部门的品质和标准之间是否仍然存在显著的经典差异，或者价值融合或趋同是否会导致两个领域在进行决策时遵循共同的核心价值。必须指出的是，该对比研究涉及对象为"职业型"公共部门和私营部门的高层管理人员。荷兰的制度中没有"政务官"的概念，研究表明，政务官比职业公共管理者的眼光更长远（Aberbach & Rockman，2000）。政治家也是如此，但本研究中未涉及这类人员，因为将他们与非选举的企业管理者进行比较并不合理。

价值的概念：争议与混乱

在价值界定和衡量方面一直存在分歧是组织伦理学者经常提到的问题之一。这个问题导致了"价值文献混乱"（Agle & Caldwell，1999，第327—328页）。帕特里克·E.康纳（Patrick E. Connor）和鲍里斯·W.贝克尔（Boris W. Becker）（1994）认为，这种混乱是经常使用不同方法和概念引起的，它们无法汇聚成一个连贯的知识体系。在文献中，对价值这一概念的定义—以及如何区分价值和相关概念（如态度、信仰和规范）有着不同的说法（Wiener，1988）；价值"从本质上来说是存在争议的概念"（Gallie，1955，第169页）。此外，很多关于组织价值的研究表明，根本就没有一个关于价值的恰当的定义（Schreurs，2005）。

虽然存在概念混乱以及价值构建引起了不同本体论，但人们普遍认为，价值看不见、听不着，只能通过态度、偏好、决策和行动表现出来（参见 Beyer，1981；Kluckhohn，1951；Rokeach，1973；
Schmidt & Posner，1986）。用 W. H. 施密特（W. H. Schmidt）和
B. Z. 博斯纳（B. Z. Posner）（1986）的话来说，"价值根深蒂固，我们用
肉眼是无法'看到'的。我们能'看到'的是价值如何通过观点、态度、
偏好、恐惧等被表现出来"（第 448 页）。我们只能说，价值从来就不
是一个单独的概念；它们总是依附于一种价值表现、一种行动选择
（例如一种决策偏好），并体现了一种共同的品质或道德标准。

在调查问卷中，价值被定义为"在行动选择中具有一定权重的重
要品质和标准"（Van der Wal，de Graaf，& Lasthuizen，待刊文章）。
价值比规范更广泛和普遍，后者指"规定了在特定情况下哪些行为是
适当的规范"。道德指"价值和规范的结合"，伦理是"对道德系统的
反映"。（Van der Wal et al.，2006）

哪些价值归属于哪个部门？

由于特定价值归属于哪个类型的组织和部门存在争议性，有关
公共部门和私营部门价值的争论十分复杂。如前所述，学者们有时
很容易将部分价值归属于政府或企业领域。例如，在新公共管理争
论中，价值被划分为两个类型：一类是"旧的"或"传统的"，另一类是
"新的"或"新兴的"（Kernaghan 2000，2003；Lane，1994；Tait，
1997）。根据一项研究（Van den Heuvel，Huberts & Verberk，
2002）对荷兰公共部门价值进行实证研究得出的结论，效率属于新
公共管理价值，与韦伯主义价值相对，马克斯·韦伯（1921/1968）提
出的"理想型官僚制"特别"强调了职能专业化对效率的重要性"
（Rosenbloom，1983/2004，第 447 页）。

关于有效性的概念也存在类似混乱：计算成果及效益只是私营
部门使用的典型方法（它越来越多地被政府组织应用）？还是说公共
部门组织更加关注成果，而较少关注成本效益（即效率）？关于这点，

施密特和博斯纳(1986)针对公共部门高层管理人员的价值调查结果则相当有趣:在他们的研究中,公共部门管理者认为有效性、声誉和效率等商业价值比"为公众提供服务"(Schmidt & Posner,第448页)更为重要。此外,研究数据采集时间是1982年,即新公共管理时代到来之前。显然,文献中的说法根本不一致,也无法清楚地说明哪个部门最看重哪些价值。

因此,仅仅基于概念或理论理由将特定价值归属于某个部门和组织的做法似乎太武断了。也似乎正是因为这样,关于"改变公共部门价值"的重要讨论(Kernaghan,2000;Van Wart,1998)演变成了一场支离破碎甚至非常令人失望的意识形态立场冲突。因此,考虑到本研究的目的,我们通过系统性回顾将文献中的价值提取出来,事先确定实质性的各部门价值层级,然后为实证研究提供一套可行的关键价值,这种方法更为合适,而不是使用已存在的价值研究方法[如Rokeach(1973)和Schwartz(1992)提出的方法]。

关于行政伦理和商业伦理文献中组织价值的回顾与内容分析

在本研究中,我们运用了内容分析方法,即"一种(使用聚类系统和由九个观察问题组成的搜索方案)对从数据到其上下文进行可复制和有效推断的研究方法"(Krippendorff,1981,第21页),来确定从文献提取的相关价值的重要性、恰当性和特征(参见附录A)。在聚类分析中,只有在文献中出现不止一次的价值才会被选择。然后,其中最重要的被划分为意义非常相似的母价值(公共部门61个,私营部门45个)。通过进一步聚类分析,即对重叠的价值进行过滤和整合,浓缩为每个部门30个价值(公共部门的最终结果见附录B)。接着,通过观察问题或区分变量确定价值的层级,为每个部门选择前13个价值进行实证研究。在这个过程中,有四个决定因素至关重要：价值是否明确归属于公共部门或私营部门；价值是否有组织性特征；价值是否经过实证检验；价值是否被视为非常重要。我们根据这四个决定因素为每个价值打分，然后确定它在层级结构中的排名。

就公共部门而言，我们选择了 7 本有关行政伦理和价值的书〔Cooper（1998，2001）；Heidenheimer，Johnston，& Levine（1989）；Lawton（1998）；Sampford & Preston（1998）；Van Wart（1998）；Williams & Doig（2000）〕以及著名期刊《公共诚信》（1999—2003）和《公共行政评论》（1999—2002）最近 46 期的文章。另外还包括 4 份关于道德和价值的政府报告，以及 5 份公共部门行为守则。[1] 我们从 294 个不同类型的 538 个价值中，最终选择出 13 个对政府组织最重要的价值。[2]

关于私营部门的重要价值，我们也广泛查阅了商业伦理方面的文献，其中包括 11 本书〔Bird（1996），Boatright（2000），Bok（1978），Bowie（1992），Donaldson & Dunfee（1999），Gauthier（1986），Kimman（1991），Montefiore & Vines（1999），Nash（1990），Quinn & Davies（1999），Wempe & Nelis（1991）〕；期刊《商业伦理学杂志》（1999—2001）、《经济伦理学季刊》（2000—2001）和《商业与社会》（2001）中的 25 期文章以及卡普坦行为准则研究（2004）。我们使用了同样的方法，从 142 类 210 个价值中选择出了最重要的 13 个。表 1 列出了公共部门和私营部门中最重要的组织价值。[3]

作为调查研究工具的一套价值

这些价值包括"道德价值"（如诚信）以及"工具价值"（如效率）。但是，所有价值适用于组织层面或环境，它们组合在一起就是一个实用的价值调查研究工具。这套组合包括公共部门特有的价值（公正性、合法性、社会正义）、私营部门或商业价值（创新性、营利性、自我实现）、行政和商业伦理文献和研究中常见的价值，以及公共部门和私营部门准则（问责、专业知识、诚信和透明性），而且组合中每种类型价值的数量比较均衡。在文献和以前的研究中，具有单一部门内涵的价值（如企业家精神和客户导向）和相对中立的类似价值被整合为一，或者被替换成后者，如创新性、回应性和服务性（见 Van der Wal 等人，2006）。基于这组价值，我们提出了以下研究假设：

表 1　行政伦理和商业伦理文献、行为准则和政府文件中最重要的公共部门组织价值

公共部门组织价值	私营部门组织价值
诚实	诚实
人性化	社会责任
社会正义	客户导向
公正性	创新性
透明性	问责
正直	自我实现
服从	专业知识
可靠性	有效性
责任	可靠性
专业知识	营利性
问责	共治
效率	可持续性
勇气	创业精神

假设 1：在公共部门组织中，奉献、效率、公正性、廉洁、合法性、服从、回应性、服务性、社会正义和透明性比在私营部门组织中更重要。

假设 2：在私营部门组织中，共治、有效性、创新性、营利性、自我实现和可持续性比在公共部门组织中更重要。

假设 3：问责制、专业知识、诚信和可靠性在公共部门和私营部门组织中都很重要，它们属于共同的核心组织价值。

这些假设的前提都是"价值固化"。我们认为，公共部门和商业部门的主要价值都相对稳定（根据文献回顾的结果判断），而且它们在部门之间的实际流动性也低于新公共管理和企业社会责任研究的建议，因此相对固化。下列 20 种价值陈述以本本研究中使用的价值定义为基础，即"在行动选择中具有一定权重"，同时借鉴文献中的描述（如果存在）（文献中 46% 的价值都有明确定义）。表 2 列出了价值组合及其定义。

　　本文将重点研究共同的组织价值或"核心组织价值"。（Van Rekom，Van Riel，& Wieringa，2006）以前的研究提出过一个令人信服的观点：每个组织的文化中都会被嵌入一套特定的价值体系（例如，Deal & Kennedy，1982；Schein，1992），员工在适应文化的过程中需要放弃将个人道德和价值作为道德判断的基础，取而代之的应是基于组织的集体道德（Jackall，1988）。许多作者还认为，每个机构都具备特有的目标、价值和知识，这些目标、价值和知识不受其成员支配，它们在很大程度上决定了机构人员的决策和行为（例如，French，1984；March & Olsen，1989；Pruzan，2001）。

表 2　公共部门、私营部门及共同的核心组织价值（假设）组合

组织价值组合
问责：自愿向利益相关者证明并解释自己的行为
共治：忠于职守，团结同事
奉献：勤奋、热忱和坚持不懈
有效性：采取行动达到预期结果
效率：通过最少的努力实现目标
专业知识：运用能力、技能和知识
诚实：与事实相符、遵守承诺
公正：不损害或偏袒特定群体的利益
廉洁：不损害和偏袒私人利益
创新：积极主动并且有创造力（发明新产品和制定新政策）
合法：遵守现行法律法规
服从：遵守（上级和组织的）指示和政策

组织价值组合
营利性:实现营利(经济收益等)
可靠性:以值得信任的、一致的方式对待利益相关者
回应性:按照公民和客户的偏好行事
自我实现:努力促进员工的(职业)发展和福祉
服务性:发挥有益作用,为公民和客户提供优质服务
社会正义:致力于构建一个公正的社会
可持续性:致力于保护大自然和环境
透明:行事公开、透明且可控

　　由于组织本身具有内部动力,方法论个人主义很难站得住脚,这些内部动力凌驾于个人行为和决策之上。虽然本研究也涉及个人参与者,但分析对象是在组织决策中具有一定权重的价值。在本研究中,高层管理者被视为组织代言人和战略决策监管人。

方法与措施

参与者

　　2005 年 5 月,一份长达 7 页的自填式邮件问卷调查被发给 776 名政府组织管理者(应答率:30.16%)和 497 名企业组织管理者(应答率:30.44%)。[4] 考虑到调查对象的类型,应答率其实比较高,与之前针对高层管理人员的邮件调查结果相当,不过公共部门的应答率略低,但私营部门的应答率高很多(参见 Bowman & Williams,1997;Goss,2003;Posner & Schmidt,1993,1996)。该问卷由荷兰专业协会高级公共服务部(荷兰语缩写:ABD)以及荷兰执行董事和非执行董事中心(荷兰语缩写:NCD)联合下发。ABD 是荷兰政府最高管理小组专业协会;其数据库包括 800 名董事会、部门和机构负责人,达到一定级别和工资水平后自动成为机构会员。NCD 是一个由 4500 名执行管理者和非执行董事会成员组成的专业协会，他们来自各个领域（主要是金融、咨询、工业、法律和基础设施）的小型、中型和大型企业。管理者可自愿加入成为会员。

ABD 所有成员接受了问卷调查。NCD 中随机抽选了 500 名管理者，其中 400 名来自员工人数超过 50 但少于 1000 的公司，100 名来自员工人数超过 1000 的公司。从 NCD.机构抽选调查对象是为了与 ABD 机构成员实现最佳可比性，ABD 调查对象包括从监管几十名员工的分局领导到监管高达 3000 名员工的部门领导。ABD 调查对象在不同部门的分布和差异并不完美，但能有效、充分地代表荷兰联邦公共部门的高层管理者（差异 5%）。在性别和年龄方面，调查对象与实际人口也非常相似（见表 3）。最终调查对象数量为 382 名管理者。

表 3　调查对象特征（括号内是实际人口比例，如有的话）

	公共部门（$n=231$）	私营部门（$n=151$）
年龄		
26—35 岁	0%（1%）	1%（3%）
36—45 岁	20%（19%）	17%（18%）
46—55 岁	55%（51%）	41%（37%）
56 岁及以上	25%（29%）	41%（31%）
性别		
男性	85%（85%）	97%（94%）
女性	15%（15%）	3%（6%）
管理员工人数：		
<100 人	56%	36%
100—500 人	27%	27%
>500	17%	37%
现组织工作年限：		
<1 年	6%	4%
1—5 年	31%	24%

（续表）

	公共部门(n=231)	私营部门(n=151)
5—10 年	9%	17%
>10 年	54%	55%
组织平均员工数量	NA	4259
曾在其他行业工作	33%	29%

测量

我们对每个组织价值都给出了明确定义,以避免调查对象进行个人认知与解读。调查对象需要给每个价值打分,分值从 1(不重要)到 10(非常重要)不等。由于研究调查目标是大致了解 20 个价值在公共部门和私营部门的重要程度,所以评分似乎是最合适的方法。评分和排序方法各有利弊(参见 Agle & Caldwell 1999,第367—368 页)。评分支持者指出,在实际决策过程中,决策主体会同时重视若干个不同的价值,但意识不到它们之间是否存在冲突(参见 Hitlin & Pavilian,2004;Schwartz,1999),而排序方法会更加有趣地令这些冲突透明化。另外,从统计上来说,评分结果比排序结果更容易分析。但这种方法也有一个弊端:在为每个价值评分时,构建的层级比较概括化,而且出现冲突时,调查对象也没有义务选择出真正重要的价值。(参见 Rokeach,1973)[5]

我们明确规定,调查对象只能为"对其管理单位或组织的决策最重要"的价值评分,同时强调这些价值对组织决策而非管理者的个人道德观点起指导作用。在这种情况下,我们强调调查对象要考虑实际的日常决策行为,而不是询问他们哪些是最重要的组织价值;否则,调查对象只会将公司守则和使命宣言中有关组织价值的内容复制下来。为了解调查对象的管理水平和工作经验,他们会被要求提供以下信息:(1)年龄和性别;(2)调查对象管理的员工人数;(3)在当前组织中的工作年限;(4)在其他部门的工作经验。此外,还会进行标准多变量分析，以控制这些变量对调查对象价值取向的影响。

　　为确定被调查组织的公共和私营性质，以及公共部门或私营部门对组织核心价值的影响，调查对象会被询问有关公共部门和私营部门组织三个传统特征方面的问题，即（1）组织资金、（2）公共或私营权力和（3）控制和组织任务（参见 Perry & Rainey，1988；Rainey & Bozeman，2000；Scott & Falcone，1998）。另外，我们还引入一个新变量"公共性"（参见 Coursey & Bozeman，1990）来评估被调查机构的公共性，它的作用是作为自变量来界定部门特征。

结　果

　　表 4 列出了每个价值的平均得分（M），以及基于多变量分析和重复试验方差分析获得的公共管理部门和商业部门之间差异的显著性。另外，表中对公共部门和私营部门评分绝对差异最大（>0.75）以及绝对相似性最大（差值≤0.10）的价值分别进行了标注。许多价值同时体现出了差异性和相似性。

公共部门和私营部门之间的差异

　　如表 4 所示，11 个价值的评分结果存在重大差异（其中 9 个价值 $p<.01$）；不同部门的价值评分存在巨大绝对差异；但是，也有一些价值评分的绝对差异较小（问责制、合法性、服从、可持续性和透明性）。评分差异最大的价值为盈利性（4.4）和公正性（1.3），二者分别是商业和政府部门的典型价值。这两种价值的 η_2 也最大（分别为 0.12 和 0.55），说明分值之间确实存在显著性差异。公共部门和私营部门组织价值评分方差存在显著差别；政府管理者给出的价值评分明显更高。

表4 价值总平均分、标准误差和多变量测试结果

组织价值	政府部门 (n=231)		商业部门 (n=151)		多变量测试	
	M	SE	M	SE	显著性(F)	η^2
1. 问责	8.4	0.09	7.8	0.15	0.00***	0.06
2. 共治	7.0[b]	0.09	7.1[b]	0.13	0.69	—
3. 奉献	7.6[b]	0.08	7.6[b]	0.13	0.85	—
4. 有效性	7.8	0.09	8.0	0.13	0.24	—
5. 效率	7.0	0.10	7.7	0.11	0.00***	0.08[a]
6. 专业知识	7.9	0.08	8.1	0.11	0.35	—
7. 诚实	8.3[b]	0.09	8.2[b]	0.14	0.74	—
8. 公正	8.0[a]	0.11	6.6[a]	0.17	0.00***	0.12[a]
9. 廉洁	8.9[a]	0.08	8.0[a]	0.16	0.00***	0.10[a]
10. 创新	6.7[a]	0.10	7.5[a]	0.14	0.00***	0.09[a]
11. 合法	8.1	0.11	7.7	0.15	0.01**	0.06
12. 服从	6.3	0.10	5.7	0.17	0.01**	0.07
13. 营利性	3.3[a]	0.13	7.7[a]	0.15	0.00***	0.56[a]
14. 可靠性	8.1[b]	0.09	8.2[b]	0.13	0.54	—
15. 回应性	6.7	0.10	7.1	0.16	0.32	—
16. 自我实现	6.3	0.10	6.4	0.16	0.43	—
17. 服务性	7.3[b]	0.11	7.2[b]	0.17	0.01**	0.07
18. 社会正义性	6.6	0.13	6.1	0.18	0.05*	0.07
19. 可持续性	5.9	0.15	6.5	0.18	0.29	—
20. 透明性	8.1	0.09	7.6	0.15	0.05*	0.06

a. 评分绝对差异最大。

b. 评分绝对差异最大。

* $p<0.05$, ** $p<0.01$, *** $p<0.001$。

从营利性3.27分到廉洁8.94分(方差5.67),相对应的商业部门评分范围从服从5.71分到诚实8.22分(方差2.51)。如果排除营利性，公共部门和私营部门评分方差的差距会缩小到 0.55；公共部门和商业部门全部评分的平均值（M）分别为 7.45 和 7.22（同样不包括营利性）。

公共部门和私营部门之间的相似性

相似之处同样存在。在这两个部门评分最高的 10 个价值中，有 8 个分值相近（商业部门前 10 个价值中不包括公正性和风险；公共部门前 10 个价值中不包括营利性和效率）。对两个部门都比较重要的 9 个组织价值（$M \geqslant 7.5$，高于平均水平）是问责、奉献、有效性、专业知识、诚实、廉洁、合法、可靠性和透明。而对两个部门都相对不重要或者不太重要的价值为共治、服从、自我实现和可持续性。

控制变量和组间差异性

我们还对组织的公共性以及调查对象的年龄（46 岁以上或以下）、性别、在其他部门的工作经验（是或否）以及在当前组织中的工作年限（<1 年、1—5 年、5—10 年或>10 年）进行了综合回归分析，以确定调查对象所属组织的公共性是不是价值评分最重要的预测变量。奉献、有效性、诚实和自我实现的价值评分完全不受这些变量的影响。对于可持续性和社会正义性来说，年龄（46 岁以上）则是最强预测变量。但总体而言，公共性是影响最大的预测变量。在总共 20 项价值评分中，它对其中 13 个起解释作用；营利性与公共性的负相关性最大（$R = 0.53, \beta = -0.73, p < 0.001$），公正与公开的正相关性最大（$R = 0.53, \beta = -0.73, p < 0.001$）。

通过对三对分组（如上所述，按照性别、年龄和在其他部门的工作经验进行分类）进行独立样本 t 检验，我们发现了一些有趣的差异。但因为这不是本研究的重点，只有几个要点在此值得一提。具备私营部门工作经验的政府管理者给商业价值（如营利性和创新性）打出了较高的分数，只不过绝对差异很小（<0.5），而且在任何情况

下都不显著。具备政府机构工作经验的企业管理者给效率、有效性和营利性打出了较低的分数;营利性的评分在统计上存在显著差异。相比于男性,女性企业管理者给问责、公正、社会正义、可持续性和透明打出的分数更高,而给营利性打出的分数更低。与其他分组相比,女性企业管理者评分的绝对差异更大,社会正义评分差异超过 1.5;但是,由于女性企业高层管理者占总样本比例太小(仅有五名调查对象),不能对结果进行概括。

讨　论

公共部门组织价值

研究结果显示,公共部门和私营部门价值模式相当符合传统且具有一致性。本文中最重要的公共部门价值(廉洁、问责、诚实、合法、可靠性、有效性、专业知识和透明性)与下列文献中经常提及的关键公共部门价值是一致的:行政伦理和商业伦理文献(例如,Kaptein & Wempe,2002,第 237—246 页;Kernaghan,2003,第 712 页);荷兰公共部门行为准则(Ethicon,2003)以及有关公务人员的前期研究成果(Van den Heuvel et al.,2002)。不过,正直通常被视为一种特有的价值,和与之有密切关系的廉洁不同。

最重要的公共部门组织价值不包括传统上属于私营部门的那些"新的"或"新兴的"价值(如创新和营利性);此外,营利性最不重要,迄今为止评分最低。回归分析结果表明,这些价值与组织的公共性显著负相关。作为 10 个最重要的政府价值之一,有效性是否属于新价值(如前所述)仍存在争议。

这些数据有力地支持了假设 1,不过企业管理者给效率打出的分数要高得多,而且两个部门的回应性评分几乎相等。作为两类经典的价值,效率和有效性在地位和内容方面存在争议,因此对很多学

者和专业人士来说，企业组织更重视效率这件事并不令人惊讶。公
共部门管理者的价值取向与行政伦理文献中的一般描述非常相似。
总的来说，研究结果不支持以下说法：由于商业部门典型价值的出
现，公共部门典型价值的重要性和级别被降低了。

私营部门组织价值

本文中最重要的私营部门价值（可靠性、诚实、专业知识、廉洁、
有效性、问责制、效率、营利性、合法性、透明性、创新性和奉献）与行
政伦理和商业伦理文献中提到的关键私营部门价值（Kernaghan，
2000，2003；Lane，1994，第 195 页；Posner & Schmidt，1996）一
致。但是，跨国公司行为准则（Kaptein，2004，第 22 页）中最常提到
的私营部门价值与相关文献中的描述不一致，原因可能是文化差异
导致国际行为准则中的商业价值没有整体统一。

尽管如此，如果使用排名或选择方法，本研究中符合崇高道德和
社会理想的价值，也是最重要的私营部门价值（如诚实和廉洁），在受
重视程度方面就会不及营利性、效率和问责等（见 Van der Wal et
al.，待刊文章）。营利性、创新性、效率和可持续性与公共性显著负
相关，因而属于商业部门价值。这再次表明，传统价值的区分依然与
现代组织格局相关。

研究结果也有力地支持了假设 2，只不过政府管理者对有效性
的评分更高。值得注意的是，服务性指帮助并为公民和客户提供优
质服务，与顾客友好和顾客导向密切相关，排列在第 13 位。显然，在
私营部门中，服务对于组织决策的重要性不如人们在观看一般商务
（营销）谈话时轻易相信的那样；有可能是企业管理者认为这种价值
与质量和客户无关，虽然它在调查问卷中有着明确的定义。

同样值得注意的是，自我实现的评分排名较低，它是几年前公司
招聘广告中的一个流行词（"这份工作会让你提升自己，实现人生目
标""成为你想成为的人！"等等）。一个可能的解释是，由于经济增长

放缓、公司丑闻、针对企业的立法变严，以及对股东增长的关注越来越少，人们已经将注意力从商业生活的社会（软）方面转移到更实质性的价值上，如问责、营利性和合法。回归分析结果表明，任何测量变量都无法预测人们是否肯定自我实现价值；显然，它应该与其他因素相关。"更实质性价值的主张"似乎也适用于与企业社会责任相关的价值，如可持续性和社会正义，它们在私营部门的评分同样相对较低。另一个解释是，企业管理者不会宣扬其实践的东西，虽然社会和可持续性政策越来越重要，但它们尚未在私营部门中扎根内化。

异同点：混合、趋同还是保持独特性？

关于公共部门和私营部门价值取向异同的详细描述也强有力地支持了假设 3。在理论上被当作"共同核心"的四种价值中，有三种在公共部门和私营部门的评分几乎相同（0.1）。就问责而言，两个部门的评分差距也很小（0.7）。服从、自我实现、社会正义和可持续性属于不太重要的共同价值，最高评分 6.5，说明它们的重要性相对较低；无论在公共部门还是私营部门，它们对决策行为的作用都不太大。

传统的差异性仍然存在。根据多变量测试结果，公正和营利性能够同时体现两种类型组织的不同性质，即政府和企业的优缺点。图 1 显示了两个部门所有组织价值的评分结果。

总而言之，政府和企业的核心差异主要体现在公正、廉洁（公共部门）与营利性和创新性（私营部门）方面，不过应注意的是，廉洁在企业中的评分也比较高。效率明显属于核心商业部门价值。共同的核心组织价值首先包括问责、诚实、专业知识和可靠性，其次是奉献、有效性、合法、回应性和透明。服务性和共治在两个领域都很重要。服从、自我实现、社会正义和可持续性属于不太重要的共同价值。

本文的研究结果与博斯纳和施密特（1996）的观点基本一致，后者认为，企业和联邦政府高层管理者之间的价值差异大于相似，只在

■ 公共部门平均分　　■ 私营部门平均分

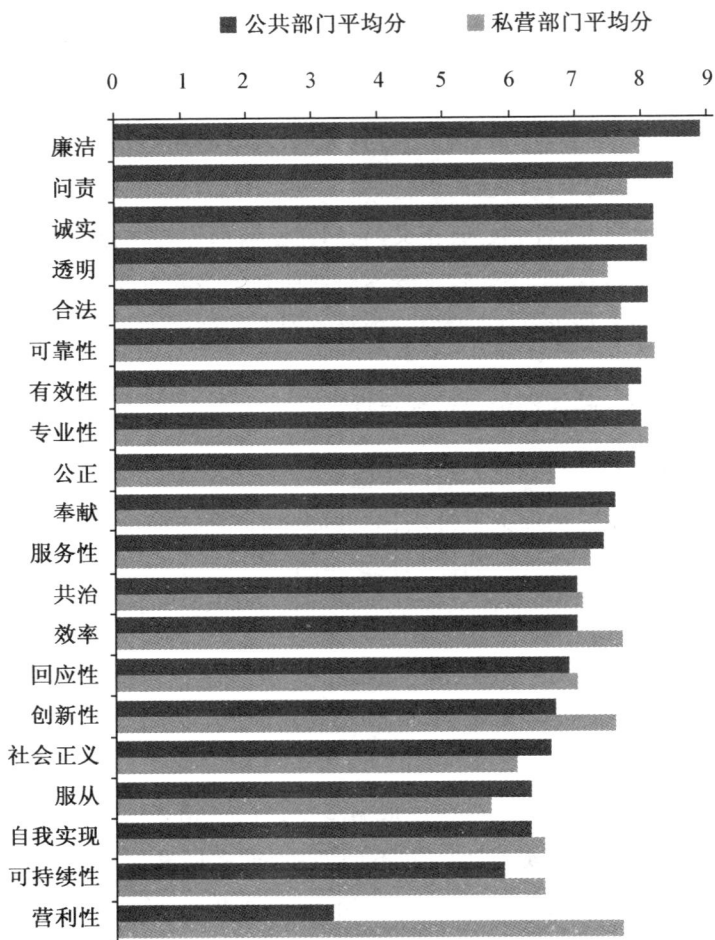

图1　组织价值对政府和企业管理者的重要程度（平均分值）

特定领域有相符之处（Posner & Schmidt，第 277 页）。不过，本文指
出了核心共同价值，而他们的研究中则没有指出如此明显的相似之
处。他们提出了一个有趣的讨论：这些差异和相似之处是否主要与
组织或个人之间的差异相关，以及"具有特定价值和观点的人有多大
的意愿加入公共部门（以实现特定价值），而不是私营部门"（Posner
& Schmidt，第 287 页）。这个先验问题成为"公共服务动机"讨论的

主要焦点(Lewis & Frank,2002;Lyons et al.,2006;Perry 1996;Perry,Mesch,& Paarlberg,2006)。肖恩·T.里昂(Sean T. Lyons)等人(2006)近期研究了准公共部门和准私营部门知识工作者之间的差异和相似之处,其中涉及一般价值(非常相似)和工作价值(差异很大)。必须指出的是,由于个人关注点不同,这些研究的结果与本文中的结论不完全具有可比性。

除了几个有趣的例外,很明显部门(或者更具体地说,公共性)是一个影响组织决策价值偏好的强有力的预测变量和决定因素。这一结果证实了乔治·亚历山大·伯恩(George Alexander Boyne)(2002)关于运用公共性变量解释公共部门和私营部门之间管理价值差异的研究结论,同时也符合本研究的组织重点。毕竟,性别、年龄等因素的影响不大,因为调查要求管理者不要展示个人的道德取向,而是描述组织的特征。

接下来的问题是,作为自变量,组织的部门特征是否决定了管理者和该组织的价值偏好,或者管理者是否会选择特定部门的职业,以使其个人价值和组织价值契合(参见 Posner & Schmidt,1993)。里昂等人(2006)对部门特征的研究更为具体,他们指出"重要的是知道不同部门(公共或私营)员工之间的工作价值差异是因为员工基于当前组织的工作价值而选择了职业,还是做出职业选择后经历社会化和合理化的结果"(第 61 页)。如前所述,个人关注点不在本研究范围内。但是,未来的研究应该更加关注个人价值、职业考虑、组织价值和当前组织文化之间的关系。

仅基于我们的研究数据,还不足以确定公共部门和私营部门的组织价值是否处于趋同或融合之中。一个有趣的问题是:公共部门和私营部门组织是否一直都有共同核心价值,还是说两个部门之间的价值在不断地交织或趋同?为了观察基本价值的变化过程,我们需要对一组相似的调查对象进行类似的问卷调查,以便进行纵向研究。

本研究的局限性以及未来研究的事项考量

本研究存在三个方面的局限性，需要在未来的研究中加以关注和考量。第一，社会期望和巧合因素会不可避免地影响到调查对象对价值的判断。这会带来一种危险，即在日常组织决策中被视为至关重要的价值完全是我们所信奉的"真理"（参见 Van Rekom et al.，2006，第 175 页）。但是，如果出现两难情况，调查对象需要对价值进行排序，或者从两个或以上价值中选出最重要的一个，这时候可能会存在同样的问题。已经有研究人员通过参与式观察（见 Beck Jørgensen&Bozeman，2007）或模拟的方式将特定的行为模式与价值对应起来，但是还需要进行更系统化的探索。同样，我们还需要其他定性研究工具，对行为准则和使命宣言中提及的价值、政策决策、组织行为和价值之间的关系进行案例研究；通过深入访谈了解对重要决策最重要的考量因素，从而更加了解部门差异的性质及原因，以及差异形成和演变的背景。这些方法有助于阐明是否可以运用公共性来解释某些价值差异，以及这些价值差异产生的原因和具体表现。约翰·范·瑞肯（Johan Van Rekom）等人（2006）在最近一项研究中使用定性和定量相结合的方法来评估组织的核心价值，结果证明我们需要通过进一步研究来探索组织核心价值所形成的背景和环境因素。

第二，本研究的样本仅局限于公共部门和私营部门大中型组织的高层管理人员。虽然这一限制在数据可比性以及大致准确了解组织决策偏好方面有极大优势，但研究结果无法普遍适用于整个公共部门和私营部门，因为各部门的雇员十分不同（参见 Lyons et al.，2006）。毕竟，这两个部门内大多数雇员并非由管理者和白领组成，而是体力或蓝领劳动者，如文书职员、工厂工人、警察和技术人员。虽然之前的研究没有明确区分"车间伦理"和"管理伦理"（Van den

Heuvel et al. ，2002)，而且本研究侧重于在组织层面(而非个人层面)解释组织伦理,但是我们可能会问本研究中观察到的价值差异是否适用于整个企业和政府部门。

第三,本研究结果的效度和一般性仅适用于荷兰的公共部门和私营部门。我们还需要进行重复性的跨国研究,以了解发达国家(如经合组织成员国或西欧国家)公共部门和私营部门之间是否存在差异和相似之处。由于发达国家在一些重要方面多少存在相似之处,进行国际性对比可能是有意义的(参见 Kernaghan,2003)。价值和道德伦理与文化传统和偏好密切相关,因此将不同或相距遥远的文化和社会进行比较是很难的。而当我们将价值组合(表2)作为调查研究工具时,便能够在一致的基础上进行比较。

一般而言,未来研究工作的重点应该是"部门陌生"(通常不被认为是组织特有的。——译者注)价值和道德与组织职能问题之间关系的性质以及关联程度,从而为不认可价值融合的讨论提供素材。我们可以观察公共、私人和混合组织中出现违反诚信行为和发生决策困难的次数来收集原始数据,然后将这些数据与组织价值偏好进行关联。

结 论

研究结果表明,如今公共部门和私营部门高层管理者的价值模式具有内部一致性且相对遵循传统。以前有观点认为价值融合或趋同存在风险,这种结论可能是从意识形态而非经验的角度得出的。本文的研究成果从实证角度检验了下述论点:(1)政府和企业组织价值取向具有整体固化的特征;(2)通过确定一组共同核心组织价值以及不太重要的共同组织间价值,说明两个部门的价值之间存在一定程度的趋同;以及(3)结构性混合或支配性应予以摒弃。本文提出的三个假设通过研究成果得到了充分支持。价值固化似乎能够最准确地描述公共部门和私营部门组织的状态。

注释

1. 政府文件：加拿大公共服务价值和道德工作小组（2000）、荷兰内政部廉政治理准则（2002）、Ministerie van BZK（2002）、诺兰委员会（1995）、经济合作与发展组织（2000）。规范：荷兰税务与海关管理局（2002）、欧洲委员会（2000）、阿姆斯特丹市（2001）、安特卫普市（2003）、巴拿马总审计署（1997）。

2. 由于这里只关注公共和企业管理伦理文献，文献综述的结果有失偏颇。如果回顾的是更普遍的公共和私人管理以及组织文献，其结果可能有所不同。通过文献回顾获取价值信息本来会更加困难和武断，因为一般的管理和组织文献中很少明确提及价值。

3. 在此感谢 Vermeulen 和 Haarhui 在收集文献中的价值信息以及内容分析（分别于 2003 年和 2004 年发表硕士论文）方面提供的研究帮助。

4. 我们对 16 名公共部门和私营部门管理者进行了预测试，并根据调查对象的意见，做了一些细微调整。

5. 未来，我们还需要通过进一步分析，明确价值排序研究的意义，以及不同的方法会在多大程度上产生不同的结果。我们加入的研究小组"治理廉正"（Integrity of Governance）目前正在致力于解决这一问题（参见，如 Van der Wal，de Graaf，& Lasthuizen，待刊文章）。

附录 A

文献综述中的观察问题

观察问题	答案类别
a. 通用数据	文件代码
b. 价值	（价值名称）
c. 是否有定义？	是 否
d. 定义	（描述定义＋注明来源）

(续表)

观察问题	答案类别
e. 价值类型	道德 （作者的原始标签）
f. 正当性	实证的 概念的 未知的
g. 相对重要性	低 高 未知
h. 组织类型	社会 公共部门 政府组织 其他公共组织类型 私营部门 未知
i. 组织级别	集团 大集团（单位） 作为整体的组织 未知

附录 B

公共部门 30 个价值组合总分

	组合	总分		组合	总分
1	诚实	434	7	服从	357
2	人性化	422	8	可靠性	329
3	社会正义	402	9	责任	327
4	公正	380	10	专业知识	314
5	透明	379	11	问责	294
6	正直	365	12	效率	276

（续表）

	组合	总分		组合	总分
13	勇气	254	22	忠诚	146
14	谨慎	220	23	一致	111
15	服务性	215	24	自主性	99
16	合作性	191	25	稳定性	99
17	回应性	184	26	代表性	88
18	奉献	183	27	竞争力	77
19	有效性	181	28	营利性	59
20	创新性	179	29	共治	48
21	合法	152	30	自我实现	16

参考文献

Aberbach，J. D.，& Rockman，B. A. (2000). *In the web of politics：Three decades of the U. S. federal executive*. Washington，DC：Brookings Institution Press.

Agle，B. R.，& Caldwell，C. B. (1999). Understanding research on values in business. *Business & Society*，38(3)，326 – 387.

Allison，G. (1992). Public and private management：Are they fundamentally alike in all unimportant aspects? In J. Shafritz & A. Hyde (Eds.)，*Classics of public administration* (pp. 371 – 395). Belmont：Wadsworth. (Original work published 1979).

Beck Jørgensen，T. (2006). Public values，their nature，stability and change：The case of Denmark. *Public Administration Quarterly*，30(4)，365 – 398.

Beck Jørgensen，T.，& Bozeman，B. (2002). Public values lost? Comparing cases on contracting out from Denmark and the United States. *Public Management Review*，4(1)，63 – 81.

Beck Jørgensen，T.，& Bozeman，B. (2007). The public values universe：An inventory. *Administration & Society*，39(3)，354 – 381.

Berman, E. , & West, J. P. (1994). Ethics management in municipal governments and large firms: Exploring similarities and differences. *Administration & Society*, 26(2), 185 - 203.

Beyer, J. M. (1981). Ideologies, values, and decision making in organizations. In P. C. Nystrom & W. H. Starbuck (Eds.), *Handbook of organizational design* (pp. 166 - 202). New York: Oxford University Press.

Bird, F. E. (1996). *The muted conscience: Moral silence and the practice of ethics in business*. New York: Quorum Books.

Boatright, J. (2000). Ethics and the conduct of business (3rd ed.). Englewood Cliffs, NJ: Prentice Hall.

Bok, S. (1978). *Lying: Moral choice in public and private life*. New York: Pantheon.

Bovens, M. (1996). The integrity of the managerial state. *Journal of Contingencies and Crisis Management*, 4(3), 125 - 132.

Bowie, N. E. (1992). *Ethics and agency theory*. Oxford, UK: Oxford University Press.

Bowman, J. S. (1990). Ethics in government: A national survey of public administration. *Public Administration Review*, 50(3), 345 - 353.

Bowman, J. S. , & Williams, R. L. (1997). Ethics in government: From a winter of despair to a spring of hope. *Public Administration Review*, 57 (6), 517 - 526.

Boyne, G. A. (2002). Public and private management: What's the difference? *Journal of Management Studies*, 39(1), 97 - 122.

Bozeman, B. (1987). *All organizations are public*. San Francisco: Jossey-Bass.

Bozeman, B. (2007). *Public values and public interest: Rescuing public management from economic individualism*. Washington, DC: Georgetown University Press.

Caiden, G. E. (1999). The essence of public service ethics and professionalism. In L. W. J. C. Huberts & J. H. J. Van den Heuvel

(Eds.), *Integrity at the public-private interface* (pp. 21 - 44).
Maastricht, The Netherlands: Shaker Publishing.

Canadian Task Force on Public Service Values and Ethics. (2000). *A strong
foundation: Report of the Task Force on Public Service Values and Ethics*
(reprinted version). Ottawa: Canadian Centre for Management
Development.

Connor, P. , & Becker, B. (1994). Personal values and management: What do
we know and why don't we know more? *Journal of Management Inquiry*,
3(1), 67 - 73.

Cooper, T. L. (1998). *The responsible administrator: An approach to ethics
for the administrative role* (4th ed.). San Francisco: Jossey-Bass.

Cooper, T. L. (Ed.). (2001). *Handbook of administrative ethics* (2nd ed.).
New York & Basel, Switzerland: Marcel Dekker.

Coursey, D. , & Bozeman, B. (1990). Decision making in public and private
organizations: A test of alternative concepts of "publicness." *Public
Administration Review*, 50(5), 525 - 535.

Deal, T. , & Kennedy, A. A. (1982). *Corporate cultures: The rites and
rituals of corporate life*. Reading, MA: Addison-Wesley.

Denhardt, R. B. , & Denhardt, J. V. (2000). The new public service: Serving
rather than steering. *Public Administration Review*, 60(6), 549 - 559.

Donaldson, T. , & Dunfee, T. W. (1999). *Ties that bind: A social contracts
approach to business*. Boston: Harvard Business School Press.

Dutch Tax and Customs Administration. (2002). *Annual report*. Available at
www. belastingdienst. nl/jaarverslag/ belastingdienst/index. html.

Ethicon. (2003). *Gedragscodes binnen overheidsinstellingen* [Codes of conduct
within governmental organizations]. Available at www. ovia. nl/dossiers/
intoverheid/codeoverheidsinstellingenverslag. ppt.

European Commission. (2000). *General code*. Available at europa. eu. int/
comm/secretariat_general/code/index_nl. htm#.

Frederickson, H. G. (2005). Public ethics and the new managerialism: An axiomatic theory. In H. G. Frederickson & R. K. Ghere (Eds.), *Ethics in public management* (pp. 165 - 183). New York & London: M. E. Sharpe.

French, P. A. (1984). *Collective and corporate responsibility*. New York: Columbia University Press.

Gallie, W. B. (1955). Essentially contested concepts. *Proceedings of the Aristotelian Society*, 56, 167 - 198.

Gauthier, D. (1986). *Morals by agreement*. Oxford, UK: Clarendon.

Goss, R. P. (2003). What ethical conduct expectations do legislators have for the career bureaucracy? *Public Integrity*, 5(2), 93 - 112.

Heidenheimer, A. J., Johnston, M., & Levine, V. T. (Eds.). (1989). *Political corruption: A handbook*. New Brunswick, NJ: Transaction Publishers.

Hemingway, C. A., & Maclagan, P. W. (2004). Managers' personal values as drivers for CSR. *Journal of Business Ethics*, 50, 33 - 44.

Hitlin, S., & Pavilian, J. A. (2004). Values: Reviving a dormant concept. *Annual Review of Sociology*, 3, 359 - 393.

Hood, C. C. (1991). A public management for all seasons? *Public Administration*, 69(1), 3 - 20.

Jackall, R. (1988). *Moral mazes: The world of corporate managers*. New York: Oxford University Press.

Jacobs, J. (1992). *Systems of survival: A dialogue on the moral foundations of commerce and politics*. New York: Random House.

Jos, P. H., & Tompkins, M. E. (2004). The accountability paradox in an age of reinvention: The perennial problem of preserving character and judgment. *Administration & Society*, 36(3), 255 - 281.

Jurkiewicz, C. L., & Giacolone, R. A. (2004). A values framework for measuring the impact of workplace spirituality on organizational performance. *Journal of Business Ethics*, 49, 129 - 142.

Kaptein, M. (1998). *Ethics management. Auditing and developing the ethical* content of organizations. *Issues in business ethics.* Dordrecht, The Netherlands: Kluwer.

Kaptein, M. (2004). Business codes of multinational firms: What do they say? *Journal of Business Ethics*, 50(1), 13 – 31.

Kaptein, M. , & Wempe, J. (2002). *The balanced company: A theory of corporate integrity.* Oxford, UK: Oxford University Press.

Kernaghan, K. (1994). The emerging public service culture: Values, ethics, and reforms. *Canadian Public Administration*, 37(4), 614 – 630.

Kernaghan, K. (2000). The post-bureaucratic organization and public service values. *International Review of Administrative Sciences*, 66, 91 – 104.

Kernaghan, K. (2003). Integrating values into public service: The values statement as centerpiece. *Public Administration Review*, 63 (6), 711 – 719.

Kettl, D. F. (2005). *The global public management revolution: A report on the transformation of governance* (2nd ed.). Washington, DC: Brookings Institution Press.

Kimman, E. J. J. M. (1991). *Organisatie ethiek* [Organizational ethics]. Assen/Maastricht, The Netherlands: Van Gorcum.

Kluckhohn, C. (1951). Values and value-orientations in the theory of action. In T. Parsons & E. A. Shils (Eds.), *Toward a general theory of action: Theoretical foundations for the social sciences* (pp. 388 – 433). New York: Harper & Row.

Krippendorf, K. (1981). *Content analysis.* London: Sage.

Lane, J. E. (1994). Will public management drive out public administration? *Asian Journal of Public Administration*, 16(2), 139 – 151.

Lawton, A. (1998). *Ethical management for the public services.* Buckingham, UK & Philadelphia: Open University Press.

Lawton, A. (1999). Social enterprise and the public services manager. In L. W. J. C. Huberts & J. H. J. Van den Heuvel (Eds.), *Integrity at the public-private interface* (pp. 57 – 73). Maastricht, The Netherlands:

Shaker Publishing.

Lewis, G. R. , & Frank, S. A. (2002). Who wants to work for the government? *Public Administration Review*, 62, 395 - 404.

Lyons, S. T. , Duxbury, L. E. , & Higgins, C. A. (2006). A comparison of the values and commitment of private sector, public sector, and parapublic sector employees. *Public Administration Review*, 66(4), 605 - 618.

Maesschalck, J. (2004). The impact of the new public management reforms on public servants' ethics: Towards a theory. *Public Administration*, 82, 465 - 489.

March, J. , & Olsen, J. (1989). *Rediscovering institutions*. New York: Maxwell Macmillan International.

Ministerie van BZK. (2002). *Integriteit van bestuurders bij gemeenten en provincies. Een handreiking* [Integrity of municipal and provincial governors. A helping hand]. The Hague, The Netherlands: Author.

Montefiore, A. , & Vines, D. (Eds.). (1999). *Integrity in the public and private domains*. London: Routledge.

Municipality of Amsterdam. (2001). *Code of conduct*. Available at www. amsterdam. nl/contents/pages/00000393/ gedragscode_ gemeenteamsterdam. pdf.

Municipality of Antwerp. (2003). Governance agreement. Available at stadsbestuur. antwerpen. be/bestuursakkoord/ addendum2003. htm.

Nash, L. L. (1990). *Good intentions aside*. Boston: Harvard Business School Press.

Nolan Committee. (1995). *Standards in public life*, *volume* 1. *First report of the Committee on Standards in Public Life*. London: HMSO.

Nutt, P. C. (2006). Comparing public and private decision-making practices. *Journal of Public Administration Research and Theory*, 16 (2), 289 - 319.

Organization for Economic Cooperation & Development. (2000). *Trust in government*. Ethics measures in OECD countries. Paris: Author.

Panama Publication Central Audit Agency. (1997, August 22). *Code of conduct*. Available at www. parbo. com/ information/reken/PUB8. htm.

Perry, J. L. (1996). Measuring public service motivation: An assessment of construct reliability and validity. *Journal of Public Administration Research and Theory*, 6(1), 5 - 22.

Perry, J. L. , Mesch, D. , & Paarlberg, L. (2006). Motivating employees in a new governance era: The performance paradigm revisited. *Public Administration Review*, 66(4), 505 - 514.

Perry, J. L. , & Rainey, H. G. (1988). The public-private distinction in organization theory: A critique and research strategy. *Academy of Management Review*, 13(2), 182 - 201.

Posner, B. Z. , & Schmidt, W. H. (1984). Values and the American manager: An update. *California Management Review*, 26(3), 202 - 216.

Posner, B. Z. , & Schmidt, W. H. (1993). Value congruence and differences between the interplay of personal and organizational value systems. *Journal of Business Ethics*, 12(2), 341 - 347.

Posner, B. Z. , & Schmidt, W. H. (1996). The values of business and federal government executives: More different than alike. *Public Personnel Management*, 25(3), 277 - 289.

Pruzan, P. (2001). The question of organizational consciousness: Can organizations have values, virtues and visions? *Journal of Business Ethics*, 29, 271 - 284.

Quinn, J. J. , & Davies, P. W. F. (1999). *Ethics and empowerment*. London: Macmillan.

Rainey, H. G. , & Bozeman, B. (2000). Comparing public and private organizations: Empirical research and the power of a priori. *Journal of Public Administration Research and Theory*, 10, 447 - 469.

Rokeach, M. (1973). *The nature of human values*. New York: Free Press.

Rosenbloom, D. (2004). Public administration theory and the separation of powers. In J. M. Shafritz, A. C. Hyde, & S. J. Parkes (Eds.), *Classics in public administration* (5th ed. , pp. 446 - 457). Belmont, CA: Thompson Wadsworth. (Original work published 1983)

Ross, B. H. (1988). Public and private sectors—The underlying differences. *Management Review*, 77(5), 28 - 33.

Sampford, C. , & Preston, N. (Eds.). (1998). *Public sector ethics. Finding and implementing values.* London: Routledge.

Schein, E. H. (1992). *Organizational culture and leadership* (2nd ed.). San Francisco: Jossey-Bass.

Schick, A. (1998). Why most developing countries should not try New Zealand's reforms. *World Bank Research Observer*, 13(1), 123 - 131.

Schmidt, W. H. , & Posner, B. Z. (1986). Values and expectations of federal service executives. *Public Administration Review*, 46(4), 447 - 454.

Schreurs, P. (2005). The value(s) of public administration. *Administrative Theory & Praxis*, 27(2), 301 - 310.

Schultz, D. (2004). Professional ethics in a postmodern society. *Public Integrity*, 6(4), 279 - 297.

Schwartz, S. H. (1992). Universals in the content and structure of values: Theoretical advances and empirical tests in 20 countries. *Advances in Experimental Social Psychology*, 25, 1 - 65.

Schwartz, S. H. (1999). A theory of cultural values and some implications for work. *Applied Psychology*, 48(1), 23 - 47.

Scott, P. G. , & Falcone, S. (1998). Comparing public and private organizations. An explanatory analysis of three frameworks. *American Review of Public Administration*, 28(2), 126 - 145.

Solomon, E. E. (1986). Private and public sector managers: An empirical investigation of job characteristics and organizational climate. *Journal of Applied Psychology*, 71(2), 247 - 259.

Tait, J. (1997). A strong foundation: Report of the task force on public service values and ethics (a summary). *Canadian Public Administration*, 40, 1 - 22.

Taylor, M. (1998). The Australian Department of Defence's interface with the private sector. In L. W. J. C. Huberts & J. H. J. Van den Heuvel (Eds.), *Integrity at the public-private interface* (pp. 85 - 98). Maastricht, The Netherlands: Shaker Publishing.

Van den Heuvel, J. H. J., Huberts, L. W. J. C., & Verberk, S. (2002). *Het morele gezicht van de overheid. Waarden, normen en beleid* [The moral face of government. Values, norms and policy]. Utrecht, The Netherlands: Lemma.

Van der Wal, Z., de Graaf, G., & Lasthuizen, K. (in press). What's valued most? A comparative empirical study on the differences and similarities between the organizational values of the public and private sector. *Public Administration.*

Van der Wal, Z., Huberts, L. W. J. C., van den Heuvel, J. H. J., & Kolthoff, E. W. (2006). Central values of government and business: Differences, similarities and conflicts. *Public Administration Quarterly,* 30(3), 314 - 364.

Van Rekom, J., Van Riel, C. B. M., & Wierenga, B. (2006). A methodology for assessing organizational core values. *Journal of Management Studies,* 43(2), 175 - 202.

Van Wart, M. (1998). *Changing public sector values.* New York & London: Garland.

Voth, A. (1999). Professionalism in practice. Bridges to the century. In L. W. J. C. Huberts & J. H. J. Van den Heuvel (Eds.), *Integrity at the public-private interface* (pp. 45 - 56). Maastricht, The Netherlands: Shaker Publishing.

Vrangbaek, K. (2006, September 6 - 9). *Public sector values in Denmark. Results from a survey of public managers.* Paper presented at the Annual EGPA Conference, Bocconi University, Milan, Italy.

Watson, G. W., Papamarcos, S. D., Teague, B. T., & Bean, C. (2004). Exploring the dynamics of business values: A self-affirmation perspective.

Journal of Business Ethics, 49(4), 337 - 346.

Weber, M. (1968). *Economy and society* (G. Roth & C. Wittich, Trans. & Eds). New York: Bedminster Press. (Original work published 1921)

Wempe, J., & Melis, K. (1991). *Management en moraal* [Management and morality]. Leiden, The Netherlands: H. E. Stenfert Kroese.

Wiener, Y. (1988). Forms of value systems: A focus on organizational effectiveness and cultural change and maintenance. *Academy of Management Review*, 13(4), 534 - 545.

Williams, R., & Doig, A. (Eds.). (2000). *Controlling corruption*. Cheltenham & Northampton, UK: Edward Elgar.

Wittmer, D., & Coursey, D. (1996). Ethical work climates: Comparing top managers in public and private organizations. *Journal of Public Administration Research & Theory*, 6(4), 559 - 571.

作者简介

泽格·范·德尔·瓦尔是荷兰阿姆斯特丹自由大学公共管理与组织科学系的博士研究员。在治理廉正(Integrity of Governance)研究小组中，他撰写了一篇关于公共部门和私营部门组织价值之间差异和相似点的论文。他在《公共管理》《行政与社会》《公共管理季刊》《公共廉正》等期刊上发表过作品。

里奥·休伯茨是荷兰阿姆斯特丹自由大学公共管理与组织科学系公共管理教授(正式)，治理廉正研究小组负责人，欧洲公共管理小组伦理与治理诚信研究小组的联合主席。他出版的著作包括《腐败、廉正和执法》(Corruption, Integrity and Law Enforcement)(2002，与 C. Fijnaut 合著)、《公私界面上的廉正》(Integrity at the Public-Private Interface)(1999，与 H. van den Heuvel 合著)，他还在《公共行政评论》《公共管理季刊》《犯罪、法律与社会变革》和《公共廉正》等期刊上发表了有关公共行政伦理、腐败和廉正机构的文章。

三、良善治理与公共价值

8. 善治：绩效价值和过程价值的冲突^①

赫亚特·德·格拉夫(Gjalt de Graaf)和海丝特·帕纳克(Hester Paanakker)

引　言

　　善治的框架或准则通常带来一系列无人能反对的公共价值(cf. Beck Jørgensen & Sørensen, 2013)。例如，马库斯·阿方斯·佩特鲁斯·鲍温思(Marcus Alphons Petrus Bovens)、保罗·德哈特(Paul't Hart)和马库斯·雅各布斯·沃特·范·特维斯特(Marcus Jacobus Walter Van Twist)(2007)区分了与评估善治相关的四组价值：合法、诚信、民主和有效/效率。然而有一个问题反复出现：并不是所有这些价值——无论它们有多理想——都能同时实现，并且善治的框架并不能解决这个问题。问题的关键在于，对善的追求与生俱来就是自我冲突的(Van der Wal, De Graaf, & Lawton, 2011)；"不能同时追求所有美好的事物"(Grindle, 2004, p. 525)。就像刚才所提到的价值集群：

　　　　这一领域的所有学者承认，这些价值相互冲突，并且大多数学者都注意到，善治的标准在某种程度上也是相互矛盾的。如

　　① 原文来源：De Graaf, G., & Paanakker, H. (2015). Good governance: Performance values and procedural values in conflict. *The American Review of Public Administration*, 45(6), 635 - 652.

　　何处理这种矛盾，处理到什么程度，是一个值得商榷的问题。我
们在这里看到了未来行政伦理和善治研究的一项议程。（De
Graaf & Van der Wal，2010，p. 623）

　　本文重点阐述两种不同类型的价值之间的冲突。一方面是有效
性和效率的绩效价值，它与产出和结果有关。在公共治理中，有效性
与效率并重；它们是构成公共治理合法性核心的价值。有效的治理
会带来良好的道路修建、医院设施和安全情况——这些都是人民普
遍重视的东西；如果一无所获，公共治理就没有意义。很明显，公共
治理也不应该浪费纳税人的钱。用罗特格斯和范·德尔·米尔
（2010）的话说，"效率，即使不是唯一的核心价值，也属于公共行政领
域的核心价值之一"（p. 2）。

　　另一方面，我们通过绩效结果来评估治理的"优良程度"，表示过
程质量的程序价值也有待解决。关于善治的文献广泛而分散
（Rothstein & Teorell，2008），但它们通常赞成这样一种观点，即关
注结果会增加忽视其他维度的风险，比如行政行为的完整性
（Trommel，2008）。公民要求公共行动者对程序和绩效负责，"历史
上，政治家和官员对他们做事的方式和他们所取得的结果负责——
包括手段和目的"（Bevir，2010，pp. 107 - 108）。大多数对善治的解
释也包括程序价值，如正直，以及相关的价值，如透明、平等、合法和
诚实。

　　举一个绩效价值与程序价值相冲突的例子：2011 年 3 月 29 日，
葡萄牙总理若泽·苏格拉底（Jose Socrates）坚决否认自己会考虑申
请欧盟应急基金，并强调有谣言称自己在考虑此事，纯属虚构，具有
误导性。8 天后，葡萄牙向欧盟/国际货币基金组织寻求帮助。苏格
拉底总理根本无法将公共治理的两种重要价值结合起来。这两种价
值是正直，或者更具体地说是诚实，以及效率。说谎在道德上是错误
的——我们大多数人都会同意这一观点。然而，我们大多数人也会

同意，苏格拉底在此时说谎是正确的选择。他需要保护国家至关重要的经济利益。同样，富兰克林·德拉诺·罗斯福（Franklin Delano Roosevelt）总统对他参加第二次世界大战的意图一直是诚实的吗？荷兰国家公共部门道德与诚信促进办公室主任在接受本研究访谈时表示："当然，在公共治理中实现最大程度的诚信意味着效率较低。"另一位公共行动者承认："如果满分是 10 分的话，我的人品只有 7 分；它不是 10 分，因为我必须完成某些事情。"米希尔·S. 德·弗里斯（Michiel S. de Vries）（2002）在一项大型国际调查中发现，尽管几乎所有地方公共领导人认为诚实永远都不应该被妥协，但同时，当诚实使实现重要的社会目标面临困境时，他们中的许多人赞成应隐瞒事实或片面地展示事实。

　　本文的目的是进一步阐明公共治理中绩效价值和程序价值之间的冲突。考虑到可行性的问题，实证研究主要集中在两种类型的政府行动者：国家级的最资深公共行政官员或最高领导者，以及在地方一级的市议员。主要研究问题如下：

　　研究问题 1：公共治理中价值冲突的本质是什么？ 公共行动者认为绩效价值和程序价值之间有哪些具体的价值冲突？

　　通过一个文献综述和两个案例研究着手回答这些问题。因此，首先，本文会在对相关文献进行分析的基础上，探讨公共治理中价值冲突的本质。

公共治理中价值冲突的本质：价值多元化

　　尽管在近半个世纪前戴维·伊斯顿（David Easton）（1965）就写过一句有影响力的话——"公共政策是政治'分配价值'的手段"，但直到最近，对公共价值的研究才逐渐获得突出地位（De Graaf & Van der Wal，2010）。政策过程的大多数描述很少强调价值的作用（Stewart，2006，p. 183），并且更少突出价值的冲突（Van der Wal et al.，2011)。

在描述公共治理中价值冲突的本质时，本文从价值多元主义的理论立场出发，对于该立场，或许以赛亚·柏林(Isaiah Berlin) 爵士(1982)的定义最为著名 (参见 Hinman，2013)：

> 在这里可能存在一些目的——目的本身就足以证明其他一切是正当的——它们可能同样都能被称为终极目的，但彼此不相容，因此可能不存在一种统一的、包罗万象的标准，使人们能够理性地在它们之间做出选择。(p.69)

价值首先可能是不相容的。简单地说，价值不相容意味着"追求某种价值必然包含或限制我们追求其他价值的能力。我们越想获得其中某些，就越不可能获得其他价值"(Spicer，2001，p.509)。价值存在内在冲突或在某些情况下不相容的观点并不新鲜；许多社会科学家对此进行了研究 (例如，Brecht，1959)。然而，从价值多元化的观点来看，价值也可能是不可比较的。斯蒂芬·卢克斯(Stephan Lukes)(1989)的措辞与柏林的非常相似，他将不可比较性解释为

> 没有一种单一的货币或尺度可以用来衡量相互冲突的价值，而且，一旦发生冲突，也无法对某种能够解决冲突的价值发出理性的、令人信服的呼吁。在价值上，两者谁都不比另一方优越，也不能说它们处于平等地位。(p.125)

这并不意味着行政代理人不能做出选择或给出原因，"相反，它意味着，我们为支持一个特定的选择而提供的某些原因和我们为了做出另一个替代选择而可能提供的其他原因之间，是不可比较的"(Spicer，2001，p.512)。日常生活中重要价值的不可比较性的著名例子是金钱和友谊之间的冲突。(Lukes，1989；Raz，1988；Spicer，

2010)有时我们不得不在花时间赚钱和花时间与朋友在一起之间做出选择;我们如何衡量它呢? 我们做出了这样的选择,但我们不能付钱购买友谊,因为那将不是友谊。"我们对于价值之间的不可比较性的普通经验否认了各种伦理哲学家所提出的一元论的主张,无论是义务论的还是功利主义的,其背后存在'一个共同的基础……道德主张背后的单一理由'(Hampshire,1983,p. 118)。"(Spicer,2009,p. 539)

在治理中对一种重要价值的追求不可避免地限制了对其他价值的追求。例如,亚瑟·M. 奥肯(Arthur M. Okun)(1975)在其经典著作中指出,在公共政策中,平等与效率必然相互冲突。根据斯派瑟(2009)的研究:

> 价值多元化似乎与公共行政的经验特别相关,在公共行政的经验中,人们常常被要求从业者在制定政策决策时要努力应对价值冲突,并对价值冲突做出判断,此时他们的行为常常(无论是明示还是暗含的)都具有强制性并且影响了大量的人。(p. 539)

根据哲学家斯图尔特·汉普夏(Stuart Hampshire)的观点,公共事务的行动者有一个"附加责任"(Hampshire,1978,p. 49),这意味着他们不能有纯粹的结果主义或功利主义的德行(cf, Hinman,2013),因为在代表的关系中,具体的道义论性质的责任和义务随之而来。"这些义务是生活在民主社会的根本所在,违反它们则会被视为一种极其严重的内在道德不端行为,并且这一点无可非议。"(Nieuwenburg,2004,p. 684)然而,为了追求目标,公共治理行动者有时不得不违背某项义务。根据迈克尔·沃尔泽(Michael Walzer)(1973)的观点,在治理过程中,一个公共行动者可以选择一个在功利主义基础上完全合理的行动路线,但这仍然会使其为道德错误而内疾。所以就产生了如下游戏规则：特定于公共治理的"手段"（或程序价值）。这些可能会与公共行动者追求的"目的"（或绩效价值）相冲突。例如，"因为透明是建立在民主政府基础上的一种义务，在那些要求将保密作为行动成功的必要条件的政策领域（尤其是外交事务），就永远都存在违背这种义务的风险"（Nieuwenburg，2004，p. 685）。

不可比较性，特别是程序价值与绩效价值之间的不可比较性，似乎是公共治理中价值冲突所固有的特性。汉普夏（1983）写道，尤其是在政治领域，人们"在行动的有效性所要求的道德要求之间左右为难……而道德要求则源自谨慎诚实和正直的理念"（p. 117）。马克斯·韦伯（Max Weber）（1946）也意识到了这一矛盾：

> 世界上没有任何一个伦理学可以回避这样一个事实：在许多情况下，要达到"善"的目的，就必须愿意付出代价，使用道德上可疑的手段，或者至少是危险的手段，并且还要面对可能产生的不良后果。（p. 121）

公共治理中缺乏具体价值冲突的实证证据

哲学、政治学等不同领域的许多学者都写过关于价值多元论的文章，然而

> 一般公共行政的许多论述忽略了价值多元论，并隐含地以一元论或统一的善的概念为前提，在这种概念中，假定至少在原则上可以使所有价值或善彼此和谐相处。（Spicer，2001，p. 508）

最近大量关于公共政策和管理的出版物寻求达到特定目的的最有效手段，"对马克斯·韦伯所说的'工具理性'有所贡献（Lynn，Heinrich，& Hill，2000）"（Thacher & Rein，2004，p. 457）。按照赫伯特·西蒙（Herbert Simon）（1957）的说法，"如果一个行政决定选择适当的手段达到特定的目的，则它就是正确的"（p. 61），许多学者根据其对一些连贯的可衡量的目标或价值的贡献来评价行政行为和政策（Spicer，2005，p. 541）。许多关于特定行政官员和公共专业人员的民族志研究（例如，Maynard-Moody & Musheno，2003；Skolnick，1967）表明，公共行动者认为价值之间不可比较。在日常的基础上，公共行政环境中的决策涉及与多种、多样、经常冲突的价值的斗争（O'Kelly & Dubnick，2005，p. 394）。"公共行政官员经常面临在不兼容和不可比较的价值之间做出艰难的选择或判断。"（Spicer，2009，p. 541）亨德里克·瓦赫纳尔（Hendrik Wagenaar）（1999）声称："公共项目的构成方式就会经常使行政官员面对艰难的价值选择。"（p. 444）M. W. 斯派瑟（M. W. Spicer）（2001）也断言，价值冲突在公共行政中尤其普遍，因为寻求调和多种价值的法规和规章经常给行政官员提供互相矛盾的信号。瓦赫纳尔总结道："不可解决的价值冲突在道德哲学中被称为价值多元主义，它是当代政治和行政生活的内在特征。"（p. 441）然而，对公共治理中价值多元化的实证研究少得惊人，而且似乎完全找不到可靠的实证证据来证明哪些价值确实存在着冲突。

程序和绩效价值

本研究考虑对公共治理的程序价值［关于"游戏规则"的价值（cf. Rhodes，2007）］与绩效价值之间的认知冲突。在本质上是结果主义的绩效价值中，效率通常被定义为资源数量和结果之间的关系，而有效性指的是实际执行的工作和采取的行动的影响（Rutgers &

van der Meer，2010）。至于更符合道义论的"游戏规则"，由于以下
五个价值被普遍认为是公共治理中重要相关的程序公共价值，因此
本研究对其给予特别关注：

- 诚实（De Vries，2002）通常被视为一种"绝对"的价值，应该
避免权衡（cf. Tanner，Gibson，Wagner，& Berkowitsch，2010）。
在几乎所有关于公共诚信的实证研究中，它都处于价值列表的顶端
（Nieuwenburg，2007；Van Wart，1996）。

- 正直的定义是与治理有关的道德规范和价值（Huberts，
2005）。

- 平等（Andrews & Entwistle，2010）通常被视为一种典型的
治理过程价值（Van Wart，1996），区别了公共治理与公司治理；政府
应该对所有人或事一视同仁。平等是公共服务提供者期望的过程价
值（Heald，2006）。

- 透明（Hood & Heald，2006）是另一个很少有公共行政官员
公开反对的程序价值（Piotrowsky，2010）。但是帕特里克·伯金肖
（Patrick Birkinshaw）（2006）就警告了透明和效率之间的治理冲突。
（Heald，2006）

- 合法/律（Huberts，van Montfort，Doig，& Clark，2006）是
任何善治定义的一部分。根据 M. 范·沃特（M. Van Wart）（1996）
的观点，法律和正当程序通常是各级行政官员面临的伦理难题中相
互冲突的价值之一。

这五种程序价值是民主社会公共治理精神的一部分（De Vries，
2002）；至少在原则上，公共行动者很少会质疑它们的重要性。公共
行动者可以且也会考虑其他相关的程序价值，或以不同的方式描述
类似的价值。这里值得注意的一点的是，公共行动者基于自己的理
解认为特定的价值，包括程序上的价值和绩效上的价值，对治理过程
至关重要。

研究背景和案例研究

本文以价值多元化的立场回答了公共价值冲突的本质问题。值得注意的是,文献中似乎很少有证据来回答下列问题:公共行动者认为哪些特定的价值存在冲突,以及它们以何种特定的方式或在何种情况下会存在冲突。

治理中的价值冲突有多种形式,存在于不同的层面:个人(公共行动者)、政府(正式机构)和政策制定(价值分配)。根据我们的研究问题,重点是那些"对个人来说成为明显问题"的价值冲突(Thacher & Rein,2004,p. 461)。

研究设计。本研究采用了探索性和归纳性的研究策略(De Graaf,2005;De Graaf & Huberts,2008;Eisenhardt,1989;Glaser & Strauss,1967)。多案例研究设计的重点在于理解单一环境中呈现的动态(Eisenhardt,1989;Herriott & Firestone,1983;Yin,1989)以命题的形式生成理论(Gersick,1988;Harris & Sutton,1986)。当人们对正在研究的现象知之甚少,或者现象过于复杂,变量或变量之间的确切关系无法完全确定时,这种方法就很合适(van Hoesel,1985),手头的研究问题正是如此。

可以预见,不同类型的公共行动者在公共治理中感知到的价值冲突存在很大差异,而由于公共治理环境对公共行动者的影响很大,因此它是一个重要的研究条件。研究主要集中在两种类型的政府行动者,即最高级别的公共行政官员或最高领导者(公务员,主要是国家层面的政策制定),这是一个有趣的群体,因为作为民选的政治家与高层行政官员非常不同,其在公共治理和市参议员中有巨大的影响力,并且更多参与了地方层级的政策执行。

笔者对高层行政官员和市议员的文献进行了研究,以寻找感知价值冲突的证据(例如,De Graaf,2011;Denters & Rose,2004;

Frequin，2006；Podger，2009；Rhodes，'t Hart，& Noordegraaf，2001；Rhodes & Weller，2001；'t Hart & Wille，2002，2006）。此外，荷兰 55 位（Bekker，2012）高层公共行政官员中的 30 位受邀接受访谈，其中包括秘书长（SG：政府部门负责人）和理事长（DG：部门内特定首长级负责人）。在这 30 人中，15 人接受了邀请。受访的行政官员中一些人管理主要负责制定政策的部门，一些人管理主要负责执行公共政策的组织，还有人管理主要涉及执行检查的组织。

鲍克·斯蒂恩哈森（Bauke Steenhuisen）和米歇尔·范·艾顿（Michel van Eeten）（2008）得出的结论是，执行政策的公共行动者，而非花费大部分时间来制定政策的行动者，更经常感知价值冲突。市议员属于花费更多时间执行政策的群体。受访的这一组 17 人包括来自最大城市和小村庄的市议员，以及来自许多不同政党和不同政策领域（公共住房、公共卫生、福利、体育等）的议员。自治市是荷兰最低级别的政府。他们的职能分为三个层级：市长、市议员和市议会。市议会每四年选举一次。市议员（在大多数情况下）是由在市议会中占多数席位的政党选举产生的。市长（由国家政府任命）和市议员共同组成市长和市议员委员会（B&W）；他们不是市议会的成员。

在 32 个半开放的访谈期间，问及了以下问题：（1）对自身领域内的价值冲突的感知；（2）经历的、预见的或已知的相关困境；（3）关于诚实、公平、透明、合法、效率和有效性等价值的相关信息，包括① 定义，② 在治理中的作用，③ 价值之间的冲突，④ 在哪些条件下经历的其他道德价值。此外，研究人员还对假设的影响条件和解决困境的可用策略提出了问题。每个受访者在访谈过程中阐释了自己认为特定的价值在"何时、如何，以及到何种程度"是重要的，并且会发生冲突。许多受访者最初认为价值在治理中的作用是抽象的。然而，当讨论实际的（价值）冲突时，他们能够使价值更加具体——对他们自己和研究人员都是如此。官员所感知到的特定的价值冲突在此非常重要，就像他们如何为其辩护（Boltanski &

Theévenot，1999，2006）并设计它们一样重要（Schön & Rein，1994）。所有的访谈进行了录音并逐字转录。抄本发送给了受访者，以便他们进一步评论。我们向所有的受访者保证不会公开他们的身份。

数据分析。为了在研究数据中找到规律，凯思琳·M.艾森哈特（Kathleen M. Eisenhardt）（1989）建议使用迫使调查人员超越最初印象的技术。

> 总的来说，这些跨案例搜索策略背后的理念是迫使调查人员超越最初的印象，特别是通过对数据使用结构化和多样化的"镜头"。这些策略提高了理论准确可靠的可能性，即理论与数据的紧密契合。此外，跨案例搜索技术提高了调查者获得存在于数据中的潜在新发现的可能性。（p. 541）

为了找出规律，马修·B.迈尔斯（Matthew B. Miles）和A.迈克尔·休伯曼（A. Michael Huberman）（1994）提出使用"怪物网格"，这一建议很有帮助（参见 De Graaf & Huberts，2008）。网格的一个轴是受访的 32 名官员，另一个轴是诸如"在日常实践中提到的相关价值""对特定价值的解释"和"特定价值之间的具体冲突"等类目。然而，人们可以任意选择对基于数据中出现的其他变量的见解并提出新发现。网格的单元格不包含数字，而是包含各种口头评论和引用（Swanborn，2003，p. 16）。从这个网格中，规律（以命题的形式）被导出，然后与经验数据并列。我们将这个归纳过程重复了很多次才写出最终的分析。

本文将在其余部分介绍研究结果。访谈中的直接引语以斜体显示，并与相关文献进行了比较。

结　果

命题 1: 有效性与效率（两种绩效价值）是公职官员最常察觉到的价值冲突。

当对感知到的价值冲突进行分类时，经典的有效治理和有效率治理之间的冲突（更高效率的工作方式可能意味着工作完成的有效性下降）是迄今为止最重要的一类，尤其是对那些花大部分时间在政策执行和审查领域的人（市参议员和一些高层行政官员）来说更是如此，在这些领域里可以根据可衡量的结果来评判他们，他们在结果达成或交付方式上也面临持续的压力。

必须指出的是，作为政治家，市议员对政治效果和政策效果进行了区分。后者是关于达成政策目标（结果），前者是关于让计划得到市议会批准（输出）。

在案例研究中表明的价值冲突中，大约有一半围绕在有效性和效率之间做出选择的冲突。简单地说，如果投入更多的资源，目标就会更容易实现且效果更佳。"作为审查人员，我有固定的预算。所以我得决定把钱投到哪里去。我们在哪些方面最能发挥自身能力？我们认为什么是最重要的?"在这里，目标也很复杂。通常，在一个策略中有许多目标（和许多价值），而效率通常会影响策略执行方式的质量，这些方式也涉及治理中的程序价值。

　　我们荷兰的监狱是劳动密集型的，与其他国家相比，我们有很多工作人员。对我们来说，这是一个关于质量的问题。约束囚犯最有效的方法就是把他们关起来，然后扔掉钥匙，这是非常有效且非常高效的。但是我们还有其他的目标使问题复杂化，比如希望囚犯们不要互相残杀，同时也要考虑到他们的隐私、回归社会等等。

　　一位审查员这样说："有效性与效率是两难境地的化身。我们应该把资源投放在哪里？"

　　因此，在关于如何使用现有资源的决定中，每天都存在着有效性和效率之间的不可比较性。在当前紧缩和削减开支的环境下，人们更加强烈地感觉到对提高效率的强调。特别值得一提的是，议员们表示，他们已经感受到过去几年预算削减带来的压力。"现有的财政手段当然可能是一个障碍。"许多人声称，削减预算难以吸引到优秀员工，因此他们觉得，这不可避免地使实现政策目标更加困难。

　　但在公共治理中，效率低下也时有发生，因为优先事项——目标——不断变化。在民主治理中，此类情况在一定程度上是不可避免的，因为政治优先事项每隔几年就会发生变化。

　　　　在目前削减的一揽子计划中，部长和议会决定出售两艘全新的船。而这两艘船是几年前我们刚刚决定要建造的，目的是要实现海军现代化。几年前我们认为是创新的东西，现在却要卖了。这是一个矛盾，但这些事情确实发生了。现在钱根本不够。政治优先事项一直在变化。

　　受访者将公共治理描述为一种环境，在这种环境下，有效性和效率之间的冲突根深蒂固地存在于日常决策实践中，存在于因削减压力而不断升级的冲突中，也存在于政策目标确定过程所固有的非静态和政治的属性当中。

　　命题2：合法性（lawfulness）[①]与有效性/效率是公职官员最常感知的程序价值与绩效价值之间的价值冲突。

　　在程序价值与绩效价值的冲突中，合法的程序价值与有效性和效率两种绩效价值的冲突是最常见的价值冲突。公共治理中的行动

---

　　① 　这里是指合乎法律（lawfulness），而不是指与正当性相关的合法性（legitimacy）。

者可能会意识到合法和有效之间的冲突：（官方的）规则可能会阻碍实现目标。合法被所有行政官员视为一种重要的价值，但法律总存在解释上的问题。以下是一些示例，全部来自政策制定阶段（在政策执行和监督方面，法律的解释更加严格和清晰）：

> 在一个农业组织进行游说之后，国务秘书不顾我的建议，对植物保护产品的环境限制给予了豁免。根据法律，他只有在紧急情况下才可以这么做。但他从未解释过什么是紧急情况，我也想不出什么紧急情况。
>
> 举个具体的例子：收取更高的法庭费用——就像我们现在所做的——是否符合《欧洲人权和基本自由保护公约》？我不确定。那么，获得独立管辖权是否像《公约》规定的那样得到了保证？

通常法律并不明确，这就是为什么人们会招募和聘用如此多的律师——甚至他们也经常意见不一。如果部长们真的想要达成某一事项，而大多数人认为这个提议不合法，他们只需要一个律师说"我不能百分百确定这违背了法律"，然后他们就可以继续，只需等着看这件事是否会被带到法庭上。这种情况经常发生。

> 大多数时候，律师的开场白就是"我不是100％确定"。律师们在给我意见之前总是先掩饰自己，所以我总有回旋的余地。有时，政客们真正想要的决定是故意做出的，也有意承担法律风险。

对市议员来说，合法性和政策有效性往往互相冲突，特别是在为社会中特定的个人或群体实现目标这方面。他们经历了许多刻板规则与个人或群体利益之间的价值冲突。"有时你会试图规避法律。

有时你也试着去帮助别人：该死的，官方上这是不允许的，但是……"
几名市议员称自己在放宽规定以帮助本市的公民个人时本着务实的
原则。一位议员举了向寻求庇护被拒者提供社会福利，以及帮助需
要特殊住房的身体残疾人士的例子。尽管它并没有完全按照规定行
事。"我们决定，我们必须这么做。虽然这样做是不合法的，但我们
相信这样做是对的。"这种针对个别案例的决定会让人想起基层官员
经常描述的困境。例如，迈克尔·利普斯基（Michael Lipsky）
（1980）、史蒂文·梅纳德-穆迪（Steven Maynard-Moody）和迈克
尔·马谢诺（Michael Musheno）（2003）描述了一方面遵循通用规
则，另一方面为客户创建定制解决方案之间的冲突。

行政官员也意识到合法与另一绩效价值——效率之间存在着明
显的紧张关系，这种紧张关系在政策执行而不是制定过程中尤为
明显。

> 当我们聘请一所大学来解决一些问题时，他们只有在双方
> 法律合作伙伴签署合同后才能开始工作。我可以签合同，但是
> 大学的正式签字要等很长时间。根据我们的内部规定，大学此
> 时还不应该开始它的研究。但有时他们确实会提前开始。会计
> 们对此小题大做，但这种事经常发生。

这种价值冲突在招标过程和公共治理中普遍存在，招标规则要
比私人治理严格得多。每个（大型）项目都需要遵守欧洲采购规则。
即使以前与某一建筑商合作有良好的经历，而且商定的价格是合理
的，行政官员也不能简单地把一个新项目交给同一家公司。但在这
里，人们也经常寻求法律的边缘。

> 比如碰巧我认为一个项目很特别，我想要一个特定的承包
> 商。在这种情况下，我可以宣布这个项目保密，这样我们就不必

公开它，例如，当我们建造一座监狱时，或者当它与一座皇家宫殿有关时。考虑到保密问题，法律就允许进行私人招标。有时，如果我认为这样做会产生重大社会效益，我就可以通过这种方式更快地完成项目。

总之，合法性经常被认为与绩效价值相冲突，但在公共治理的不同阶段是不同的。当涉及政策制定时，合法性与有效性的冲突尤为明显（另见 O'leary，2006），当涉及政策执行时，则是合法性与效率相冲突。

命题 3：透明与有效性/效率是程序价值与绩效价值之间第二个最常被感知到的价值冲突。

对数据的分析表明，与合法一样，透明也往往与有效性和效率这两个绩效价值相冲突。政府和政治过程及谈判有时在某些阶段需要保密，而决策过程中缺乏透明的理由往往是要确保所有信息要在决策过程之后予以公开。治理内部的人员限制透明的程度以实现特定的目标，因为特定的信息可能带来阻力（这涉及问责制的问题；参见Dubnick，2011；Flinders，2011）。一位高级行政官员解释道：

> 有时我会写一份外界无法理解的政策文件。我会根据特定的读者来起草特定的句子。这样文件就可以通过所有阶段，因为没人能发现任何问题。这几乎是不透明的，但非常有效！在文件的某个地方会写有一项新的政策步骤，但它的制定方式是外人永远无法理解的。但在内部，我们都可以挑出自己想要的部分。所以有时候，透明和有效性之间会有冲突。

在政治有效性和透明之间，市议员也经历了同样的不可比较性。为了让想法得到市议会的接受，他们有时选择不完全透明，有时甚至选择不完全诚实。"时不时会有人撒些小谎来加强辩论的力度。"一些市议员还认为该现象与荷兰的联合政府制度有关。谈判和政策的取舍都是闭门进行的。"为了能够以良好的方式共同治理，你需要一定程度的保密。"

透明显然是最高层行政官员和市议员最难以坚持的价值，特别是在政策制定阶段。透明和其他价值之间的大部分冲突正是在此阶段被人察觉。

> 政策阶段非常重要。在执行阶段，必须对公民尽可能透明，这一点不容妥协。在政策制定阶段，则必须区分发现事实、提出替代方案和做出决策这三个阶段。在协商阶段，透明经常会被妥协。

在政策制定过程中的事实发现阶段，更容易做到透明，而让利益相关方参与和让公民了解情况可以增加他们的投入。相反，在政策执行和监督方面，透明与有效性冲突较小。

此外，透明显然会与效率发生冲突；回应信息请求需要时间和金钱。保持完全透明很复杂。尽管对外透明非常重要，例如，就议会而言，因为"不通知议会或不及时通知议会，就极有可能导致项目失败"。完全透明则会适得其反，因此在某些情况下导致无效结果。这方面有一个重要发展是：公民社会的信息日益丰富，一部分是因为受教育程度更高的民众能够通过媒体、互联网和 WOB（一项关于治理透明的荷兰法律）广泛获得信息来源，而且（多）媒体对治理的影响越来越大（De Graaf & Meijer，2013；Hajer，2009；Howard & Parks，2012）。高层行政官员认为这使得治理变得更脆弱。因此，不发表报告或只发表一些总结可能是一种明智的策略。对许多政府官员来说，透明是一个时机问题。透明的程度取决于特定政策过程所处的阶段。

命题 4：一般而言，市议员感知到的价值冲突比高层公共行政官员更严重。

上述几个命题反映了高层公共行政官员和市议员在思想上的相似之处，尽管其中的重点因条件不同而不同（在某些政策阶段冲突更为普遍）。然而，高层公共行政官员与市议员在两难困境或价值冲突的感知程度上存在明显差异。数据显示，市议员察觉到更多的价值冲突。市议员在施政过程中，以及在政策内容和目标上，都经历了绩效与程序价值之间的冲突。在大卫·撒切尔（David Thacher）和马丁·雷恩（Martin Rein）（2004）关于公共治理中的价值冲突的开创性研究中，没有对这一区别进行区分；他们主要研究公共政策的价值冲突。对他们来说，安全、繁荣和自由等价值是公共政策的最终目标。（Thacher & Rein，2004，p. 460）这意味着他们给出的许多冲突中的政策价值的例子都是政策本身（以及它们的目标）的价值。

在市议员看来，价值冲突主要是指公共利益受到威胁的情形。市议员们常常声称，公共利益是他们权衡决定的指导原则：我的决定首先是为了大多数市民的利益吗？这表明，在我们的访谈中并没有明确包含的回应性或服务的价值被认为是市议员绩效中最重要的价值之一。因此，对某些（群体）公民产生负面影响的决定被视为一种困境。这就是市议员与经历类似困境的基层官僚的共同点（Lipsky，1980；Maynard-Moody & Musheno，2003）。高层行政官员（在身体上和情感上）离那些受他们所从事的政策影响的人远得多。市议员的典型语录包括"在涉及公民个人利益的决策中，我遇到了困难"和"当你知道一个决定会伤害到某人时，心里就会感到过意不去"。一名议员举例说，修建公路将大大方便人们进入一个位于村庄边界的私营工业，但将严重阻碍村庄居民的行动，使他们在基础设施上处于孤立状态。在这里，特定政策/目标所包含的价值的不可比较性变得很明显。

案例研究清楚地表明，尽管高层行政官员认识到了冲突，但他们实际上并不认为价值冲突是一个问题。下面的几句话可以说明这一点：“我从不觉得做决定是一件难事，特别是因为我意识到我有时会做一些矛盾的事情。'进退两难'听起来会让人陷入沉思”"……很多人说他们处于两难境地，很难做出选择、做出决定。困境并不存在。"

在本篇探索性研究中，对于为什么最高层行政官员认为价值冲突很少产生问题找到了几种解释，值得进一步探讨。这些解释可以在不同的层次上确定。行政官员只是不喜欢"冲突"或"困境"的概念，并拒绝用这些术语来框定他们的任何决定或商议，因为经历冲突和困境往往让人联想到一个糟糕的行政官员。我们的受访者在访谈中的反应表明，行政官员将"两难"这个词与消极的东西，即无法做出决定，联系起来。当一开始被要求描述最近的一种困境时，大多数高层公共行政官员的回答是"我从未经历过困境"。后来，在讨论具体的价值时，他们才提出了很多关于价值冲突和艰难选择的例子。

这里可能存在着一个相关的心理学解释，可以追溯到里昂·费斯汀格(Leon Festinger)关于认知失调的理论(1957/1985)。困境和冲突向来令人感到不愉快。一个人无法在一个充满不愉快和/或压力的工作中生存。(Festinger，1957/1985)在为登上政府高层而奋斗的过程中，被选中的人是那些能够做出决定并且仍然在晚上安心睡觉的人。我们选择那些表现出有结果主义本质的道德推理品质，而不是让有道义主义或原则性的道德品质的人上升到最顶层。(Nieuwenburg，2012)高层不是最有道德原则的人，这一点本身是道德上的好还是坏，这是一个见仁见智的问题。迈克尔·W.斯派瑟(Michael W. Spicer)(2010)认为，"我们既不期待也不希望我们的政府领导人像道德圣人一样行事，因为让他们这样做将会剥夺他们满足我们的愿望和希望的权力"(p.34)。正是出于这个原因，正如伯纳德·威廉姆斯(Bernard Williams)(1978)恰如其分地指出，"粗麻布不适合政治家穿，尤其是那些成功人士"(p.64)。然而，当我们试图将道德上可疑的行为合理化时，确实存在危险。正如威廉姆斯提醒我们的，"只有那些在真正必要的时候不情愿或不愿意做道德上不愉快的事情的人，才更有可能在不必要的时候不去做这些违背其道德的事"（p. 64）。一些学者认为，如果系统选择的人在道德推理中更倾向于结果主义，这将意味着我们的高层行政官员对其习惯的道德复杂性不敏感（Nieuwenburg，2012）。保罗·纽温伯格（Paul Nieuwenburg）（2012）指出：

> 公民需要由经历困境的官员管理，因为从心理上讲，这种意识是我们能得到的最大限度的保证，确保他们不会把自己的权力用于不正当目的。一个能够意识到那些对其选择空间施加相互冲突的限制的官员，是确保这些价值不会逐渐从决策程序中消失的唯一保证。（pp. 14 - 15）

以往对制度的研究也提供了其他解释。治理的规则和惯例有助于保护或防止公共行为者把价值冲突视为问题，从而将冲突的尖锐程度降到最低（Lindblom，1959；Thacher & Rein，2004；Wildavsky，1983）。制度可以提供一种统一的价值防止冲突（Offe，2001），或恰当的机制可以将冲突的价值转化为决策（Shepsle，1979）。例如，冲突中的政策参与者可以选择效率，理由是其他人的主要责任是维护正直（利用防火墙策略，见 Thacher & Rein，2004）。然而，这并不意味着所有的价值冲突可以避免，"制度设计很少能完全保护行动者不经历价值冲突及论证其正当性的挑战"。价值冲突总是一个实践问题。（Thacher & Rein，2004，p. 461）此外，由于公共治理有许多利益相关者，即使当机构阻止公共行动者感知到某种困境时，其他利益相关者的感知和随后的行动（例如来自媒体的行动）很可能会迫使公共行动者为其决定辩护。

治理规则和制度减少了价值冲突存在问题的方面，这一观点得到了先前对荷兰高层行政官员研究的证据的支持，表明高层行政官员通常对他们选出的官员感到相当忠诚（Bekker，2012；De Graaf，

2011；Nieuwenkamp，2001)。他们在整个职业生涯中的动机是平稳地运行系统，而不是实现具体的政策或目标。高层官员明确认为，是他们的部长们对后者负有最终责任。政治选举产生的官员不仅要决定"正确的"目标和相应的政策，还必须在目标和过程价值之间做出选择。"部长负责这个部门，政府部门负责人为其提供帮助。应该只有董事会和公务员中的一名成员为他提供建议，这样他就不会遇到任何困境。"对部长的忠诚成为高层行政官员证明其决定合理性的指导原则。高层公共行政官员经常指出，对部长忠诚是他们工作的主要原则，也是他们做出艰难决定的理由。"所以最重要的事情是，这对内阁和部长有帮助吗？"显而易见，这些官员通常将效率理解为在时间、人力和预算的限制下"完成部长要求的结果"。值得注意的是，高层行政官员几乎只从决策的组织方面来描述价值冲突，而不是从政策的(社会)影响或其执行方面来描述。这与市议员不同，市议员指出在政策组织和政策目标的背景下，价值冲突是普遍存在的。高层公共行政官员(对部长的忠诚)和地方议员(他们将各自地方社区的公共利益放在首位)解决价值冲突的不同基础，似乎进一步强调了当人们意识到价值冲突的普遍存在及其内容时，情境是非常重要的。

命题4并不意味着高层行政官员不存在价值冲突。相反，上述分析表明，管理者并没有把这些冲突当作问题来经历。此外，斯蒂恩哈森和范·艾顿(2008)已经得出结论，许多价值权衡不在管理层的视野之内：

> 尽管行政官员用单一价值的方法不断地使他们的要求更加明确，但他们把价值冲突留给了一线员工，而没有解决……随着多种需求的堆积，行动部门被迫做出妥协和权衡(Moe，1987)。其中许多权衡不一定是有意的决定，可能是工作中产生隐含和紧急权衡的组织机制的结果，而不是可观察的决定。(p. 151)

表 1　价值冲突

	政策阶段 政策制定与协商	政策阶段 政策执行与监督
主要范围	决策的组织(过程)	政策实施及效果(内容)
深思熟虑的 行动者	国家政府最高行政官员	市议员和监督机构的最高行政官员
感知到的主要 价值冲突	1. 效率与政治有效性 2. 合法性与政治有效性 3. 透明与政治有效性 4. 透明与效率	1. 效率与政治和政策 2. 合法性与效率 3. 合法性与政策有效性 4. 透明与政治有效性
主要理由	对部长的忠诚	地方社区的公共利益

结论和讨论

本文提出研究问题:公共治理中价值冲突的本质是什么? 公共行动者认为绩效价值和程序价值之间有哪些具体的价值冲突? 本文将现有的关于公共治理中价值冲突经验的理论知识与来自荷兰高层公共行政官员和议员的新实证数据相结合;研究结果的概述见表1。

根据文献,一般来说,政府官员经常面临价值冲突和困境。这些关于公共治理中的价值多元主义的文献很少包含实证研究,而文献中提供的价值冲突的例子主要来自基层官员。在本文中报告的研究发现,高层行政官员所认为的许多最艰难的决策关注的是治理过程,而不是政策的内容(结果)。这就使他们有别于具有政治色彩的市议员,市议员不仅在数量上认识到更多的价值冲突,而且就范围而言,认识到自己在内容和过程上都面临着价值冲突。

就特定的价值冲突而言,最常被察觉的是有效性和效率之间的绩效冲突。程序价值和绩效价值之间最明显、最常见的冲突是程序的合法和透明与作为绩效价值的有效性和效率的实现之间的冲突。同样,政策的不同阶段对价值冲突的发生频率,以及更重要的是对价值冲突的发生方式,具有特殊的影响。研究表明,特定价值冲突的表现形式，及其随后的可感知性和可接受性，取决于其在政策过程中的地位和所涉行动者的制度角色（政策制定或政策执行）。

回顾的文献和这项适度的实证研究的证据都表明，高层公共行政官员通过将大部分责任归于他们的政治主人来证明许多选择是合理的。在这里，制度安排在确定价值冲突的程度方面的重要性显而易见。公共行动者对价值冲突的决定或困境的辩护，总是受制于公共行动者所处的制度话语中可以说什么和不能说什么的条件。高层公共行政官员对其部长有着明确的忠诚，这与市议员的情况有明显的区别，高层行政官员在执行他们个人不同意的政策，或不符合政策连续性或甚至直接对政策连续性产生反作用时，这种忠诚就成为正当性辩护的理由。这表明，当行动者感到他们无法对一种情况施加影响，并将其视为"既定"时，即使他们不同意所提议的行动路线，他们也会倾向于克制自己对它产生道德情感。不可避免的是，相对于公共官员实际上有发言权或（职能）责任的情况来说，那些不容商量和不可改变的情况更少被理解为价值冲突。治理的制度规则和惯例有助于保护或防止公共行动者将经历价值冲突视作一个问题，以最大限度地削弱冲突的尖锐程度。

如前文所述，有关正直或有效性/效率问题的重大公共丑闻会产生"做点儿什么"的政治压力；成功与否将通过某项活动来衡量，使对一种价值的追求成为绝对（Anechiarico & Jacobs，1996）。在研究中，我们也看到了一些迹象：公共行动者所受到的媒体关注越多，他们就越会经历程序价值和绩效价值之间的冲突。尽管媒体似乎越来越积极地指出公共领域的失误或彻底失败，但这对公共行政官员（而不是政客）日常实践的影响还没有充分暴露出来。我们的两个案例研究表明，媒体导致了事件驱动的政治，从而产生了事件驱动的政策和决策。无论是市议员还是高层公共行政官员，都被迫将过多的时间和精力投入规模较小、没什么意义的个别事件上。媒体对这类事件的关注是以牺牲对"大局"和长期结果的关注为代价的，这损害了治理的权威（Hajer，2009），更重要的是损害了公职人员有效处理工作和在他们的决策中最佳地平衡不同价值的能力。

在未来的研究中，将荷兰的高层行政官员与其他国家的高层行政官员进行比较会是一个很有意思的点。荷兰实行内阁政府形式，这一背景显然对本研究中的高层行政官员产生了影响。荷兰行政官员所感知到的价值冲突是否与其他西方式民主国家（例如美国）的价值冲突有所不同？如前文所述，制度背景会对价值模糊的感知方式产生影响。（Aberbach，Putnam，& Rockman，1981）

在高级官僚职位的招聘方面，各国存在差异。美国似乎强调对政府的忠诚和政治回应，英国模式强调高级公务员的专业知识，而德国模式则将忠诚与专业知识相结合。（Lee & Raadschelders，2008，p. 243）

然而，我们可以假定西方国家的最高行政官员的工作性质类似，荷兰行政官员（如本文所述）和美国的行政官员所感知的困境差异要小于荷兰高级行政官员和荷兰市政许可提供者之间所感知的困境差异。进一步研究不同类型的公共行为者在类似背景下所感受到的困境，例如，警察（主要是政策执行，地方一级）和市议员（政治任命，主要是政策执行，地方一级）所感受到的困境，会有重大意义。基于这项研究的证据，我们认为学者们可以进一步研究制度背景和安排在决定公共治理中价值冲突的普遍性和内容方面的作用。

参考文献

Aberbach, J. D., Putnam, R. D., & Rockman, B. A. (1981). *Bureaucrats and politicians in Western democracies*. Cambridge, MA: Harvard University Press.

Andrews, R., & Entwistle, T. (2010). Does cross-sectoral partnership deliver? An empirical exploration of public service effectiveness, efficiency, and equity. *Journal of Public Administration Research and Theory*, *20*, 679 – 701.

Anechiarico, F. , & Jacobs, J. B. (1996). *The pursuit of absolute integrity: How corruption control makes government ineffective*. Chicago, IL: The University of Chicago Press.

Beck Jørgensen, T. , & Sørensen, D. (2013). Codes of good governance: National or global values? *Public Integrity*, *15*, 71 – 96.

Bekker, R. (2012). *Marathonlopers rond het Binnenhof* [*Marathon runners in The Hague*]. Den Haag, The Netherlands: Boom Lemma Uitgevers.

Berlin, I. (1982). *Against the current: Essays in the history of ideas*. London, England: Hogarth Press.

Bevir, M. (2010). *Democratic governance*. Princeton, NJ: Princeton University Press.

Birkinshaw, P. (2006). Freedom of information and openness: Fundamental human rights? *Administrative Law Review*, *58*, 177 – 218.

Boltanski, L. , & Thévenot, L. (1999). The sociology of critical capacity. *European Journal of Social Theory*, *2*, 359 – 377.

Boltanski, L. , & Thévenot, L. (2006). *On justification: Economies of worth*. Princeton, NJ: Princeton University Press.

Bovens, M. A. P. , 't Hart, P. , & van Twist, M. J. W. (2007). *Openbaar bestuur: Beleid, organisatie en politiek* [*Public Governance: Policy, Organization, and Politics*]. Dordrecht, The Netherlands: Kluwer.

Brecht, A. (1959). *Political theory: The foundations of twentieth-century political thought*. Princeton, NJ: Princeton University Press.

De Graaf, G. (2005). Tractable morality. *Journal of Business Ethics*, *60*, 1 – 15.

De Graaf, G. (2011). The loyalties of top public administrators. *Journal of Public Administration Research and Theory*, *21*, 285 – 306.

De Graaf, G. , & Huberts, L. (2008). Portraying the nature of corruption using an explorative case-study design. *Public Administration Review*,

68，640 – 653.

De Graaf，G.，& Meijer，A.（2013）. *De nieuwe netwerksamenleving en openbaar bestuur. Wat Landsmeer ons leert over onze bestuurlijke toekomst* [*The New Network Society and Public Governance. What Landsmeer Teaches Us about our Governance Future*]. *Bestuurskunde*，*22*，101 – 106.

De Graaf，G.，& Van der Wal，Z.（2010）. Managing conflicting public values: Governing with integrity and effectiveness. *The American Review of Public Administration*，*40*，623 – 630.

Denters，B.，& Rose，L. B.（Eds.）.（2004）. *Comparing local governance: Trends and developments*. London，England: Palgrave Macmillan.

De Vries，M. S.（2002）. Can you afford honesty? A comparative analysis of ethos and ethics in local government. *Administration & Society*，*34*，309 – 334.

Dubnick，M.（2011）. Move over Daniel: We need some "accountability space. " *Administration & Society*，*43*，704 – 716.

Easton，D.（1965）. *A systems analysis of political life*. New York，NY: Wiley.

Eisenhardt，K.（1989）. Building theories from case study research. *Academy of Management Review*，*14*，532 – 550.

Festinger，L.（1985）. *A theory of cognitive dissonance*. Stanford，CA: Stanford University Press.（Original work published 1957）

Flinders，M.（2011）. Daring to be a Daniel: The pathology of politicized accountability in a monitory democracy. *Administration & Society*，*43*，595 – 619.

Frequin，M.（2006）. *Ja Minister，Nee Minister. Over samenspel ministers，staatssecretarissen en topamb-tenaren* [Yes Minister，No Minister. About the Teamwork between Ministers and Top Civil Servants]. Den Haag，The Netherlands: SDU UItgevers.

Gersick，C.（1988）. Time and transition in work teams: Toward a new model of group development. *Academy of Management Journal*，*31*，9 – 41.

Glaser, B. G. , & Strauss, A. L. (1967). *The discovery of grounded theory*: *Strategies for qualitative research*. New York, NY: Aldine.

Grindle, M. S. (2004). Good enough governance: Poverty reduction and reform in developing countries. *Governance*, *17*, 525 – 548.

Hajer, M. (2009). *Authoritative governance*: *Policy making in the age of mediatization*. Oxford, UK: Oxford University Press.

Hampshire, S. (Ed.). (1978). *Public and private morality*. Cambridge, UK: Cambridge University Press.

Hampshire, S. (1983). *Morality and conflict*. Cambridge, MA: Harvard University Press.

Harris, S. , & Sutton, R. (1986). Functions of parting ceremonies in dying organizations. *Academy of Management Journal*, *29*, 5 – 30.

Heald, D. (2006). Transparency as an instrumental value. In C. Hood & D. Heald (Eds.), *Transparency*: *The key to better governance?* (pp. 59 – 73). Oxford, UK: Oxford University Press.

Herriott, R. E. , & Firestone, W. A. (1983). Multisite qualitative policy research: Optimizing description and generalizability. *Educational Researcher*, *12*, 14 – 19.

Hinman, L. M. (2013). *Ethics*: *A pluralistic approach to moral theory* (5th edition). Boston, MA: Wadsworth.

Hood, C. , & Heald, D. (Eds.). (2006). *Transparency*: *The key to better governance?* Oxford, UK: Oxford University Press.

Howard, P. N. , & Parks, M. R. (2012). Social media and political change: Capacity, constraint, and consequence. *Journal of Communication*, *62*, 359 – 362.

Huberts, L. (2005). *Integriteit en Integritisme in Bestuur en Samenleving*: *Wie de schoen past ...* [*Integrity and Integritism in Governance and Society*: *When the Shoe Fits ...*]. Amsterdam: bij de faculteit der Sociale Wetenschappen, van de Vrije Universiteit Amsterdam.

Huberts, L. , van Montfort, A. , Doig, A. , & Clark, D. (2006). Rulemaking, rule-breaking? Law breaking by government in the Netherlands and the United Kingdom. *Crime, Law and Social Change*, 46, 133 – 159.

Lee, K. -H. , & Raadschelders, J. C. N. (2008). Political-administrative relations: Impact of and puzzles in Aberbach, Putnam, and Rockman, 1981. *Governance*, 21, 419 – 438.

Lindblom, C. (1959). The science of muddling through. *Public Administration Review*, 19, 79 – 88.

Lipsky, M. (1980). *Street-level bureaucracy: Dilemmas of the individual in public services*. New York, NY: Russell Sage.

Lukes, S. (1989). Making sense of moral conflict. In N. L. Rosenblum (Ed.), *Liberalism and the moral life*. Cambridge, MA: Harvard University Press.

Lynn, L. E. , Heinrich, C. J. , & Hill, C. J. (2000). Studying governance and public management. *Journal of Public Administration Research and Theory*, 10, 233 – 261.

Maynard-Moody, S. , & Musheno, M. (2003). *Cops, teachers, counselors: Stories from the front lines of public service*. Ann Arbor: University of Michigan Press.

Miles, M. B. , & Huberman, A. M. (1994). *Qualitative data analysis: An expended sourcebook*. London, England: Sage.

Moe, T. M. (1987). An assessment of the positive theory of "congressional dominance." *Legislative Studies Quarterly*, 12, 475 – 520.

Nieuwenburg, P. (2004). The agony of choice: Isaiah Berlin and the phenomenology of conflict. *Administration & Society*, 35, 683 – 700.

Nieuwenburg, P. (2007). The integrity paradox. *Public Integrity*, 9, 213 – 224.

Nieuwenburg, P. (April, 2012). *Conflicts of values: Three paradoxes*. Presented at IRSPM Conference in Rome.

Nieuwenkamp, R. (2001). *De prijs van het politieke primaat: Wederzijds vertrouwen en loyaliteit in de verhouding tussen bewindspersonen en ambtelijke top* [The Price of Political Primacy: Mutual Trust and Loyalty in the Relations between Members of Government and Top Civil Servants]. Delft, The Netherlands: Eburon.

Offe, C. (2001). Institutional design. In P. B. Clarke & J. Foweraker (Eds.), *Encyclopedia of democratic thought* (pp. 363 - 369). New York, NY: Routledge.

O'Kelly, C., & Dubnick, M. J. (2005). Taking tough choices seriously: Public administration and individual moral agency. *Journal of Public Administration Research and Theory*, *16*, 393 - 415.

Okun, A. M. (1975). *Equality and efficiency: The big trade-off*. Washington, DC: The Brookings Institution.

O'Leary, R. (2006). *The ethics of dissent: Managing guerrilla government*. Washington, DC: CQ Press.

Piotrowsky, S. J. (Ed.). (2010). *Transparency and secrecy*. Lanham, MA: Lexington Books.

Podger, A. (2009). *The role of departmental secretaries: Personal reflections on the breadth of responsibilities today*. Canberra, Australia: ANU Press.

Raz, J. (1988). *The morality of freedom*. Oxford, UK: Oxford University Press.

Rhodes, R. A. W. (2007). Understanding governance: Ten years on. *Organization Studies*, *28*, 1243 - 1264.

Rhodes, R. A. W., 't Hart, P., & Noordegraaf, M. (Eds.). (2001). *Observing government elites: Up close and personal*. Basingstoke, UK: Palgrave Macmillan.

Rhodes, R. A. W., & Weller, P. (Eds.). (2001). *The changing world of top officials: Mandarins or valets?* Buckingham, UK: Open University Press.

Rothstein, B., & Teorell, J. (2008). What is the Quality of Government? A Theory of Impartial Government Institutions. *Governance*, *21* (2), 165 - 190.

Rutgers, M., & van der Meer, H. (2010). The origins and restriction of efficiency in public administration: Regaining efficiency as the core value of public administration. *Administration & Society*, *42*(7), 755 – 779.

Schön, D. , & Rein, M. (1994). *Frame reflection: Toward the resolution of intractable policy*. Boston, MA: MIT Press.

Shepsle, K. A. (1979). Institutional arrangements and equilibrium in multidimensional voting models. *American Journal of Political Science*, *23*, 27 – 59.

Simon, H. (1957). *Administrative behavior: A study of decision-making processes in administrative organization*. New York, NY: Macmillan.

Skolnick, J. H. (1967). *Justice without trial*. New York, NY: John Wiley.

Spicer, M. W. (2001). Value pluralism and its implications for American public administration. *Administrative Theory & Praxis*, *23*, 507 – 528.

Spicer, M. W. (2005). Public administration enquiry and social science in the postmodern condition: Some implications of value pluralism. *Administrative Theory & Praxis*, *27*, 669 – 688.

Spicer, M. W. (2009). Value conflict and legal reasoning in public administration. *Administrative Theory & Praxis*, *314*, 537 – 555.

Spicer, M. W. (2010). *In defense of politics: A value pluralist perspective*. Tuscaloosa: The University of Alabama Press.

Steenhuisen, B. , & van Eeten, M. (2008). Invisible trade-offs of public values: Inside Dutch railways. *Public Money & Management*, *28*, 147 – 152.

Stewart, J. (2006). Value conflict and policy change. *Review of Policy Research*, *23*, 183 – 195.

Swanborn, P. G. (2003). *Case-study's: Wat, Wanneer en Hoe?* [Case-studies: What, When and How?]. Amsterdam, The Netherlands: Boom.

't Hart, P. , & Wille, A. (Eds.). (2002). *Politiek-ambtelijke verhoudingen in beweging* [Changing Political-Administrative Relations]. Amsterdam, The Netherlands: Boom.

't Hart, P. , & Wille, A. (2006). Ministers and top officials in the Dutch core executive: Living together, growing apart? *Public Administration*, *84*,

121 – 146.

Thacher, D. , & Rein, R. (2004). Managing value conflict in public policy. *Governance*, *17*, 457 – 486.

Trommel, W. (2008, September). *Good governance as reflexive governance*: *Towards second-order evaluations of public performance*. Paper presented at the EGPA Conference, Rotterdam, The Netherlands.

Van der Wal, Z. , De Graaf, G. , & Lawton, A. (2011). Competing values in public management. *Public Management Review*, *13*, 331 – 341.

Van Wart, M. (1996). The sources of ethical decision making for individuals in the public sector. *Public Administration Review*, *56*, 525 – 533.

Wagenaar, H. (1999). Value pluralism in public administration. *Administrative Theory & Praxis*, *21*, 441 – 449.

Walzer, M. (1973). Political action: The problem of dirty hands. *Philosophy & Public Affairs*, *2*, 160 – 180.

Weber, M. (1946). Politics as a vocation. In H. H. Gerth & C. Wright Mills (Eds.), *From Max Weber*: *Essays in sociology* (pp. 77 – 128). New York, NY: Oxford University Press.

Wildavsky, A. (1983). Choosing preferences by constructing institutions: A cultural theory of preference formation. *The American Political Science Review*, *81*, 3 - 22.

Williams, B. (1978). Politics and moral character. In S. Hampshire (Ed.), *Public and private morality* (pp. 55 - 74). Cambridge, MA: Cambridge University Press.

Yin, R. K. (1989). *Case study research*. Newbury Park, CA: Sage.

作者简介

赫亚特·德·格拉夫是阿姆斯特丹自由大学的副教授。他的成果广泛关注治理质量、政府诚信、价值冲突、检举等议题。

海丝特·帕纳克是阿姆斯特丹自由大学的讲师和研究员。她从事治理、公共价值和刑罚政策的互动关系等研究。

9. 善治准则：国家的还是全球的公共价值？①

托本·贝克·约根森（Torben Beck Jørgensen）和
迪特-林恩·索伦森（Ditte-Lene Sørensen）

> 哦，善良的老人，在你身上显得多么美好
>
> 古代世界的恒久服务，
>
> 当服务的汗水为职责，不为私利！
>
> 汝不为今时之风气，
>
> 人们只愿为晋升而流汗，
>
> 这样就把他们的服务扼杀了
>
> 即使他人如此：你也不是这样的。
>
> ——莎士比亚（《皆大欢喜》，Ⅱ，Ⅲ）

什么是善治？

正如莎士比亚剧作《皆大欢喜》的主角奥兰多所表达的那样，善治需要仆人们为职责而汗流浃背，而不是为了恩惠或升迁而努力。正如下文将表明的那样，尽管有新公共管理和重塑政府的改革运动，现代的善治概念——在国家和全球范围内——出人意料地接近奥兰多的观点。

① 原文来源：Beck Jørgensen, T., & Ditte-Lene Sørensen. (2012). Codes of Good Governance：National or Global Public Values?, *Public Integrity*, 15(1), 71-96.

今天，世界银行、国际货币基金组织（IMF）、经济合作与发展组织（OECD）、联合国（UN）和欧盟（EU）等国际组织都在使用"善治"一词。这些组织在极其不同的情况下使用这个词，从对发展中国家的财政援助到对寻求加入欧盟的国家进行评估。经合组织将善治定义为"以参与、透明、问责、法治、有效性、公平等为特征的治理"（经合组织，2006，1）。其他国际组织也重申了这些价值，但略有不同。经合组织的公共管理（PUMA）项目在清单中增加了技术和管理能力以及组织能力；国际货币基金组织（IMF）强调了解决腐败问题的重要性；世界银行认为政治稳定和没有暴力/恐怖主义是值得一提的；联合国增加了协商一致的方向；最后，欧盟的入会标准（哥本哈根标准）包含了民主、人权以及尊重和保护少数群体等内容。[1]这些内容的指向和背景各不相同，但显然有一个共同的公共价值核心，如透明度、问责制、有效性和法治。

鉴于主要国际组织正式宣布的这些善治宣言，人们很容易得出结论，认为存在一套全球公共价值。然而，各国对善治的概念很可能反映了不同的政治文化和制度传承，有人认为，真正的挑战是在这些文化差异的情况下发展出普遍的、抽象的价值（Gilman & Lewis，1999）。本文的目的是探讨各国的善治观念，看看它们是否趋同，以及是否与国际观念相吻合。

善治的核心是公共价值的概念。（Kernaghan，2003）公共价值可以定义为以原则的形式表达出来的、在生产公共服务或规范公民行为时应遵循的理想，从而为公务员的行为指明方向（Beck Jørgensen & Andersen，2011）。波兹曼（2007，13）认为，公共价值规定了"公民应该（和不应该）享有的权利、利益和特权，公民对社会、国家和彼此的义务，以及政府和政策应该依据的原则"。定义中的后一个制度要素很重要，因为它表明了这些价值是如何成为公共部门的基石的（Beck Jørgensen 1999，581）。

如果将研究世界各国的公共价值视为对许多不同国家的价值表

现（包括实际行为）进行详细的研究，那么这将是一个代价高昂的挑战。事实上，目前只有少数几项详细的实证调查，而且涵盖的国家数量非常有限（Beck Jørgensen & Andersen，2011）。然而，有一条可能的捷径：选择和研究行为准则。[2]世界各国都在使用行为准则，并越来越多地关注国家、公共部门和一般公务员的适当作用。这样的规范被称为善治准则。

本文将对各国的准则进行抽样分析。由于时间和篇幅的限制，无法深入探讨任何一个准则的详细内容、它的起源以及它所代表的国家的政治行政文化。此外，必须指出的是，这些文件当然不能等同于行为，因为正如斯图尔特·C.吉尔曼（Stuart C. Gilman）（2005，16）所指出的那样，"任何没有有效的制度执行策略的准则都只是文字"。但是，尽管如此，所选择的准则作为偏好行为的声明可能是有趣的。因此，准则作为文本成为我们的重点，这里的主要目的是通过下列问题来识别善治准则中所蕴含的公共价值：（1）在国家善治准则中，关于公共部门在社会中的作用及其公务员的行为有哪些类别的公共价值？（2）各国的善治准则是否如此相似，以至于它们很可能反映了一套全球公共价值，还是说，这些准则之间的差异表明它们反映了独特的国家公共价值？

善治准则

实证焦点

行为准则自古以来一直被用作社会化规范和各种价值的工具，无论是宗教、职业还是公民性质的。十诫、希波克拉底誓言和佩里克勒斯的雅典法典都是显著的例子。然而，准则在公共部门的广泛使用是一个相对较新的现象。正如肯尼思·科纳甘（Kenneth Kernaghan）（2003）所指出的，美国和威斯敏斯特国家在 20 世纪 60 年代中期进入了"伦理时代"，此后，全球和各地区采取了一系列举措来建立国际伦理标准，如 1997 年的《利马宣言》、1999 年的全球反腐败论坛、非洲全球联盟、亚太反腐败倡议等（Cooper & Yoder 2002）。到 21 世纪初，全世界许多国家都采用了准则。

准则表达了一种卓越的愿景。它们提供了要努力实现的理想和价值，并指出了要避免的情况（Gilman 2005）。就像宣誓一样（Rutgers，2009），这些理想和价值被认为指个人私生活之上的事务，是指个人官方身份下的行为。

准则通常被理解为一群人期望遵守的规则和原则的集合。这个群体可以是大的、普遍的群体（如公务员），也可以是小的、特定的群体（某些公职人员，高级公务员，在执法、司法、国防、税收和海关等敏感领域工作的专业人员，以及医生和律师等具有自律传统的专业人员）（经合组织，2008）。

与法律规则相反，准则没有规定非常详细的规则。虽然可以提到相关的制裁，但它们并不构成准则的核心内容。在伯里克利（Pericle)的巧妙措辞中，准则，甚至是不成文的准则，均指的是"如果不承认耻辱，就不能违反"的适当行为（修昔底德，《伯罗奔尼撒战争史》第二卷第三十七章第三节）。相反，准则通常呈现出一种预期行为的连贯性，这种行为比"正义使国家升华"（箴言 14：34）这样的抽象短语更加详细。因此，正如诺兰委员会的第一份报告（1995,38)提到的，准则编写者面临着平衡方面的挑战：

> 我们同意那些警告不要制定过于详细和规定性规则的人士的观点，但我们也认为，针对什么是可接受的和什么是不可接受的问题，期望每个议员在没有指导的情况下就产生一个普遍可接受的标准是不合理的。

这也意味着，准则在具体性上有所不同。这些准则可以侧重于那些从总体上界定公务员角色的价值和原则，也可以侧重于在特定情况下（例如，利益冲突情况，如接受礼物或利益，以及退出公职后的就业）适用这些价值和原则。有些准则将一般价值和如何将其付诸实践的标准结合起来。（经合组织，2008）如果准则相当详细，就会被标示为需要遵守的准则（如《贾斯丁尼准则》《美国高级行政服务资格指南》），而不太详细的准则则被标示为以诚信为基础的准则（如《诺兰委员会七项原则》）。[3]

只有少数人对准则进行过比较性、经验性的调查，而且重点通常局限于一个地区，如东欧新民主国家（见 Palidauskaite，2011），或者局限于特定的政治行政传统，如威斯敏斯特体系（见 Kernaghan，2003）。本研究选取了 16 个善治准则（附录 1）。我们在选择时遵循了几个标准。首先，所选准则来自具有不同政治行政传统的国家和地区。因此，尽管各国存在差异，但所确定的相似性是一套全球公共价值的良好指标。

按照普遍意义上的国家分组（Kickert，2005），这些准则来自南欧（意大利，2001；西班牙，2005）、北欧（丹麦，2005 和 2007；挪威，2005）、东欧（前共产主义国家爱沙尼亚，1999；波兰，2002；罗马尼亚，2004）和盎格鲁-撒克逊国家（加拿大，2003；新西兰，2001；联合王国，2006）。为了确保选取的代表性国家不只来自西方民主国家，我们的分析还包括了三个具有独特传统和背景的国家的准则（韩国，2003；南非，1999；土耳其，2005）。[4] 此外，我们还选择了联合国（1996）和欧洲理事会（2000）分别发布的两个"模范准则"，以调查其规定是否与国家准则不同。

由于准则必须代表国家层面的意识，因此所选文件可分为公共部门的一般准则或公共部门或中央政府的公共管理人员或公务员准则。因此，关于地区和本地政府以及专业人士或非常具体的雇员群体的准则没有包括在内。最后，我们期望这些准则能够体现当代的公共价值。它们是最近起草的——13 部准则是 2000 年以来发布的，与规范公职人员行为的正式立法相比，起草和重新起草的要求很少，更不用说与宪法相比了。[5]

公共价值方法

要确定善治准则中提到的价值及其相对重要性，需要我们了解哪些价值可能是相关的以及如何对价值重要性进行指数化。我们在这方面的工作基于贝克·约根森-波兹曼公共价值清单（Beck Jørgensen & Bozeman 2007），因为该模型既从文献中确定了一个全面的价值清单，也确定了主要价值集群中的公共价值类型（见图1）。这些价值集群中的公共价值如表1所示，并进一步划分为子群。我们将在善治准则中寻找这些价值。

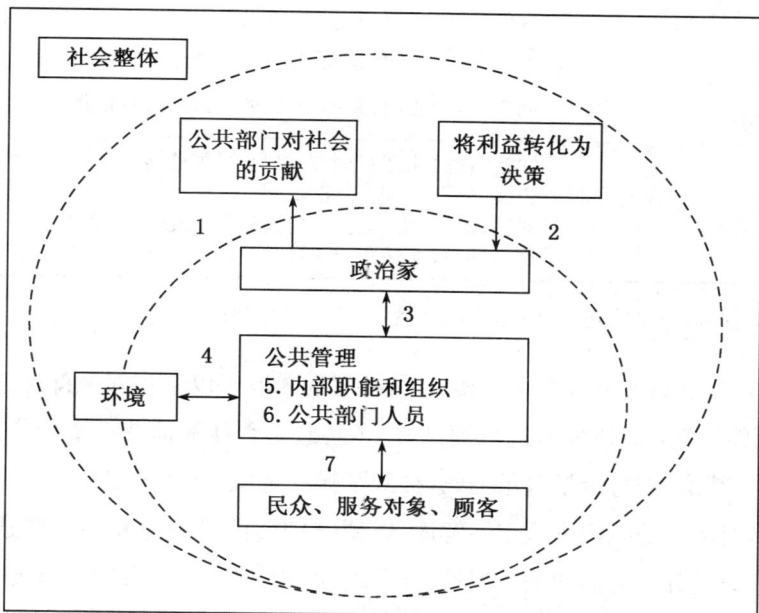

图1　公共价值体系结构①

---

① 本图为译者基于原文中的图1进行翻译并绘制。

表 1　集群、子群和公共价值

价值要素	公共价值
1. 公共部门对社会的贡献	公共利益,共同利益,社会凝聚力,利他主义,人格尊严 可持续发展,未来之声 政权尊严,政权稳定
2. 将利益转化为决策	多数人统治,民主,人民意志,集体选择 用户民主,地方治理,公民参与 保护少数群体,保护个人权利
3. 行政人员和政客之间的关系	政治忠诚,问责制,响应
4. 公共行政人员与其环境的关系	公开,响应,倾听民意,保密 中立,公正,妥协,利益平衡,倡导
5. 公共管理的组织内方面	竞争力,合作性 稳健性,适应性,稳定性,可靠性,时效性 创新,热情,风险准备 有效性,生产力,节俭,实事求是 员工的自我发展,良好的工作环境
6. 公共部门雇员的行为	问责制,专业,诚实,道德标准,道德意识,正直
7. 公共管理与公民的关系	法治,合法性,保障个人权利,平等待遇 正义,公平,合理,公正,专业 对话,响应,用户民主,公民参与,公民的自我发展 用户导向,友好性,及时性

注释:摘自贝克·约根森和波兹曼(2007，360-361)。

　　为了确定价值并评估其重要性,我们采取了以下步骤。首先,在被测准则上对该模型进行测试,以了解它是否能够捕获整个价值体系。其次,进行定量双重编码(提到了哪些价值、提及了多少次)。再次,对所有的准则进行定性解读,以便(1)识别间接传达的价值陈述,(2)通过分析它们的关系属性,即邻近性(相邻价值)、层级性(首要价值和工具价值)和因果性(相关价值),来估计所识别价值的相对重要性(见 Beck Jørgensen & Bozeman 2007,369-373)。最后,对给定准则中每个给定值的重要性进行指数化处理。

　　这个程序并不能保证成功地避免文化偏差。第一,类型学可能会引入一种偏差，因为这些价值是从西方政治学/公共管理文献中选取的。第二，本文的两位作者来自同一个西方国家。第三，价值是非常无形的现象，难以识别和测量，而且对背景非常敏感，因为同样的价值在不同的国家可以有完全不同的解释。针对这些方法论问题，我们采用了高度具体的编码方法，并直接从编码中引用。这使读者有机会掌握编码的规范性体系，并跟踪解释（关于所使用的方法的更详细说明，见附录 2）。

公众价值趋同性

这些准则之间的差异乍看之下似乎令人吃惊。从《加拿大价值和道德准则》（43 页，有图解）到《爱沙尼亚公务员道德准则》（1/4 页，由 20 个非常简短的句子组成），篇幅不一，语言也各不相同。加拿大和新西兰的准则是以论文的方式编写的，提出了针对公民和公务员的价值系列、具体内容和核心价值，而意大利的准则是相当法律化的，有时非常具体（"在处理案件时，他/她应遵守其时间顺序"）。土耳其的准则介于南欧生硬的法律主义和盎格鲁-撒克逊的文学气息之间。文化背景各不相同。韩国准则非常注重赠予、给予祝贺和慰问等特殊情况，并提到宗教组织和友好社团，从而反映了一种显著区别于北欧的公民文化和组织。最后，准则的宣传方式也大不相同。加拿大的准则在首页显示一片枫叶和加拿大议会大厦的和平塔。挪威和丹麦分别展示了一条山涧和一朵春花。相比之下，西班牙和波兰的准则则以部长令的形式出现。

如果用上一节提到的方法系统地研究这些准则，就会出现相反的情况：各国的公共价值观趋于一致，形成了一套全球公共价值。在下面的章节中，我们将对主要价值要素中的价值表达进行更详细的举例说明。

综　述

表 2 根据定量分析，深入了解了哪些价值集群在善治准则中被

认为是最重要的。可以看出，与公务员有关的价值（集群 6）在每个准则中都被认为是最重要的。鉴于选定的标准是雇员行为的准则，因此这并不奇怪。然而，它强调了个人行为作为善治关键内容的重要性。此外，在十三个准则中，与行政部门和公民或用户之间的关系有关的价值（集群 7）构成第二或第三大类，十四个准则强调了公共部门对社会的贡献（集群 1）或行政部门与其周围环境之间的关系（集群 4）是第二或第三大类。

总而言之，重点是公职人员及其与公共部门环境的关系，无论是针对社会、公民/用户还是周边环境的，很少强调社会利益如何转化为政治—行政决策（集群 2）或政治家与行政部门之间的关系（集群 3）。各国之间存在的差异显得相当有限。

按照贝克·约根森-波兹曼的体系（2007，360‑361），下一步涉及对单一集群中的价值子群的重要性的分析。表 3 显示了定量分析与准则的定性解读和价值间关系分析相结合的结果。

下面各分节介绍了各价值集群的特有公共价值表达实例。

集群 1：公共部门对社会的贡献

有两个价值作为节点价值出现：公共利益和政权尊严。准则中的其他一些价值也与公共利益有关。例如，公正、创新、效率、透明度、利他主义、民主和合法作为工具性价值被提到，而公共利益作为首要价值，往往被列为价值等级中的最高价值，例如，在西班牙和南非的准则中：

> 决策应始终寻求满足公民的普遍利益，并应基于以共同利益为重点的客观考虑，而不考虑任何其他意味着个人、家庭、公司、客户立场或任何其他可能与这一原则相冲突的因素。（西班牙）
>
> 一位雇员……在履行职责时将公共利益放在首位。（南非）

表 2 价值集群中的各种价值的指数数化分布

要素	CA	DK2	DK	ER	ES	EST	GB	IT	KR	NO	NZ	PO	RO	SA	TY	UN
1. 公共部门对社会的贡献	15	6	7	7	13	21	3	11	4	11	10	17	16	14	9	20
2. 将利益转化为决策	5	3	3	4	3	3	0	1	0	3	1	3	0	0	0	4
3. 行政人员和政客之间的关系	8	3	15	7	4	8	12	0	2	9	14	9	4	4	2	0
4. 公共行政人员与其环境的关系	13	19	18	11	19	8	17	10	6	22	12	7	13	7	13	12
5. 公共管理的组织内方面	12	13	17	8	6	5	11	7	13	11	12	16	9	19	10	16
6. 公共部门雇员的行为	31	32	23	41	33	36	48	50	72	32	37	38	37	39	34	28
7. 公共管理与公民的关系	16	24	17	21	22	21	9	20	4	13	15	10	21	16	32	20

表 3 价值集群内的价值子群的重要性

	要素	CA	DK2	DK	ER	ES	EST	GB	IT	KR	NO	NZ	PO	RO	SA	TY	UN
1	公共利益	●	○	○	○	●	●	○	●	○	●	●	●	●	●	○	○
	利他性	○	●		○	○		○	●		○	○	○	○	○		
	可持续性		●														
	政权尊严	●	●	●	○	○	○	●	○	○	●	●	○	●	○	●	○
	多数规则	○	○				○	○			○	○	○				○
2	用户民主								○								
	保护少数群体				○												
3	政治忠诚	●	○	●	○	○	●	●	○	○	○	●	○	○	○	○	○
	公开	●	●	○	●	●	●	●	○		●	●	○			●	○
4	中立	●	○	●	●	●		●	○	○	●			●	○	●	
	竞争性	○		○				○									
5	稳健性	○	○	●				●	●	●	○	●		○	○	○	
	创新	○	○	○	●								○		○		
	有效性	●	○	○		○	○		○		○	○	○	○	●	○	●
	员工的自我发展		○	○			○						○		○	○	

（续表）

	要素	CA	DK2	DK	ER	ES	EST	GB	IT	KR	NO	NZ	PO	RO	SA	TY	UN
6	问责制	●	●	●	●	●	●	●	●	●	●	●	●	●	●	●	●
	法治	○	●	●	●	●	○	○	●	○	○	●	●	●	●	●	●
	公平	○	○	○	○	○	○	○			○	○		○	○	○	○
7	对话	○	●	●	○	○	○		○		●		○	○		○	○
	用户导向	○	○	●	○		○		○		○		○	○	○	○	

注：每个子群都以该子群中提到的第一个价值来标示。例如，子群"问责制"要素（6）包含问责制、专业、诚实、道德标准、道德意识和正直。

图例：
=未提及。
○=表面上提到。
○=在几个语境中直接提到。
●=节点价值，多次被提及，并与其他一些价值（工具性的、邻近的、从属的）有密切关系。

爱沙尼亚准则强化了公共利益的诚挚性，"官员应准备为了公共利益做出不受欢迎的决定"。政权尊严与可靠性、信任、正直、公正、民主、道德意识、合法性和透明度等价值观念有关。正如新西兰准则导言中简要而大胆地指出的那样，"任何政府制度的力量都在于它在多大程度上值得公民尊重并得到公民的尊重"。政权尊严的一个核心部分涉及公共部门或国家的形象，如挪威和罗马尼亚的准则所阐明的那样——后者带有一点儿营销的味道：

> 雇员个人必须以合乎道德的方式履行其职责和行为，从而避免损害国家的声誉。（挪威）
>
> 在国际组织、教育机构、会议、研讨会和其他活动中代表公共当局或机构的公务员，应宣传有利于罗马尼亚及其代表的公共当局或机构的形象。（罗马尼亚）

集群 2：将利益转化为决策

如前所述，这一集群在准则中呈现弱势状态。然而，当提及时，民主显然是最受欢迎的。加拿大准则把民主放在了前面：

> 加拿大公共服务机构是一个重要的国家机构，是加拿大议会民主的基本框架的一部分。公务员通过对正式组成的政府提供支持，从根本上为良好的政府、民主和加拿大社会做出了贡献。

在欧洲理事会的准则序言中，公共行政和雇员与民主有着同样的关系。"考虑到公共管理部门在民主社会中扮演着重要的角色以及他们必须拥有合适的人员来妥善地完成他们所承担的任务。"

集群 3：行政人员与政治家的关系

政治忠诚与民主、中立、合法、公正密切相关。丹麦的行政长官准则这样强调忠诚："你有责任确保组织的管理层和员工都知道并理解政治目标和意图,并追求这些目标。"挪威准则补充了政治环境的变化:"公务员也应承认,他们必须有能力在不断变化的政治制度下工作。"新西兰准则同意这一点,并隐晦地阐明,尽管忠诚度有冲突,但部长是最重要的人。"公务员……是民主的仆人,就像他们是当时的政府或其同胞的仆人一样……公务员有义务为部长的目的和目标服务。"

集群4:行政人员与其周围环境的关系

集群4相当重要,其中包括三个节点价值:公开性(或透明度)、公正性和中立性。公开性与合法性、响应性、政权尊严和公众洞察力等其他价值一起被提及,因此出现的意义相当不同。公开性最终指的是积极接受外部批评,如挪威准则中的规定:

> 透明度原则和公民对公共服务的监督要求公众了解公共服务中需要被批评的情况。在某些情况下,这意味着公职人员必须能够向公众提供涉及不法行为的事实信息。

这种意义上的公开性显然也与合法性有关。被理解为有求必应的公开性,在准则中是一个远没有那么受欢迎的客人。事实上,听取公众意见只在两份准则中被简要提及。

公正性和中立性是善治准则中的标准价值,这两种价值似乎经常作为同义词出现(尽管不完全相同)。除了一个例外——丹麦的首席执行官准则——所有准则或者提及了其中一个标准价值,或者提及了两个。有些准则特别提到了公正性(或中立性),如欧洲理事会准则:"公职人员应该以政治中立的方式行事"。或者与其他价值混合在一起,如意大利准则:"本准则的原则和内容构成了对勤奋、忠诚和公正的要求的示范性规范,这些要求是正确履行雇员工作义务的特征"。

与公开性和公正性/中立性相反的价值观——分别是保密性和倡导——均很少被提及。这很有意思,原因有几个。保密性是法治的重要组成部分；所有的国家会处理具有保密性质的信息，随着公开性的鼓励，对保密和隐私的关注可能会增加（Ball 2009）。同样，这些准则没有承认许多公共组织（如果不是全部的话）是为了捍卫和倡导某些价值和政策目的而成立的。好像保密性和倡导被认为是禁忌的价值。

集群5：公共行政的组织内方面

集群5有4个子群。15个准则中提及了关于经济价值的子群。需要注意的是，不仅效力被认为比生产力、实事求是和简朴更重要，而且效力的含义非常广泛，仅在少数情况下与现代务实理念相联系。它所需要的是对公共资金和财产的适当、负责任的使用。

以下例子是对经济价值的各种解释，以及经济价值如何情景化为工具性价值与其他（终端）价值，或与其相关：

> 公务员应努力确保适当、有效和高效地使用公共资金。（加拿大）
> 官员应经济、便捷、审慎地对待委托给他或她的财产。（爱沙尼亚）
> 公职人员应确保根据法律或行政政策，高效、廉洁地履行其职责和职能。（联合国）
> ……他/她承诺为了公民的利益，以最简单、最有效的方式开展这些工作，并承担与其职责有关的责任。（意大利）
> 公职人员要以最经济、最合理的方式使用和维护国家资源，不得滥用或浪费国家资金。要以良好和有效的方式实现既定目标，就必须在效率和资源使用、彻底性、质量和良好行政实践之间取得平衡。（挪威）

令人感兴趣的是，经济价值与避免腐败的关系是非常密切的。这是一个普遍的特点。经济价值的背景是腐败而不是微观经济理性。罗马尼亚准则和其他许多准则在这一点上都非常明确。

> 公务员应将办公时间和属于各自公共机关或机构的物品仅用于从事与所担任的公职有关的活动。

这就直接引出了这个集群中的另外两个节点价值：稳健性和可靠性。这两种价值都是重要的工具性价值，与其他一些价值，如有效性、合法性、完整性和公正性有关。稳健性和效率作为共同价值的一个例子出现在丹麦的首席执行官准则中：

> 你有责任确保在组织发展和变革方面做出的选择和采取的举措是稳健的，并对组织的效率和任务的执行做出真正的建设性贡献。

虽然很少直接提及可靠性，但当与信心、正直或信任联系在一起时，这一价值往往被间接地呈现出来，如这些例子所示：

> "你必须……以值得并保持部长们信任的方式行事。"（英国）
> 公职人员有义务始终以维护和加强公众对公共服务的廉正、公正和效力的信心以及信任的方式行事。（欧洲理事会）

后面这个欧洲理事会的原则同时也是一个例子，说明了如何假设价值之间的共变：可靠性确保信任和信心。高度的信任和信心使人们更容易以诚信、公正和有效的方式行事。

稳健性和可靠性的重要性往往排除了创新、热情和承担风险的意愿。这些价值只能在四个准则中找到。加拿大的准则在提到创新时，语气相当柔和："公务员应不断地更新他们为加拿大人服务的承诺，不断提高服务质量，通过创新适应不断变化的需求。"南非在创造力和创新方面的表述更为大胆："雇员……在思想上和履行职责时具有创造性，在法律范围内寻求解决问题的创新方法，提高效果和效率。"但一般来说，可预测性（稳健性、可靠性）与不可预测性（创新性、冒险性）之间的平衡显然倾向于可预测性。

集群6：公职人员

第六个集群是最常被提及的集群。它的所有价值——问责制、专业精神、诚实、道德标准、道德意识和诚信——除了极少数例外，在其他所有准则中有所提及。在这里，关键价值是问责制和诚信。这两个价值的得分最高，除了一个例外情况，其他所有准则提及了这些价值。

不出所料，问责制是一个受欢迎的价值。问责制是一个"开放"的价值，它适合于许多情况，可以有许多含义（Martinsen & Beck Jørgensen，2010）。如果一个公务员愿意接受公众监督、不犯错误、不允许政治考虑干扰专业标准、能够避免利益冲突、对不道德行为做出反应、尊重保密原则，那么这位公务员就是负责任的。同时，公务员还必须对部长和公众负责。

与问责制一样，正直也被用于许多不同的场合，但会更直接地强调与其他价值的冲突。正直可以表述为职业操守，即绝不允许不相关的考虑影响你的决定。例如，南非的公职人员"不因种族、性别、族裔或社会出身、肤色、性取向、年龄、残疾、宗教、政治信仰、良心、信仰、文化或语言而不公平地歧视任何公众"。

正直也可以被认为是经济诚信，也就是绝不让经济利益影响你的工作。这是许多准则中的一个关键点，尤其是韩国准则，用了不少相当详细的段落来阐述经济廉洁或诚信：

> 公职人员不得收受金钱、贵重物品、不动产、礼品或娱乐款待（以下简称"金钱和其他物品"）……公职人员不得向与职务有

关的人（不包括三代以内亲属）借钱或租房⋯⋯公职人员不得给予或接受超过标准的礼品和慰问金及其他物品，而这些标准是中央行政机构负责人在听取雇员意见后，考虑到普通习惯而在一般惯例范围内制定的。

最后，正直可以理解为政治上的正直，即公职人员不受任何政治派别的影响。在这方面，波兰准则的限制性很强，因为它规定，雇员：

⋯⋯不得表现出自己的政治观点和同情心，如果他/她是公务员，他/她不得安排和属于一个政党。

⋯⋯应公开与任何可能导致偏袒行为的政治影响或压力保持距离，不得从事可能为某政党目的服务的活动。

集群7：公共行政与公民的关系

最后一个集群由四个价值子群组成：根植于经典韦伯官僚制的司法导向类、反映现代福利国家所有专家的专业主义、强调参与和公民参与的对话，以及受新公共管理启发的客户识别的用户导向。首先，司法导向的子群无疑是最重要的。公民有权利，应受法治保护，应避免不公平的优待。意大利准则对此有简短而明确的规定："⋯⋯雇员应确保公民的平等待遇。"此外，还明确规定："在处理案件时，他（她）应遵守时间顺序，不得以工作量大或时间不够等一般动机为由，拒绝执行其应履行的行动。"

一套全球公共价值？

宪政与韦伯官僚制是全球趋势

综上所述，似乎比较明确的是，一些具体的公共价值可以被贴上核心价值的标签：公共利益、政权尊严、政治忠诚、透明、中立性/公正性、有效性、问责制和合法性。这些价值被反复提及，没有包含其中一种价值的情况只有七个（在四个准则中）（例如，韩国准则中的透明和意大利准则中的政治忠诚）。在对中欧和东欧国家公务员的原则和价值进行的更详细调查中发现了大致相同的价值。（Palidauskaite，2011；Palidauskaite & Lawton，2004）此外，国家文件中的价值与联合国准则、欧洲理事会示范准则以及经合组织、基金组织和世界银行等其他国际组织提出的善治概念相吻合。似乎可以公平地得出结论，我们已经确定了一套全球价值。

总而言之，这些价值强烈地指向宪政国家和韦伯官僚制的理想，其概念是理性——法律权威，即关于国家和公共部门应如何组织的西方经典概念。同样，值得强调的是准则中遗漏的内容。很少有人就下列内容提到更现代的理想和现实——（1）公民参与、参与和用户民主，（2）市场、公私伙伴关系和外包，以及（3）网络和多级治理。大多数国家公共部门的新发展似乎被忽视，创新、冒险和热情等现代改革价值观被边缘化。回顾莎士比亚的名言，善治准则中的价值要求公共服务的动机是职责，而不是报酬和晋升。

哪些内容可以解释明显出现了一套全球公共价值这一现象？为什么特别强调这些经典价值？[6]

第一，过去几十年来，通过经合组织、联合国、透明国际组织、UNICORN 和世界经济论坛等国际组织，在国家建设、行政改革和打击腐败方面的国际合作显著增加。通过这些国际网络，某些善治规范在世界各地传播，从而促进了一套全球公共价值的发展。"官方"国际组织在这个市场上并不是孤立存在的。作为传送观念中介的国际咨询公司为政策传播做出了贡献，并缓解了导致价值同质化的模仿过程。

第二，一些国家严重依赖国际或超国家组织的善意。鉴于东欧三国过去的历史，它们的准则与斯堪的纳维亚和盎格鲁-撒克逊的准则如此相似，这是很了不起的。一种可能的解释是，这些准则是在它们从前共产主义国家转变为欧盟成员国的过程中起草的；也就是说，通过模仿成员国准则和加入欧盟的标准，可以利用准则来处理战略上的突发事件。

第三，这几年比较流行的做法是，将官僚制重新引入欧盟（如 du Gay 2000；Goodsell 1994；Olsen 2006）。如果在起草善治准则时承认这一趋势，当然不足为奇。也许，它们是对一些人所说的现代流行的反应，如公民参与、新公共管理和网络治理。事实上，这些准则可能是崇尚正派和经典美德与崇尚绩效工资和外包两方之间的官僚政治中的一个因素——这是合法与效率之间持续斗争的一种回应。

第四种答案可以通过关注这些准则据称可以解决的问题来找到。腐败是一个公认的问题。例如，意大利和韩国的准则直接处理了腐败问题，它显然构成了两种国际模式背景——联合国和欧洲理事会准则。后者指出："深信腐败是对法治、民主、人权、公平和社会正义的严重威胁，它阻碍经济发展，危及民主体制的稳定和社会的道德基础。"联合国准则非常明确地将腐败作为主要问题，将其与政治不稳定、不安全、破坏民主和道德、有组织犯罪和洗钱联系起来。如果腐败是一个世界性的问题，那么世界各地的准则都提出了相同类型的补救措施，这也许并不奇怪。

重新考虑各国差异

虽然这些准则在价值和首选的组织模式方面显然是一致的，但还是有一些有趣的差异。如果将具有相同行政传统的国家群组的准则重新分类，就会出现一些系统性的差异。

表4列出了一些微小但有趣的差异。首先，斯堪的纳维亚群组的特点是更注重对话、用户导向和员工的自我发展。丹麦的公共部门良好行为准则体现了斯堪的纳维亚的悠闲特质："公共组织的日常工作通常以开放的对话和非正式的工作关系为特征，任务通常由管

表 4　根据行政传统重新划分的准则中的价值

行政传统		斯堪的纳维亚			盎格鲁-撒克逊			南欧		东欧			其他			示范守则	
		NO	DK2	DK	CA	NZ	GB	ES	IT	RO	PO	EST	TY	SA	KR	ER	UN
1	公共利益	●	○	○	●	●	○	●	●	●	●	●		●	○	○	○
	利他性				○		○	○	●	○	○			○			
	可持续性		●	○													
	政权尊严	●	○	●	●	●	●	○		●	○	○	●	○	○	○	○
	多数规则	○	○	●	○		○	○	○		○	○		○		○	○
2	用户民主	○							○								
	保护少数群体																
3	政治忠诚	○	●	●	●	●	●	○		○	○		○	○	○	●	○
	公开	●	○	○	●	○	●	●	○	●			●	○	○	●	○
	中立	○		●	●	●	○	●	○	○			●	○		●	
4	竞争性	○	○	○	○	○	●										
	稳健性	○	○	○	●				●			●	○		●		
	创新	○	○											○			
5	有效性	○	○			○				○	○	○	○	●		●	●
	员工的自我发展	○	○									○	○	○			

（续表）

行政传统		斯堪的纳维亚			盎格鲁-撒克逊			南欧		东欧			其他			示范守则	
		NO	DK2	DK	CA	NZ	GB	ES	IT	RO	PO	EST	TY	SA	KR	ER	UN
6	问责制	●	●	●	●	●	●	●	●	●	●	●	●	●	●	●	●
	法治	○	●	●	○	●	○	●	●	●	●	○	●	●	○	●	●
	公平	○	○	○	○	○	○			○						○	○
7	对话	●	●	●	○	●		○	○	○	●	○	○	○		○	○
	用户导向	○	●	●	○					○		○	○	○		○	○

注：每个子群都以该子群中提到的第一个价值来标示。例如，子群"问责制"要素（6）包含问责制、专业、诚实、道德标准、道德意识和正直。

图例：

　＝未提及。

○＝表面上提到。

○＝在几个语境中直接提到。

●＝节点价值，多次被提及，并与其他一些价值（工具性的、邻近的、从属的）有密切关系。

理人员和雇员在共同讨论各种观点后共同解决。"在南欧的准则中找不到这样的情绪，可能反映了行政和政治文化以及腐败程度的差异。丹麦（和其他斯堪的纳维亚国家一样）是一个信任度较高的国家，相对来说没有腐败现象，所以它可以承受更宽松的行政管理方式。其次，政治历史起到了一定的作用。罗马尼亚和波兰的法典（尤其是后者）对公务员的政治活动有很大的限制；爱沙尼亚的准则反映了混乱和不一致的改革努力（Saarniit 2005—2006）；每当看到准则中规定雇员"促进南非国家的统一和福祉"时，我们便想起了南非的种族隔离历史。最后，政治制度的差异可能产生影响。盎格鲁-撒克逊国家显著强调政治忠诚、中立和公正，尤其是与南欧国家形成鲜明对比。英国的选举制度（"得票最多者当选"）和威斯敏斯特体系中立法（议会）与行政（内阁）之间的密切联系，都可以对此做出解释。[7]

结　论

对 14 个国家的善治准则进行研究后，我们发现了一套明显的全球公共价值——公共利益、政权尊严、政治忠诚、透明、中立性、公正、有效、问责制和合法性——反映了宪政主义和理性官僚制的理想。它们与联合国和欧洲理事会的国际示范准则，以及经合组织、国际货币基金组织、世界银行、联合国和欧盟推出的善治概念相吻合。因此，可能已经确定了一套全球公共价值。我们对这种价值全球化提出了四种可能的解释：在国家建设和行政改革问题上加强国际合作，一些国家战略性地适应外部突发事件的需求，韦伯式官僚主义重新流行，以及更广泛地认识到腐败的危险。

然而，人们是可以发现内容上的差异的，更不用说语言和风格。由于政治制度和政治历史的不同而产生的国家政治文化，可能是善治准则之间存在差异的原因。虽然各国的准则都注重相同的核心价值，但它们以不同的方式平衡和传达这些价值，并在某种程度上将其转化为各自的国家文化。

  这些发现作为解释全球规范化背景的一小步，可能对越来越多在国际行政领域工作的公务员有用。它们还可能促进民主价值和美德的全球进步。（Gawthrop，2005）然而，需要适当地做出两个提醒。首先，这些准则是在修辞层面上阐述公共价值。虽然在某些情况下，这些准则可能反映了实际的行为，但在其他情况下，它们很可能是一厢情愿的，或者说是战略性的思考。正如波利特（2001）关于新公共管理的论述，趋同可能只是一个有用的神话。其次，本研究在选择公共价值方法和选择国家时可能会受到西方偏见的影响。因此，未来关于全球化善治的研究应该：（1）包括对信奉价值和行为的深入研究，（2）增加更多的国家以避免西方偏见，（3）让非西方国家的学者参与进来。

注释

  1. 更多详情请见 http：//stats. oecd. org/glossary/detail. asp? ID=7237；www. gdrc. org/u-gov/doc-oecd_ggov. html；www. imf. org/external/np/gov/guide/eng/index. htm；http：//info. worldbank. org/governance/wgi/index. asp；www. unescap. org/pdd/prs/ ProjectActivities/Onging/gg/governance. asp # top；http：//europa. eu/scadplus/glossary/ accession _ criteria _ copenhague _ en. htm。

  2. "行为准则"和"道德准则"这两个词往往可以互换使用（见经合组织，2008）。

  3. 关于准则的一般描述，也可参见克纳汉（1980）、罗顿（2004）和 OECD（1996）。

  4. 选择的范围仅限于以英文书写或翻译成英文的准则。这可能会带来文化偏见。

  5. 东欧国家是一个明显的例外，因为它们在苏维埃政权崩溃后不得不颁布新的立法，包括新宪法。关于这些国家准则、立法和宪法中的公共价值的分析，见约兰塔·帕里道斯凯特（Jolanta Palidauskaite）（2011）。

6. 诚然，某些价值的显著性在一定程度上可能是准则具体选择的结果。选择公共部门的一般准则，或者选择公共行政中比较经典的部分的雇员准则，与用户、网络和私人伙伴相比，有利于"等级制度的影子"的存在。

7. 关于威斯敏斯特各州的公共价值的分析，见克纳汉（2003）。

参考文献

Ball, Carolyn. 2009. "What Is Transparency?" *Public Integrity* 11, no. 4: 293 - 308.

Beck Jøgensen, Torben. 1999. "The Public Sector in an In-Between Time: Searching for New Public Values." *Public Administration* 77, no. 3: 565 - 584.

Beck Jøgensen, Torben, and Lotte Bøh Andersen. 2011. "An Aftermath of New Public Management: Regained Relevance of Public Values and Public Service Motivation." In *The Ashgate Research Companion to New Public Management*, edited by Tom Christensen and Per Læreid, pp. 337 - 350. Farnham: Ashgate.

Beck Jøgensen, Torben, and Barry Bozeman. 2007. "Public Values: An Inventory." *Administration and Society* 39, May: 354 - 381.

Bozeman, Barry. 2007. *Public Values and Public Interest: Counterbalancing Economic Individualism*. Washington, D. C. Georgetown University Press.

Cooper, Terry L. , and Diane E. Yoder. 2002. "Public Management Ethics Standards in a Transnational World." *Public Integrity* 4, no. 3: 333 - 351.

Du Gay, Paul. 2000. *In Praise of Bureaucracy*. London: Sage.

Gawthrop, Louis C. 2005. "Public Administration in a Global Mode: With Sympathy and Compassion." *Public Integrity* 7, no. 3: 241 - 259.

Gilman, Stuart C. 2005. *Ethics Codes and Codes of Conduct as Tools for Promoting an Ethical and Professional Public Service. Comparative Successes and Lessons*. Washington, D. C. : PREM, the World Bank.

Gilman, Stuart C. , and Carol W. Lewis. 1999. "Public Service Ethics: A

Global Dialogue." *Public Administration Review* 56, no. 6:517 - 524.

Goodsell, Charles T. 1994. *The Case for Bureaucracy: A Public Administration Polemic*. Chatham, N. J. : Chatham House.

Kernaghan, Kenneth. 1980. "Codes of Ethics and Public Administration: Progress, Problems and Prospects." *Public Administration* 58, no. 2: 331 - 351.

Kernaghan, Kenneth. 2003. "Integrating Values into Public Service." *Public Administration Review* 63, no. 5:711 - 719.

Kickert, W. J. M. 2005. "Distinctiveness in the Study of Public Management in Europe. A Historical-Institutional Analysis of France, Germany and Italy." *Public Management Review* 7, no. 4:537 - 563.

Lawton, Alan. 2004. "Developing and Implementing Codes of Ethics." *Viesoji Politika ir Administrarimas*, no. 7: 94 - 101.

Martinsen, Dorte Sindbjerg, and Torben Beck Jøgensen. 2010. "Accountability as a Differentiated Value in Supranational Governance." *American Review of Public Administration* 40, no. 6:742 - 760.

Nolan Committee on Standards in Public Life. 1995. *Standards in Public Life: First Report of the Committee on Standards in Public Life*. London: HMSO.

Olsen, Johan P. 2006. "Maybe It Is Time to Rediscover Bureaucracy." *Journal of Public Administration Research and Theory* 16, no. 1:1 - 24.

Organisation for Economic Co-operation and Development (OECD). 1996. *Ethics in the Public Service: Current Issues and Practice*. Paris.

———. 2006. *DAC Guidelines and Reference Series Applying Strategic Environmental Assessment: Good Practice Guidance for Development Co-operation*. Paris.

———. 2008. *Observatory on Ethics Codes and Codes of Conduct in OECD Countries*. Paris: Author. Available at www. oecd. org/mena/governance/ observatoryonethicscodesandcodesofconductinoecdcountries. htm, accessed October 31, 2008.

Palidauskaite, Jolanta. 2011. "Value Profile of Civil Servants in New European Democracies Through the Lens of Embedded Ethics." In *Value and Virtual in Public Administration: A Comparative Perspective*, edited by Michiel S. De Vries and Pan Suk Kim, pp. 186 – 207. Houndsmills, Basingstoke: Palgrave Macmillan.

Palidauskaite, Jolanta, and Alan Lawton. 2004. *"Codes of Conduct for Public Servants in Central and East European Countries."* Paper presented at the Eighth International Research Society for Public Management Conference, Budapest.

Pollitt, Christopher. 2001. "Convergence: The Useful Myth?" *Public Administration* 79, no. 4:933 – 947.

Rutgers, Mark R. 2009. "The Oath of Office as Public Value Guardian." *American Review of Public Administration* 40, no. 4:428 – 444.

Saarniit, Leno. 2005 – 2006. "A Public Service Code of Ethics Applied in a Transitional Setting: The Case of Estonia." *Public Integrity* 8, no. 1:49 – 63.

作者简介

托本·贝克·约根森是哥本哈根大学政治学系名誉教授、哥本哈根商学院兼职教授、丹麦政府研究所客座教授。他在哥本哈根商学院获得组织科学硕士学位和政治学博士学位。他关于公共管理和公共价值的文章发表在《公共管理评论》《公共管理》《美国公共管理评论》和《行政与社会》上。

迪特-林恩·索伦森是索伦德市（Solrød）地方政府董事会秘书，也是丹麦评估协会"评估中道德和价值"研究小组的成员。她在哥本哈根大学获得政治学硕士学位，曾在哥本哈根大学担任政治学研究助理。

附录 1　相关善治准则

	国家/组织	缩写	年份	准则名称	来源（英语）
1	波兰	PO	2002	公务员道德准则	www.oecd.org/mena/governance/35521348.pdf
2	爱沙尼亚	EST	1999	公共服务道德准则	www.avalikteenistus.ce/ids10921
3	罗马尼亚	RU	2004	公务员行为准则	http://fs.functionarpublic.ro/86e3967522b7082bb501ba4cbeb06aa2.pdf
4	英国	GB	2006	公务员准则	www.civilservant.org.uk/cscode2006.pdf
5	加拿大	CA	2003	公共服务的价值和道德准则	www.tbs-sct.gc.ca/pubs_pol/hrpubs/rb851/vec-cve-eng,asp
6	新西兰	NZ	2001	新西兰公共服务行为准则	www.ssc.govt.nz/pS-code-superseded
7	意大利	IT	2001	政府雇员行为准则	www.oecd.org/mena/governance/35526972.pdf
8	西班牙	ES	2005	政府成员和国家行政总高级官员的善治准则	www.ecd.ore/mena/governance/35521364.pdf
9	丹麦	DK	2007	公共部门的良好行为准则	http://perst.dk/~/media/Publications/2008/Code%20of%20Conduct%20in%20theo20Public%20Sector%20-%20in%20briefiCode%20of20conduct-pdfashx
10	丹麦	DK	2005	公共治理——首席执行官卓越准则	www.publicgovernance.dk/resources/File/FFOT_bog_UK.pdf

（续表）

	国家/组织	缩写	年份	准则名称	来源（英语）
11	挪威	NO	2005	公共服务的道德准则	www. regjeringen. no/upload/kilde/fad/bro/2005/0001/ddd/pdfv/281750-etiske_retningslinjer-engelsk_revidert. pdf
12	韩国	KR	2003	公职人员廉洁行为准则	www. oecd. org/mena/governance/35521329. pdf
13	土耳其	TY	2005	公职人员道德行为原则，申请程序和要点	www. antalya. gov. tr/yukleme/dosya/80cd296afe348cf9f60ddf6057dfle11. pdf
14	南非	SA	1999	公职人员行为准则	www. psc. gov. za/documents/code. asp
15	欧洲委员会	ER	2000	公职人员行为示范准则	www. coe. intit/dghl/monitoring/greco/documents/Rec(2000)10 EN. pdf
16	联合国	UN	1996	公职人员国际行为准则	www. un. org/documents/ga/res/51/a511059. htmm

附录 2　方法论

信度是定量内容分析中的一个重要问题，但由于缺乏背景和研究者的预设，信度受到了挑战。在本研究中，为了保证编码和分析过程的可靠性，我们采取了以下步骤。首先，在测试行为准则上对该模型进行测试，以了解该模型是否能把握准则所表达的整个价值范畴。其次，由一个作者进行双重编码，中间有一个时间跨度。再次，对编码进行比较，特别是对价值取向进行比较。两种编码之间没有显著差异。最后，由共同作者控制所有的编码。这个程序揭示了一些分歧和一些较大的合法变化的解释。

以下经验法则作为价值存在的指示：

- 直接提到价值 X。
- 提到了 X 的同义词。
- 提到了 X 的各个方面。
- 提到了导致 X 的活动。
- 提到了获得 X 的先决条件。
- 提到了 X 的定义。

在一些情况下，有必要做出特定的解释；例如，利益平衡（各种考虑因素的平衡）、中立性/公正性（经常在准则中互换使用）、稳健性、问责制、可靠性（经常在准则中互换使用；特别是问责制有许多含义［例如：纪律、奉献、报告他人的错误、纠正自己的不当行为、报告利益冲突的危险、报告自己的财务状况、按照职业标准行事］）、专业性（有两种解释：（1）根据专家/科学知识行事，（2）不考虑不相关的情况［如：自己的感觉］；编码是根据技能、专业、证据、优点、事实、客观性、避免自己的观点等词语）、道德标准、道德意识（往往在准则中互换使用）、诚信（可能很难与道德标准分开，道德标准可以表述为正直的工具性特征［共同价值］）、合法性、法治、正义、公平（往往互换使用）。

　　编码过程表明：（1）价值的使用有时不需要考虑太多，有时又非常细致认真；（2）有些价值的关系非常密切，很难看清它们是相邻的价值还是同义词；（3）有些价值包罗万象（如：问责制、正直），也就是说：准则的作者或解释者都不清楚确切的含义；不同的准则或不同的情况下，其含义可能不同；该价值可以作为一种表面或粉饰价值。

　　虽然定量的内容分析提供了所识别的价值的概况，但因此它只是价值概况的一个粗略指标。为了更详细地了解这些价值及其在准则中的重要性，作为定性战略的一部分，我们采取了三个步骤。

　　• 从整体上对准则进行分析解读。把分割成小块内容，就像在编码过程中一样，可能会失去意义。额外的阅读试图把握间接传达的价值陈述。

　　• 识别/分析编码后的价值对其他价值是主要的还是工具性的。这是通过研究编码后的结果，并逐一编码、建立它们的内部关系来实现的（例如，为了服务于公众利益而负责任地行事）。

　　• 识别/分析该价值是否有许多邻近价值和相关价值。过程同上，但重点是邻接价值/相关价值关系。

后 记

这本书是我的一个梦想。当梦想成真时,总会有太多想感谢的人。我的博士导师马克·R.罗特格斯(Mark R. Rutgers)教授是我的人生导师,他让我在学术研究和自我探索过程中都得以重生;不论我取得多小的成绩,他都会告诉我他多么为我骄傲和"这是你应得的"。我的院长孔繁斌教授,以一己之力撑出了一个最大化的自由学术环境,给了我无限的包容和鼓励。我的硕士导师郭圣莉教授,真正的"亦师亦友",我们能成为亲密的朋友,是我的幸运。我的父母,塑造了我的成长轨迹,付出语言难以承载的情感。与我并肩守护"OUR world(独属于我们的世界)"的"战友",让我看到了"我"比我自己认为的还要更好。

同时,我还想特别感谢我的合作者吴秋怡以及本书的编辑,她们共同为这本书付出了大量的心血。我还想感谢一直陪在我身边的于萌、丁翔、黄杰等朋友和同事们,她/他们带来的欢笑和鼓舞让我在疲惫时还能够继续前行。

而这一篇后记接下来的全部篇幅,我想用来纪念一个我从未在任何场合认真表达感谢的人。不敢轻易表达是因为怕词不达意或不够充分,我不愿在这件事上表达得不好。

六年前的今天,我博士答辩,获得了阿姆斯特丹大学的博士学位。

而正是同一天,我敬爱的托本·贝克·约根森(Torben Beck Jørgensen)教授逝世。我在答辩前跟他约定,等我答辩结束,一定去哥本哈根看望他，但这未能成行的约定，成为我永远无法弥补的遗憾。

在我毕业论文进入尾声、筹备答辩的日子里，我一直与他保持邮件联系，跟他分享我的研究进展。在这之前大约一年多以前，我就从罗特格斯教授那里得知贝克·约根森教授罹患癌症，这之间，或许因为我不知如何谈起这个话题，或是我不知如何回避这个话题而自然地谈及其他，所以才一直没有联系。直到答辩前夕，因为他是我一定要亲自感谢的人，所以也非常自然地又给他写信，并迫不及待地分享我的论文。

他告诉我他再一次入院了，这一次有点儿严重，我就感觉非常不妙，因为我大概知道癌症再次入院并且"有点儿严重"意味着什么。但是他依然认真地回复对我论文的意见，很轻松地开着自己的玩笑，在邮件末尾会落款不同的名字，比如"脾气暴躁的老头托本""非常非常资深的恐龙托本"。

关于"恐龙"，这里有一个来源。

这称呼来自阿姆斯特丹自由大学的教授里奥·休伯茨（Leo Huberts），他是一位非常可爱又亲和的"老头儿"，也是我答辩委员会的委员之一，我多次参加过他组织的"治理质量（Quality of Governance）"专题研讨会。在其中一次会议上，我记忆中是 2012 年，他说我们这个小学术共同体中的人都是"恐龙"，有些是"资深恐龙"，有些是"年轻恐龙"。他没有做过多的解释，但是大家都知道"恐龙"指称守旧的、落伍的、看起来不那么符合时代需求的人。我想这一方面是说我们的研究是与公共管理和治理实践较"遥远"的规范性价值，议题和方法都没那么新潮，另一方面是说我们这群人居然还固执地坚持不愿追随所谓的热点和潮流。从此以后，我们便会以"恐龙"自嘲，这成为我们这个小圈子的"内部笑话"。

当我把这个故事讲给托本的时候，他对这个称呼欣然接受，非常乐意做一位"资深恐龙"，而且从此我们的每一封邮件称呼就变成了各种各样的恐龙，比如我称他为"敬爱的超级资深恐龙"，他称我为"恐龙小婴儿"(baby dinosaur)。在最后邮寄给他我印刷版的毕业论文中，我还夹了一页纸，上面画了两幅小漫画，前面一个大恐龙说"跟我来"，后面一只小小的恐龙举着小爪说"好的，先生"。可惜的是，我永远无法得知，他最终是否收到并看到了这幅漫画和我的博士论文，因为那是我们最后一次联系，而我，再也没有得到回信。

其实我与托本仅仅在 2010 年荷兰莱顿的第二届公共价值国际研讨会上见过一次面，他在那次会议间隙还为我们演奏了单簧管，这是他的爱好。他为人特别亲和，对年轻学者非常友好，也因为我们的研究有很多共通之处，那次会议之后，我们时常保持邮件联系，相互交换学术意见，他甚至把他的论文草稿发给我请我提建议，而我也把我的论文分享给他，每次他都给予慷慨的鼓励。我曾经问过他如果我要引用他的论文，究竟应该如何写他的名字才是正确的，他自己更喜欢哪种写法，是"贝克·约根森，T."(Beck Jørgensen，T.)，还是"约根森，T. B."(Jørgensen，T. B.)，因为我知道"贝克"通常不作为中间名出现，他很详细地回复我说确实这是部分丹麦人名字的特点，他自己更偏向于"Beck Jørgensen"作为姓氏。因此在我的每一篇论文中，只要是引用他的文章，我一律坚持用"Beck Jørgensen"来表示他的姓氏，这似乎也成了只有我明白的一个小倔强。这是我还能与他联结的一个符号。

贝克·约根森教授的研究成果对我来说是影响巨大的。不仅是我，我相信很多公共价值研究领域的学者都无法绕开他的论文，他为"年轻恐龙"们打开了进入公共价值世界的大门，他的研究也将成为更多公共价值研究的起点和基石。2018 年在南京大学举办的第六届公共价值研讨会是本研讨会的十周年，自此以后，都将设立"托本·贝克·约根森优秀论文奖"，用以纪念他的治学精神和对公共价值研究的贡献。他的成就和影响，无论我如何褒扬都不为过。

也正因为如此——基于我的情感和基于他的研究的重要程度，

本书选择了多篇他的文章，既希望读者们谅解，也希望读者们能从中获取进入公共价值研究世界的钥匙。同时，这本书也致敬那些勇于、安于、乐于做"恐龙"的学者。

愿我们都能保有做不常规之事的勇气，共同继续探索学术的乐趣。

杨黎婧

2021 年 6 月 11 日

于南京